An MMPI Source Book
Basic Item, Scale, and Pattern Data
on 50,000 Medical Patients

AN MMPI SOURCE BOOK

Basic Item, Scale,
and Pattern Data
on 50,000 Medical
Patients

WENDELL M. SWENSON
JOHN S. PEARSON
DAVID OSBORNE

University of Minnesota Press, Minneapolis

© Copyright 1973 by the University of Minnesota. All rights reserved.
Printed in the United States of America at the
University of Minnesota Printing Department, Minneapolis.
Published in the United Kingdom and India by the Oxford University Press,
London and Delhi, and in Canada
by the Copp Clark Publishing Co. Limited, Toronto

Library of Congress Catalog Card Number: 72-95442

ISBN 0-8166-0662-5

To Howard P. Rome
for his encouragement
and enthusiasm
during the conceptual stages
of this project

and to the patients
of the Mayo Clinic without whom there
would be no hard data

ACKNOWLEDGMENTS

When a person records a response of True, False, or Cannot Say to each of the 566 items of a personality inventory, and when identifying information and the subject's age and sex are added, the result is a total of 606 "bits" of information that are uniquely descriptive of that person. A collection of such data from each of 50,000 persons represents a total of 30,300,000 "bits." Combining, comparing, searching, and sorting these data to achieve some meaningful summarizations constitute a dramatic demonstration of electronic data processing. Behind this is the impressive evidence of human ingenuity in the invention and operation of digital computers.

In the light of such technologic achievements, it would be easy to overlook the active cooperation and personal contribution of the people involved in the data collection and processing that led to this book. It is impossible to acknowledge individually the several hundred staff members of the International Business Machines Corporation and the Mayo Clinic who contributed to the project. A few individuals, however, deserve special recognition: Mrs. Elizabeth Roberts, Mayo Clinic research assistant; Thomas Lutz, Pete Mataya, and Charles E. McCarthy of the IBM Medical Applications Division; and Dr. Howard P. Rome and the late Dr. F. Raymond Keating, Jr., of the Mayo Clinic staff. Prof. Starke R. Hathaway of the University, co-author of the Minnesota Multiphasic Personality Inventory (MMPI), provided invaluable encouragement and suggestions.

Our work was supported by Research Grant MH-6947 from the National Institute of Mental Health, Public Health Service.

Finally, we are most indebted to the 50,000 Mayo Clinic patients who completed the MMPI, often with full awareness that they were contributing their time without hope of any direct or tangible benefit to themselves.

September 1972

Wendell M. Swenson, Ph.D.
*Mayo Clinic and Mayo
Graduate School of Medicine*

John S. Pearson, Ph.D.
*Wichita Clinic
(formerly of the Mayo Clinic)*

David Osborne, Ph.D.
*Mayo Clinic and Mayo
Graduate School of Medicine*

CONTENTS

An MMPI Source Book
Basic Item, Scale, and Pattern Data
on 50,000 Medical Patients

INTRODUCTION

The Minnesota Multiphasic Personality Inventory (MMPI) has come to occupy a unique place among objective measurements of personality characteristics, both as a clinical instrument for evaluating the individual patient and as a research tool for testing hypotheses concerning the many aspects of human behavior. The general approach it represents—describing and predicting individual or group behavior on the basis of a sampling of verbal responses —has never won unanimous endorsement among behavioral scientists. Of late, attention has been focused on the MMPI in debating such issues as invasion of personal privacy and the validity of personality tests in general [1]. But in spite of questions that have been raised and restrictions that have been imposed on the use of the inventory in certain situations, the number of professional users has continued to grow. Whatever its imperfections, the MMPI (or something similar to it) will continue in use for a long time to come. Accordingly, serious students of human behavior should give thoughtful consideration to new sources of information about the behavior of groups and individuals in responding to the items of the MMPI.

The purpose of this volume is to examine the responses to the MMPI of 50,000 medical outpatients and to provide MMPI norms for such patients. With these findings, we hope to fill a void that has existed. Previous studies of medical patients using the MMPI have had either a small number of subjects or a highly selected sample; therefore, it was hazardous to generalize from the results.

At present, several reasons exist for closer examination of a medical outpatient population as a normative group that may be useful in future efforts to improve the discriminative power of the MMPI. Basic among these reasons is the growing appreciation of the MMPI as a screening device that may be used to identify emotional problems in the medical setting, hence permitting conservation and better utilization of scarce manpower and skills in mental health occupations [21]. There is also increasing recognition of the need for more precise information about the "self-reporting attitude" or "set" to give either defensive or overly self-critical answers to MMPI items in different populations. Comparison of the data in this volume with normative data in other publications suggests some significant differences between "medical outpatients" and groups such as "college students," "job applicants," and "normal adults," even though almost all the individual members of such groups are themselves medical outpatients at one time or another.

Our acquisition of 50,000 MMPI records grew out of a project at the Mayo Clinic in Rochester, Minnesota, to test the acceptability to both patients and medical staff of an automated scoring and interpretation procedure. Aspects of the entire project have been reported in previous publications [9–12, 14–16, 18–22]. In brief, beginning in 1959, we set out to develop some simple rules by which numerical scores on 4 validity and 10 clinical scales of the MMPI might be translated into a series of descriptive statements. These were intended to be summary descriptions and predictions of important behavioral traits and aspects of the patient's personality that might reasonably be inferred from a given set of scores. Although previous actuarial descriptive studies helped to stimulate and direct our thinking, we found that, for the most part, adjective or other descriptions based on code types, averaged profiles, or elevations of individual scales were ill suited to describe the medical patient population [8]. In developing our interpretive statements, we had to take into consideration the variability in scores within the general medical population that frequently overlaps the psychiatric patient population on many MMPI scales. We also set ourselves the task of eliminating psychological and psychiatric terminology from our descriptive statements, seeking instead to record in nontechnical English the essence of both the quality and the degree of behavioral deviation that might be inferred from particular diagnostic terms such as "paranoia" and "hysteria."

The format of the MMPI itself was modified to permit rapid automated scoring and this was combined with the automated interpretation. By 1961 the program was in operation.*

Physicians at the Mayo Clinic who used the MMPI quick-ly adopted the automated form and rated it as a valuable adjunct to clinical appraisal of emotional status; this was particularly true of specialists in internal medicine, neurology, and psychiatry. At the outset, use of the MMPI by the physician was optional. But if the automated form was to be used, we insisted that the user agree to administer it routinely to every patient who could conceivably mark his answers to the items. Patients were assured by their physicians that the procedure was routine, that the data would be kept confidential, that the inventory was part of the general medical evaluation, and that participation was desired for research purposes as well as for practical application in individual assessment.

The material presented here is intended for research workers, students of personality theory, and those concerned with the construction of personality inventories. The tables present internal relationships among MMPI variables along with information about age and sex. There is no attempt in this volume to relate MMPI variables to medical or psychiatric diagnoses; however, we hope to provide such information in subsequent publications.

These data may, in addition, be helpful to the clinician in providing him with norms for use with medical patients. For further information about the clinical aspects of automated personality testing, we refer the reader to *A User's Guide to the Mayo Clinic Automated MMPI Program* [10].

---

* The MMPI scoring and interpretation service, including all modifications made in the interpretative statements to date, is available from Mayo Medical Laboratories, Rochester, Minnesota, 55901.

The Mayo Clinic
Medical Patient Population

The usefulness of any normative data is limited by the degree to which a given sample may be representative of a wider population. If medical patients of the Mayo Clinic constitute a population unique unto itself, any statistics on them will be of limited value in spite of the impressive size of the sample. However, we believe that the patients included in our sample are reasonably representative of middle-class midwesterners who might complete the MMPI in the context of a general medical evaluation. These, in turn, we believe are reasonably representative of a much larger population of literate private medical patients throughout the United States. In explanation of this statement, some general description of the Mayo Clinic patient population is necessary.

The MMPI data reported herein were collected between 1962 and 1965. In this interval approximately 150,000 patients annually were registered in the Mayo Clinic. Of these, 39 percent were new registrations, that is, patients not previously registered at this clinic, and 61 percent were re-registrations, that is, patients who had been at this clinic one or more times previously. The total of 150,000 annual patients includes newborn infants, young children, and others who could not be considered as candidates for the MMPI project.

All the patients included in the MMPI data were ambulatory outpatients; thus excluded were the acutely ill patients and the referred patients who required hospital care because of surgical or other procedures. All patients referred primarily for psychiatric evaluation and treatment were likewise excluded from the MMPI sample. During the interval in which the MMPI records were collected, an average of 30.6 percent of all patients were hospitalized on medical and surgical services and an average of 19.3 percent received surgical treatment. An unknown but relatively high proportion of surgical and medical patients were admitted directly to the hospital or were acutely ill when seen as outpatients, and thus were not given the MMPI. Approximately 3.9 percent of all patients registered at the Mayo Clinic were referred to the Section of Psychiatry, either as the primary service or as a service incidental to evaluations in sections of internal medicine or other specialty sections. About 0.6 percent of all Mayo Clinic patients are hospitalized in a psychiatric unit at some time while they are receiving clinic care. Some of these patients, but by no means all, would have taken the MMPI as medical outpatients before psychiatric hospitalization.

Patients of the Mayo Clinic who are less than 16 years old are normally seen in the Section of Pediatrics where the MMPI was not used routinely during the time of the study. Thus the ages of patients listed as being less than 20 years old actually ranged from 16 through 19 years.

Of all patients registered during the time of the study, 23.8 percent came from Rochester, Minnesota, and the immediate surrounding area; 21.1 percent were from elsewhere in Minnesota; 9.6 percent came from Illinois; 8.9 percent from Iowa; 6.2 percent from Wisconsin; 3.7 percent from Indiana; 2.9 percent from Michigan; 2.2 percent from South Dakota; 2.2 percent from Nebraska; 1.5 percent from Missouri; 1.4 percent from North Dakota; and 1.0 percent from Ohio.

Other patient registrations included 0.1 percent from the New England states; 1.2 percent from the Middle Atlantic states; 1.8 percent from the South Atlantic states; 1.1 percent from the east south central states; 2.5 percent from the west south central states; 2.1 percent from the Rocky Mountain states; 2.0 percent from the Pacific states; and 2.2 percent from Canada.

Approximately 1.0 percent of all registrants came from Latin American countries, and although many other foreign countries throughout the rest of the world were represented, such patients made up less than 0.5 percent of the total. Moreover, nearly all of the foreign patients, including those from Latin America, were excluded from taking the MMPI, unless English was the primary and preferred language.

From the foregoing information, it seems reasonable to conclude that, for the most part, the Mayo Clinic is devoted to the regional practice of medicine, the majority of all patients coming from within a radius of 400 miles.

The reasons that patients have for coming to the Mayo Clinic are diverse and have never been ascertained or categorized in any objective fashion. They vary from expediency in the case of healthy local persons seeking physical examinations for insurance applications to pathologic dependency on this particular institution.

Many misconceptions exist concerning the nature of the practice at the Mayo Clinic. Some have assumed that the patient population would be hopelessly biased by disproportionate numbers of wealthy neurotics who come to this clinic from great distances seeking treatment of nonexistent organic diseases. Others have presumed that the patient population is heavily loaded with patients who have unusual combinations of rare diseases and difficult diagnostic or treatment problems. It is true that these two groups are represented both in the general clinic population and in the MMPI sample, but their numbers are small in relation to the total sample.

Regrettably for purposes of this study, information concerning socioeconomic and educational background was not recorded in any uniform fashion during the interval in which the MMPI records were collected. Although the cost of travel to Rochester for those who live some distance away undoubtedly operates to reduce the proportion of low-income, low-education patients and although the small number of wealthy patients who come to the clinic from great distances operates to raise the average socioeconomic level somewhat, such influences probably produce very slight socioeconomic bias. The Minnesota farmer seeking attention for a medical problem who comes directly to the Mayo Clinic without a referral from his family physician because a neighbor spoke well of the institution is closer to the mode for this clinic population than the celebrity some people picture as being typical.

Naturally, administration of the MMPI was limited to those who had sufficient reading ability in the English language and who had no disabling conditions such as senility or acute pain. Some marginal candidates may have been excluded because of a reluctance on the part of the physician to put them to this trouble. We believe, however, that our medical colleagues were conscientious in observing the instructions to administer the MMPI to every patient who could possibly complete it.

As demonstrated in several time samples, our general experience throughout the study was that 95 percent of patients who were asked to complete the inventory were willing and able to do so. Only 0.2 percent refused to cooperate from the outset, and 3 percent did not return the test. We excluded 1.8 percent of all profiles as being invalid on the basis of a raw score of Cannot Say responses that was greater than 120 or a raw F score greater than 20. The L and K scales were not considered in the decision to include or exclude a given profile from the sample.

Our intention was to accumulate the MMPI records of 50,000 consecutive medical patients whose profiles were valid in terms of the F score and the Cannot Say score, as noted. Unfortunately, several minor human and mechanical errors prevented us from following the original plan. At one point, a malfunction in the scoring machine gave a spurious increase in the Cannot Say score on approximately 4,000 patients. At another point, we found that records on approximately 400 nonpatients, applicants for admission to an educational program in physical therapy, had been included. At still another point, a computer operator erased a portion of magnetic tape, thus inadvertently destroying the scores for several thousand patients. Because of these problems, the 50,000 patients were not consecutive admissions; however, the gaps in the data collection were kept as small as possible. The sample reported on here was checked repeatedly to ensure that each patient was an outpatient who was registered to a medical section, that age and sex were recorded accurately, and that when more than one MMPI was administered, only the first one was included in the sample.

The tables of this volume, which categorize the patients by age and sex, indicate that although there were slightly more females than males in the total test population, there were, in contrast to the distribution in the general population of the United States, more elderly males than elderly females. For both sexes, the modal age was in the range from 50 through 59 years.

In grouping patients by age decade, we resorted to one of many arbitrary conventions that were necessary to summarize the vast amount of data. The tables that we include here certainly do not represent all possible ways of organizing the information. We hope, however, that our selection will be useful to those who work with the MMPI.

Explanation of Tables

The nine tables which constitute the bulk of this report are organized in the following way: Part 1, Basic MMPI Scales, includes tables giving means and standard deviations for the basic scales, intercorrelations among them, and data on code types. Part 2, Research Scales and Special Scoring Procedures, provides means and standard deviations on 220 scales and intercorrelation data. Part 3, Item Data, gives the percentage of True and Cannot Say responses.

Part 1: Basic MMPI Scales. Table I presents the mean T scores and standard deviations of the 14 standard clinical and validity scales for the 50,000 patients grouped by age and sex. This table, more than any other, may give the user who is familiar with the MMPI a quick indication of what our medical patient population is like "on the average." It is quickly evident that the medical patient population in general tends to be slightly deviant in terms of most of the clinical scales when compared with the "Minnesota Normals" on whom the T scores for the MMPI were originally based and for whom a mean T score of 50 and standard deviation of 10 are common to all scales. Therefore, one should not be surprised in clinical practice if the profile of a medical patient contains slightly elevated scores. Table II presents the intercorrelations of these 14 scales based on non-K-corrected raw scores.

Tables III and IV show the frequency of MMPI codes for the 50,000 patients categorized by age and sex and degree of code elevation. Use of this table presumes familiarity with MMPI coding systems. For a detailed description of this subject, the reader is referred to Dahlstrom, Welsh, and Dahlstrom, *An MMPI Handbook* [3]. Briefly, a code summarizes an individual MMPI profile in terms of the relative elevations of the various scales, each represented by a single digit. The Hypochondriasis (Hs) scale is represented by 1, Depression (D) by 2, Hysteria (Hy) by 3, Psychopathic Deviate (Pd) by 4, Masculinity-Femininity (Mf) by 5, Paranoia (Pa) by 6, Psychasthenia (Pt) by 7, Schizophrenia (Sc) by 8, Hypomania (Ma) by 9, and Social Introversion (Si) by 0. The code numbers for the various scales are arranged in descending order of score elevation. Various symbols are inserted to indicate the degree of elevation. For example, in the Welsh system, a 1*6"2'3 code would indicate that the profile has an extreme elevation on the Hypochondriasis scale (T score of 90 or above) while the Paranoia scale has a T score between 70 and 80. We have grouped our codes as "prime"

and "nonprime," the former indicating a marked degree of elevation (T score of 70 or above) and the latter indicating a T score of 69 or less (roughly within "normal limits"). The user of Tables III and IV may find the relative frequency in our medical population of various one-, two-, and three-point codes. The most common two-point code types in our population are the 13 and 31; therefore, these code types can be expected to appear relatively frequently in medical settings.

Part 2: Special Scales and Scoring Procedures. Table V lists the names and authors of 220 MMPI scales and special scoring procedures, including the basic validity and clinical scales. For the 10 basic clinical scales it is important to note that the numerical designation in Table V does not correspond to the code designations in Tables III and IV. The numerical listing of scales 1 through 213 in Table V here follows that in Appendix I of the first edition of *An MMPI Handbook* [3], which attempted to bring together all MMPI scales (both published and unpublished) up to 1960. We considered attempting to list all the additional scales published since 1960, but decided against further extension of an already lengthy table. Scales 214 through 220 in Table V were included because they had special interest for us in connection with current investigations. For these seven scales item numbers and scoring direction are also provided [2, 7, 11, 17]. The item numbers and scoring direction for the other 213 scales may easily be found in the first edition of *An MMPI Handbook*. The revised edition of the *Handbook* (scheduled for publication too late for us to base our table on it) includes in Volume I a listing of only basic scales and scales derived from them; Volume II will include an extensive list of research scales. Numerical designations have been dropped but Volume II will give, for reference purposes, the original numbers assigned to the scales in the first edition of the *Handbook*.

Listed in Table VI are means and standard deviations based on raw scores for the 220 scales and special scoring procedures. T scores were used only when a special scoring procedure or index required conversion to T scores before computation. The information is categorized by sex and age decade for the 50,000 medical patients.

Table VII presents the intercorrelations for the 220 scales and scoring procedures on the entire population. All coefficients are based on raw scores without K correction. When special scoring procedures are used, such as the "Internalization Ratio," T scores may be used as indicated by Dahlstrom, Welsh, and Dahlstrom [3].

Part 3: Item Data. Tables VIII and IX probably will be of the greatest interest to most users of this volume. These tables present, for females and males, the percentage of True and Cannot Say responses to each item of the MMPI by the patients in each age decade and for all ages combined. The order of items is that found in the group form booklet [4]. These tables include responses to the 16 items that are repeated in the MMPI booklet. The percentage of patients answering False for any item may be obtained by adding the percentage of True and the percentage of Cannot Say answers for any item and subtracting the total from 100 percent.

A Look Ahead

At the present time, we are examining the personality correlates of physical disease by administering the MMPI to large numbers of patients who suffer from a specific disease and comparing their scores to our 50,000 general medical patients and to the original normal group used in development of the MMPI. A number of disease entities will be studied and results will be reported in papers and eventually in a book. A study of patients with rheumatoid arthritis has already been completed [13] and in the near future results of other studies will be available.

BIBLIOGRAPHY

1. Amrine, M., guest editor. Special issue on testing and public policy. *American Psychologist*, 20:855–992, 1965.

2. Cotrell, L. An MMPI Religiosity Scale. Master's thesis, University of Minnesota, 1952.

3. Dahlstrom, W. G., G. S. Welsh, and L. E. Dahlstrom. *An MMPI Handbook,* revised edition. Volume I: *Clinical Interpretation.* Minneapolis: University of Minnesota Press, 1972. Volume II: *Research Developments and Application.* Forthcoming. (First edition by W. G. Dahlstrom and G. S. Welsh, *An MMPI Handbook: A Guide to Use in Clinical Practice and Research.* Minneapolis: University of Minnesota Press, 1960.)

4. Hathaway, S. R., and J. C. McKinley. Booklet for the Minnesota Multiphasic Personality Inventory. Minneapolis: University of Minnesota Press, 1943. Now published by the Psychological Corporation, New York.

5. Hathaway, S. R., and P. E. Meehl. *An Atlas for the Clinical Use of the MMPI*. Minneapolis: University of Minnesota Press, 1951.
6. Hathaway, S. R., and E. D. Monachesi. *Analyzing and Predicting Juvenile Delinquency with the MMPI*. Minneapolis: University of Minnesota Press, 1953.
7. Holroyd, R. G. Prediction of Defensive Paranoid Schizophrenics Using the MMPI. Ph.D. thesis, University of Minnesota, 1963.
8. Marks, P. A., and W. Seeman. *Actuarial Description of Abnormal Personality, for Use with the MMPI*. Baltimore: Williams and Wilkins, 1963.
9. Pearson, J. S., et al. Development of a computer system for scoring and interpretation of Minnesota Multiphasic Personality Inventories in a medical clinic. *Annals of the New York Academy of Science,* 126:684–695, 1965.
10. Pearson, J. S., and W. M. Swenson. *A User's Guide to the Mayo Clinic Automated MMPI Program*. New York: Psychological Corporation, 1967.
11. Pearson, J. S., W. M. Swenson, and H. P. Rome. Age and sex differences related to MMPI response frequency in 25,000 medical patients. *American Journal of Psychiatry,* 121:988–995, 1965.
12. Pearson, J. S., et al. Further experience with the automated Minnesota Multiphasic Personality Inventory. *Mayo Clinic Proceedings,* 39:823–829, 1964.
13. Polley, H. F., W. M. Swenson, and R. M. Steinhilber. Personality characteristics of patients with rheumatoid arthritis. *Psychosomatics,* 11:45–49, 1970.
14. Rome, H. P., et al. Automated personality assessment. In *Computers in Biomedical Research*, edited by R. W. Stacy and B. D. Waxman. Volume 1. New York: Academic Press, 1965. Pp. 505–524.
15. Rome, H. P., et al. Symposium on automation technics in personality assessment. *Proceedings of the Staff Meetings of the Mayo Clinic,* 37:61–82, 1962.
16. Swenson, W. M. A preliminary investigation of possibilities of application of computer devices to the scoring and interpretation of structured personality tests and their use in a medical center. In *Proceedings of the Second IBM Medical Symposium.* 1960. Pp. 401–415.
17. Swenson, W. M. Approaches to the study of religion and aging. In *Religion and Aging: The Behavioral and Social Sciences Look at Religion and Aging*. Los Angeles: Rossmoor-Cortese Institute for the Study of Retirement and Aging, University of Southern California, 1967. Pp. 59–84.
18. Swenson, W. M., and J. S. Pearson. Automation techniques in personality assessment: A frontier in behavioral science and medicine. *Methods of Information in Medicine,* 3:34–36, 1964.
19. Swenson, W. M., and J. S. Pearson. Experience with large-scale psychologic testing in a medical center. Read at the Sixth Medical Symposium sponsored by the International Business Machines Corporation, Poughkeepsie, New York, October 5, 1964.
20. Swenson, W. M., and J. S. Pearson. Psychiatry—psychiatric screening. *Journal of Chronic Diseases,* 19:497–507, 1966.
21. Swenson, W. M., J. S. Pearson, and H. P. Rome. Automation technics in personality assessment: A fusion of three professions. In *Proceedings of the Conference on Data Acquisition and Processing in Biology and Medicine*. New York: Pergammon Press, 1963. Pp. 149–156.
22. Swenson, W. M., et al. A totally automated psychological test: Experience in a medical center. *American Medical Association Journal,* 191:925–927, 1965.
23. Welsh, G. S., and W. G. Dahlstrom. *Basic Readings on the MMPI in Psychology and Medicine*. Minneapolis: University of Minnesota Press, 1956.

PART 1
Basic MMPI Scales

Table I. T-SCORE MEANS AND STANDARD DEVIATIONS FOR 14 STANDARD CLINICAL AND VALIDITY SCALES ON 50,000

MEDICAL PATIENTS GROUPED BY AGE AND SEX

SCALE		MALES <20 N=550	20-29 N=1298	30-39 N=2905	40-49 N=5379	50-59 N=7097	60-69 N=5315	70+ N=1733	ALL AGES N=24277	SCALE		FEMALES <20 N=695	20-29 N=1690	30-39 N=3474	40-49 N=5955	50-59 N=7209	60-69 N=5229	70+ N=1471	ALL AGES N=25723
Q	M	44.44	43.39	43.87	44.73	45.93	47.23	49.46	45.79	Q	M	45.35	44.55	45.78	47.09	48.24	49.65	50.86	47.76
	SD	5.51	4.28	4.98	5.90	6.71	7.46	8.62	6.74		SD	6.64	5.72	7.06	7.64	8.35	8.83	8.97	8.15
L	M	48.30	48.72	48.74	49.11	50.02	51.86	53.41	50.20	L	M	49.35	49.68	50.49	51.19	52.40	54.31	56.34	52.21
	SD	7.12	7.34	7.07	7.20	7.59	8.09	8.38	7.73		SD	7.44	6.93	7.01	7.28	7.61	7.95	8.44	7.74
F	M	55.56	53.73	52.61	52.25	52.29	52.36	52.79	52.52	F	M	54.12	53.26	52.38	51.89	51.40	51.29	51.95	51.85
	SD	8.31	7.46	6.72	6.39	6.26	6.43	6.41	6.54		SD	8.32	7.46	6.55	6.15	5.86	5.87	5.76	6.25
K	M	54.76	57.07	57.63	56.99	55.88	55.60	55.10	56.26	K	M	55.79	57.09	57.41	56.74	56.47	55.73	55.15	56.46
	SD	9.21	9.25	9.25	9.36	9.22	9.15	9.07	9.27		SD	9.21	9.25	9.05	9.00	8.94	9.00	8.86	9.03
HS	M	57.33	60.85	62.37	62.97	62.37	60.66	60.47	61.80	HS	M	55.83	59.35	61.99	62.02	60.66	59.30	58.67	60.55
	SD	11.91	12.56	13.18	13.05	13.01	12.21	12.32	12.83		SD	10.52	11.88	11.96	11.95	11.69	11.49	10.88	11.77
D	M	56.77	60.16	60.76	60.85	61.50	61.06	61.31	60.98	D	M	54.64	58.73	60.59	60.01	59.39	58.98	58.69	59.40
	SD	12.74	13.67	13.54	13.10	12.86	12.14	11.98	12.85		SD	11.35	12.32	12.19	11.80	11.38	11.17	10.52	11.61
HY	M	59.23	63.12	63.58	63.21	61.67	59.15	58.06	61.45	HY	M	58.00	61.40	63.32	62.48	60.32	58.01	56.36	60.54
	SD	10.26	10.12	10.23	10.18	10.26	9.98	10.21	10.34		SD	10.63	10.82	10.92	10.81	10.67	10.50	10.02	10.88
PD	M	59.65	60.24	58.43	57.05	55.66	53.56	52.00	55.91	PD	M	59.52	58.60	57.39	55.46	53.99	51.75	50.31	54.57
	SD	10.69	11.40	10.69	10.12	10.08	9.91	9.55	10.41		SD	11.07	11.47	10.91	10.34	10.06	9.99	9.12	10.58
MF	M	56.56	57.22	56.73	56.17	55.60	54.68	54.27	55.67	MF	M	49.36	48.18	48.41	49.37	50.02	52.19	54.22	50.20
	SD	10.69	10.04	9.31	9.24	9.20	8.98	8.83	9.27		SD	9.43	9.17	9.46	9.80	9.83	10.20	10.26	9.96
PA	M	55.98	55.89	55.47	54.81	53.95	52.56	52.07	54.03	PA	M	56.21	57.13	56.86	55.43	54.23	53.28	52.68	54.83
	SD	9.18	8.90	8.56	8.15	8.22	8.23	8.55	8.42		SD	9.80	9.01	8.79	8.83	8.46	8.28	8.20	8.72
PT	M	59.37	59.56	57.78	56.01	54.73	53.13	52.78	55.25	PT	M	58.53	58.57	58.35	56.41	55.15	53.74	53.06	55.78
	SD	11.92	12.26	11.67	11.18	11.03	10.72	10.33	11.29		SD	10.31	10.29	10.25	9.80	9.63	9.36	9.04	9.89
SC	M	59.51	56.34	53.74	52.15	51.11	50.50	50.71	51.97	SC	M	59.39	57.82	56.76	55.35	54.25	52.78	52.32	54.81
	SD	12.33	11.82	11.34	10.79	10.52	10.45	10.07	10.91		SD	10.51	10.80	9.97	9.53	9.16	8.81	8.04	9.54
MA	M	59.29	57.79	55.22	53.25	51.91	50.04	48.77	52.45	MA	M	58.92	54.61	51.94	51.05	50.54	48.97	48.24	50.89
	SD	11.20	10.73	10.19	9.83	9.70	9.24	8.97	10.04		SD	10.77	10.57	10.22	10.01	9.73	9.39	8.85	10.03
SI	M	52.75	51.27	50.99	51.32	52.31	53.07	53.59	52.14	SI	M	52.44	53.72	54.01	54.21	54.09	54.41	55.05	54.16
	SD	9.45	9.76	9.39	9.25	8.89	8.49	7.88	8.98		SD	9.51	9.96	9.64	9.34	8.77	8.52	8.11	9.05

Table II. CORRELATION MATRIX FOR MMPI VALIDITY AND CLINICAL SCALES

(Decimal Points Omitted)

	Q	L	F	K	HS	D	HY	PD	MF(F)	MF(M)	PA	PT	SC	MA	SI
Q		04	-04	-17	01	-11	-07	-18	07	-16	-14	-04	-03	-18	-08
L	04		-10	38	-01	05	07	-20	-15	11	-05	-29	-27	-22	-07
F	-04	-10		-25	36	31	06	40	08	-05	28	42	54	25	27
K	-17	38	-25		-21	-15	13	-15	02	-02	0	-62	-54	-30	-45
HS	01	-01	36	-21		51	29	24	19	-17	21	44	43	13	25
D	-11	05	31	-15	51		28	39	23	-17	33	62	52	-03	52
HY	-07	07	06	13	29	28		16	13	-10	17	12	13	03	0
PD	-18	-20	40	-15	24	39	16		-05	10	43	47	56	42	13
MF(F)	07	-15	08	02	19	23	13	-05		-95	07	16	08	12	-06
MF(M)	-16	11	-05	-02	-17	-17	-10	10	-95		01	-10	-04	-09	10
PA	-14	-05	28	0	21	33	17	43	07	01		39	44	20	07
PT	-04	-29	42	-62	44	62	12	47	16	-10	39		83	32	61
SC	-03	-27	54	-54	43	52	13	56	08	-04	44	83		44	48
MA	-18	-22	25	-30	13	-03	03	42	12	-09	20	32	44		-14
SI	-08	-07	27	-45	25	52	0	13	-06	10	07	61	48	-14	

14

Table III. FREQUENCY (PERCENTAGE OF N) OF VARIOUS ONE-, TWO-, AND THREE-POINT MMPI CODES AMONG 25,723 FEMALE MEDICAL PATIENTS GROUPED BY AGE AND ELEVATION OF CODE

	AGE <20 N=695		20-29 N=1690		30-39 N=3474		40-49 N=5955		50-59 N=7209		60-69 N=5229		70 + N=1471		ALL AGES N=25723	
CODES	T 70+	T 69-	T 70+	T 69-	T 70+	T 69-	T 70+	T 69-	T 70+	T 69-	T 70+	T 69-	T 70+	T 69-	T 70+	T 69-
1--	5.18	1.73	9.17	3.25	12.20	5.47	13.84	5.96	12.23	7.63	11.38	8.22	11.15	8.16	11.97	6.66
12-	0.72	0.00	0.77	0.36	1.81	0.60	2.03	0.65	2.40	1.18	2.77	1.36	2.92	1.84	2.19	0.97
123	0.58	0.00	0.59	0.00	1.15	0.29	1.41	0.29	1.73	0.35	1.78	0.59	1.97	0.75	1.50	0.37
124	0.00	0.00	0.06	0.06	0.06	0.03	0.07	0.05	0.08	0.08	0.02	0.11	0.07	0.27	0.06	0.08
125	0.00	0.00	0.00	0.06	0.06	0.00	0.00	0.03	0.07	0.08	0.17	0.11	0.14	0.27	0.07	0.07
126	0.00	0.00	0.00	0.00	0.06	0.06	0.05	0.02	0.04	0.07	0.10	0.06	0.07	0.00	0.05	0.04
127	0.00	0.00	0.06	0.18	0.17	0.06	0.17	0.07	0.11	0.17	0.33	0.10	0.34	0.07	0.18	0.10
128	0.00	0.00	0.06	0.00	0.09	0.00	0.08	0.00	0.11	0.04	0.11	0.08	0.07	0.07	0.09	0.03
129	0.14	0.00	0.00	0.00	0.06	0.06	0.05	0.00	0.01	0.10	0.00	0.06	0.00	0.07	0.03	0.05
120	0.00	0.00	0.00	0.06	0.17	0.12	0.20	0.20	0.24	0.29	0.27	0.25	0.27	0.34	0.21	0.22
13-	3.02	0.43	6.51	1.54	8.46	2.73	9.45	3.16	8.03	3.20	6.71	3.42	6.12	2.79	7.81	2.97
132	0.86	0.14	2.72	0.18	3.71	0.63	4.62	0.67	3.94	0.87	3.67	1.01	3.20	0.88	3.81	0.76
134	0.29	0.14	1.01	0.12	1.18	0.37	1.18	0.45	0.86	0.47	0.55	0.40	0.14	0.07	0.87	0.38
135	0.14	0.14	0.12	0.24	0.37	0.29	0.30	0.42	0.42	0.35	0.36	0.44	0.68	0.27	0.36	0.36
136	0.00	0.00	0.77	0.41	0.63	0.37	0.44	0.42	0.72	0.29	0.38	0.46	0.82	0.34	0.56	0.37
137	0.43	0.00	0.47	0.24	0.75	0.20	0.76	0.12	0.35	0.25	0.34	0.21	0.27	0.07	0.50	0.19
138	0.58	0.00	0.59	0.06	0.95	0.40	0.92	0.27	0.83	0.24	0.65	0.33	0.41	0.41	0.79	0.28
139	0.58	0.00	0.77	0.18	0.63	0.23	0.64	0.42	0.60	0.33	0.52	0.31	0.34	0.41	0.59	0.32
130	0.14	0.00	0.06	0.12	0.23	0.23	0.60	0.39	0.32	0.40	0.23	0.27	0.27	0.34	0.33	0.31
14-	0.14	0.14	0.53	0.30	0.46	0.43	0.37	0.29	0.22	0.39	0.27	0.44	0.00	0.27	0.30	0.36
142	0.14	0.14	0.24	0.00	0.09	0.03	0.13	0.02	0.01	0.03	0.08	0.04	0.00	0.00	0.08	0.03
143	0.00	0.00	0.18	0.24	0.26	0.29	0.17	0.08	0.12	0.17	0.10	0.23	0.00	0.14	0.14	0.17
145	0.00	0.00	0.00	0.00	0.00	0.03	0.02	0.02	0.00	0.03	0.04	0.00	0.00	0.00	0.01	0.02
146	0.00	0.00	0.00	0.00	0.00	0.03	0.02	0.05	0.03	0.03	0.00	0.08	0.00	0.07	0.01	0.04
147	0.00	0.00	0.00	0.00	0.00	0.03	0.00	0.02	0.01	0.01	0.02	0.00	0.00	0.00	0.01	0.01
148	0.00	0.00	0.06	0.06	0.09	0.00	0.02	0.03	0.00	0.03	0.04	0.06	0.00	0.00	0.03	0.03
149	0.00	0.00	0.06	0.00	0.03	0.03	0.02	0.05	0.03	0.06	0.00	0.02	0.00	0.00	0.02	0.03
140	0.00	0.00	0.00	0.00	0.00	0.00	0.00	0.02	0.01	0.04	0.00	0.02	0.00	0.07	0.00	0.02
15-	0.00	0.29	0.12	0.18	0.23	0.43	0.34	0.42	0.32	0.64	0.40	1.03	0.88	1.09	0.34	0.63
152	0.00	0.00	0.00	0.00	0.03	0.03	0.05	0.03	0.10	0.11	0.06	0.27	0.34	0.07	0.07	0.10
153	0.00	0.00	0.06	0.12	0.09	0.20	0.24	0.20	0.15	0.22	0.19	0.40	0.27	0.54	0.17	0.26
154	0.00	0.00	0.00	0.06	0.00	0.00	0.02	0.03	0.04	0.04	0.06	0.02	0.00	0.00	0.03	0.03
156	0.00	0.14	0.00	0.00	0.06	0.09	0.00	0.03	0.00	0.06	0.02	0.10	0.00	0.00	0.01	0.06
157	0.00	0.00	0.00	0.00	0.00	0.00	0.00	0.00	0.00	0.01	0.04	0.00	0.00	0.07	0.01	0.01
158	0.00	0.14	0.06	0.00	0.00	0.00	0.00	0.02	0.00	0.01	0.04	0.08	0.20	0.14	0.02	0.03
159	0.00	0.00	0.00	0.00	0.06	0.09	0.00	0.07	0.00	0.07	0.00	0.04	0.00	0.00	0.01	0.05
150	0.00	0.00	0.00	0.00	0.00	0.03	0.03	0.03	0.03	0.11	0.00	0.13	0.07	0.27	0.02	0.09

Table III. FREQUENCY OF VARIOUS ONE-, TWO-, AND THREE-POINT MMPI CODES AMONG FEMALE PATIENTS--continued

	AGE <20 N=695		20-29 N=1690		30-39 N=3474		40-49 N=5955		50-59 N=7209		60-69 N=5229		70 + N=1471		ALL AGES N=25723	
CODES	T 70+	T 69-	T 70+	T 69-	T 70+	T 69-	T 70+	T 69-	T 70+	T 69-	T 70+	T 69-	T 70+	T 69-	T 70+	T 69-
16-	0.00	0.14	0.24	0.36	0.12	0.40	0.25	0.20	0.28	0.44	0.15	0.50	0.14	0.14	0.21	0.36
162	0.00	0.00	0.00	0.06	0.06	0.09	0.02	0.02	0.01	0.03	0.06	0.04	0.00	0.00	0.03	0.03
163	0.00	0.00	0.24	0.24	0.06	0.12	0.10	0.13	0.18	0.21	0.06	0.25	0.14	0.07	0.12	0.17
164	0.00	0.00	0.00	0.00	0.00	0.03	0.03	0.00	0.03	0.08	0.02	0.02	0.00	0.00	0.02	0.03
165	0.00	0.00	0.00	0.00	0.00	0.03	0.00	0.00	0.01	0.06	0.00	0.04	0.00	0.00	0.00	0.03
167	0.00	0.00	0.00	0.00	0.00	0.03	0.02	0.02	0.01	0.01	0.00	0.04	0.00	0.00	0.01	0.02
168	0.00	0.14	0.00	0.06	0.00	0.00	0.02	0.02	0.00	0.03	0.02	0.02	0.00	0.00	0.01	0.02
169	0.00	0.00	0.00	0.00	0.00	0.09	0.03	0.00	0.03	0.01	0.00	0.06	0.00	0.00	0.02	0.03
160	0.00	0.00	0.00	0.00	0.00	0.03	0.03	0.02	0.00	0.01	0.00	0.04	0.00	0.07	0.01	0.02
17-	0.43	0.00	0.41	0.24	0.43	0.23	0.34	0.30	0.18	0.33	0.21	0.29	0.34	0.34	0.29	0.29
172	0.00	0.00	0.12	0.00	0.12	0.00	0.15	0.02	0.06	0.06	0.04	0.00	0.00	0.07	0.08	0.02
173	0.29	0.00	0.24	0.18	0.17	0.06	0.08	0.05	0.06	0.11	0.08	0.08	0.07	0.00	0.10	0.08
174	0.00	0.00	0.00	0.00	0.00	0.00	0.00	0.00	0.01	0.01	0.04	0.04	0.00	0.00	0.01	0.01
175	0.00	0.00	0.00	0.00	0.00	0.00	0.00	0.00	0.00	0.03	0.00	0.02	0.00	0.07	0.00	0.02
176	0.14	0.00	0.06	0.06	0.06	0.03	0.02	0.03	0.06	0.03	0.02	0.02	0.14	0.00	0.05	0.03
178	0.00	0.00	0.00	0.00	0.03	0.06	0.03	0.05	0.00	0.06	0.02	0.02	0.07	0.07	0.02	0.04
179	0.00	0.00	0.00	0.00	0.03	0.03	0.03	0.07	0.00	0.00	0.00	0.02	0.00	0.00	0.01	0.02
170	0.00	0.00	0.00	0.00	0.03	0.06	0.02	0.08	0.00	0.04	0.02	0.10	0.07	0.14	0.02	0.07
18-	0.29	0.14	0.18	0.06	0.26	0.14	0.27	0.17	0.26	0.32	0.25	0.21	0.27	0.34	0.26	0.22
182	0.00	0.00	0.00	0.00	0.03	0.03	0.05	0.00	0.07	0.04	0.06	0.02	0.07	0.00	0.05	0.02
183	0.00	0.00	0.12	0.06	0.12	0.03	0.12	0.03	0.08	0.07	0.08	0.06	0.14	0.07	0.10	0.05
184	0.14	0.00	0.00	0.00	0.03	0.03	0.02	0.03	0.01	0.06	0.00	0.02	0.00	0.07	0.02	0.03
185	0.00	0.00	0.00	0.00	0.00	0.00	0.00	0.00	0.00	0.04	0.02	0.02	0.00	0.07	0.00	0.02
186	0.00	0.00	0.00	0.00	0.03	0.00	0.00	0.02	0.00	0.00	0.00	0.00	0.00	0.00	0.00	0.00
187	0.14	0.14	0.06	0.00	0.06	0.03	0.03	0.05	0.04	0.06	0.08	0.08	0.00	0.14	0.05	0.06
189	0.00	0.00	0.00	0.00	0.00	0.00	0.00	0.03	0.04	0.01	0.02	0.00	0.07	0.00	0.02	0.01
180	0.00	0.00	0.00	0.00	0.00	0.03	0.05	0.00	0.01	0.04	0.00	0.02	0.00	0.00	0.02	0.02
19-	0.14	0.14	0.18	0.00	0.29	0.17	0.34	0.32	0.25	0.24	0.29	0.42	0.27	0.34	0.28	0.27
192	0.00	0.00	0.00	0.00	0.06	0.03	0.02	0.07	0.03	0.01	0.08	0.10	0.07	0.00	0.04	0.04
193	0.14	0.00	0.18	0.00	0.20	0.03	0.27	0.13	0.17	0.10	0.08	0.06	0.20	0.14	0.18	0.08
194	0.00	0.14	0.00	0.00	0.03	0.00	0.00	0.02	0.01	0.00	0.02	0.10	0.00	0.07	0.01	0.03
195	0.00	0.00	0.00	0.00	0.00	0.00	0.02	0.03	0.01	0.03	0.02	0.02	0.00	0.00	0.01	0.02
196	0.00	0.00	0.00	0.00	0.00	0.03	0.02	0.03	0.01	0.06	0.02	0.04	0.00	0.00	0.01	0.03
197	0.00	0.00	0.00	0.00	0.00	0.06	0.02	0.02	0.01	0.03	0.02	0.00	0.00	0.00	0.01	0.02
198	0.00	0.00	0.00	0.00	0.00	0.03	0.00	0.00	0.00	0.01	0.04	0.08	0.00	0.07	0.01	0.03
190	0.00	0.00	0.00	0.00	0.00	0.00	0.00	0.02	0.00	0.00	0.02	0.04	0.00	0.07	0.00	0.02

Table III. FREQUENCY OF VARIOUS ONE-, TWO-, AND THREE-POINT MMPI CODES AMONG FEMALE PATIENTS--continued

	AGE <20 N=695		20-29 N=1690		30-39 N=3474		40-49 N=5955		50-59 N=7209		60-69 N=5229		70 + N=1471		ALL AGES N=25723	
CODES	T 70+	T 69-	T 70+	T 69-	T 70+	T 69-	T 70+	T 69-	T 70+	T 69-	T 70+	T 69-	T 70+	T 69-	T 70+	T 69-
10-	0.43	0.43	0.24	0.24	0.14	0.32	0.45	0.45	0.29	0.89	0.33	0.55	0.20	1.02	0.31	0.59
102	0.14	0.14	0.12	0.12	0.06	0.12	0.12	0.17	0.18	0.21	0.13	0.21	0.20	0.54	0.14	0.20
103	0.00	0.14	0.12	0.06	0.00	0.09	0.18	0.13	0.07	0.33	0.10	0.19	0.00	0.20	0.09	0.19
104	0.00	0.00	0.00	0.00	0.00	0.00	0.00	0.00	0.00	0.03	0.02	0.00	0.00	0.00	0.00	0.01
105	0.00	0.00	0.00	0.00	0.00	0.06	0.00	0.03	0.00	0.08	0.04	0.08	0.00	0.00	0.01	0.05
106	0.00	0.14	0.00	0.00	0.00	0.03	0.02	0.02	0.00	0.01	0.02	0.00	0.00	0.07	0.01	0.02
107	0.14	0.00	0.00	0.06	0.03	0.00	0.07	0.07	0.03	0.08	0.02	0.00	0.00	0.14	0.03	0.05
108	0.14	0.00	0.00	0.00	0.06	0.03	0.05	0.02	0.01	0.07	0.00	0.04	0.00	0.00	0.03	0.03
109	0.00	0.00	0.00	0.00	0.00	0.00	0.02	0.02	0.00	0.07	0.00	0.04	0.00	0.07	0.00	0.03
2--	3.74	1.87	6.80	4.08	9.67	4.29	9.89	5.34	9.40	7.05	9.89	7.61	8.91	9.18	9.30	6.18
21-	0.14	0.14	1.07	0.30	1.64	0.58	2.38	0.69	2.30	1.21	2.91	1.47	3.40	1.29	2.28	0.97
213	0.14	0.14	0.47	0.06	0.86	0.32	1.33	0.27	1.17	0.51	1.32	0.61	1.97	0.68	1.17	0.42
214	0.00	0.00	0.06	0.00	0.09	0.06	0.08	0.02	0.15	0.08	0.02	0.02	0.14	0.00	0.09	0.04
215	0.00	0.00	0.00	0.00	0.03	0.03	0.10	0.07	0.04	0.08	0.06	0.15	0.14	0.07	0.06	0.08
216	0.00	0.00	0.06	0.06	0.09	0.03	0.08	0.12	0.06	0.04	0.13	0.17	0.00	0.00	0.08	0.08
217	0.00	0.00	0.24	0.06	0.12	0.03	0.37	0.03	0.33	0.15	0.57	0.11	0.61	0.07	0.36	0.09
218	0.00	0.00	0.06	0.00	0.12	0.03	0.12	0.02	0.10	0.03	0.11	0.00	0.00	0.07	0.10	0.02
219	0.00	0.00	0.06	0.06	0.00	0.03	0.00	0.05	0.03	0.04	0.06	0.06	0.00	0.07	0.02	0.05
210	0.00	0.00	0.12	0.06	0.35	0.06	0.30	0.12	0.43	0.26	0.63	0.34	0.54	0.34	0.40	0.20
23-	0.29	0.29	1.12	0.83	1.96	0.86	2.17	1.34	1.83	1.72	1.82	1.40	1.50	1.02	1.82	1.31
231	0.00	0.29	0.65	0.18	1.04	0.37	1.36	0.49	1.04	0.68	1.19	0.50	0.95	0.54	1.08	0.51
234	0.14	0.00	0.06	0.06	0.20	0.09	0.18	0.13	0.14	0.22	0.06	0.23	0.07	0.14	0.13	0.16
235	0.00	0.00	0.00	0.00	0.03	0.00	0.00	0.07	0.03	0.07	0.06	0.10	0.00	0.07	0.02	0.06
236	0.14	0.00	0.00	0.18	0.09	0.03	0.08	0.15	0.10	0.15	0.02	0.15	0.07	0.07	0.07	0.13
237	0.00	0.00	0.30	0.24	0.43	0.14	0.32	0.15	0.33	0.21	0.33	0.15	0.34	0.07	0.33	0.16
238	0.00	0.00	0.00	0.00	0.06	0.03	0.07	0.03	0.04	0.07	0.10	0.06	0.00	0.00	0.05	0.04
239	0.00	0.00	0.06	0.00	0.00	0.03	0.02	0.05	0.00	0.07	0.02	0.06	0.00	0.07	0.01	0.05
230	0.00	0.00	0.06	0.18	0.12	0.17	0.13	0.27	0.15	0.25	0.06	0.15	0.07	0.07	0.11	0.20
24-	0.72	0.14	0.71	0.47	0.98	0.35	0.81	0.34	0.69	0.60	0.46	0.52	0.20	0.68	0.68	0.47
241	0.00	0.14	0.06	0.06	0.12	0.06	0.13	0.07	0.17	0.07	0.08	0.04	0.07	0.07	0.12	0.06
243	0.29	0.00	0.12	0.18	0.23	0.06	0.22	0.05	0.26	0.18	0.11	0.08	0.00	0.14	0.19	0.10
245	0.00	0.00	0.00	0.06	0.00	0.00	0.00	0.03	0.01	0.03	0.02	0.04	0.00	0.07	0.01	0.03
246	0.00	0.00	0.06	0.00	0.12	0.00	0.03	0.03	0.06	0.12	0.06	0.04	0.07	0.14	0.06	0.06
247	0.14	0.00	0.24	0.00	0.29	0.00	0.18	0.02	0.06	0.06	0.08	0.02	0.00	0.00	0.13	0.02
248	0.14	0.00	0.12	0.00	0.14	0.00	0.07	0.02	0.08	0.01	0.04	0.00	0.00	0.07	0.08	0.01
249	0.00	0.00	0.06	0.06	0.03	0.06	0.03	0.07	0.00	0.03	0.02	0.06	0.00	0.07	0.02	0.05
240	0.14	0.00	0.06	0.12	0.06	0.17	0.13	0.05	0.06	0.10	0.06	0.25	0.07	0.14	0.08	0.13

Table III. FREQUENCY OF VARIOUS ONE-, TWO-, AND THREE-POINT MMPI CODES AMONG FEMALE PATIENTS--continued

	AGE <20 N=695		20-29 N=1690		30-39 N=3474		40-49 N=5955		50-59 N=7209		60-69 N=5229		70 + N=1471		ALL AGES N=25723	
CODES	T 70+	T 69-	T 70+	T 69-	T 70+	T 69-	T 70+	T 69-	T 70+	T 69-	T 70+	T 69-	T 70+	T 69-	T 70+	T 69-
25-	0.14	0.14	0.06	0.18	0.12	0.20	0.03	0.27	0.11	0.53	0.33	0.73	0.14	1.70	0.14	0.50
251	0.00	0.00	0.06	0.00	0.03	0.06	0.00	0.02	0.04	0.18	0.04	0.11	0.00	0.20	0.03	0.10
253	0.00	0.00	0.00	0.00	0.00	0.03	0.02	0.08	0.00	0.06	0.06	0.11	0.07	0.34	0.02	0.08
254	0.00	0.00	0.00	0.00	0.00	0.00	0.00	0.02	0.00	0.06	0.06	0.11	0.00	0.14	0.01	0.05
256	0.00	0.00	0.00	0.00	0.00	0.03	0.00	0.03	0.01	0.01	0.00	0.02	0.00	0.07	0.00	0.02
257	0.00	0.00	0.00	0.06	0.03	0.03	0.00	0.03	0.04	0.03	0.04	0.02	0.00	0.34	0.02	0.05
258	0.00	0.00	0.00	0.00	0.03	0.00	0.00	0.03	0.01	0.03	0.02	0.04	0.00	0.07	0.01	0.03
259	0.00	0.00	0.00	0.00	0.00	0.00	0.00	0.02	0.00	0.01	0.00	0.04	0.00	0.07	0.00	0.02
250	0.14	0.14	0.00	0.12	0.03	0.06	0.02	0.03	0.00	0.15	0.11	0.27	0.07	0.48	0.04	0.15
26-	0.29	0.00	0.77	0.47	0.43	0.46	0.59	0.45	0.36	0.42	0.46	0.52	0.61	0.88	0.48	0.47
261	0.00	0.00	0.18	0.06	0.06	0.00	0.08	0.05	0.03	0.08	0.08	0.10	0.00	0.14	0.06	0.07
263	0.00	0.00	0.24	0.18	0.06	0.06	0.05	0.13	0.08	0.07	0.10	0.06	0.00	0.14	0.08	0.09
264	0.00	0.00	0.06	0.18	0.09	0.03	0.07	0.03	0.04	0.06	0.06	0.04	0.14	0.00	0.06	0.05
265	0.00	0.00	0.00	0.00	0.03	0.06	0.02	0.03	0.01	0.00	0.00	0.04	0.14	0.07	0.02	0.03
267	0.14	0.00	0.12	0.00	0.09	0.14	0.15	0.08	0.12	0.01	0.11	0.06	0.20	0.07	0.13	0.06
268	0.00	0.00	0.12	0.00	0.03	0.03	0.07	0.00	0.01	0.06	0.00	0.02	0.00	0.14	0.03	0.03
269	0.00	0.00	0.00	0.00	0.03	0.03	0.00	0.05	0.00	0.03	0.00	0.00	0.00	0.14	0.00	0.03
260	0.14	0.00	0.06	0.06	0.06	0.12	0.15	0.07	0.06	0.11	0.11	0.21	0.14	0.20	0.10	0.12
27-	1.29	0.29	1.36	0.41	2.48	0.55	1.70	0.64	1.93	0.54	1.74	0.63	1.36	0.75	1.82	0.58
271	0.29	0.00	0.12	0.06	0.29	0.06	0.27	0.10	0.35	0.08	0.36	0.11	0.34	0.14	0.31	0.09
273	0.00	0.00	0.24	0.00	0.40	0.17	0.35	0.13	0.44	0.08	0.38	0.10	0.14	0.20	0.36	0.11
274	0.00	0.00	0.06	0.12	0.32	0.06	0.17	0.12	0.14	0.06	0.23	0.04	0.07	0.00	0.17	0.07
275	0.00	0.00	0.00	0.00	0.03	0.00	0.00	0.00	0.06	0.00	0.11	0.06	0.00	0.00	0.04	0.01
276	0.29	0.14	0.24	0.00	0.29	0.03	0.15	0.08	0.12	0.07	0.13	0.10	0.20	0.20	0.17	0.08
278	0.29	0.00	0.41	0.00	0.52	0.09	0.18	0.02	0.25	0.04	0.21	0.04	0.20	0.07	0.27	0.04
279	0.00	0.00	0.00	0.06	0.00	0.03	0.05	0.02	0.00	0.03	0.02	0.02	0.00	0.00	0.02	0.02
270	0.43	0.14	0.30	0.18	0.63	0.12	0.52	0.17	0.57	0.18	0.29	0.17	0.41	0.14	0.48	0.16
28-	0.14	0.14	0.36	0.00	0.37	0.17	0.59	0.15	0.53	0.11	0.42	0.13	0.20	0.41	0.46	0.14
281	0.00	0.00	0.18	0.00	0.00	0.00	0.12	0.02	0.10	0.04	0.04	0.04	0.00	0.07	0.07	0.03
283	0.00	0.00	0.12	0.00	0.06	0.03	0.07	0.00	0.06	0.01	0.02	0.02	0.07	0.00	0.05	0.01
284	0.00	0.00	0.00	0.00	0.06	0.03	0.10	0.02	0.06	0.01	0.04	0.00	0.00	0.07	0.05	0.02
285	0.00	0.14	0.00	0.00	0.00	0.03	0.00	0.00	0.00	0.00	0.02	0.04	0.00	0.00	0.00	0.02
286	0.14	0.00	0.00	0.00	0.09	0.03	0.03	0.00	0.04	0.00	0.04	0.00	0.00	0.00	0.04	0.00
287	0.00	0.00	0.06	0.00	0.17	0.03	0.22	0.07	0.21	0.01	0.23	0.02	0.07	0.14	0.19	0.03
289	0.00	0.00	0.00	0.00	0.00	0.00	0.00	0.00	0.01	0.00	0.00	0.00	0.00	0.00	0.00	0.00
280	0.00	0.00	0.00	0.00	0.00	0.03	0.05	0.05	0.06	0.03	0.04	0.02	0.07	0.14	0.04	0.03

Table III. FREQUENCY OF VARIOUS ONE-, TWO-, AND THREE-POINT MMPI CODES AMONG FEMALE PATIENTS--continued

	AGE <20		20-29		30-39		40-49		50-59		60-69		70 +		ALL AGES	
	N=695		N=1690		N=3474		N=5955		N=7209		N=5229		N=1471		N=25723	
CODES	T 70+	T 69-	T 70+	T 69-	T 70+	T 69-	T 70+	T 69-	T 70+	T 69-	T 70+	T 69-	T 70+	T 69-	T 70+	T 69-
29-	0.00	0.00	0.12	0.18	0.00	0.12	0.05	0.07	0.11	0.28	0.11	0.23	0.07	0.20	0.08	0.18
291	0.00	0.00	0.00	0.00	0.00	0.00	0.00	0.02	0.04	0.03	0.04	0.06	0.00	0.00	0.02	0.02
293	0.00	0.00	0.00	0.06	0.00	0.06	0.02	0.02	0.03	0.06	0.00	0.04	0.00	0.00	0.01	0.04
294	0.00	0.00	0.00	0.00	0.00	0.00	0.03	0.03	0.00	0.03	0.00	0.02	0.00	0.07	0.01	0.02
295	0.00	0.00	0.00	0.00	0.00	0.03	0.00	0.00	0.00	0.04	0.00	0.04	0.00	0.07	0.00	0.03
296	0.00	0.00	0.00	0.12	0.00	0.03	0.00	0.00	0.01	0.04	0.04	0.02	0.00	0.00	0.01	0.03
297	0.00	0.00	0.00	0.00	0.00	0.00	0.00	0.00	0.01	0.06	0.02	0.04	0.00	0.00	0.01	0.02
298	0.00	0.00	0.00	0.00	0.00	0.00	0.00	0.00	0.01	0.01	0.02	0.00	0.07	0.07	0.01	0.01
290	0.00	0.00	0.12	0.00	0.00	0.00	0.00	0.00	0.00	0.01	0.00	0.02	0.00	0.00	0.01	0.01
20-	0.72	0.72	1.24	1.24	1.70	1.01	1.58	1.39	1.54	1.65	1.64	1.99	1.43	2.24	1.54	1.56
201	0.00	0.29	0.18	0.30	0.32	0.20	0.40	0.27	0.28	0.49	0.44	0.52	0.48	0.75	0.34	0.40
203	0.14	0.00	0.24	0.30	0.23	0.14	0.17	0.34	0.19	0.29	0.21	0.15	0.14	0.48	0.19	0.26
204	0.14	0.00	0.12	0.00	0.20	0.06	0.08	0.12	0.11	0.08	0.11	0.08	0.07	0.14	0.12	0.08
205	0.00	0.14	0.00	0.12	0.03	0.09	0.03	0.07	0.08	0.19	0.10	0.23	0.20	0.34	0.07	0.16
206	0.00	0.00	0.12	0.12	0.14	0.09	0.24	0.20	0.10	0.18	0.15	0.42	0.00	0.14	0.14	0.21
207	0.43	0.29	0.41	0.36	0.72	0.37	0.57	0.34	0.69	0.26	0.54	0.36	0.34	0.34	0.59	0.33
208	0.00	0.00	0.18	0.06	0.00	0.03	0.07	0.03	0.08	0.07	0.08	0.13	0.20	0.07	0.08	0.07
209	0.00	0.00	0.00	0.00	0.06	0.03	0.02	0.03	0.00	0.08	0.02	0.10	0.00	0.00	0.02	0.05
3--	5.90	5.32	8.99	7.93	11.86	10.25	10.33	11.22	7.20	9.79	4.67	9.03	2.99	7.34	7.88	9.65
31-	3.31	1.44	5.38	2.84	7.31	3.86	6.82	3.91	5.10	3.73	3.10	3.23	1.70	3.26	5.17	3.54
312	0.72	0.29	2.19	1.01	2.71	0.89	2.85	0.72	2.43	0.89	1.72	0.99	0.61	1.16	2.25	0.88
314	0.86	0.14	1.12	0.53	1.35	0.52	1.06	0.62	0.82	0.64	0.48	0.55	0.27	0.27	0.87	0.56
315	0.00	0.00	0.18	0.30	0.23	0.49	0.24	0.32	0.17	0.39	0.13	0.38	0.07	0.54	0.17	0.38
316	0.14	0.14	0.41	0.36	0.86	0.69	0.65	0.65	0.37	0.51	0.15	0.44	0.14	0.27	0.44	0.52
317	0.72	0.14	0.47	0.12	0.89	0.40	0.57	0.54	0.32	0.24	0.13	0.11	0.14	0.20	0.43	0.29
318	0.43	0.43	0.47	0.24	0.58	0.37	0.65	0.35	0.42	0.43	0.29	0.25	0.27	0.20	0.46	0.34
319	0.43	0.14	0.53	0.18	0.49	0.26	0.54	0.40	0.47	0.36	0.17	0.31	0.20	0.20	0.42	0.32
310	0.00	0.14	0.00	0.12	0.20	0.23	0.25	0.30	0.11	0.28	0.02	0.19	0.00	0.41	0.12	0.25
32-	0.58	0.29	1.18	0.65	1.99	0.95	1.70	1.39	0.83	1.14	0.76	1.42	0.88	1.22	1.19	1.18
321	0.14	0.14	0.71	0.36	1.24	0.37	1.06	0.44	0.55	0.51	0.57	0.61	0.82	0.48	0.78	0.47
324	0.00	0.00	0.06	0.00	0.20	0.12	0.24	0.10	0.06	0.12	0.02	0.13	0.00	0.20	0.10	0.11
325	0.00	0.00	0.00	0.00	0.00	0.00	0.03	0.08	0.03	0.04	0.02	0.10	0.00	0.07	0.02	0.05
326	0.14	0.00	0.06	0.12	0.03	0.23	0.08	0.25	0.01	0.14	0.00	0.25	0.00	0.27	0.03	0.20
327	0.29	0.14	0.30	0.06	0.29	0.06	0.20	0.22	0.12	0.07	0.11	0.04	0.00	0.07	0.17	0.10
328	0.00	0.00	0.00	0.06	0.20	0.00	0.05	0.08	0.00	0.04	0.02	0.04	0.07	0.00	0.05	0.04
329	0.00	0.00	0.00	0.00	0.00	0.03	0.00	0.10	0.04	0.07	0.00	0.10	0.00	0.07	0.01	0.07
320	0.00	0.00	0.06	0.06	0.03	0.14	0.03	0.12	0.01	0.14	0.02	0.15	0.00	0.07	0.02	0.12

Table III. FREQUENCY OF VARIOUS ONE-, TWO-, AND THREE-POINT MMPI CODES AMONG FEMALE PATIENTS--continued

	AGE <20 N=695		20-29 N=1690		30-39 N=3474		40-49 N=5955		50-59 N=7209		60-69 N=5229		70 + N=1471		ALL AGES N=25723	
CODES	T 70+	T 69-	T 70+	T 69-	T 70+	T 69-	T 70+	T 69-	T 70+	T 69-	T 70+	T 69-	T 70+	T 69-	T 70+	T 69-
34-	0.72	1.15	0.77	1.30	1.09	1.44	0.82	1.83	0.46	1.30	0.25	1.15	0.14	0.61	0.59	1.37
341	0.29	0.43	0.36	0.41	0.63	0.40	0.47	0.54	0.28	0.39	0.21	0.50	0.14	0.41	0.35	0.45
342	0.14	0.00	0.18	0.00	0.14	0.17	0.13	0.27	0.06	0.08	0.02	0.10	0.00	0.00	0.09	0.13
345	0.00	0.14	0.00	0.24	0.00	0.06	0.00	0.12	0.01	0.07	0.00	0.06	0.00	0.00	0.00	0.09
346	0.14	0.14	0.00	0.18	0.09	0.23	0.05	0.22	0.04	0.22	0.02	0.15	0.00	0.00	0.04	0.19
347	0.00	0.00	0.00	0.00	0.09	0.23	0.05	0.10	0.01	0.10	0.00	0.04	0.00	0.00	0.03	0.09
348	0.00	0.43	0.06	0.12	0.06	0.14	0.07	0.22	0.01	0.17	0.00	0.17	0.00	0.07	0.03	0.17
349	0.14	0.00	0.18	0.36	0.06	0.17	0.05	0.20	0.03	0.22	0.00	0.11	0.00	0.14	0.04	0.19
340	0.00	0.00	0.00	0.00	0.03	0.03	0.00	0.17	0.01	0.06	0.00	0.02	0.00	0.00	0.01	0.06
35-	0.14	0.43	0.12	0.12	0.14	0.63	0.08	0.67	0.07	0.64	0.08	0.73	0.07	0.61	0.09	0.62
351	0.14	0.29	0.06	0.00	0.09	0.20	0.08	0.30	0.06	0.19	0.04	0.27	0.07	0.34	0.07	0.23
352	0.00	0.00	0.00	0.00	0.03	0.09	0.00	0.05	0.01	0.12	0.02	0.08	0.00	0.07	0.01	0.08
354	0.00	0.14	0.06	0.06	0.00	0.06	0.00	0.12	0.00	0.10	0.00	0.08	0.00	0.14	0.00	0.09
356	0.00	0.00	0.00	0.00	0.03	0.14	0.00	0.08	0.00	0.08	0.00	0.11	0.00	0.00	0.00	0.09
357	0.00	0.00	0.00	0.00	0.00	0.00	0.00	0.02	0.00	0.01	0.00	0.04	0.00	0.00	0.00	0.02
358	0.00	0.00	0.00	0.06	0.00	0.06	0.00	0.02	0.00	0.03	0.00	0.04	0.00	0.00	0.00	0.03
359	0.00	0.00	0.00	0.00	0.00	0.03	0.00	0.03	0.00	0.01	0.02	0.02	0.00	0.00	0.00	0.02
350	0.00	0.00	0.00	0.00	0.00	0.06	0.00	0.05	0.00	0.08	0.00	0.10	0.00	0.07	0.00	0.07
36-	0.00	0.72	0.41	0.77	0.32	1.18	0.30	1.19	0.17	0.83	0.13	1.05	0.07	0.54	0.22	0.98
361	0.00	0.29	0.18	0.24	0.09	0.35	0.15	0.34	0.10	0.21	0.10	0.38	0.00	0.14	0.10	0.29
362	0.00	0.00	0.06	0.18	0.12	0.17	0.07	0.13	0.01	0.14	0.02	0.11	0.07	0.07	0.05	0.13
364	0.00	0.14	0.06	0.12	0.09	0.17	0.02	0.18	0.01	0.10	0.02	0.15	0.00	0.00	0.03	0.14
365	0.00	0.00	0.00	0.00	0.00	0.09	0.00	0.08	0.00	0.07	0.00	0.04	0.00	0.00	0.00	0.06
367	0.00	0.00	0.00	0.06	0.00	0.12	0.02	0.07	0.00	0.07	0.00	0.04	0.00	0.20	0.00	0.07
368	0.00	0.14	0.12	0.06	0.00	0.20	0.03	0.12	0.01	0.08	0.00	0.13	0.00	0.14	0.02	0.12
369	0.00	0.00	0.00	0.06	0.03	0.09	0.02	0.18	0.03	0.07	0.00	0.10	0.00	0.00	0.02	0.10
360	0.00	0.14	0.00	0.06	0.00	0.00	0.00	0.08	0.00	0.10	0.00	0.10	0.00	0.00	0.00	0.07
37-	0.43	0.43	0.77	0.47	0.52	0.55	0.24	0.49	0.25	0.36	0.11	0.42	0.07	0.48	0.28	0.44
371	0.29	0.14	0.12	0.18	0.20	0.14	0.10	0.05	0.11	0.03	0.02	0.15	0.07	0.20	0.10	0.10
372	0.00	0.14	0.30	0.12	0.14	0.03	0.08	0.12	0.03	0.11	0.08	0.04	0.00	0.07	0.08	0.09
374	0.00	0.00	0.06	0.06	0.00	0.09	0.02	0.03	0.01	0.01	0.00	0.02	0.00	0.00	0.01	0.03
375	0.00	0.00	0.00	0.00	0.00	0.06	0.00	0.03	0.00	0.00	0.00	0.02	0.00	0.00	0.00	0.02
376	0.00	0.00	0.00	0.06	0.03	0.00	0.02	0.08	0.00	0.06	0.02	0.06	0.00	0.07	0.01	0.05
378	0.14	0.14	0.06	0.00	0.14	0.12	0.00	0.05	0.08	0.04	0.00	0.04	0.00	0.14	0.05	0.06
379	0.00	0.00	0.18	0.00	0.00	0.09	0.02	0.07	0.01	0.06	0.00	0.04	0.00	0.00	0.02	0.05
370	0.00	0.00	0.06	0.06	0.00	0.03	0.00	0.05	0.00	0.06	0.00	0.06	0.00	0.00	0.00	0.05

Table III. FREQUENCY OF VARIOUS ONE-, TWO-, AND THREE-POINT MMPI CODES AMONG FEMALE PATIENTS--continued

	AGE <20 N=695		20-29 N=1690		30-39 N=3474		40-49 N=5955		50-59 N=7209		60-69 N=5229		70 + N=1471		ALL AGES N=25723	
CODES	T 70+	T 69-	T 70+	T 69-	T 70+	T 69-	T 70+	T 69-	T 70+	T 69-	T 70+	T 69-	T 70+	T 69-	T 70+	T 69-
38-	0.29	0.29	0.18	0.65	0.14	0.43	0.08	0.34	0.11	0.51	0.13	0.23	0.00	0.20	0.12	0.39
381	0.00	0.00	0.12	0.24	0.06	0.17	0.08	0.12	0.04	0.18	0.08	0.11	0.00	0.07	0.06	0.14
382	0.00	0.14	0.06	0.06	0.00	0.00	0.00	0.03	0.03	0.04	0.00	0.04	0.00	0.00	0.01	0.03
384	0.14	0.14	0.00	0.18	0.06	0.12	0.00	0.03	0.03	0.14	0.00	0.02	0.00	0.07	0.02	0.09
385	0.00	0.00	0.00	0.00	0.00	0.00	0.00	0.02	0.00	0.00	0.00	0.00	0.00	0.00	0.00	0.00
386	0.00	0.00	0.00	0.12	0.00	0.03	0.00	0.05	0.00	0.04	0.00	0.02	0.00	0.07	0.00	0.04
387	0.14	0.00	0.00	0.06	0.03	0.09	0.00	0.03	0.00	0.06	0.06	0.04	0.00	0.00	0.02	0.05
389	0.00	0.00	0.00	0.00	0.00	0.03	0.00	0.05	0.01	0.01	0.00	0.00	0.00	0.00	0.00	0.02
380	0.00	0.00	0.00	0.00	0.00	0.00	0.00	0.00	0.00	0.04	0.00	0.00	0.00	0.00	0.00	0.01
39-	0.43	0.43	0.18	0.83	0.29	0.81	0.18	0.99	0.17	0.83	0.08	0.46	0.07	0.27	0.17	0.75
391	0.29	0.00	0.06	0.30	0.17	0.23	0.12	0.35	0.11	0.32	0.02	0.19	0.07	0.14	0.10	0.27
392	0.00	0.00	0.06	0.06	0.03	0.03	0.02	0.07	0.00	0.03	0.00	0.04	0.00	0.07	0.01	0.04
394	0.00	0.14	0.00	0.30	0.03	0.20	0.02	0.18	0.01	0.10	0.02	0.04	0.00	0.00	0.02	0.13
395	0.00	0.14	0.00	0.00	0.00	0.00	0.00	0.12	0.00	0.04	0.00	0.06	0.00	0.00	0.00	0.05
396	0.00	0.14	0.00	0.12	0.03	0.23	0.00	0.13	0.03	0.15	0.04	0.02	0.00	0.00	0.02	0.12
397	0.00	0.00	0.06	0.00	0.03	0.09	0.00	0.07	0.00	0.07	0.00	0.02	0.00	0.00	0.01	0.05
398	0.14	0.00	0.00	0.00	0.00	0.03	0.03	0.05	0.01	0.08	0.00	0.06	0.00	0.07	0.02	0.05
390	0.00	0.00	0.00	0.06	0.00	0.00	0.00	0.02	0.00	0.04	0.00	0.04	0.00	0.00	0.00	0.03
30-	0.00	0.14	0.00	0.30	0.06	0.40	0.10	0.40	0.04	0.44	0.02	0.34	0.00	0.14	0.05	0.37
301	0.00	0.14	0.00	0.18	0.03	0.14	0.02	0.08	0.01	0.14	0.00	0.08	0.00	0.00	0.01	0.11
302	0.00	0.00	0.00	0.00	0.03	0.14	0.03	0.10	0.03	0.04	0.02	0.17	0.00	0.14	0.02	0.10
304	0.00	0.00	0.00	0.06	0.00	0.00	0.00	0.05	0.00	0.04	0.00	0.00	0.00	0.00	0.00	0.03
305	0.00	0.00	0.00	0.00	0.00	0.00	0.02	0.03	0.00	0.01	0.00	0.04	0.00	0.00	0.00	0.02
306	0.00	0.00	0.00	0.00	0.00	0.09	0.02	0.03	0.00	0.07	0.00	0.04	0.00	0.00	0.00	0.05
307	0.00	0.00	0.00	0.00	0.00	0.03	0.02	0.07	0.00	0.07	0.00	0.00	0.00	0.00	0.00	0.04
308	0.00	0.00	0.00	0.00	0.00	0.00	0.00	0.00	0.00	0.06	0.00	0.00	0.00	0.00	0.00	0.02
309	0.00	0.00	0.00	0.06	0.00	0.00	0.00	0.03	0.00	0.01	0.00	0.02	0.00	0.00	0.00	0.02
4--	9.64	8.63	6.69	8.28	4.69	6.25	2.75	4.82	2.44	5.24	1.82	4.59	1.02	3.60	3.08	5.35
41-	0.29	0.14	0.47	0.47	0.32	0.37	0.29	0.40	0.24	0.58	0.29	0.36	0.14	0.41	0.28	0.44
412	0.00	0.00	0.06	0.00	0.00	0.03	0.03	0.07	0.00	0.08	0.08	0.08	0.00	0.20	0.03	0.07
413	0.29	0.00	0.24	0.06	0.20	0.23	0.22	0.27	0.11	0.28	0.13	0.19	0.14	0.07	0.17	0.22
415	0.00	0.00	0.00	0.00	0.00	0.00	0.00	0.00	0.00	0.03	0.04	0.06	0.00	0.00	0.01	0.02
416	0.00	0.00	0.00	0.00	0.03	0.00	0.00	0.02	0.01	0.04	0.02	0.02	0.00	0.00	0.01	0.02
417	0.00	0.00	0.00	0.12	0.03	0.03	0.00	0.00	0.03	0.03	0.00	0.00	0.00	0.00	0.01	0.02
418	0.00	0.00	0.12	0.12	0.06	0.03	0.03	0.02	0.03	0.06	0.00	0.00	0.00	0.00	0.03	0.03
419	0.00	0.14	0.06	0.18	0.00	0.03	0.00	0.02	0.06	0.04	0.02	0.02	0.00	0.07	0.02	0.04
410	0.00	0.00	0.00	0.00	0.00	0.03	0.00	0.02	0.00	0.03	0.00	0.00	0.00	0.07	0.00	0.02

Table III. FREQUENCY OF VARIOUS ONE-, TWO-, AND THREE-POINT MMPI CODES AMONG FEMALE PATIENTS--continued

CODES	AGE <20 N=695 T 70+	T 69-	20-29 N=1690 T 70+	T 69-	30-39 N=3474 T 70+	T 69-	40-49 N=5955 T 70+	T 69-	50-59 N=7209 T 70+	T 69-	60-69 N=5229 T 70+	T 69-	70 + N=1471 T 70+	T 69-	ALL AGES N=25723 T 70+	T 69-
42-	1.15	0.14	1.24	0.53	1.09	0.43	0.60	0.32	0.51	0.47	0.46	0.40	0.20	0.41	0.65	0.41
421	0.29	0.00	0.12	0.06	0.09	0.03	0.03	0.10	0.08	0.08	0.13	0.06	0.00	0.00	0.09	0.07
423	0.29	0.00	0.18	0.12	0.23	0.14	0.20	0.07	0.17	0.12	0.08	0.08	0.00	0.14	0.16	0.10
425	0.00	0.00	0.00	0.06	0.00	0.00	0.00	0.03	0.00	0.04	0.02	0.04	0.00	0.14	0.00	0.04
426	0.00	0.14	0.06	0.18	0.14	0.09	0.10	0.02	0.04	0.04	0.06	0.06	0.07	0.00	0.07	0.05
427	0.43	0.00	0.30	0.06	0.17	0.03	0.10	0.02	0.12	0.03	0.08	0.02	0.00	0.00	0.13	0.02
428	0.00	0.00	0.41	0.00	0.26	0.00	0.10	0.02	0.03	0.03	0.04	0.06	0.07	0.07	0.10	0.03
429	0.14	0.00	0.12	0.00	0.03	0.06	0.02	0.02	0.03	0.07	0.06	0.06	0.07	0.07	0.04	0.05
420	0.00	0.00	0.06	0.06	0.17	0.09	0.05	0.05	0.04	0.06	0.00	0.04	0.00	0.00	0.05	0.05
43-	2.01	1.58	1.01	2.54	1.15	2.45	0.71	1.44	0.62	1.43	0.33	1.30	0.20	0.75	0.69	1.58
431	0.29	0.43	0.24	0.47	0.26	0.69	0.27	0.39	0.28	0.37	0.10	0.36	0.07	0.20	0.22	0.42
432	0.29	0.14	0.41	0.18	0.17	0.26	0.13	0.10	0.12	0.18	0.08	0.23	0.07	0.14	0.14	0.18
435	0.14	0.29	0.00	0.24	0.03	0.12	0.00	0.15	0.01	0.12	0.00	0.06	0.00	0.14	0.01	0.13
436	0.29	0.14	0.12	0.59	0.17	0.32	0.07	0.12	0.03	0.22	0.02	0.21	0.00	0.00	0.07	0.22
437	0.29	0.14	0.00	0.24	0.17	0.06	0.08	0.12	0.04	0.07	0.02	0.13	0.00	0.00	0.07	0.10
438	0.58	0.29	0.12	0.47	0.23	0.75	0.10	0.32	0.11	0.28	0.10	0.21	0.07	0.27	0.13	0.35
439	0.14	0.14	0.12	0.36	0.12	0.20	0.05	0.22	0.03	0.15	0.02	0.06	0.00	0.00	0.05	0.16
430	0.00	0.00	0.00	0.00	0.00	0.06	0.00	0.03	0.00	0.03	0.00	0.04	0.00	0.00	0.00	0.03
45-	0.00	1.15	0.24	0.77	0.12	0.26	0.07	0.42	0.06	0.26	0.06	0.55	0.00	0.27	0.07	0.42
451	0.00	0.14	0.06	0.06	0.03	0.03	0.03	0.05	0.00	0.08	0.00	0.10	0.00	0.00	0.02	0.07
452	0.00	0.00	0.00	0.12	0.03	0.03	0.02	0.02	0.01	0.01	0.00	0.08	0.00	0.00	0.01	0.03
453	0.00	0.14	0.00	0.12	0.03	0.09	0.00	0.12	0.01	0.03	0.00	0.06	0.00	0.14	0.01	0.08
456	0.00	0.00	0.00	0.12	0.00	0.03	0.00	0.02	0.00	0.01	0.00	0.00	0.00	0.07	0.00	0.02
457	0.00	0.00	0.12	0.06	0.00	0.00	0.00	0.03	0.01	0.01	0.00	0.06	0.00	0.00	0.01	0.03
458	0.00	0.00	0.00	0.24	0.03	0.09	0.02	0.08	0.01	0.03	0.06	0.08	0.00	0.00	0.02	0.07
459	0.00	0.86	0.06	0.06	0.00	0.00	0.00	0.08	0.00	0.07	0.00	0.08	0.00	0.07	0.00	0.09
450	0.00	0.00	0.00	0.00	0.00	0.00	0.00	0.02	0.00	0.01	0.00	0.11	0.00	0.00	0.00	0.03
46-	0.43	0.86	0.83	0.77	0.60	0.69	0.39	0.47	0.22	0.54	0.15	0.61	0.00	0.41	0.33	0.58
461	0.00	0.00	0.06	0.00	0.03	0.06	0.05	0.02	0.03	0.01	0.00	0.02	0.00	0.00	0.03	0.02
462	0.14	0.00	0.18	0.12	0.12	0.06	0.07	0.05	0.06	0.03	0.04	0.10	0.00	0.14	0.07	0.06
463	0.14	0.43	0.36	0.36	0.12	0.23	0.02	0.20	0.07	0.14	0.06	0.11	0.00	0.00	0.08	0.17
465	0.00	0.00	0.00	0.06	0.03	0.06	0.00	0.00	0.00	0.08	0.00	0.00	0.00	0.00	0.00	0.03
467	0.00	0.00	0.06	0.12	0.12	0.06	0.05	0.03	0.00	0.04	0.00	0.13	0.00	0.00	0.03	0.06
468	0.00	0.29	0.06	0.06	0.09	0.00	0.05	0.08	0.04	0.14	0.02	0.15	0.00	0.20	0.04	0.11
469	0.14	0.00	0.12	0.06	0.12	0.17	0.15	0.03	0.01	0.08	0.00	0.06	0.00	0.07	0.07	0.07
460	0.00	0.14	0.00	0.00	0.00	0.06	0.00	0.05	0.01	0.01	0.04	0.04	0.00	0.00	0.01	0.03

Table III. FREQUENCY OF VARIOUS ONE-, TWO-, AND THREE-POINT MMPI CODES AMONG FEMALE PATIENTS--continued

	AGE <20 N=695		20-29 N=1690		30-39 N=3474		40-49 N=5955		50-59 N=7209		60-69 N=5229		70 + N=1471		ALL AGES N=25723	
CODES	T 70+	T 69-	T 70+	T 69-	T 70+	T 69-	T 70+	T 69-	T 70+	T 69-	T 70+	T 69-	T 70+	T 69-	T 70+	T 69-
47-	0.72	1.29	0.71	0.59	0.17	0.46	0.08	0.29	0.10	0.33	0.11	0.36	0.00	0.14	0.16	0.38
471	0.00	0.00	0.00	0.00	0.00	0.03	0.02	0.05	0.00	0.03	0.00	0.04	0.00	0.00	0.00	0.03
472	0.14	0.14	0.12	0.06	0.03	0.14	0.02	0.00	0.01	0.10	0.04	0.08	0.00	0.00	0.03	0.07
473	0.29	0.14	0.06	0.18	0.06	0.06	0.02	0.03	0.04	0.03	0.00	0.08	0.00	0.00	0.03	0.05
475	0.00	0.00	0.00	0.06	0.00	0.03	0.00	0.00	0.00	0.03	0.00	0.00	0.00	0.00	0.00	0.02
476	0.00	0.14	0.00	0.12	0.00	0.00	0.02	0.07	0.01	0.07	0.00	0.04	0.00	0.00	0.01	0.05
478	0.29	0.43	0.36	0.18	0.06	0.09	0.02	0.07	0.01	0.04	0.04	0.11	0.00	0.14	0.05	0.09
479	0.00	0.14	0.06	0.00	0.03	0.03	0.00	0.03	0.00	0.01	0.04	0.00	0.00	0.00	0.02	0.02
470	0.00	0.29	0.12	0.00	0.00	0.09	0.00	0.03	0.01	0.03	0.00	0.02	0.00	0.00	0.01	0.04
48-	1.73	1.44	1.18	0.95	0.75	0.69	0.37	0.57	0.39	0.64	0.23	0.46	0.20	0.48	0.48	0.63
481	0.00	0.14	0.00	0.00	0.00	0.06	0.02	0.03	0.06	0.11	0.06	0.13	0.00	0.07	0.03	0.08
482	0.14	0.00	0.12	0.00	0.12	0.03	0.05	0.02	0.06	0.04	0.06	0.00	0.00	0.00	0.07	0.02
483	0.72	0.29	0.41	0.18	0.12	0.23	0.08	0.17	0.11	0.18	0.04	0.11	0.07	0.14	0.12	0.17
485	0.00	0.00	0.06	0.06	0.00	0.06	0.00	0.00	0.00	0.03	0.02	0.02	0.07	0.07	0.01	0.03
486	0.14	0.00	0.24	0.18	0.17	0.12	0.08	0.08	0.04	0.03	0.02	0.04	0.07	0.14	0.08	0.07
487	0.43	0.43	0.30	0.18	0.26	0.03	0.08	0.13	0.06	0.07	0.00	0.06	0.00	0.07	0.10	0.09
489	0.00	0.43	0.06	0.30	0.09	0.09	0.05	0.13	0.06	0.15	0.02	0.10	0.00	0.00	0.05	0.14
480	0.29	0.14	0.00	0.06	0.00	0.09	0.00	0.00	0.01	0.03	0.02	0.00	0.00	0.00	0.02	0.03
49-	3.17	1.44	0.53	1.18	0.49	0.83	0.18	0.69	0.28	0.79	0.11	0.40	0.07	0.27	0.33	0.71
491	0.00	0.00	0.00	0.06	0.03	0.03	0.02	0.13	0.03	0.06	0.00	0.04	0.07	0.00	0.02	0.06
492	0.00	0.00	0.06	0.12	0.03	0.03	0.02	0.05	0.04	0.10	0.00	0.00	0.00	0.00	0.02	0.05
493	0.58	0.29	0.18	0.30	0.12	0.26	0.02	0.17	0.07	0.19	0.02	0.13	0.00	0.07	0.07	0.19
495	0.14	0.14	0.00	0.12	0.06	0.06	0.00	0.05	0.01	0.06	0.00	0.06	0.00	0.07	0.02	0.06
496	0.58	0.29	0.12	0.12	0.17	0.14	0.05	0.10	0.01	0.14	0.04	0.04	0.00	0.00	0.07	0.10
497	0.29	0.00	0.06	0.12	0.03	0.12	0.00	0.05	0.01	0.01	0.00	0.02	0.00	0.07	0.02	0.05
498	1.58	0.58	0.12	0.36	0.03	0.12	0.08	0.10	0.08	0.12	0.06	0.06	0.00	0.07	0.11	0.13
490	0.00	0.14	0.00	0.00	0.03	0.09	0.00	0.03	0.01	0.11	0.00	0.06	0.00	0.00	0.01	0.07
40-	0.14	0.58	0.47	0.47	0.00	0.06	0.07	0.22	0.03	0.19	0.08	0.13	0.20	0.48	0.09	0.21
401	0.00	0.00	0.00	0.06	0.00	0.00	0.00	0.03	0.00	0.00	0.00	0.00	0.00	0.00	0.00	0.01
402	0.00	0.00	0.24	0.12	0.00	0.00	0.02	0.07	0.01	0.06	0.00	0.02	0.07	0.14	0.03	0.05
403	0.00	0.00	0.00	0.06	0.00	0.00	0.00	0.00	0.01	0.04	0.00	0.02	0.00	0.14	0.00	0.03
405	0.00	0.14	0.00	0.00	0.00	0.00	0.00	0.05	0.00	0.00	0.00	0.04	0.00	0.07	0.00	0.03
406	0.14	0.00	0.18	0.12	0.00	0.03	0.02	0.00	0.00	0.03	0.04	0.02	0.14	0.07	0.03	0.03
407	0.00	0.14	0.06	0.06	0.00	0.00	0.00	0.02	0.00	0.01	0.02	0.00	0.00	0.00	0.01	0.02
408	0.00	0.00	0.00	0.00	0.00	0.00	0.02	0.00	0.00	0.04	0.02	0.00	0.00	0.00	0.01	0.01
409	0.00	0.29	0.00	0.06	0.00	0.03	0.02	0.05	0.00	0.01	0.00	0.04	0.00	0.07	0.00	0.04

Table III. FREQUENCY OF VARIOUS ONE-, TWO-, AND THREE-POINT MMPI CODES AMONG FEMALE PATIENTS--continued

	AGE <20		20-29		30-39		40-49		50-59		60-69		70 +		ALL AGES	
	N=695		N=1690		N=3474		N=5955		N=7209		N=5229		N=1471		N=25723	
CODES	T 70+	T 69-	T 70+	T 69-	T 70+	T 69-	T 70+	T 69-	T 70+	T 69-	T 70+	T 69-	T 70+	T 69-	T 70+	T 69-
5--	1.44	7.05	1.48	3.79	1.87	4.00	2.54	5.59	2.98	7.50	5.28	10.04	7.55	12.10	3.32	7.11
51-	0.00	0.29	0.12	0.30	0.26	0.29	0.77	0.72	0.61	0.96	0.92	1.38	1.84	2.11	0.68	0.90
512	0.00	0.00	0.00	0.00	0.00	0.00	0.07	0.05	0.14	0.14	0.15	0.17	0.48	0.20	0.11	0.10
513	0.00	0.29	0.06	0.18	0.17	0.17	0.34	0.34	0.21	0.26	0.36	0.54	0.41	0.48	0.26	0.33
514	0.00	0.00	0.00	0.00	0.00	0.00	0.05	0.05	0.08	0.10	0.10	0.17	0.14	0.20	0.06	0.09
516	0.00	0.00	0.00	0.06	0.00	0.00	0.07	0.02	0.03	0.07	0.04	0.11	0.00	0.34	0.03	0.07
517	0.00	0.00	0.00	0.00	0.00	0.03	0.03	0.07	0.00	0.04	0.02	0.06	0.07	0.14	0.02	0.05
518	0.00	0.00	0.00	0.00	0.06	0.00	0.03	0.07	0.04	0.04	0.06	0.02	0.07	0.07	0.04	0.03
519	0.00	0.00	0.00	0.00	0.00	0.03	0.07	0.05	0.03	0.10	0.08	0.08	0.07	0.07	0.04	0.06
510	0.00	0.00	0.06	0.06	0.03	0.06	0.12	0.08	0.08	0.21	0.11	0.23	0.61	0.61	0.12	0.17
52-	0.00	0.14	0.12	0.36	0.17	0.32	0.24	0.62	0.35	1.10	0.94	1.28	0.82	1.70	0.42	0.88
521	0.00	0.00	0.06	0.00	0.06	0.03	0.08	0.15	0.10	0.26	0.23	0.17	0.41	0.27	0.13	0.16
523	0.00	0.00	0.00	0.12	0.06	0.14	0.00	0.13	0.08	0.19	0.10	0.19	0.00	0.20	0.05	0.16
524	0.00	0.00	0.00	0.00	0.00	0.03	0.02	0.08	0.01	0.06	0.06	0.10	0.14	0.20	0.03	0.07
526	0.00	0.00	0.00	0.06	0.00	0.06	0.03	0.07	0.01	0.14	0.11	0.11	0.00	0.27	0.03	0.10
527	0.00	0.00	0.00	0.00	0.03	0.00	0.03	0.03	0.04	0.04	0.11	0.04	0.00	0.20	0.05	0.04
528	0.00	0.14	0.06	0.12	0.03	0.00	0.02	0.00	0.03	0.03	0.02	0.11	0.07	0.07	0.03	0.05
529	0.00	0.00	0.00	0.00	0.00	0.00	0.00	0.02	0.00	0.03	0.02	0.06	0.07	0.07	0.01	0.03
520	0.00	0.00	0.00	0.06	0.00	0.06	0.05	0.13	0.07	0.35	0.29	0.50	0.14	0.41	0.10	0.26
53-	0.29	0.29	0.12	0.65	0.35	1.15	0.42	1.01	0.44	1.46	0.54	1.38	0.48	1.56	0.42	1.22
531	0.14	0.00	0.06	0.18	0.17	0.23	0.17	0.29	0.28	0.47	0.27	0.50	0.14	0.41	0.21	0.37
532	0.00	0.00	0.06	0.06	0.06	0.14	0.07	0.10	0.03	0.22	0.04	0.15	0.00	0.54	0.04	0.17
534	0.00	0.00	0.00	0.00	0.03	0.12	0.02	0.15	0.03	0.19	0.02	0.13	0.20	0.07	0.03	0.14
536	0.00	0.14	0.00	0.12	0.06	0.29	0.08	0.20	0.01	0.17	0.13	0.17	0.07	0.14	0.06	0.19
537	0.00	0.14	0.00	0.06	0.00	0.06	0.00	0.00	0.00	0.03	0.00	0.13	0.00	0.00	0.00	0.05
538	0.14	0.00	0.00	0.00	0.00	0.12	0.03	0.10	0.04	0.08	0.04	0.08	0.00	0.07	0.03	0.08
539	0.00	0.00	0.00	0.06	0.03	0.03	0.00	0.10	0.04	0.12	0.04	0.10	0.07	0.14	0.03	0.09
530	0.00	0.00	0.00	0.18	0.00	0.17	0.05	0.07	0.01	0.17	0.00	0.11	0.00	0.20	0.02	0.13
54-	0.29	1.01	0.06	0.47	0.35	0.66	0.27	0.57	0.31	0.74	0.36	0.75	0.68	0.61	0.32	0.67
541	0.00	0.00	0.00	0.12	0.00	0.03	0.03	0.07	0.03	0.06	0.04	0.06	0.07	0.07	0.03	0.06
542	0.00	0.00	0.00	0.00	0.00	0.06	0.03	0.05	0.10	0.08	0.08	0.02	0.14	0.14	0.06	0.05
543	0.00	0.43	0.00	0.18	0.06	0.14	0.05	0.22	0.04	0.24	0.04	0.19	0.07	0.14	0.04	0.21
546	0.00	0.14	0.00	0.06	0.09	0.09	0.03	0.10	0.01	0.06	0.06	0.15	0.20	0.14	0.05	0.10
547	0.00	0.00	0.00	0.06	0.06	0.06	0.03	0.00	0.00	0.03	0.02	0.08	0.00	0.00	0.02	0.03
548	0.29	0.14	0.00	0.00	0.00	0.20	0.02	0.05	0.03	0.04	0.04	0.17	0.00	0.00	0.03	0.09
549	0.00	0.29	0.06	0.06	0.12	0.06	0.05	0.07	0.04	0.14	0.08	0.08	0.14	0.14	0.07	0.10
540	0.00	0.00	0.00	0.00	0.03	0.03	0.02	0.02	0.06	0.10	0.02	0.00	0.07	0.00	0.03	0.03

Table III. FREQUENCY OF VARIOUS ONE-, TWO-, AND THREE-POINT MMPI CODES AMONG FEMALE PATIENTS--continued

CODES	AGE <20 N=695		20-29 N=1690		30-39 N=3474		40-49 N=5955		50-59 N=7209		60-69 N=5229		70 + N=1471		ALL AGES N=25723	
	T 70+	T 69-	T 70+	T 69-	T 70+	T 69-	T 70+	T 69-	T 70+	T 69-	T 70+	T 69-	T 70+	T 69-	T 70+	T 69-
56-	0.00	1.44	0.12	0.59	0.14	0.40	0.22	0.60	0.31	0.94	0.52	1.47	0.88	1.43	0.32	0.92
561	0.00	0.29	0.00	0.00	0.03	0.00	0.02	0.07	0.07	0.12	0.04	0.21	0.34	0.07	0.05	0.10
562	0.00	0.29	0.00	0.00	0.00	0.03	0.03	0.08	0.04	0.10	0.06	0.10	0.07	0.27	0.03	0.09
563	0.00	0.43	0.00	0.12	0.06	0.14	0.02	0.10	0.03	0.21	0.13	0.46	0.00	0.20	0.05	0.23
564	0.00	0.00	0.00	0.06	0.00	0.12	0.07	0.12	0.01	0.07	0.06	0.10	0.00	0.14	0.03	0.09
567	0.00	0.14	0.00	0.06	0.00	0.06	0.00	0.05	0.00	0.10	0.04	0.02	0.00	0.00	0.01	0.06
568	0.00	0.00	0.06	0.12	0.00	0.03	0.03	0.02	0.04	0.06	0.04	0.11	0.14	0.14	0.04	0.06
569	0.00	0.14	0.06	0.06	0.03	0.00	0.02	0.03	0.04	0.07	0.00	0.23	0.14	0.14	0.03	0.09
560	0.00	0.14	0.00	0.18	0.03	0.03	0.03	0.13	0.07	0.22	0.15	0.25	0.20	0.48	0.07	0.19
57-	0.00	0.29	0.06	0.06	0.03	0.09	0.07	0.12	0.07	0.18	0.15	0.29	0.07	0.14	0.08	0.17
571	0.00	0.00	0.00	0.00	0.00	0.03	0.00	0.00	0.00	0.00	0.06	0.06	0.00	0.07	0.01	0.02
572	0.00	0.00	0.00	0.00	0.03	0.00	0.02	0.02	0.03	0.04	0.02	0.00	0.00	0.00	0.02	0.02
573	0.00	0.00	0.00	0.00	0.00	0.00	0.00	0.02	0.00	0.00	0.00	0.00	0.00	0.00	0.00	0.00
574	0.00	0.00	0.00	0.00	0.00	0.03	0.00	0.00	0.00	0.01	0.02	0.02	0.00	0.00	0.00	0.01
576	0.00	0.00	0.00	0.06	0.00	0.03	0.02	0.02	0.00	0.03	0.02	0.08	0.00	0.07	0.01	0.04
578	0.00	0.14	0.06	0.00	0.00	0.00	0.02	0.05	0.01	0.00	0.00	0.02	0.00	0.00	0.01	0.02
579	0.00	0.00	0.00	0.00	0.00	0.00	0.00	0.02	0.00	0.04	0.00	0.02	0.00	0.00	0.00	0.02
570	0.00	0.14	0.00	0.00	0.00	0.00	0.02	0.00	0.03	0.06	0.04	0.10	0.07	0.00	0.02	0.04
58-	0.00	0.72	0.00	0.00	0.20	0.09	0.08	0.15	0.15	0.28	0.17	0.44	0.34	0.61	0.14	0.27
581	0.00	0.14	0.00	0.00	0.00	0.00	0.02	0.03	0.00	0.01	0.04	0.10	0.14	0.07	0.02	0.04
582	0.00	0.00	0.00	0.00	0.00	0.00	0.00	0.00	0.03	0.01	0.00	0.06	0.07	0.07	0.01	0.02
583	0.00	0.00	0.00	0.00	0.03	0.03	0.00	0.00	0.03	0.04	0.00	0.11	0.00	0.00	0.01	0.04
584	0.00	0.29	0.00	0.00	0.06	0.00	0.00	0.05	0.03	0.10	0.02	0.08	0.00	0.00	0.02	0.06
586	0.00	0.00	0.00	0.00	0.00	0.00	0.00	0.02	0.01	0.07	0.02	0.04	0.07	0.07	0.01	0.03
587	0.00	0.14	0.00	0.00	0.06	0.00	0.00	0.03	0.04	0.03	0.04	0.00	0.00	0.14	0.03	0.03
589	0.00	0.14	0.00	0.00	0.03	0.03	0.07	0.00	0.00	0.00	0.02	0.02	0.07	0.20	0.03	0.02
580	0.00	0.00	0.00	0.00	0.03	0.03	0.00	0.02	0.01	0.01	0.04	0.04	0.00	0.07	0.02	0.02
59-	0.43	1.87	0.65	0.83	0.20	0.35	0.24	0.67	0.24	0.65	0.59	1.01	0.68	1.16	0.36	0.76
591	0.00	0.29	0.06	0.12	0.03	0.00	0.03	0.07	0.01	0.10	0.11	0.19	0.34	0.07	0.06	0.10
592	0.00	0.00	0.00	0.00	0.00	0.03	0.00	0.05	0.06	0.04	0.06	0.04	0.14	0.00	0.03	0.03
593	0.00	0.29	0.06	0.24	0.00	0.09	0.02	0.15	0.01	0.10	0.02	0.13	0.00	0.34	0.02	0.14
594	0.14	0.29	0.18	0.06	0.12	0.09	0.07	0.08	0.04	0.08	0.10	0.17	0.14	0.00	0.09	0.10
596	0.00	0.29	0.00	0.18	0.03	0.12	0.08	0.12	0.04	0.10	0.06	0.13	0.00	0.20	0.05	0.13
597	0.00	0.14	0.12	0.06	0.00	0.00	0.00	0.07	0.00	0.01	0.00	0.00	0.00	0.07	0.01	0.03
598	0.14	0.29	0.18	0.12	0.00	0.03	0.02	0.05	0.04	0.08	0.11	0.11	0.07	0.14	0.06	0.09
590	0.14	0.29	0.06	0.06	0.03	0.00	0.02	0.08	0.03	0.14	0.13	0.23	0.00	0.34	0.05	0.14

Table III. FREQUENCY OF VARIOUS ONE-, TWO-, AND THREE-POINT MMPI CODES AMONG FEMALE PATIENTS--continued

CODES	AGE <20 N=695 T 70+	T 69-	20-29 N=1690 T 70+	T 69-	30-39 N=3474 T 70+	T 69-	40-49 N=5955 T 70+	T 69-	50-59 N=7209 T 70+	T 69-	60-69 N=5229 T 70+	T 69-	70 + N=1471 T 70+	T 69-	ALL AGES N=25723 T 70+	T 69-
50-	0.43	1.01	0.24	0.53	0.17	0.66	0.24	1.13	0.51	1.21	1.09	2.05	1.77	2.79	0.57	1.33
501	0.14	0.00	0.00	0.06	0.06	0.03	0.08	0.20	0.08	0.15	0.27	0.29	0.20	0.68	0.12	0.19
502	0.00	0.00	0.12	0.06	0.06	0.09	0.08	0.24	0.14	0.36	0.36	0.67	0.27	0.68	0.16	0.35
503	0.00	0.00	0.00	0.00	0.03	0.14	0.02	0.18	0.00	0.07	0.04	0.21	0.14	0.27	0.02	0.14
504	0.14	0.14	0.00	0.06	0.00	0.06	0.00	0.07	0.00	0.07	0.04	0.10	0.14	0.00	0.02	0.07
506	0.00	0.14	0.06	0.12	0.03	0.17	0.00	0.17	0.07	0.25	0.19	0.42	0.61	0.34	0.10	0.25
507	0.00	0.29	0.00	0.12	0.00	0.06	0.02	0.07	0.10	0.12	0.15	0.13	0.07	0.14	0.07	0.11
508	0.00	0.00	0.00	0.00	0.00	0.09	0.02	0.08	0.06	0.04	0.02	0.11	0.07	0.20	0.03	0.08
509	0.14	0.43	0.06	0.12	0.00	0.03	0.02	0.12	0.07	0.14	0.02	0.11	0.27	0.48	0.05	0.14
6--	3.17	4.89	1.72	5.62	2.07	4.35	1.70	4.01	1.44	4.27	1.24	4.57	1.09	4.89	1.59	4.42
61-	0.00	0.14	0.06	0.00	0.37	0.35	0.17	0.34	0.10	0.43	0.10	0.48	0.07	0.54	0.14	0.38
612	0.00	0.00	0.00	0.00	0.06	0.06	0.02	0.03	0.04	0.06	0.00	0.10	0.07	0.07	0.03	0.05
613	0.00	0.00	0.06	0.00	0.14	0.14	0.07	0.13	0.03	0.14	0.02	0.17	0.00	0.27	0.05	0.14
614	0.00	0.00	0.00	0.00	0.00	0.03	0.02	0.02	0.01	0.06	0.00	0.06	0.00	0.07	0.01	0.04
615	0.00	0.00	0.00	0.00	0.03	0.03	0.00	0.00	0.00	0.04	0.00	0.00	0.00	0.00	0.00	0.02
617	0.00	0.00	0.00	0.00	0.03	0.09	0.02	0.02	0.01	0.03	0.00	0.02	0.00	0.00	0.01	0.03
618	0.00	0.00	0.00	0.00	0.09	0.00	0.05	0.05	0.00	0.03	0.04	0.04	0.00	0.00	0.03	0.03
619	0.00	0.14	0.00	0.00	0.03	0.00	0.00	0.03	0.00	0.03	0.00	0.02	0.00	0.07	0.00	0.03
610	0.00	0.00	0.00	0.00	0.00	0.00	0.00	0.05	0.00	0.06	0.04	0.08	0.00	0.07	0.01	0.05
62-	0.14	0.43	0.24	0.65	0.40	0.40	0.37	0.37	0.36	0.46	0.15	0.50	0.34	0.61	0.31	0.46
621	0.00	0.14	0.00	0.00	0.09	0.09	0.00	0.07	0.01	0.06	0.02	0.06	0.00	0.07	0.02	0.06
623	0.00	0.00	0.00	0.12	0.12	0.00	0.08	0.07	0.06	0.07	0.02	0.08	0.20	0.14	0.07	0.07
624	0.00	0.00	0.06	0.06	0.00	0.00	0.07	0.02	0.03	0.01	0.00	0.04	0.07	0.00	0.03	0.02
625	0.00	0.00	0.00	0.00	0.00	0.03	0.00	0.03	0.00	0.03	0.00	0.04	0.00	0.00	0.00	0.03
627	0.00	0.00	0.12	0.24	0.12	0.14	0.10	0.02	0.04	0.11	0.08	0.06	0.00	0.07	0.07	0.09
628	0.00	0.29	0.06	0.06	0.00	0.00	0.03	0.00	0.10	0.01	0.04	0.06	0.07	0.14	0.05	0.03
629	0.14	0.00	0.00	0.06	0.03	0.03	0.00	0.05	0.01	0.03	0.00	0.04	0.00	0.00	0.01	0.03
620	0.00	0.00	0.00	0.12	0.06	0.12	0.08	0.12	0.11	0.14	0.00	0.13	0.00	0.20	0.06	0.13
63-	0.00	1.15	0.30	1.24	0.26	1.27	0.24	0.99	0.17	0.97	0.13	0.96	0.00	0.68	0.18	1.02
631	0.00	0.00	0.06	0.30	0.06	0.23	0.12	0.20	0.06	0.31	0.02	0.29	0.00	0.34	0.06	0.26
632	0.00	0.00	0.06	0.18	0.06	0.17	0.03	0.18	0.03	0.14	0.06	0.15	0.00	0.07	0.04	0.15
634	0.00	0.14	0.06	0.30	0.03	0.35	0.05	0.13	0.03	0.17	0.02	0.11	0.00	0.00	0.03	0.17
635	0.00	0.00	0.00	0.06	0.00	0.03	0.00	0.02	0.00	0.01	0.00	0.10	0.00	0.00	0.00	0.03
637	0.00	0.29	0.12	0.06	0.09	0.14	0.00	0.18	0.01	0.08	0.02	0.08	0.00	0.00	0.03	0.11
638	0.00	0.29	0.00	0.00	0.00	0.06	0.00	0.12	0.00	0.08	0.02	0.04	0.00	0.07	0.00	0.08
639	0.00	0.14	0.00	0.18	0.03	0.23	0.03	0.05	0.01	0.11	0.00	0.08	0.00	0.20	0.02	0.12
630	0.00	0.29	0.00	0.18	0.00	0.06	0.00	0.10	0.03	0.07	0.00	0.11	0.00	0.00	0.01	0.09

Table III. FREQUENCY OF VARIOUS ONE-, TWO-, AND THREE-POINT MMPI CODES AMONG FEMALE PATIENTS--continued

CODES	AGE <20 N=695		20-29 N=1690		30-39 N=3474		40-49 N=5955		50-59 N=7209		60-69 N=5229		70 + N=1471		ALL AGES N=25723	
	T 70+	T 69-	T 70+	T 69-	T 70+	T 69-	T 70+	T 69-	T 70+	T 69-	T 70+	T 69-	T 70+	T 69-	T 70+	T 69-
64-	0.86	0.58	0.30	0.89	0.40	0.52	0.22	0.52	0.26	0.47	0.23	0.40	0.34	0.48	0.29	0.51
641	0.00	0.00	0.00	0.00	0.03	0.06	0.05	0.07	0.01	0.04	0.04	0.08	0.07	0.00	0.03	0.05
642	0.00	0.00	0.06	0.06	0.06	0.06	0.07	0.05	0.07	0.06	0.04	0.06	0.14	0.00	0.06	0.05
643	0.14	0.00	0.12	0.47	0.00	0.14	0.03	0.18	0.10	0.10	0.04	0.08	0.00	0.20	0.05	0.15
645	0.00	0.00	0.00	0.00	0.00	0.03	0.00	0.03	0.00	0.06	0.02	0.00	0.00	0.00	0.00	0.03
647	0.00	0.43	0.00	0.12	0.14	0.09	0.00	0.05	0.00	0.04	0.04	0.08	0.00	0.00	0.03	0.07
648	0.43	0.00	0.06	0.12	0.09	0.06	0.02	0.08	0.04	0.06	0.06	0.02	0.00	0.20	0.05	0.07
649	0.29	0.14	0.00	0.12	0.09	0.09	0.03	0.02	0.01	0.03	0.00	0.04	0.07	0.00	0.03	0.04
640	0.00	0.00	0.06	0.00	0.00	0.00	0.02	0.03	0.03	0.10	0.00	0.06	0.07	0.07	0.02	0.05
65-	0.14	0.43	0.12	0.24	0.09	0.23	0.05	0.37	0.07	0.40	0.06	0.55	0.00	0.75	0.07	0.41
651	0.00	0.00	0.06	0.00	0.03	0.00	0.02	0.02	0.00	0.04	0.02	0.11	0.00	0.07	0.02	0.04
652	0.00	0.00	0.00	0.00	0.03	0.00	0.00	0.05	0.00	0.04	0.00	0.02	0.00	0.07	0.00	0.03
653	0.14	0.00	0.00	0.06	0.00	0.06	0.00	0.02	0.01	0.11	0.00	0.11	0.00	0.07	0.01	0.07
654	0.00	0.00	0.06	0.00	0.00	0.03	0.02	0.03	0.01	0.06	0.00	0.06	0.00	0.07	0.01	0.04
657	0.00	0.29	0.00	0.00	0.00	0.00	0.00	0.07	0.00	0.03	0.00	0.04	0.00	0.14	0.00	0.05
658	0.00	0.14	0.00	0.00	0.00	0.06	0.00	0.05	0.01	0.00	0.04	0.10	0.00	0.07	0.01	0.05
659	0.00	0.00	0.00	0.06	0.00	0.03	0.00	0.05	0.01	0.06	0.00	0.06	0.00	0.07	0.00	0.05
650	0.00	0.00	0.00	0.12	0.03	0.06	0.02	0.08	0.01	0.07	0.00	0.06	0.00	0.20	0.01	0.08
67-	0.58	0.58	0.30	0.59	0.23	0.35	0.08	0.24	0.14	0.29	0.11	0.52	0.14	0.27	0.16	0.36
671	0.00	0.14	0.00	0.00	0.00	0.03	0.00	0.03	0.00	0.03	0.00	0.04	0.00	0.00	0.00	0.03
672	0.00	0.00	0.12	0.00	0.06	0.09	0.00	0.05	0.04	0.06	0.02	0.13	0.00	0.07	0.03	0.07
673	0.14	0.00	0.00	0.18	0.03	0.03	0.02	0.05	0.03	0.07	0.00	0.08	0.00	0.00	0.02	0.06
674	0.14	0.29	0.12	0.06	0.00	0.00	0.03	0.03	0.00	0.03	0.02	0.06	0.00	0.00	0.02	0.04
675	0.00	0.00	0.00	0.06	0.00	0.00	0.00	0.00	0.00	0.01	0.00	0.02	0.00	0.00	0.00	0.01
678	0.00	0.00	0.00	0.00	0.06	0.09	0.03	0.02	0.04	0.04	0.04	0.10	0.07	0.00	0.04	0.05
679	0.29	0.00	0.06	0.18	0.03	0.03	0.00	0.02	0.00	0.00	0.00	0.00	0.00	0.07	0.02	0.02
670	0.00	0.14	0.00	0.12	0.06	0.09	0.00	0.03	0.03	0.06	0.04	0.10	0.07	0.14	0.03	0.07
68-	0.72	0.14	0.30	0.24	0.14	0.26	0.25	0.22	0.17	0.25	0.23	0.17	0.07	0.34	0.21	0.23
681	0.29	0.00	0.06	0.00	0.00	0.00	0.02	0.00	0.03	0.03	0.02	0.00	0.00	0.07	0.03	0.01
682	0.14	0.00	0.00	0.00	0.06	0.03	0.02	0.03	0.06	0.00	0.04	0.02	0.07	0.07	0.04	0.02
683	0.00	0.00	0.00	0.00	0.00	0.03	0.05	0.03	0.00	0.07	0.04	0.00	0.00	0.07	0.02	0.03
684	0.00	0.14	0.00	0.06	0.03	0.06	0.02	0.02	0.01	0.01	0.04	0.02	0.00	0.00	0.02	0.03
685	0.00	0.00	0.06	0.00	0.00	0.00	0.02	0.00	0.00	0.03	0.02	0.02	0.00	0.00	0.01	0.01
687	0.14	0.00	0.12	0.06	0.03	0.09	0.05	0.05	0.01	0.06	0.04	0.04	0.00	0.00	0.04	0.05
689	0.14	0.00	0.06	0.06	0.03	0.06	0.07	0.05	0.04	0.04	0.02	0.04	0.00	0.14	0.04	0.05
680	0.00	0.00	0.00	0.06	0.00	0.00	0.02	0.03	0.01	0.01	0.02	0.04	0.00	0.00	0.01	0.02

Table III. FREQUENCY OF VARIOUS ONE-, TWO-, AND THREE-POINT MMPI CODES AMONG FEMALE PATIENTS--continued

	AGE <20 N=695		20-29 N=1690		30-39 N=3474		40-49 N=5955		50-59 N=7209		60-69 N=5229		70 + N=1471		ALL AGES N=25723	
CODES	T 70+	T 69-	T 70+	T 69-	T 70+	T 69-	T 70+	T 69-	T 70+	T 69-	T 70+	T 69-	T 70+	T 69-	T 70+	T 69-
69-	0.58	1.15	0.06	1.07	0.06	0.55	0.15	0.35	0.12	0.46	0.06	0.54	0.07	0.54	0.11	0.52
691	0.00	0.00	0.00	0.00	0.00	0.00	0.00	0.03	0.00	0.07	0.00	0.04	0.00	0.14	0.00	0.04
692	0.00	0.00	0.00	0.12	0.00	0.14	0.00	0.03	0.01	0.06	0.00	0.10	0.00	0.14	0.00	0.08
693	0.14	0.29	0.00	0.12	0.03	0.12	0.03	0.08	0.01	0.12	0.00	0.13	0.00	0.07	0.02	0.12
694	0.14	0.14	0.06	0.18	0.03	0.17	0.03	0.08	0.01	0.10	0.02	0.11	0.00	0.14	0.03	0.12
695	0.00	0.43	0.00	0.06	0.00	0.00	0.00	0.03	0.00	0.03	0.00	0.02	0.00	0.07	0.00	0.04
697	0.29	0.14	0.00	0.24	0.00	0.09	0.05	0.02	0.03	0.00	0.02	0.04	0.07	0.00	0.03	0.04
698	0.00	0.00	0.00	0.24	0.00	0.03	0.03	0.03	0.06	0.04	0.00	0.02	0.00	0.00	0.02	0.04
690	0.00	0.14	0.00	0.12	0.00	0.00	0.00	0.03	0.00	0.04	0.02	0.08	0.00	0.00	0.00	0.05
60-	0.14	0.29	0.06	0.71	0.12	0.43	0.17	0.62	0.06	0.54	0.17	0.46	0.07	0.68	0.12	0.54
601	0.00	0.00	0.00	0.00	0.00	0.03	0.00	0.02	0.01	0.03	0.02	0.04	0.00	0.07	0.01	0.03
602	0.14	0.00	0.06	0.06	0.00	0.20	0.05	0.20	0.04	0.15	0.08	0.15	0.00	0.14	0.05	0.16
603	0.00	0.14	0.00	0.06	0.00	0.06	0.00	0.13	0.00	0.08	0.00	0.08	0.00	0.00	0.00	0.09
604	0.00	0.00	0.00	0.06	0.06	0.00	0.00	0.02	0.00	0.03	0.00	0.02	0.00	0.07	0.01	0.02
605	0.00	0.00	0.00	0.12	0.00	0.03	0.00	0.05	0.00	0.07	0.00	0.04	0.00	0.20	0.00	0.06
607	0.00	0.14	0.00	0.24	0.06	0.06	0.08	0.10	0.00	0.10	0.04	0.04	0.07	0.14	0.04	0.09
608	0.00	0.00	0.00	0.06	0.00	0.03	0.02	0.07	0.00	0.03	0.02	0.04	0.00	0.00	0.01	0.04
609	0.00	0.00	0.00	0.12	0.00	0.03	0.02	0.03	0.00	0.06	0.02	0.06	0.00	0.07	0.01	0.05
7--	3.88	3.31	3.96	2.13	2.82	1.96	1.76	1.90	1.64	1.91	1.17	1.45	1.16	2.18	1.92	1.89
71-	0.29	0.00	0.12	0.00	0.35	0.09	0.13	0.17	0.29	0.14	0.11	0.19	0.07	0.07	0.20	0.13
712	0.00	0.00	0.12	0.00	0.09	0.00	0.07	0.02	0.10	0.04	0.02	0.02	0.07	0.00	0.07	0.02
713	0.00	0.00	0.00	0.00	0.09	0.03	0.05	0.05	0.04	0.03	0.06	0.04	0.00	0.00	0.05	0.03
714	0.00	0.00	0.00	0.00	0.03	0.00	0.00	0.03	0.01	0.00	0.00	0.00	0.00	0.00	0.01	0.01
715	0.00	0.00	0.00	0.00	0.00	0.00	0.00	0.00	0.00	0.00	0.00	0.02	0.00	0.00	0.00	0.00
716	0.00	0.00	0.00	0.00	0.00	0.03	0.00	0.02	0.01	0.01	0.02	0.02	0.00	0.07	0.01	0.02
718	0.00	0.00	0.00	0.00	0.12	0.03	0.02	0.05	0.06	0.03	0.02	0.04	0.00	0.00	0.04	0.03
719	0.29	0.00	0.00	0.00	0.00	0.00	0.00	0.00	0.03	0.01	0.00	0.00	0.00	0.00	0.02	0.00
710	0.00	0.00	0.00	0.00	0.03	0.00	0.00	0.00	0.04	0.01	0.00	0.06	0.00	0.00	0.02	0.02
72-	0.43	0.43	1.12	0.41	1.27	0.49	0.67	0.35	0.69	0.29	0.40	0.42	0.68	0.41	0.73	0.38
721	0.00	0.00	0.18	0.00	0.20	0.06	0.07	0.07	0.08	0.11	0.04	0.08	0.00	0.07	0.09	0.07
723	0.00	0.00	0.12	0.12	0.29	0.06	0.12	0.02	0.11	0.01	0.06	0.06	0.20	0.00	0.13	0.03
724	0.29	0.14	0.12	0.12	0.12	0.06	0.12	0.00	0.06	0.06	0.06	0.04	0.07	0.07	0.09	0.05
725	0.00	0.00	0.00	0.06	0.00	0.03	0.02	0.00	0.00	0.00	0.00	0.02	0.07	0.00	0.01	0.01
726	0.00	0.00	0.06	0.00	0.12	0.00	0.03	0.05	0.06	0.03	0.00	0.04	0.00	0.00	0.04	0.03
728	0.14	0.00	0.36	0.00	0.26	0.09	0.18	0.05	0.17	0.01	0.08	0.08	0.07	0.00	0.17	0.04
729	0.00	0.29	0.00	0.00	0.00	0.09	0.02	0.03	0.03	0.00	0.00	0.04	0.07	0.07	0.02	0.04
720	0.00	0.00	0.30	0.12	0.29	0.12	0.12	0.13	0.19	0.07	0.17	0.08	0.20	0.20	0.19	0.10

	AGE <20 N=695		20-29 N=1690		30-39 N=3474		40-49 N=5955		50-59 N=7209		60-69 N=5229		70 + N=1471		ALL AGES N=25723	
CODES	T 70+	T 69-	T 70+	T 69-	T 70+	T 69-	T 70+	T 69-	T 70+	T 69-	T 70+	T 69-	T 70+	T 69-	T 70+	T 69-
73-	0.29	0.86	0.53	0.18	0.23	0.52	0.22	0.24	0.11	0.32	0.13	0.25	0.07	0.14	0.19	0.31
731	0.00	0.29	0.30	0.06	0.06	0.06	0.07	0.08	0.03	0.08	0.02	0.08	0.00	0.00	0.05	0.08
732	0.00	0.00	0.24	0.00	0.06	0.14	0.07	0.03	0.06	0.04	0.06	0.08	0.07	0.14	0.07	0.06
734	0.14	0.00	0.00	0.00	0.00	0.06	0.02	0.02	0.00	0.06	0.02	0.02	0.00	0.00	0.01	0.03
735	0.00	0.00	0.00	0.00	0.00	0.00	0.00	0.02	0.00	0.00	0.00	0.04	0.00	0.00	0.00	0.01
736	0.00	0.00	0.00	0.06	0.00	0.06	0.02	0.03	0.01	0.04	0.02	0.02	0.00	0.00	0.01	0.03
738	0.14	0.43	0.00	0.06	0.09	0.03	0.03	0.00	0.00	0.04	0.02	0.00	0.00	0.00	0.03	0.03
739	0.00	0.00	0.00	0.00	0.03	0.06	0.00	0.00	0.00	0.03	0.00	0.02	0.00	0.00	0.00	0.02
730	0.00	0.14	0.00	0.00	0.00	0.12	0.02	0.05	0.01	0.03	0.00	0.00	0.00	0.00	0.01	0.04
74-	0.43	0.14	0.30	0.30	0.20	0.23	0.07	0.13	0.08	0.18	0.04	0.04	0.00	0.14	0.10	0.15
741	0.00	0.00	0.12	0.06	0.00	0.06	0.00	0.03	0.01	0.03	0.00	0.00	0.00	0.00	0.01	0.03
742	0.14	0.00	0.06	0.06	0.06	0.03	0.03	0.05	0.04	0.03	0.00	0.02	0.00	0.00	0.03	0.03
743	0.14	0.00	0.00	0.06	0.06	0.06	0.00	0.02	0.00	0.04	0.00	0.00	0.00	0.14	0.01	0.03
745	0.00	0.00	0.00	0.00	0.00	0.00	0.00	0.00	0.00	0.01	0.00	0.00	0.00	0.00	0.00	0.00
746	0.00	0.00	0.06	0.00	0.00	0.00	0.00	0.00	0.01	0.04	0.00	0.00	0.00	0.00	0.01	0.01
748	0.00	0.14	0.06	0.06	0.03	0.03	0.03	0.00	0.01	0.00	0.04	0.02	0.00	0.00	0.03	0.02
749	0.14	0.00	0.00	0.06	0.00	0.03	0.00	0.00	0.00	0.00	0.00	0.00	0.00	0.00	0.00	0.01
740	0.00	0.00	0.00	0.00	0.06	0.03	0.00	0.03	0.00	0.03	0.00	0.00	0.00	0.00	0.01	0.02
75-	0.00	0.00	0.06	0.18	0.06	0.03	0.02	0.12	0.01	0.17	0.00	0.04	0.00	0.14	0.02	0.10
751	0.00	0.00	0.06	0.00	0.00	0.00	0.00	0.00	0.00	0.03	0.00	0.00	0.00	0.07	0.00	0.01
752	0.00	0.00	0.00	0.12	0.00	0.00	0.02	0.00	0.00	0.04	0.00	0.02	0.00	0.00	0.00	0.02
753	0.00	0.00	0.00	0.06	0.00	0.00	0.00	0.02	0.00	0.03	0.00	0.00	0.00	0.00	0.00	0.02
754	0.00	0.00	0.00	0.00	0.00	0.03	0.00	0.00	0.00	0.00	0.00	0.00	0.00	0.00	0.00	0.00
756	0.00	0.00	0.00	0.00	0.00	0.00	0.00	0.00	0.00	0.01	0.00	0.00	0.00	0.00	0.00	0.00
758	0.00	0.00	0.00	0.00	0.06	0.00	0.00	0.00	0.01	0.03	0.00	0.00	0.00	0.00	0.01	0.01
759	0.00	0.00	0.00	0.00	0.00	0.00	0.00	0.02	0.00	0.01	0.00	0.02	0.00	0.00	0.00	0.01
750	0.00	0.00	0.00	0.00	0.00	0.00	0.00	0.08	0.00	0.01	0.00	0.00	0.00	0.07	0.00	0.03
76-	0.43	0.58	0.36	0.41	0.14	0.20	0.12	0.22	0.08	0.21	0.08	0.15	0.14	0.41	0.13	0.23
761	0.14	0.00	0.00	0.06	0.00	0.03	0.00	0.07	0.00	0.01	0.00	0.02	0.00	0.00	0.00	0.03
762	0.00	0.00	0.18	0.00	0.09	0.00	0.07	0.02	0.06	0.06	0.04	0.06	0.07	0.07	0.07	0.03
763	0.00	0.00	0.00	0.12	0.00	0.03	0.00	0.08	0.01	0.01	0.02	0.00	0.07	0.00	0.01	0.03
764	0.14	0.14	0.00	0.00	0.00	0.06	0.02	0.02	0.00	0.04	0.00	0.00	0.00	0.00	0.01	0.03
765	0.00	0.00	0.00	0.00	0.00	0.00	0.00	0.00	0.00	0.01	0.00	0.00	0.00	0.07	0.00	0.01
768	0.00	0.29	0.06	0.12	0.00	0.00	0.02	0.00	0.01	0.06	0.02	0.04	0.00	0.20	0.02	0.05
769	0.00	0.00	0.00	0.06	0.06	0.09	0.02	0.03	0.00	0.00	0.00	0.00	0.00	0.00	0.01	0.02
760	0.14	0.14	0.12	0.06	0.00	0.00	0.00	0.00	0.00	0.01	0.00	0.04	0.00	0.07	0.01	0.02

Table III. FREQUENCY OF VARIOUS ONE-, TWO-, AND THREE-POINT MMPI CODES AMONG FEMALE PATIENTS--continued

	AGE <20 N=695		20-29 N=1690		30-39 N=3474		40-49 N=5955		50-59 N=7209		60-69 N=5229		70 + N=1471		ALL AGES N=25723	
CODES	T 70+	T 69-	T 70+	T 69-	T 70+	T 69-	T 70+	T 69-	T 70+	T 69-	T 70+	T 69-	T 70+	T 69-	T 70+	T 69-
78-	1.44	0.43	0.95	0.24	0.23	0.17	0.29	0.15	0.22	0.12	0.15	0.04	0.07	0.48	0.30	0.16
781	0.29	0.14	0.18	0.00	0.00	0.00	0.00	0.05	0.03	0.01	0.02	0.00	0.00	0.07	0.03	0.02
782	0.58	0.00	0.30	0.06	0.03	0.00	0.08	0.02	0.06	0.00	0.08	0.00	0.00	0.07	0.09	0.01
783	0.14	0.00	0.12	0.00	0.09	0.00	0.00	0.02	0.03	0.01	0.00	0.00	0.00	0.00	0.03	0.01
784	0.14	0.00	0.18	0.12	0.00	0.00	0.05	0.00	0.01	0.01	0.00	0.02	0.00	0.00	0.03	0.02
785	0.00	0.00	0.00	0.00	0.00	0.00	0.02	0.00	0.00	0.03	0.04	0.00	0.00	0.00	0.01	0.01
786	0.14	0.00	0.12	0.06	0.06	0.03	0.08	0.02	0.01	0.01	0.00	0.02	0.07	0.00	0.05	0.02
789	0.14	0.14	0.00	0.00	0.03	0.03	0.00	0.00	0.03	0.03	0.00	0.00	0.00	0.00	0.02	0.02
780	0.00	0.14	0.06	0.00	0.03	0.12	0.05	0.05	0.06	0.01	0.02	0.00	0.00	0.34	0.04	0.05
79-	0.29	0.29	0.12	0.06	0.03	0.09	0.05	0.10	0.01	0.10	0.02	0.10	0.00	0.14	0.04	0.10
791	0.00	0.00	0.00	0.00	0.00	0.03	0.00	0.00	0.00	0.01	0.00	0.00	0.00	0.07	0.00	0.01
792	0.00	0.00	0.06	0.00	0.00	0.00	0.03	0.00	0.00	0.00	0.00	0.00	0.00	0.00	0.01	0.00
793	0.00	0.14	0.00	0.00	0.00	0.00	0.00	0.05	0.00	0.00	0.00	0.00	0.00	0.00	0.00	0.02
794	0.00	0.14	0.00	0.00	0.00	0.03	0.00	0.02	0.00	0.03	0.00	0.02	0.00	0.00	0.00	0.02
795	0.00	0.00	0.00	0.00	0.00	0.00	0.00	0.00	0.00	0.00	0.00	0.02	0.00	0.00	0.00	0.00
796	0.00	0.00	0.00	0.06	0.03	0.00	0.02	0.00	0.00	0.03	0.00	0.02	0.00	0.00	0.01	0.02
798	0.29	0.00	0.06	0.00	0.00	0.00	0.00	0.02	0.01	0.03	0.00	0.02	0.00	0.00	0.02	0.02
790	0.00	0.00	0.00	0.00	0.00	0.03	0.00	0.02	0.00	0.00	0.02	0.02	0.00	0.07	0.00	0.02
70-	0.29	0.58	0.41	0.36	0.32	0.14	0.20	0.42	0.12	0.39	0.23	0.23	0.14	0.27	0.21	0.33
701	0.00	0.00	0.00	0.00	0.00	0.00	0.00	0.08	0.00	0.01	0.02	0.00	0.00	0.07	0.00	0.03
702	0.00	0.14	0.24	0.12	0.14	0.06	0.07	0.12	0.08	0.17	0.10	0.17	0.07	0.14	0.10	0.14
703	0.00	0.00	0.00	0.06	0.03	0.00	0.05	0.03	0.00	0.01	0.02	0.00	0.00	0.00	0.02	0.02
704	0.00	0.00	0.06	0.00	0.00	0.06	0.00	0.03	0.00	0.01	0.02	0.00	0.00	0.00	0.01	0.02
705	0.00	0.14	0.00	0.00	0.00	0.00	0.00	0.02	0.00	0.08	0.02	0.02	0.00	0.07	0.00	0.04
706	0.00	0.14	0.06	0.12	0.03	0.00	0.05	0.10	0.01	0.04	0.02	0.04	0.00	0.00	0.03	0.05
708	0.29	0.14	0.06	0.06	0.09	0.03	0.03	0.02	0.03	0.03	0.02	0.00	0.07	0.00	0.05	0.02
709	0.00	0.00	0.00	0.00	0.03	0.00	0.00	0.02	0.00	0.03	0.02	0.00	0.00	0.00	0.01	0.01
8--	4.17	2.16	3.02	1.83	1.90	1.18	1.43	1.04	1.21	1.32	0.94	1.03	0.88	0.61	1.48	1.19
81-	0.14	0.29	0.06	0.06	0.20	0.09	0.24	0.12	0.17	0.17	0.10	0.13	0.07	0.00	0.16	0.12
812	0.00	0.00	0.00	0.00	0.06	0.03	0.02	0.00	0.06	0.00	0.02	0.06	0.00	0.00	0.03	0.02
813	0.14	0.00	0.06	0.06	0.03	0.00	0.10	0.02	0.04	0.08	0.02	0.02	0.00	0.00	0.05	0.03
814	0.00	0.00	0.00	0.00	0.00	0.06	0.00	0.02	0.03	0.01	0.00	0.02	0.00	0.00	0.01	0.02
815	0.00	0.00	0.00	0.00	0.00	0.00	0.00	0.03	0.00	0.01	0.02	0.00	0.00	0.00	0.00	0.01
816	0.00	0.14	0.00	0.00	0.03	0.00	0.02	0.02	0.01	0.03	0.00	0.00	0.00	0.00	0.01	0.02
817	0.00	0.14	0.00	0.00	0.03	0.00	0.07	0.02	0.03	0.03	0.04	0.04	0.07	0.00	0.04	0.02
819	0.00	0.00	0.00	0.00	0.03	0.00	0.00	0.00	0.00	0.00	0.00	0.00	0.00	0.00	0.00	0.00
810	0.00	0.00	0.00	0.00	0.03	0.00	0.03	0.02	0.00	0.00	0.00	0.00	0.00	0.00	0.01	0.00

Table III. FREQUENCY OF VARIOUS ONE-, TWO-, AND THREE-POINT MMPI CODES AMONG FEMALE PATIENTS--continued

	AGE <20 N=695		20-29 N=1690		30-39 N=3474		40-49 N=5955		50-59 N=7209		60-69 N=5229		70 + N=1471		ALL AGES N=25723	
CODES	T 70+	T 69-	T 70+	T 69-	T 70+	T 69-	T 70+	T 69-	T 70+	T 69-	T 70+	T 69-	T 70+	T 69-	T 70+	T 69-
82-	0.00	0.14	0.71	0.00	0.32	0.00	0.24	0.08	0.19	0.14	0.17	0.11	0.20	0.20	0.24	0.10
821	0.00	0.00	0.24	0.00	0.06	0.00	0.05	0.00	0.04	0.01	0.06	0.04	0.00	0.07	0.06	0.02
823	0.00	0.00	0.00	0.00	0.03	0.00	0.02	0.02	0.06	0.03	0.02	0.00	0.00	0.07	0.03	0.02
824	0.00	0.14	0.18	0.00	0.06	0.00	0.03	0.02	0.01	0.01	0.00	0.02	0.00	0.00	0.03	0.02
825	0.00	0.00	0.00	0.00	0.00	0.00	0.00	0.00	0.00	0.00	0.00	0.02	0.00	0.00	0.00	0.00
826	0.00	0.00	0.00	0.00	0.03	0.00	0.03	0.05	0.00	0.00	0.00	0.02	0.00	0.00	0.01	0.02
827	0.00	0.00	0.24	0.00	0.06	0.00	0.07	0.00	0.08	0.03	0.06	0.00	0.20	0.00	0.09	0.01
829	0.00	0.00	0.00	0.00	0.06	0.00	0.00	0.00	0.00	0.01	0.02	0.00	0.00	0.00	0.01	0.00
820	0.00	0.00	0.06	0.00	0.03	0.00	0.03	0.00	0.00	0.04	0.02	0.02	0.00	0.07	0.02	0.02
83-	0.14	0.29	0.30	0.18	0.17	0.09	0.13	0.20	0.08	0.25	0.06	0.10	0.00	0.07	0.11	0.17
831	0.00	0.14	0.12	0.06	0.00	0.00	0.05	0.03	0.04	0.08	0.00	0.02	0.00	0.07	0.03	0.05
832	0.00	0.00	0.00	0.00	0.03	0.00	0.03	0.00	0.00	0.03	0.02	0.00	0.00	0.00	0.02	0.01
834	0.14	0.14	0.06	0.00	0.03	0.06	0.00	0.05	0.00	0.03	0.04	0.00	0.00	0.00	0.02	0.03
835	0.00	0.00	0.00	0.00	0.00	0.00	0.00	0.02	0.00	0.06	0.00	0.00	0.00	0.00	0.00	0.02
836	0.00	0.00	0.00	0.06	0.06	0.00	0.02	0.02	0.00	0.01	0.00	0.02	0.00	0.00	0.01	0.02
837	0.00	0.00	0.12	0.00	0.06	0.03	0.02	0.07	0.03	0.04	0.00	0.02	0.00	0.00	0.03	0.03
839	0.00	0.00	0.00	0.06	0.00	0.00	0.02	0.00	0.01	0.00	0.00	0.02	0.00	0.00	0.01	0.01
830	0.00	0.00	0.00	0.00	0.00	0.00	0.00	0.02	0.00	0.00	0.00	0.02	0.00	0.00	0.00	0.01
84-	1.15	0.14	0.30	0.53	0.26	0.46	0.17	0.22	0.12	0.21	0.17	0.15	0.07	0.07	0.20	0.24
841	0.00	0.00	0.12	0.00	0.03	0.00	0.00	0.03	0.00	0.03	0.04	0.04	0.00	0.00	0.02	0.02
842	0.00	0.00	0.06	0.00	0.06	0.03	0.05	0.03	0.01	0.03	0.00	0.00	0.00	0.00	0.03	0.02
843	0.14	0.00	0.00	0.30	0.09	0.17	0.03	0.05	0.03	0.03	0.02	0.06	0.00	0.00	0.03	0.07
845	0.00	0.00	0.00	0.00	0.00	0.03	0.00	0.02	0.00	0.00	0.00	0.04	0.00	0.00	0.00	0.02
846	0.29	0.00	0.00	0.00	0.03	0.09	0.05	0.03	0.04	0.03	0.04	0.02	0.00	0.00	0.04	0.03
847	0.58	0.14	0.12	0.18	0.06	0.09	0.02	0.05	0.04	0.08	0.02	0.00	0.00	0.07	0.05	0.07
849	0.00	0.00	0.00	0.00	0.00	0.06	0.02	0.00	0.00	0.01	0.06	0.00	0.07	0.00	0.02	0.01
840	0.14	0.00	0.00	0.06	0.00	0.00	0.00	0.00	0.00	0.00	0.00	0.00	0.00	0.00	0.00	0.00
85-	0.00	0.14	0.00	0.00	0.03	0.06	0.03	0.07	0.06	0.08	0.04	0.15	0.07	0.14	0.04	0.09
851	0.00	0.00	0.00	0.00	0.00	0.03	0.00	0.00	0.01	0.03	0.00	0.02	0.00	0.00	0.00	0.02
852	0.00	0.00	0.00	0.00	0.00	0.00	0.00	0.00	0.03	0.03	0.00	0.00	0.00	0.00	0.01	0.01
853	0.00	0.00	0.00	0.00	0.00	0.00	0.02	0.02	0.00	0.00	0.00	0.02	0.00	0.00	0.00	0.01
854	0.00	0.14	0.00	0.00	0.00	0.00	0.00	0.02	0.00	0.00	0.00	0.02	0.00	0.00	0.00	0.01
856	0.00	0.00	0.00	0.00	0.00	0.00	0.00	0.02	0.00	0.00	0.02	0.04	0.00	0.00	0.00	0.01
857	0.00	0.00	0.00	0.00	0.03	0.00	0.00	0.02	0.01	0.01	0.00	0.00	0.07	0.07	0.01	0.01
859	0.00	0.00	0.00	0.00	0.00	0.00	0.00	0.00	0.00	0.01	0.00	0.00	0.00	0.07	0.00	0.01
850	0.00	0.00	0.00	0.00	0.00	0.03	0.02	0.00	0.00	0.00	0.02	0.06	0.00	0.00	0.01	0.02

Table III. FREQUENCY OF VARIOUS ONE-, TWO-, AND THREE-POINT MMPI CODES AMONG FEMALE PATIENTS--continued

	AGE < 20 N=695		20-29 N=1690		30-39 N=3474		40-49 N=5955		50-59 N=7209		60-69 N=5229		70 + N=1471		ALL AGES N=25723	
CODES	T 70+	T 69-	T 70+	T 69-	T 70+	T 69-	T 70+	T 69-	T 70+	T 69-	T 70+	T 69-	T 70+	T 69-	T 70+	T 69-
86-	0.58	0.29	0.36	0.36	0.17	0.12	0.20	0.13	0.19	0.08	0.15	0.08	0.20	0.00	0.21	0.12
861	0.00	0.14	0.00	0.06	0.00	0.03	0.02	0.02	0.01	0.01	0.04	0.02	0.00	0.00	0.02	0.02
862	0.00	0.00	0.00	0.12	0.03	0.00	0.05	0.02	0.00	0.01	0.04	0.00	0.00	0.00	0.02	0.02
863	0.00	0.00	0.06	0.12	0.03	0.03	0.00	0.02	0.03	0.04	0.00	0.04	0.07	0.00	0.02	0.03
864	0.29	0.00	0.18	0.00	0.06	0.00	0.05	0.02	0.00	0.01	0.02	0.00	0.00	0.00	0.04	0.01
865	0.00	0.00	0.00	0.00	0.00	0.00	0.00	0.00	0.01	0.00	0.04	0.02	0.07	0.00	0.02	0.00
867	0.29	0.14	0.06	0.06	0.06	0.06	0.07	0.02	0.08	0.00	0.00	0.00	0.00	0.00	0.06	0.02
869	0.00	0.00	0.06	0.00	0.00	0.00	0.00	0.05	0.04	0.00	0.00	0.00	0.00	0.00	0.02	0.01
860	0.00	0.00	0.00	0.00	0.00	0.00	0.02	0.00	0.01	0.00	0.02	0.00	0.07	0.00	0.02	0.00
87-	1.73	0.43	0.71	0.47	0.52	0.23	0.32	0.15	0.32	0.14	0.10	0.21	0.20	0.14	0.36	0.20
871	0.00	0.00	0.06	0.06	0.12	0.03	0.08	0.03	0.07	0.01	0.00	0.02	0.07	0.00	0.06	0.02
872	0.43	0.00	0.47	0.00	0.17	0.06	0.02	0.00	0.08	0.03	0.04	0.02	0.00	0.00	0.10	0.02
873	0.00	0.00	0.00	0.12	0.03	0.00	0.05	0.02	0.01	0.00	0.02	0.02	0.00	0.00	0.02	0.02
874	0.29	0.00	0.06	0.18	0.09	0.06	0.05	0.03	0.03	0.01	0.02	0.02	0.07	0.07	0.05	0.04
875	0.00	0.00	0.00	0.00	0.00	0.03	0.00	0.00	0.01	0.01	0.00	0.02	0.00	0.00	0.00	0.01
876	0.58	0.29	0.06	0.00	0.06	0.06	0.10	0.03	0.01	0.03	0.00	0.04	0.07	0.00	0.06	0.04
879	0.29	0.14	0.00	0.06	0.00	0.00	0.00	0.03	0.07	0.03	0.00	0.06	0.00	0.07	0.03	0.04
870	0.14	0.00	0.06	0.06	0.06	0.00	0.02	0.00	0.03	0.01	0.02	0.02	0.00	0.00	0.03	0.01
89-	0.29	0.29	0.41	0.12	0.17	0.14	0.07	0.02	0.04	0.14	0.13	0.08	0.07	0.00	0.12	0.09
891	0.00	0.00	0.06	0.00	0.03	0.00	0.00	0.00	0.01	0.00	0.02	0.00	0.00	0.00	0.02	0.00
892	0.00	0.00	0.00	0.00	0.06	0.00	0.02	0.00	0.01	0.00	0.02	0.00	0.00	0.00	0.02	0.00
893	0.00	0.14	0.00	0.06	0.00	0.03	0.03	0.00	0.00	0.04	0.00	0.00	0.00	0.00	0.01	0.02
894	0.00	0.00	0.06	0.00	0.03	0.03	0.00	0.00	0.00	0.03	0.00	0.02	0.00	0.00	0.01	0.02
895	0.00	0.00	0.06	0.00	0.00	0.00	0.00	0.00	0.00	0.03	0.00	0.02	0.07	0.00	0.01	0.01
896	0.14	0.00	0.00	0.06	0.06	0.03	0.02	0.00	0.00	0.01	0.02	0.04	0.00	0.00	0.02	0.02
897	0.14	0.00	0.18	0.00	0.00	0.06	0.00	0.02	0.01	0.03	0.06	0.00	0.00	0.00	0.03	0.02
890	0.00	0.14	0.06	0.00	0.00	0.00	0.00	0.00	0.00	0.00	0.02	0.00	0.00	0.00	0.01	0.00
80-	0.14	0.14	0.18	0.12	0.06	0.00	0.03	0.05	0.03	0.11	0.02	0.02	0.00	0.00	0.04	0.06
801	0.00	0.00	0.06	0.00	0.00	0.00	0.00	0.00	0.00	0.00	0.00	0.00	0.00	0.00	0.00	0.00
802	0.00	0.00	0.06	0.00	0.03	0.00	0.02	0.00	0.01	0.03	0.02	0.00	0.00	0.00	0.02	0.01
803	0.00	0.00	0.00	0.06	0.00	0.00	0.00	0.02	0.00	0.01	0.00	0.00	0.00	0.00	0.00	0.01
804	0.00	0.00	0.00	0.06	0.00	0.00	0.00	0.02	0.00	0.00	0.00	0.00	0.00	0.00	0.00	0.01
805	0.00	0.00	0.00	0.00	0.00	0.00	0.00	0.00	0.00	0.06	0.00	0.00	0.00	0.00	0.00	0.02
806	0.00	0.14	0.00	0.00	0.00	0.00	0.00	0.02	0.00	0.01	0.00	0.00	0.00	0.00	0.00	0.01
807	0.14	0.00	0.06	0.00	0.03	0.00	0.02	0.00	0.01	0.00	0.00	0.02	0.00	0.00	0.02	0.00
809	0.00	0.00	0.00	0.00	0.00	0.00	0.00	0.00	0.00	0.00	0.00	0.00	0.00	0.00	0.00	0.00

Table III. FREQUENCY OF VARIOUS ONE-, TWO-, AND THREE-POINT MMPI CODES AMONG FEMALE PATIENTS--continued

CODES	AGE <20 N=695 T 70+	T 69-	20-29 N=1690 T 70+	T 69-	30-39 N=3474 T 70+	T 69-	40-49 N=5955 T 70+	T 69-	50-59 N=7209 T 70+	T 69-	60-69 N=5229 T 70+	T 69-	70 + N=1471 T 70+	T 69-	ALL AGES N=25723 T 70+	T 69-
9--	8.78	12.81	4.62	7.16	1.93	3.94	1.95	4.65	1.82	5.51	1.03	4.65	0.41	3.94	1.99	5.14
91-	0.58	0.43	0.18	0.36	0.23	0.26	0.40	0.57	0.31	0.71	0.25	0.48	0.07	0.41	0.29	0.52
912	0.00	0.00	0.00	0.00	0.03	0.00	0.02	0.03	0.03	0.06	0.00	0.00	0.00	0.00	0.02	0.02
913	0.29	0.29	0.06	0.12	0.14	0.12	0.20	0.20	0.15	0.26	0.06	0.17	0.07	0.14	0.14	0.19
914	0.14	0.00	0.06	0.06	0.00	0.03	0.10	0.08	0.04	0.07	0.00	0.04	0.00	0.07	0.04	0.06
915	0.00	0.00	0.00	0.00	0.00	0.03	0.03	0.08	0.00	0.07	0.04	0.04	0.00	0.14	0.02	0.06
916	0.00	0.14	0.00	0.06	0.03	0.06	0.02	0.00	0.01	0.06	0.02	0.06	0.00	0.07	0.02	0.05
917	0.00	0.00	0.06	0.00	0.03	0.00	0.00	0.05	0.01	0.04	0.04	0.02	0.00	0.00	0.02	0.03
918	0.14	0.00	0.00	0.12	0.00	0.00	0.02	0.03	0.04	0.11	0.06	0.06	0.00	0.00	0.03	0.06
910	0.00	0.00	0.00	0.00	0.00	0.03	0.02	0.08	0.01	0.04	0.04	0.10	0.00	0.00	0.02	0.05
92-	0.29	0.43	0.00	0.12	0.09	0.03	0.03	0.27	0.10	0.32	0.08	0.40	0.07	0.20	0.07	0.27
921	0.00	0.14	0.00	0.00	0.00	0.00	0.00	0.03	0.04	0.01	0.00	0.06	0.00	0.07	0.01	0.03
923	0.00	0.14	0.00	0.00	0.00	0.03	0.02	0.07	0.03	0.07	0.00	0.06	0.00	0.00	0.01	0.05
924	0.14	0.00	0.00	0.06	0.00	0.00	0.00	0.02	0.01	0.04	0.02	0.06	0.00	0.00	0.01	0.03
925	0.00	0.00	0.00	0.00	0.00	0.00	0.00	0.00	0.00	0.04	0.00	0.04	0.00	0.00	0.00	0.02
926	0.14	0.14	0.00	0.00	0.06	0.00	0.00	0.05	0.00	0.01	0.02	0.08	0.00	0.00	0.02	0.03
927	0.00	0.00	0.00	0.06	0.00	0.00	0.02	0.05	0.00	0.07	0.00	0.02	0.00	0.07	0.00	0.04
928	0.00	0.00	0.00	0.00	0.00	0.00	0.00	0.00	0.01	0.03	0.02	0.02	0.07	0.00	0.01	0.01
920	0.00	0.00	0.00	0.00	0.03	0.00	0.00	0.05	0.00	0.04	0.02	0.08	0.00	0.07	0.01	0.04
93-	0.72	2.16	0.71	1.60	0.29	1.09	0.39	1.19	0.25	1.12	0.17	0.82	0.07	0.82	0.30	1.12
931	0.29	0.58	0.18	0.47	0.14	0.35	0.13	0.40	0.17	0.29	0.08	0.27	0.07	0.14	0.14	0.33
932	0.00	0.14	0.12	0.18	0.03	0.06	0.02	0.13	0.00	0.12	0.00	0.10	0.00	0.07	0.02	0.11
934	0.29	0.58	0.18	0.36	0.06	0.26	0.10	0.17	0.04	0.17	0.02	0.06	0.00	0.27	0.07	0.19
935	0.00	0.29	0.00	0.18	0.00	0.03	0.02	0.10	0.00	0.10	0.00	0.08	0.00	0.07	0.00	0.09
936	0.00	0.00	0.12	0.18	0.00	0.14	0.02	0.27	0.01	0.26	0.04	0.17	0.00	0.14	0.02	0.21
937	0.00	0.14	0.00	0.12	0.00	0.12	0.03	0.03	0.01	0.06	0.04	0.04	0.00	0.07	0.02	0.06
938	0.14	0.43	0.12	0.12	0.06	0.06	0.07	0.08	0.01	0.11	0.00	0.06	0.00	0.07	0.04	0.09
930	0.00	0.00	0.00	0.00	0.00	0.09	0.00	0.00	0.00	0.01	0.00	0.06	0.00	0.00	0.00	0.03
94-	1.73	3.45	1.48	1.83	0.58	0.83	0.37	0.77	0.33	0.89	0.21	0.50	0.00	0.54	0.44	0.89
941	0.14	0.43	0.24	0.18	0.03	0.03	0.08	0.08	0.04	0.08	0.00	0.02	0.00	0.00	0.05	0.07
942	0.00	0.14	0.06	0.00	0.00	0.03	0.02	0.02	0.01	0.08	0.00	0.06	0.00	0.00	0.01	0.05
943	0.29	0.43	0.30	0.77	0.12	0.20	0.03	0.20	0.08	0.33	0.04	0.08	C.00	0.07	0.08	0.25
945	0.00	0.29	0.12	0.06	0.03	0.12	0.05	0.08	0.00	0.10	0.02	0.02	0.00	0.14	0.03	0.09
946	0.58	0.43	0.41	0.36	0.14	0.09	0.07	0.08	0.10	0.08	0.04	0.04	0.00	0.27	0.11	0.11
947	0.43	0.00	0.00	0.18	0.09	0.03	0.03	0.08	0.01	0.03	0.06	0.08	0.00	0.00	0.05	0.06
948	0.14	1.44	0.36	0.24	0.14	0.29	0.07	0.13	0.08	0.17	0.06	0.11	0.00	0.07	0.10	0.20
940	0.14	0.29	0.00	0.06	0.03	0.06	0.02	0.08	0.00	0.01	0.00	0.10	0.00	0.00	0.01	0.06

Table III. FREQUENCY OF VARIOUS ONE-, TWO-, AND THREE-POINT MMPI CODES AMONG FEMALE PATIENTS--continued

	AGE <20 N=695		20-29 N=1690		30-39 N=3474		40-49 N=5955		50-59 N=7209		60-69 N=5229		70 + N=1471		ALL AGES N=25723	
CODES	T 70+	T 69-	T 70+	T 69-	T 70+	T 69-	T 70+	T 69-	T 70+	T 69-	T 70+	T 69-	T 70+	T 69-	T 70+	T 69-
95-	0.43	1.73	0.36	0.71	0.14	0.29	0.18	0.59	0.19	0.58	0.06	0.84	0.00	0.61	0.16	0.64
951	0.00	0.00	0.06	0.12	0.03	0.03	0.07	0.08	0.04	0.04	0.00	0.17	0.00	0.20	0.03	0.09
952	0.00	0.00	0.00	0.12	0.00	0.00	0.00	0.02	0.00	0.06	0.00	0.10	0.00	0.14	0.00	0.05
953	0.00	0.14	0.12	0.06	0.00	0.06	0.02	0.08	0.00	0.12	0.00	0.11	0.00	0.00	0.01	0.09
954	0.29	0.29	0.00	0.12	0.03	0.06	0.08	0.12	0.08	0.12	0.02	0.06	0.00	0.07	0.06	0.10
956	0.14	0.29	0.06	0.18	0.03	0.03	0.00	0.07	0.03	0.06	0.04	0.23	0.00	0.14	0.03	0.11
957	0.00	0.14	0.06	0.06	0.03	0.06	0.00	0.10	0.00	0.01	0.00	0.02	0.00	0.07	0.01	0.05
958	0.00	0.58	0.06	0.06	0.03	0.06	0.02	0.05	0.04	0.04	0.00	0.06	0.00	0.00	0.02	0.06
950	0.00	0.29	0.00	0.00	0.00	0.00	0.00	0.07	0.00	0.12	0.00	0.10	0.00	0.00	0.00	0.08
96-	0.58	1.01	0.71	1.24	0.23	0.49	0.22	0.45	0.28	0.83	0.15	0.75	0.07	0.68	0.26	0.70
961	0.00	0.00	0.12	0.18	0.00	0.00	0.02	0.08	0.04	0.11	0.02	0.08	0.07	0.00	0.03	0.08
962	0.00	0.14	0.06	0.06	0.03	0.03	0.02	0.00	0.00	0.08	0.02	0.06	0.00	0.14	0.02	0.05
963	0.00	0.29	0.12	0.12	0.06	0.06	0.03	0.10	0.00	0.21	0.02	0.17	0.00	0.07	0.03	0.14
964	0.29	0.43	0.12	0.30	0.03	0.09	0.05	0.07	0.07	0.14	0.04	0.17	0.00	0.20	0.06	0.14
965	0.14	0.00	0.00	0.12	0.00	0.06	0.03	0.08	0.01	0.08	0.00	0.02	0.00	0.14	0.02	0.07
967	0.00	0.00	0.00	0.24	0.03	0.14	0.03	0.05	0.08	0.03	0.00	0.06	0.00	0.07	0.03	0.07
968	0.14	0.14	0.30	0.18	0.09	0.06	0.03	0.03	0.06	0.12	0.04	0.11	0.00	0.00	0.07	0.09
960	0.00	0.00	0.00	0.06	0.00	0.06	0.00	0.03	0.01	0.06	0.02	0.08	0.00	0.07	0.01	0.05
97-	1.15	1.01	0.24	0.24	0.17	0.29	0.13	0.30	0.14	0.31	0.04	0.29	0.00	0.27	0.15	0.31
971	0.00	0.14	0.00	0.00	0.00	0.06	0.00	0.03	0.00	0.04	0.00	0.02	0.00	0.00	0.00	0.03
972	0.14	0.00	0.00	0.00	0.03	0.03	0.02	0.05	0.01	0.03	0.02	0.06	0.00	0.00	0.02	0.03
973	0.43	0.00	0.00	0.06	0.03	0.03	0.00	0.07	0.00	0.04	0.00	0.04	0.00	0.14	0.02	0.05
974	0.29	0.29	0.00	0.00	0.03	0.03	0.03	0.03	0.00	0.04	0.02	0.02	0.00	0.07	0.02	0.04
975	0.00	0.00	0.06	0.06	0.00	0.00	0.00	0.02	0.01	0.03	0.00	0.00	0.00	0.00	0.01	0.02
976	0.00	0.00	0.06	0.00	0.00	0.06	0.05	0.10	0.06	0.04	0.00	0.08	0.00	0.00	0.03	0.06
978	0.29	0.14	0.12	0.00	0.09	0.03	0.03	0.00	0.04	0.06	0.00	0.04	0.00	0.00	0.05	0.03
970	0.00	0.43	0.00	0.12	0.00	0.06	0.00	0.00	0.01	0.03	0.00	0.04	0.00	0.07	0.00	0.05
98-	3.31	1.73	0.95	0.89	0.20	0.35	0.18	0.30	0.21	0.31	0.08	0.17	0.07	0.20	0.30	0.35
981	0.14	0.14	0.00	0.12	0.00	0.03	0.00	0.00	0.01	0.06	0.02	0.00	0.07	0.07	0.02	0.03
982	0.00	0.14	0.24	0.00	0.00	0.00	0.00	0.03	0.00	0.01	0.00	0.00	0.00	0.00	0.02	0.02
983	0.14	0.43	0.24	0.18	0.03	0.09	0.05	0.07	0.03	0.06	0.02	0.10	0.00	0.07	0.05	0.09
984	0.58	0.14	0.30	0.18	0.03	0.06	0.05	0.07	0.12	0.06	0.00	0.02	0.00	0.07	0.09	0.06
985	0.14	0.14	0.00	0.00	0.00	0.00	0.00	0.00	0.00	0.03	0.00	0.02	0.00	0.00	0.00	0.02
986	0.72	0.14	0.06	0.18	0.00	0.09	0.05	0.07	0.00	0.01	0.02	0.02	0.00	0.00	0.04	0.05
987	1.01	0.43	0.12	0.24	0.09	0.09	0.03	0.05	0.04	0.06	0.02	0.02	0.00	0.00	0.07	0.07
980	0.58	0.14	0.00	0.00	0.06	0.00	0.00	0.02	0.00	0.03	0.00	0.00	0.00	0.00	0.02	0.02

Table III. FREQUENCY OF VARIOUS ONE-, TWO-, AND THREE-POINT MMPI CODES AMONG FEMALE PATIENTS--continued

	AGE <20 N=695		20-29 N=1690		30-39 N=3474		40-49 N=5955		50-59 N=7209		60-69 N=5229		70 + N=1471		ALL AGES N=25723	
CODES	T 70+	T 69-	T 70+	T 69-	T 70+	T 69-	T 70+	T 69-	T 70+	T 69-	T 70+	T 69-	T 70+	T 69-	T 70+	T 69-
90-	0.00	0.86	0.00	0.18	0.00	0.32	0.03	0.20	0.01	0.44	0.00	0.40	0.07	0.20	0.02	0.34
901	0.00	0.00	0.00	0.00	0.00	0.03	0.00	0.00	0.00	0.06	0.00	0.06	0.00	0.00	0.00	0.03
902	0.00	0.00	0.00	0.00	0.00	0.03	0.00	0.00	0.01	0.07	0.00	0.08	0.00	0.00	0.00	0.04
903	0.00	0.14	0.00	0.00	0.00	0.03	0.00	0.02	0.00	0.07	0.00	0.04	0.00	0.07	0.00	0.04
904	0.00	0.14	0.00	0.00	0.00	0.06	0.00	0.05	0.00	0.00	0.00	0.02	0.00	0.00	0.00	0.03
905	0.00	0.14	0.00	0.06	0.00	0.06	0.02	0.07	0.00	0.04	0.00	0.11	0.00	0.07	0.00	0.07
906	0.00	0.00	0.00	0.00	0.00	0.09	0.02	0.02	0.00	0.14	0.00	0.08	0.07	0.00	0.01	0.07
907	0.00	0.14	0.00	0.12	0.00	0.00	0.00	0.05	0.00	0.03	0.00	0.02	0.00	0.07	0.00	0.04
908	0.00	0.29	0.00	0.00	0.00	0.03	0.00	0.00	0.00	0.04	0.00	0.00	0.00	0.00	0.00	0.02
0--	2.01	4.32	2.07	7.40	2.59	6.71	2.13	7.15	2.01	7.39	2.26	9.14	2.99	9.86	2.23	7.66
01-	0.29	0.43	0.18	0.59	0.14	0.43	0.24	0.81	0.26	0.80	0.08	1.07	0.20	1.43	0.19	0.82
012	0.29	0.29	0.00	0.12	0.06	0.17	0.10	0.25	0.14	0.26	0.04	0.42	0.07	0.61	0.09	0.29
013	0.00	0.00	0.00	0.12	0.00	0.12	0.07	0.15	0.01	0.15	0.04	0.08	0.00	0.20	0.03	0.13
014	0.00	0.00	0.00	0.00	0.03	0.00	0.00	0.02	0.01	0.01	0.00	0.02	0.00	0.00	0.01	0.01
015	0.00	0.14	0.00	0.12	0.00	0.03	0.00	0.08	0.03	0.07	0.00	0.25	0.00	0.20	0.01	0.12
016	0.00	0.00	0.06	0.06	0.03	0.00	0.02	0.05	0.00	0.04	0.00	0.11	0.00	0.14	0.01	0.06
017	0.00	0.00	0.06	0.18	0.03	0.12	0.03	0.12	0.06	0.14	0.00	0.13	0.14	0.07	0.04	0.12
018	0.00	0.00	0.06	0.00	0.00	0.00	0.02	0.08	0.00	0.06	0.00	0.04	0.00	0.14	0.01	0.05
019	0.00	0.00	0.00	0.00	0.00	0.00	0.00	0.05	0.01	0.07	0.00	0.02	0.00	0.07	0.00	0.04
02-	0.43	0.58	1.12	1.95	1.09	1.90	1.23	1.85	0.94	2.47	1.42	3.00	1.77	3.26	1.17	2.32
021	0.00	0.00	0.12	0.24	0.20	0.29	0.29	0.37	0.21	0.36	0.33	0.54	0.48	0.61	0.25	0.38
023	0.00	0.00	0.06	0.06	0.06	0.26	0.03	0.40	0.12	0.32	0.08	0.29	0.00	0.48	0.07	0.31
024	0.14	0.14	0.12	0.30	0.03	0.14	0.07	0.13	0.08	0.18	0.06	0.13	0.07	0.07	0.07	0.16
025	0.00	0.00	0.00	0.36	0.06	0.14	0.07	0.34	0.07	0.36	0.19	0.67	0.27	1.02	0.10	0.42
026	0.00	0.00	0.18	0.30	0.12	0.35	0.17	0.12	0.12	0.37	0.11	0.57	0.41	0.20	0.15	0.33
027	0.14	0.14	0.47	0.47	0.63	0.63	0.50	0.39	0.31	0.57	0.61	0.61	0.41	0.68	0.47	0.53
028	0.14	0.14	0.06	0.00	0.00	0.06	0.08	0.07	0.01	0.14	0.02	0.02	0.07	0.07	0.04	0.07
029	0.00	0.14	0.12	0.24	0.00	0.03	0.02	0.03	0.01	0.17	0.02	0.17	0.07	0.14	0.02	0.12
03-	0.00	0.58	0.00	0.59	0.09	0.63	0.07	0.69	0.03	0.68	0.02	0.46	0.00	0.41	0.04	0.61
031	0.00	0.14	0.00	0.06	0.03	0.26	0.02	0.13	0.00	0.18	0.02	0.10	0.00	0.14	0.01	0.15
032	0.00	0.00	0.00	0.18	0.00	0.17	0.02	0.25	0.01	0.15	0.00	0.13	0.00	0.20	0.01	0.17
034	0.00	0.00	0.00	0.06	0.00	0.03	0.00	0.02	0.00	0.04	0.00	0.04	0.00	0.00	0.00	0.03
035	0.00	0.00	0.00	0.00	0.00	0.06	0.00	0.07	0.00	0.04	0.00	0.02	0.00	0.07	0.00	0.04
036	0.00	0.29	0.00	0.24	0.00	0.06	0.03	0.05	0.00	0.15	0.00	0.04	0.00	0.00	0.01	0.09
037	0.00	0.00	0.00	0.06	0.06	0.06	0.00	0.07	0.01	0.06	0.00	0.06	0.00	0.00	0.01	0.05
038	0.00	0.00	0.00	0.00	0.00	0.00	0.00	0.03	0.00	0.01	0.00	0.04	0.00	0.00	0.00	0.02
039	0.00	0.14	0.00	0.00	0.00	0.00	0.00	0.07	0.00	0.04	0.00	0.04	0.00	0.00	0.00	0.04

Table III. FREQUENCY OF VARIOUS ONE-, TWO-, AND THREE-POINT MMPI CODES AMONG FEMALE PATIENTS--continued

	AGE <20 N=695		20-29 N=1690		30-39 N=3474		40-49 N=5955		50-59 N=7209		60-69 N=5229		70 + N=1471		ALL AGES N=25723	
CODES	T 70+	T 69-	T 70+	T 69-	T 70+	T 69-	T 70+	T 69-	T 70+	T 69-	T 70+	T 69-	T 70+	T 69-	T 70+	T 69-
04-	0.00	0.14	0.06	0.30	0.03	0.32	0.08	0.17	0.06	0.18	0.00	0.17	0.00	0.27	0.04	0.21
041	0.00	0.00	0.00	0.06	0.00	0.00	0.00	0.05	0.01	0.00	0.00	0.00	0.00	0.00	0.00	0.02
042	0.00	0.00	0.00	0.12	0.03	0.17	0.05	0.02	0.01	0.03	0.00	0.04	0.00	0.00	0.02	0.05
043	0.00	0.00	0.00	0.06	0.00	0.06	0.00	0.00	0.00	0.01	0.00	0.02	0.00	0.00	0.00	0.02
045	0.00	0.00	0.00	0.06	0.00	0.00	0.00	0.00	0.00	0.06	0.00	0.00	0.00	0.07	0.00	0.02
046	0.00	0.00	0.00	0.00	0.00	0.06	0.02	0.02	0.01	0.04	0.00	0.04	0.00	0.00	0.01	0.03
047	0.00	0.00	0.00	0.00	0.00	0.03	0.02	0.02	0.00	0.00	0.00	0.02	0.00	0.07	0.00	0.02
048	0.00	0.14	0.00	0.00	0.00	0.00	0.00	0.05	0.01	0.00	0.00	0.06	0.00	0.07	0.00	0.03
049	0.00	0.00	0.06	0.00	0.00	0.00	0.00	0.02	0.00	0.04	0.00	0.00	0.00	0.07	0.00	0.02
05-	0.14	0.86	0.00	0.83	0.20	0.81	0.05	1.09	0.12	1.10	0.19	2.10	0.27	2.58	0.13	1.32
051	0.00	0.00	0.00	0.06	0.03	0.14	0.00	0.07	0.04	0.12	0.02	0.33	0.07	0.41	0.02	0.16
052	0.00	0.14	0.00	0.47	0.09	0.20	0.03	0.40	0.04	0.35	0.11	0.69	0.14	0.95	0.06	0.45
053	0.00	0.00	0.00	0.00	0.00	0.09	0.00	0.13	0.00	0.06	0.00	0.15	0.00	0.20	0.00	0.10
054	0.00	0.14	0.00	0.12	0.00	0.09	0.00	0.05	0.00	0.07	0.00	0.11	0.00	0.07	0.00	0.08
056	0.00	0.00	0.00	0.00	0.00	0.12	0.00	0.22	0.00	0.19	0.00	0.46	0.07	0.41	0.00	0.24
057	0.14	0.00	0.00	0.06	0.03	0.09	0.00	0.12	0.03	0.08	0.06	0.13	0.00	0.27	0.03	0.11
058	0.00	0.43	0.00	0.06	0.00	0.06	0.00	0.07	0.00	0.11	0.00	0.06	0.00	0.07	0.00	0.09
059	0.00	0.14	0.00	0.06	0.06	0.03	0.02	0.03	0.01	0.11	0.00	0.17	0.00	0.20	0.02	0.10
06-	0.14	0.14	0.12	1.07	0.29	1.15	0.17	0.86	0.14	0.93	0.15	0.98	0.20	0.61	0.17	0.92
061	0.00	0.00	0.00	0.24	0.03	0.09	0.02	0.20	0.00	0.08	0.00	0.06	0.00	0.14	0.01	0.12
062	0.00	0.00	0.00	0.24	0.12	0.35	0.07	0.10	0.06	0.28	0.08	0.34	0.07	0.14	0.07	0.24
063	0.00	0.00	0.00	0.18	0.06	0.14	0.02	0.17	0.00	0.07	0.00	0.08	0.00	0.07	0.01	0.11
064	0.00	0.00	0.00	0.18	0.00	0.12	0.00	0.03	0.00	0.04	0.02	0.06	0.00	0.00	0.00	0.06
065	0.00	0.14	0.00	0.00	0.03	0.14	0.00	0.08	0.01	0.10	0.02	0.21	0.00	0.07	0.01	0.12
067	0.14	0.00	0.06	0.06	0.03	0.20	0.07	0.15	0.03	0.19	0.04	0.21	0.14	0.14	0.05	0.17
068	0.00	0.00	0.06	0.12	0.03	0.03	0.00	0.07	0.01	0.08	0.00	0.00	0.00	0.00	0.01	0.05
069	0.00	0.00	0.00	0.06	0.00	0.09	0.00	0.05	0.03	0.08	0.00	0.02	0.00	0.07	0.01	0.06
07-	0.86	0.86	0.47	1.48	0.52	1.12	0.25	1.02	0.42	0.75	0.33	0.71	0.41	0.54	0.39	0.89
071	0.00	0.00	0.00	0.00	0.06	0.06	0.00	0.17	0.06	0.08	0.04	0.06	0.00	0.07	0.03	0.09
072	0.43	0.43	0.36	0.36	0.20	0.43	0.10	0.34	0.24	0.33	0.19	0.25	0.27	0.14	0.21	0.32
073	0.00	0.00	0.00	0.06	0.03	0.20	0.03	0.17	0.00	0.04	0.00	0.02	0.07	0.00	0.02	0.09
074	0.00	0.00	0.06	0.36	0.03	0.06	0.00	0.03	0.04	0.03	0.00	0.06	0.00	0.00	0.02	0.06
075	0.00	0.00	0.00	0.06	0.00	0.03	0.00	0.05	0.00	0.07	0.08	0.06	0.00	0.14	0.02	0.06
076	0.00	0.14	0.06	0.41	0.09	0.20	0.07	0.17	0.06	0.06	0.02	0.08	0.00	0.14	0.05	0.14
078	0.43	0.29	0.00	0.18	0.09	0.12	0.05	0.07	0.03	0.11	0.00	0.11	0.07	0.07	0.05	0.11
079	0.00	0.00	0.00	0.06	0.03	0.03	0.00	0.03	0.00	0.03	0.00	0.08	0.00	0.00	0.00	0.04

Table III. FREQUENCY OF VARIOUS ONE-, TWO-, AND THREE-POINT MMPI CODES AMONG FEMALE PATIENTS--continued

	AGE <20 N=695		20-29 N=1690		30-39 N=3474		40-49 N=5955		50-59 N=7209		60-69 N=5229		70 + N=1471		ALL AGES N=25723	
CODES	T 70+	T 69-	T 70+	T 69-	T 70+	T 69-	T 70+	T 69-	T 70+	T 69-	T 70+	T 69-	T 70+	T 69-	T 70+	T 69-
08-	0.14	0.58	0.12	0.18	0.20	0.23	0.03	0.25	0.03	0.17	0.06	0.31	0.14	0.20	0.07	0.24
081	0.00	0.00	0.00	0.00	0.00	0.03	0.00	0.03	0.00	0.01	0.00	0.08	0.00	0.00	0.00	0.03
082	0.00	0.14	0.06	0.06	0.06	0.06	0.02	0.03	0.03	0.04	0.00	0.04	0.14	0.00	0.03	0.04
083	0.00	0.00	0.00	0.00	0.00	0.00	0.00	0.00	0.00	0.01	0.00	0.02	0.00	0.00	0.00	0.01
084	0.00	0.00	0.00	0.12	0.03	0.03	0.00	0.03	0.00	0.01	0.04	0.02	0.00	0.00	0.01	0.03
085	0.00	0.14	0.00	0.00	0.00	0.06	0.00	0.03	0.00	0.03	0.00	0.06	0.00	0.07	0.00	0.04
086	0.00	0.00	0.00	0.00	0.00	0.00	0.00	0.02	0.00	0.00	0.00	0.04	0.00	0.00	0.00	0.01
087	0.00	0.29	0.06	0.00	0.12	0.06	0.02	0.10	0.00	0.04	0.02	0.06	0.00	0.14	0.03	0.07
089	0.14	0.00	0.00	0.00	0.00	0.00	0.00	0.00	0.00	0.01	0.00	0.00	0.00	0.00	0.00	0.00
09-	0.00	0.14	0.00	0.41	0.03	0.12	0.02	0.42	0.01	0.32	0.02	0.34	0.00	0.54	0.02	0.33
091	0.00	0.00	0.00	0.00	0.00	0.00	0.00	0.07	0.00	0.03	0.02	0.04	0.00	0.00	0.00	0.03
092	0.00	0.00	0.00	0.00	0.00	0.03	0.00	0.12	0.00	0.04	0.00	0.10	0.00	0.20	0.00	0.07
093	0.00	0.00	0.00	0.00	0.03	0.03	0.00	0.03	0.00	0.03	0.00	0.02	0.00	0.07	0.00	0.03
094	0.00	0.00	0.00	0.06	0.00	0.00	0.00	0.00	0.00	0.03	0.00	0.04	0.00	0.00	0.00	0.02
095	0.00	0.00	0.00	0.06	0.00	0.00	0.02	0.08	0.00	0.10	0.00	0.06	0.00	0.14	0.00	0.07
096	0.00	0.14	0.00	0.12	0.00	0.03	0.00	0.03	0.00	0.08	0.00	0.04	0.00	0.07	0.00	0.06
097	0.00	0.00	0.00	0.18	0.00	0.03	0.00	0.07	0.00	0.01	0.00	0.04	0.00	0.07	0.00	0.05
098	0.00	0.00	0.00	0.00	0.00	0.00	0.00	0.02	0.01	0.00	0.00	0.02	0.00	0.00	0.00	0.01

Table IV. FREQUENCY (PERCENTAGE OF N) OF VARIOUS ONE-, TWO-, AND THREE-POINT MMPI CODES AMONG 24,277 MALE MEDICAL PATIENTS GROUPED BY AGE AND ELEVATION OF CODE

	AGE <20 N=550		20-29 N=1298		30-39 N=2905		40-49 N=5379		50-59 N=7097		60-69 N=5315		70 + N=1733		ALL AGES N=24277	
CODES	T 70+	T 69-	T 70+	T 69-	T 70+	T 69-	T 70+	T 69-	T 70+	T 69-	T 70+	T 69-	T 70+	T 69-	T 70+	T 69-
1--	7.82	4.36	10.02	3.54	13.84	4.78	16.42	6.13	16.09	7.14	13.79	8.60	13.44	9.75	14.69	6.89
12-	1.09	0.36	2.23	0.39	2.82	0.93	3.70	0.95	4.37	1.08	4.20	1.92	4.85	2.65	3.84	1.28
123	0.73	0.00	1.31	0.31	1.76	0.52	2.31	0.56	2.82	0.65	2.58	0.79	2.94	0.87	2.41	0.63
124	0.18	0.00	0.15	0.00	0.14	0.10	0.20	0.07	0.21	0.07	0.23	0.21	0.40	0.35	0.21	0.12
125	0.00	0.00	0.00	0.00	0.03	0.00	0.06	0.09	0.17	0.03	0.15	0.13	0.29	0.29	0.12	0.08
126	0.00	0.18	0.00	0.00	0.00	0.03	0.07	0.04	0.07	0.08	0.13	0.11	0.00	0.23	0.07	0.08
127	0.00	0.18	0.54	0.00	0.72	0.07	0.50	0.00	0.44	0.03	0.41	0.09	0.69	0.12	0.49	0.05
128	0.18	0.00	0.15	0.00	0.10	0.00	0.17	0.00	0.14	0.03	0.23	0.09	0.17	0.12	0.16	0.04
129	0.00	0.00	0.08	0.08	0.03	0.03	0.09	0.04	0.06	0.03	0.09	0.11	0.12	0.12	0.07	0.06
120	0.00	0.00	0.00	0.00	0.03	0.17	0.30	0.15	0.46	0.17	0.38	0.38	0.23	0.58	0.30	0.23
13-	3.45	1.64	5.32	1.23	8.43	2.00	9.85	2.62	8.52	3.04	7.07	3.33	6.00	3.06	8.02	2.76
132	0.73	0.36	1.93	0.31	3.30	0.55	4.68	0.80	4.54	1.01	3.78	1.02	3.12	1.10	3.93	0.87
134	0.55	0.36	0.77	0.23	1.45	0.24	1.54	0.48	1.17	0.48	1.03	0.58	0.81	0.23	1.19	0.44
135	0.36	0.18	0.46	0.08	0.21	0.28	0.65	0.28	0.61	0.31	0.53	0.43	0.40	0.35	0.52	0.31
136	0.36	0.00	0.39	0.15	0.62	0.38	0.61	0.22	0.39	0.41	0.28	0.32	0.46	0.35	0.45	0.32
137	0.55	0.55	0.62	0.15	1.00	0.14	0.95	0.22	0.61	0.06	0.36	0.13	0.35	0.17	0.65	0.14
138	0.36	0.00	0.31	0.08	0.72	0.03	0.35	0.13	0.31	0.17	0.43	0.15	0.63	0.12	0.42	0.13
139	0.55	0.00	0.85	0.15	1.00	0.21	0.93	0.30	0.61	0.37	0.47	0.41	0.12	0.40	0.67	0.33
130	0.00	0.18	0.00	0.08	0.14	0.17	0.13	0.19	0.30	0.24	0.19	0.28	0.12	0.35	0.18	0.23
14-	0.36	0.55	1.00	0.39	0.72	0.24	0.71	0.61	0.68	0.76	0.56	0.62	0.52	0.58	0.66	0.60
142	0.00	0.00	0.15	0.00	0.14	0.03	0.07	0.06	0.07	0.07	0.11	0.13	0.23	0.12	0.10	0.07
143	0.18	0.00	0.69	0.15	0.45	0.14	0.45	0.32	0.45	0.45	0.30	0.32	0.12	0.12	0.40	0.30
145	0.00	0.00	0.00	0.00	0.00	0.00	0.02	0.04	0.00	0.01	0.02	0.02	0.00	0.00	0.01	0.02
146	0.00	0.18	0.00	0.00	0.03	0.00	0.04	0.04	0.03	0.07	0.02	0.02	0.06	0.00	0.03	0.04
147	0.00	0.00	0.08	0.00	0.03	0.00	0.06	0.02	0.01	0.01	0.02	0.04	0.00	0.12	0.03	0.02
148	0.18	0.00	0.08	0.15	0.03	0.00	0.02	0.04	0.04	0.08	0.06	0.02	0.12	0.06	0.05	0.05
149	0.00	0.18	0.00	0.08	0.03	0.03	0.06	0.09	0.06	0.06	0.04	0.04	0.00	0.12	0.04	0.07
140	0.00	0.18	0.00	0.00	0.00	0.03	0.00	0.02	0.01	0.00	0.00	0.04	0.00	0.06	0.00	0.02
15-	0.36	0.36	0.08	0.15	0.34	0.55	0.46	0.56	0.52	0.61	0.41	0.64	0.23	0.69	0.42	0.57
152	0.18	0.00	0.08	0.00	0.00	0.07	0.07	0.07	0.08	0.15	0.09	0.13	0.06	0.06	0.07	0.10
153	0.18	0.00	0.00	0.08	0.17	0.31	0.24	0.32	0.27	0.24	0.21	0.24	0.06	0.35	0.21	0.26
154	0.00	0.00	0.00	0.08	0.03	0.07	0.02	0.02	0.08	0.04	0.02	0.04	0.06	0.00	0.04	0.04
156	0.00	0.00	0.00	0.00	0.03	0.00	0.04	0.04	0.04	0.00	0.02	0.04	0.00	0.12	0.03	0.02
157	0.00	0.00	0.00	0.00	0.03	0.00	0.02	0.02	0.01	0.01	0.00	0.06	0.00	0.06	0.01	0.02
158	0.00	0.18	0.00	0.00	0.00	0.00	0.04	0.02	0.00	0.00	0.02	0.00	0.00	0.00	0.01	0.01
159	0.00	0.18	0.00	0.00	0.03	0.07	0.04	0.02	0.03	0.06	0.00	0.08	0.00	0.00	0.02	0.05
150	0.00	0.00	0.00	0.00	0.03	0.03	0.00	0.06	0.00	0.10	0.06	0.06	0.06	0.12	0.02	0.07

Table IV. FREQUENCY OF VARIOUS ONE-, TWO-, AND THREE-POINT MMPI CODES AMONG MALE PATIENTS--continued

CODES	AGE <20 N=550 T 70+	T 69-	20-29 N=1298 T 70+	T 69-	30-39 N=2905 T 70+	T 69-	40-49 N=5379 T 70+	T 69-	50-59 N=7097 T 70+	T 69-	60-69 N=5315 T 70+	T 69-	70 + N=1733 T 70+	T 69-	ALL AGES N=24277 T 70+	T 69-
16-	0.00	0.36	0.00	0.23	0.00	0.17	0.30	0.22	0.24	0.24	0.09	0.47	0.12	0.52	0.16	0.30
162	0.00	0.00	0.00	0.00	0.00	0.00	0.06	0.04	0.04	0.03	0.02	0.04	0.06	0.12	0.03	0.03
163	0.00	0.00	0.00	0.15	0.00	0.07	0.09	0.11	0.07	0.08	0.02	0.21	0.06	0.17	0.05	0.12
164	0.00	0.18	0.00	0.00	0.00	0.00	0.00	0.02	0.06	0.04	0.02	0.06	0.00	0.06	0.02	0.04
165	0.00	0.00	0.00	0.08	0.00	0.00	0.04	0.00	0.00	0.01	0.00	0.06	0.00	0.06	0.01	0.02
167	0.00	0.00	0.00	0.00	0.00	0.00	0.02	0.00	0.03	0.03	0.00	0.02	0.00	0.00	0.01	0.01
168	0.00	0.00	0.00	0.00	0.00	0.03	0.02	0.00	0.00	0.03	0.02	0.00	0.00	0.00	0.01	0.01
169	0.00	0.00	0.00	0.00	0.00	0.03	0.04	0.06	0.03	0.01	0.02	0.02	0.00	0.00	0.02	0.02
160	0.00	0.18	0.00	0.00	0.00	0.03	0.04	0.00	0.01	0.00	0.00	0.08	0.00	0.12	0.01	0.03
17-	0.36	0.18	0.62	0.31	0.76	0.24	0.50	0.30	0.59	0.17	0.47	0.15	0.58	0.29	0.56	0.22
172	0.18	0.00	0.15	0.08	0.14	0.03	0.13	0.06	0.18	0.03	0.15	0.04	0.23	0.06	0.16	0.04
173	0.00	0.00	0.23	0.15	0.41	0.03	0.28	0.09	0.23	0.04	0.17	0.09	0.06	0.12	0.23	0.07
174	0.18	0.18	0.08	0.00	0.03	0.03	0.00	0.02	0.06	0.01	0.02	0.00	0.00	0.06	0.03	0.02
175	0.00	0.00	0.00	0.00	0.03	0.00	0.00	0.04	0.01	0.01	0.00	0.00	0.06	0.00	0.01	0.01
176	0.00	0.00	0.00	0.00	0.07	0.03	0.00	0.04	0.00	0.01	0.00	0.00	0.00	0.00	0.01	0.02
178	0.00	0.00	0.15	0.08	0.03	0.03	0.02	0.02	0.10	0.01	0.08	0.02	0.12	0.00	0.07	0.02
179	0.00	0.00	0.00	0.00	0.03	0.07	0.02	0.00	0.00	0.00	0.04	0.00	0.06	0.00	0.02	0.01
170	0.00	0.00	0.00	0.00	0.00	0.00	0.06	0.04	0.01	0.04	0.02	0.00	0.06	0.06	0.02	0.02
18-	1.09	0.00	0.15	0.08	0.14	0.07	0.28	0.04	0.30	0.13	0.36	0.23	0.46	0.40	0.31	0.14
182	0.00	0.00	0.00	0.00	0.03	0.00	0.09	0.00	0.08	0.04	0.08	0.04	0.12	0.06	0.07	0.02
183	0.18	0.00	0.08	0.08	0.03	0.03	0.07	0.00	0.11	0.03	0.17	0.02	0.00	0.17	0.10	0.03
184	0.18	0.00	0.00	0.00	0.00	0.00	0.00	0.02	0.00	0.00	0.04	0.06	0.12	0.00	0.02	0.02
185	0.00	0.00	0.00	0.00	0.00	0.00	0.00	0.00	0.00	0.00	0.00	0.00	0.06	0.00	0.00	0.00
186	0.00	0.00	0.08	0.00	0.00	0.00	0.02	0.00	0.01	0.01	0.00	0.00	0.00	0.00	0.01	0.00
187	0.36	0.00	0.00	0.00	0.03	0.00	0.06	0.02	0.07	0.00	0.04	0.02	0.17	0.06	0.07	0.01
189	0.36	0.00	0.00	0.00	0.03	0.03	0.04	0.00	0.01	0.01	0.02	0.04	0.00	0.12	0.03	0.02
180	0.00	0.00	0.00	0.00	0.00	0.00	0.00	0.00	0.00	0.03	0.02	0.06	0.00	0.00	0.00	0.02
19-	0.91	0.36	0.54	0.23	0.31	0.34	0.35	0.52	0.63	0.55	0.30	0.56	0.29	0.58	0.44	0.50
192	0.00	0.00	0.00	0.08	0.00	0.10	0.02	0.17	0.06	0.08	0.04	0.08	0.12	0.12	0.04	0.10
193	0.55	0.18	0.39	0.08	0.14	0.17	0.20	0.17	0.30	0.24	0.19	0.28	0.06	0.12	0.23	0.21
194	0.00	0.18	0.15	0.00	0.07	0.00	0.04	0.06	0.07	0.07	0.00	0.06	0.00	0.17	0.05	0.06
195	0.00	0.00	0.00	0.00	0.07	0.00	0.04	0.04	0.04	0.06	0.02	0.06	0.00	0.06	0.03	0.04
196	0.00	0.00	0.00	0.00	0.00	0.00	0.02	0.04	0.03	0.01	0.00	0.00	0.00	0.06	0.01	0.02
197	0.00	0.00	0.00	0.08	0.00	0.00	0.02	0.00	0.07	0.00	0.04	0.02	0.06	0.00	0.04	0.01
198	0.18	0.00	0.00	0.00	0.03	0.03	0.02	0.04	0.06	0.03	0.02	0.02	0.00	0.00	0.03	0.02
190	0.18	0.00	0.00	0.00	0.00	0.03	0.00	0.02	0.01	0.06	0.00	0.06	0.06	0.06	0.01	0.04

Table IV. FREQUENCY OF VARIOUS ONE-, TWO-, AND THREE-POINT MMPI CODES AMONG MALE PATIENTS--continued

	AGE < 20 N=550		20-29 N=1298		30-39 N=2905		40-49 N=5379		50-59 N=7097		60-69 N=5315		70 + N=1733		ALL AGES N=24277	
CODES	T 70+	T 69-	T 70+	T 69-	T 70+	T 69-	T 70+	T 69-	T 70+	T 69-	T 70+	T 69-	T 70+	T 69-	T 70+	T 69-
10-	0.18	0.55	0.08	0.54	0.31	0.24	0.26	0.32	0.24	0.56	0.32	0.68	0.40	0.98	0.27	0.52
102	0.00	0.00	0.00	0.15	0.14	0.07	0.09	0.09	0.11	0.18	0.09	0.21	0.12	0.40	0.10	0.16
103	0.18	0.55	0.00	0.15	0.07	0.07	0.09	0.06	0.07	0.23	0.06	0.26	0.17	0.06	0.08	0.17
104	0.00	0.00	0.00	0.00	0.00	0.00	0.00	0.00	0.00	0.07	0.02	0.04	0.00	0.12	0.00	0.04
105	0.00	0.00	0.00	0.15	0.07	0.00	0.04	0.04	0.03	0.04	0.08	0.09	0.00	0.17	0.04	0.06
106	0.00	0.00	0.00	0.08	0.00	0.00	0.00	0.06	0.00	0.03	0.02	0.02	0.00	0.12	0.00	0.04
107	0.00	0.00	0.00	0.00	0.00	0.00	0.04	0.02	0.03	0.00	0.04	0.04	0.00	0.06	0.02	0.02
108	0.00	0.00	0.08	0.00	0.00	0.00	0.00	0.00	0.00	0.00	0.02	0.00	0.12	0.06	0.02	0.00
109	0.00	0.00	0.00	0.00	0.03	0.10	0.00	0.06	0.00	0.01	0.00	0.02	0.00	0.00	0.00	0.03
2--	4.73	2.36	9.01	2.47	10.50	4.48	10.43	6.21	12.89	7.61	12.74	10.82	13.91	13.04	11.71	7.62
21-	0.55	0.36	2.39	0.08	2.62	0.48	3.44	1.04	4.57	1.27	4.20	2.33	5.08	2.48	3.83	1.36
213	0.36	0.00	1.39	0.08	1.62	0.17	1.80	0.33	2.32	0.65	2.16	1.03	2.54	0.87	2.01	0.58
214	0.00	0.36	0.23	0.00	0.07	0.17	0.22	0.13	0.25	0.04	0.26	0.24	0.40	0.06	0.23	0.13
215	0.00	0.00	0.23	0.00	0.14	0.00	0.19	0.07	0.31	0.17	0.23	0.17	0.29	0.29	0.23	0.12
216	0.00	0.00	0.08	0.00	0.03	0.03	0.07	0.11	0.20	0.04	0.15	0.17	0.06	0.12	0.12	0.09
217	0.18	0.00	0.15	0.00	0.62	0.07	0.74	0.07	0.69	0.04	0.56	0.09	0.87	0.29	0.64	0.08
218	0.00	0.00	0.08	0.00	0.10	0.00	0.04	0.06	0.13	0.00	0.11	0.09	0.12	0.12	0.09	0.04
219	0.00	0.00	0.15	0.00	0.00	0.00	0.04	0.06	0.13	0.08	0.08	0.06	0.06	0.00	0.07	0.05
210	0.00	0.00	0.08	0.00	0.03	0.03	0.33	0.20	0.54	0.24	0.64	0.47	0.75	0.75	0.43	0.28
23-	0.36	0.55	1.16	0.46	1.93	0.83	1.75	1.52	1.99	1.68	1.92	1.81	2.19	2.25	1.85	1.52
231	0.36	0.00	0.54	0.15	1.10	0.17	0.99	0.54	1.04	0.56	1.03	0.66	1.44	1.10	1.02	0.54
234	0.00	0.18	0.08	0.08	0.28	0.21	0.17	0.22	0.27	0.30	0.19	0.24	0.12	0.23	0.20	0.24
235	0.00	0.00	0.08	0.08	0.17	0.07	0.17	0.20	0.11	0.31	0.24	0.26	0.17	0.29	0.16	0.23
236	0.00	0.18	0.08	0.00	0.03	0.07	0.07	0.11	0.07	0.11	0.04	0.09	0.12	0.12	0.06	0.10
237	0.00	0.00	0.15	0.00	0.21	0.14	0.28	0.15	0.35	0.10	0.17	0.13	0.17	0.12	0.25	0.12
238	0.00	0.00	0.23	0.08	0.00	0.03	0.04	0.02	0.04	0.07	0.06	0.11	0.06	0.17	0.05	0.07
239	0.00	0.00	0.00	0.00	0.03	0.10	0.00	0.06	0.00	0.08	0.04	0.11	0.00	0.00	0.01	0.07
230	0.00	0.18	0.00	0.08	0.10	0.03	0.04	0.22	0.10	0.14	0.15	0.19	0.12	0.23	0.09	0.16
24-	0.18	0.36	0.62	0.23	0.76	0.52	0.76	0.65	0.77	0.93	0.58	1.09	0.87	1.50	0.71	0.84
241	0.18	0.00	0.08	0.00	0.14	0.14	0.17	0.07	0.21	0.23	0.09	0.17	0.17	0.35	0.16	0.16
243	0.00	0.00	0.15	0.08	0.14	0.07	0.19	0.28	0.17	0.21	0.15	0.15	0.12	0.17	0.16	0.18
245	0.00	0.00	0.08	0.00	0.03	0.07	0.11	0.06	0.08	0.07	0.08	0.13	0.00	0.29	0.07	0.09
246	0.00	0.36	0.00	0.08	0.07	0.00	0.00	0.04	0.06	0.04	0.08	0.13	0.12	0.06	0.05	0.07
247	0.00	0.00	0.08	0.00	0.28	0.03	0.11	0.07	0.08	0.07	0.08	0.04	0.29	0.12	0.12	0.06
248	0.00	0.00	0.15	0.00	0.03	0.03	0.09	0.02	0.04	0.03	0.06	0.04	0.12	0.06	0.07	0.03
249	0.00	0.00	0.08	0.00	0.03	0.10	0.04	0.06	0.06	0.11	0.02	0.15	0.00	0.06	0.04	0.09
240	0.00	0.00	0.00	0.08	0.03	0.07	0.06	0.06	0.07	0.17	0.04	0.28	0.06	0.40	0.05	0.16

Table IV. FREQUENCY OF VARIOUS ONE-, TWO-, AND THREE-POINT MMPI CODES AMONG MALE PATIENTS--continued

	AGE <20 N=550		20-29 N=1298		30-39 N=2905		40-49 N=5379		50-59 N=7097		60-69 N=5315		70 + N=1733		ALL AGES N=24277	
CODES	T 70+	T 69-	T 70+	T 69-	T 70+	T 69-	T 70+	T 69-	T 70+	T 69-	T 70+	T 69-	T 70+	T 69-	T 70+	T 69-
25-	0.36	0.18	0.46	0.46	0.69	0.62	0.74	0.93	0.79	0.86	0.96	1.58	0.52	2.02	0.76	1.05
251	0.00	0.00	0.00	0.00	0.17	0.10	0.06	0.06	0.18	0.08	0.19	0.23	0.06	0.46	0.13	0.13
253	0.00	0.00	0.15	0.15	0.07	0.14	0.15	0.20	0.21	0.21	0.23	0.41	0.00	0.52	0.16	0.26
254	0.00	0.00	0.08	0.08	0.03	0.03	0.04	0.15	0.08	0.04	0.06	0.09	0.00	0.35	0.05	0.10
256	0.00	0.00	0.00	0.00	0.00	0.10	0.07	0.04	0.06	0.14	0.08	0.09	0.17	0.17	0.06	0.09
257	0.00	0.00	0.15	0.08	0.17	0.10	0.20	0.04	0.07	0.03	0.15	0.17	0.12	0.00	0.14	0.07
258	0.18	0.00	0.00	0.00	0.07	0.00	0.06	0.04	0.00	0.01	0.02	0.02	0.00	0.12	0.03	0.02
259	0.00	0.18	0.00	0.15	0.00	0.00	0.02	0.13	0.04	0.08	0.02	0.15	0.00	0.00	0.02	0.10
250	0.18	0.00	0.08	0.00	0.17	0.14	0.15	0.28	0.14	0.25	0.23	0.41	0.17	0.40	0.16	0.27
26-	0.36	0.18	0.08	0.08	0.21	0.34	0.28	0.35	0.38	0.52	0.41	0.75	0.35	0.69	0.33	0.49
261	0.00	0.00	0.00	0.00	0.00	0.00	0.06	0.06	0.04	0.04	0.02	0.11	0.00	0.12	0.03	0.06
263	0.00	0.00	0.00	0.08	0.03	0.07	0.07	0.06	0.01	0.14	0.04	0.21	0.00	0.00	0.03	0.11
264	0.18	0.00	0.00	0.00	0.03	0.00	0.02	0.06	0.04	0.04	0.08	0.06	0.00	0.17	0.04	0.05
265	0.00	0.00	0.00	0.00	0.00	0.03	0.00	0.07	0.04	0.08	0.09	0.09	0.00	0.12	0.03	0.07
267	0.00	0.00	0.08	0.00	0.07	0.10	0.04	0.06	0.08	0.07	0.04	0.08	0.06	0.17	0.06	0.07
268	0.00	0.00	0.00	0.00	0.03	0.00	0.00	0.00	0.04	0.00	0.02	0.00	0.17	0.00	0.03	0.00
269	0.00	0.00	0.00	0.00	0.03	0.03	0.04	0.00	0.00	0.01	0.00	0.04	0.00	0.00	0.01	0.02
260	0.18	0.18	0.00	0.00	0.00	0.10	0.06	0.06	0.11	0.13	0.13	0.17	0.12	0.12	0.09	0.11
27-	1.64	0.55	2.47	0.23	2.65	0.31	1.84	0.33	2.31	0.42	2.28	0.51	1.50	0.52	2.17	0.41
271	0.36	0.18	0.69	0.15	0.76	0.07	0.54	0.04	0.66	0.08	0.47	0.08	0.35	0.12	0.58	0.08
273	0.18	0.00	0.31	0.00	0.45	0.00	0.28	0.07	0.49	0.04	0.24	0.04	0.35	0.00	0.36	0.04
274	0.18	0.00	0.15	0.00	0.21	0.03	0.19	0.06	0.11	0.03	0.28	0.06	0.17	0.06	0.19	0.04
275	0.00	0.00	0.15	0.00	0.28	0.10	0.15	0.04	0.13	0.04	0.32	0.02	0.00	0.06	0.18	0.04
276	0.00	0.00	0.15	0.00	0.17	0.00	0.07	0.04	0.13	0.06	0.09	0.09	0.06	0.06	0.11	0.05
278	0.73	0.00	0.62	0.00	0.24	0.07	0.32	0.04	0.27	0.08	0.32	0.00	0.12	0.00	0.30	0.04
279	0.00	0.00	0.15	0.08	0.17	0.00	0.00	0.02	0.04	0.00	0.06	0.02	0.06	0.00	0.06	0.01
270	0.18	0.36	0.23	0.00	0.38	0.03	0.30	0.04	0.48	0.08	0.49	0.21	0.40	0.23	0.40	0.11
28-	0.36	0.18	0.62	0.15	0.38	0.00	0.26	0.06	0.24	0.08	0.26	0.15	0.52	0.23	0.31	0.10
281	0.00	0.00	0.08	0.00	0.07	0.00	0.02	0.02	0.10	0.00	0.08	0.00	0.06	0.06	0.07	0.01
283	0.00	0.00	0.00	0.00	0.07	0.00	0.00	0.00	0.03	0.00	0.00	0.00	0.00	0.00	0.02	0.00
284	0.18	0.18	0.31	0.00	0.07	0.00	0.02	0.00	0.04	0.03	0.02	0.04	0.06	0.12	0.05	0.03
285	0.00	0.00	0.08	0.08	0.03	0.00	0.00	0.00	0.00	0.00	0.00	0.00	0.00	0.00	0.01	0.00
286	0.00	0.00	0.00	0.00	0.00	0.00	0.02	0.02	0.00	0.00	0.02	0.02	0.06	0.00	0.01	0.01
287	0.18	0.00	0.15	0.08	0.10	0.00	0.17	0.00	0.04	0.01	0.15	0.02	0.29	0.06	0.13	0.02
289	0.00	0.00	0.00	0.00	0.03	0.00	0.00	0.00	0.00	0.00	0.00	0.02	0.06	0.00	0.01	0.00
280	0.00	0.00	0.00	0.00	0.00	0.00	0.04	0.02	0.03	0.04	0.00	0.06	0.00	0.00	0.02	0.03

Table IV. FREQUENCY OF VARIOUS ONE-, TWO-, AND THREE-POINT MMPI CODES AMONG MALE PATIENTS--continued

	AGE <20 N=550		20-29 N=1298		30-39 N=2905		40-49 N=5379		50-59 N=7097		60-69 N=5315		70 + N=1733		ALL AGES N=24277	
CODES	T 70+	T 69-	T 70+	T 69-	T 70+	T 69-	T 70+	T 69-	T 70+	T 69-	T 70+	T 69-	T 70+	T 69-	T 70+	T 69-
29-	0.00	0.00	0.31	0.15	0.34	0.55	0.07	0.33	0.06	0.42	0.17	0.56	0.17	0.63	0.14	0.44
291	0.00	0.00	0.15	0.00	0.03	0.07	0.00	0.06	0.01	0.08	0.04	0.13	0.00	0.06	0.02	0.08
293	0.00	0.00	0.08	0.00	0.17	0.17	0.02	0.07	0.03	0.07	0.02	0.06	0.06	0.06	0.05	0.07
294	0.00	0.00	0.00	0.08	0.00	0.10	0.04	0.00	0.00	0.03	0.00	0.04	0.00	0.12	0.01	0.04
295	0.00	0.00	0.08	0.00	0.07	0.03	0.00	0.06	0.00	0.10	0.04	0.08	0.06	0.12	0.02	0.07
296	0.00	0.00	0.00	0.08	0.00	0.03	0.00	0.06	0.00	0.03	0.00	0.06	0.00	0.00	0.00	0.04
297	0.00	0.00	0.00	0.00	0.00	0.03	0.00	0.02	0.01	0.01	0.04	0.04	0.00	0.06	0.01	0.02
298	0.00	0.00	0.00	0.00	0.00	0.00	0.00	0.00	0.00	0.00	0.00	0.02	0.00	0.00	0.00	0.00
290	0.00	0.00	0.00	0.00	0.07	0.10	0.02	0.07	0.00	0.10	0.04	0.15	0.06	0.23	0.02	0.11
20-	0.91	0.00	0.92	0.62	0.93	0.83	1.28	0.99	1.79	1.42	1.96	2.03	2.71	2.71	1.61	1.40
201	0.00	0.00	0.15	0.15	0.24	0.14	0.39	0.20	0.65	0.31	0.66	0.45	0.92	0.98	0.52	0.33
203	0.00	0.00	0.00	0.23	0.03	0.21	0.09	0.17	0.17	0.28	0.24	0.21	0.12	0.35	0.14	0.23
204	0.00	0.00	0.15	0.00	0.10	0.07	0.02	0.09	0.06	0.14	0.06	0.17	0.06	0.06	0.06	0.11
205	0.36	0.00	0.23	0.08	0.00	0.10	0.22	0.24	0.38	0.28	0.41	0.64	0.29	0.58	0.29	0.33
206	0.00	0.00	0.00	0.00	0.14	0.00	0.06	0.07	0.04	0.14	0.11	0.19	0.23	0.12	0.08	0.11
207	0.36	0.00	0.39	0.00	0.24	0.31	0.43	0.17	0.42	0.15	0.38	0.19	0.98	0.40	0.43	0.19
208	0.18	0.00	0.00	0.00	0.10	0.00	0.07	0.00	0.03	0.01	0.09	0.08	0.06	0.06	0.07	0.02
209	0.00	0.00	0.00	0.15	0.07	0.00	0.00	0.04	0.04	0.10	0.00	0.11	0.06	0.17	0.02	0.08
3--	3.64	7.09	7.24	9.94	7.19	11.84	7.10	12.16	5.11	10.60	3.37	9.99	2.71	9.35	5.33	10.76
31-	1.09	1.09	3.78	2.39	4.23	3.13	4.18	3.55	3.17	3.59	1.96	3.57	1.85	3.64	3.15	3.41
312	0.18	0.18	1.16	0.39	1.96	0.76	1.62	0.80	1.44	1.03	1.00	1.07	0.87	1.04	1.36	0.90
314	0.55	0.18	0.92	0.62	0.79	0.76	0.95	0.74	0.61	0.63	0.34	0.66	0.23	0.75	0.63	0.68
315	0.18	0.36	0.39	0.31	0.55	0.34	0.50	0.65	0.30	0.63	0.24	0.58	0.23	0.52	0.36	0.56
316	0.00	0.00	0.15	0.15	0.10	0.38	0.28	0.39	0.21	0.41	0.06	0.45	0.17	0.58	0.17	0.40
317	0.00	0.18	0.39	0.23	0.38	0.24	0.37	0.15	0.18	0.13	0.11	0.09	0.12	0.06	0.23	0.14
318	0.18	0.18	0.39	0.00	0.17	0.03	0.07	0.20	0.14	0.14	0.09	0.17	0.06	0.17	0.13	0.14
319	0.00	0.00	0.39	0.69	0.28	0.38	0.33	0.45	0.27	0.41	0.11	0.38	0.17	0.29	0.24	0.40
310	0.00	0.00	0.00	0.00	0.00	0.24	0.06	0.17	0.03	0.21	0.00	0.17	0.00	0.23	0.02	0.18
32-	0.55	0.73	1.16	0.92	1.03	1.24	0.99	1.45	0.90	1.72	0.73	1.60	0.40	1.96	0.87	1.53
321	0.55	0.18	0.54	0.23	0.62	0.41	0.63	0.65	0.58	0.82	0.47	0.94	0.35	0.69	0.55	0.70
324	0.00	0.18	0.08	0.15	0.14	0.14	0.13	0.20	0.10	0.32	0.08	0.19	0.00	0.35	0.09	0.23
325	0.00	0.18	0.23	0.23	0.14	0.14	0.06	0.20	0.08	0.23	0.08	0.21	0.00	0.35	0.08	0.21
326	0.00	0.18	0.00	0.00	0.03	0.14	0.04	0.13	0.01	0.13	0.02	0.06	0.06	0.12	0.02	0.11
327	0.00	0.00	0.31	0.15	0.07	0.14	0.09	0.09	0.06	0.01	0.06	0.06	0.00	0.06	0.07	0.07
328	0.00	0.00	0.00	0.00	0.03	0.00	0.00	0.02	0.03	0.04	0.00	0.04	0.00	0.00	0.01	0.02
329	0.00	0.00	0.00	0.08	0.00	0.14	0.02	0.02	0.01	0.06	0.00	0.00	0.00	0.12	0.01	0.05
320	0.00	0.00	0.00	0.08	0.00	0.14	0.02	0.13	0.03	0.11	0.04	0.11	0.00	0.29	0.02	0.13

Table IV. FREQUENCY OF VARIOUS ONE-, TWO-, AND THREE-POINT MMPI CODES AMONG MALE PATIENTS--continued

CODES	AGE <20 N=550 T 70+	T 69-	20-29 N=1298 T 70+	T 69-	30-39 N=2905 T 70+	T 69-	40-49 N=5379 T 70+	T 69-	50-59 N=7097 T 70+	T 69-	60-69 N=5315 T 70+	T 69-	70 + N=1733 T 70+	T 69-	ALL AGES N=24277 T 70+	T 69-
34-	0.55	1.27	0.62	2.08	0.69	2.41	0.69	2.71	0.44	1.72	0.30	1.22	0.17	0.87	0.49	1.86
341	0.18	0.36	0.39	0.69	0.31	0.55	0.41	0.97	0.25	0.52	0.13	0.53	0.06	0.23	0.26	0.61
342	0.18	0.36	0.00	0.23	0.10	0.21	0.09	0.13	0.07	0.28	0.06	0.09	0.00	0.17	0.07	0.19
345	0.18	0.18	0.08	0.15	0.03	0.41	0.02	0.41	0.04	0.25	0.02	0.24	0.06	0.12	0.04	0.29
346	0.00	0.00	0.00	0.39	0.07	0.34	0.09	0.37	0.03	0.27	0.06	0.11	0.00	0.12	0.05	0.26
347	0.00	0.00	0.00	0.08	0.07	0.21	0.02	0.22	0.01	0.08	0.02	0.06	0.00	0.06	0.02	0.12
348	0.00	0.00	0.00	0.23	0.07	0.10	0.00	0.20	0.01	0.06	0.02	0.09	0.00	0.12	0.02	0.12
349	0.00	0.18	0.15	0.31	0.03	0.52	0.06	0.35	0.01	0.21	0.00	0.08	0.06	0.06	0.03	0.24
340	0.00	0.18	0.00	0.00	0.00	0.07	0.00	0.06	0.00	0.04	0.00	0.02	0.00	0.00	0.00	0.04
35-	0.73	0.73	0.39	0.85	0.45	1.55	0.43	1.47	0.35	1.39	0.19	1.37	0.12	1.15	0.34	1.36
351	0.36	0.36	0.31	0.31	0.28	0.31	0.19	0.41	0.18	0.32	0.11	0.40	0.00	0.46	0.18	0.37
352	0.00	0.00	0.00	0.08	0.00	0.38	0.07	0.20	0.10	0.28	0.04	0.30	0.12	0.06	0.06	0.25
354	0.00	0.18	0.08	0.08	0.00	0.28	0.06	0.24	0.01	0.34	0.02	0.23	0.00	0.23	0.02	0.26
356	0.00	0.18	0.00	0.23	0.10	0.17	0.04	0.33	0.03	0.15	0.00	0.15	0.00	0.17	0.03	0.20
357	0.00	0.00	0.00	0.08	0.03	0.14	0.07	0.06	0.03	0.03	0.02	0.02	0.00	0.00	0.03	0.05
358	0.18	0.00	0.00	0.08	0.00	0.03	0.00	0.02	0.00	0.03	0.00	0.04	0.00	0.06	0.00	0.03
359	0.18	0.00	0.00	0.00	0.03	0.24	0.00	0.19	0.00	0.14	0.00	0.19	0.00	0.17	0.01	0.16
350	0.00	0.00	0.00	0.00	0.00	0.00	0.00	0.02	0.00	0.10	0.00	0.06	0.00	0.00	0.00	0.05
36-	0.00	0.55	0.31	1.08	0.07	1.55	0.19	1.12	0.03	0.94	0.06	0.77	0.17	0.69	0.10	1.00
361	0.00	0.36	0.00	0.23	0.03	0.34	0.07	0.33	0.00	0.21	0.00	0.19	0.06	0.23	0.02	0.26
362	0.00	0.00	0.00	0.08	0.00	0.28	0.02	0.06	0.01	0.10	0.04	0.23	0.06	0.06	0.02	0.13
364	0.00	0.00	0.08	0.23	0.00	0.28	0.02	0.33	0.00	0.27	0.02	0.06	0.00	0.12	0.01	0.22
365	0.00	0.18	0.00	0.39	0.00	0.28	0.06	0.22	0.00	0.17	0.00	0.19	0.06	0.06	0.02	0.20
367	0.00	0.00	0.00	0.00	0.03	0.07	0.02	0.02	0.01	0.04	0.00	0.02	0.00	0.00	0.01	0.03
368	0.00	0.00	0.00	0.08	0.00	0.10	0.00	0.06	0.00	0.01	0.00	0.02	0.00	0.06	0.00	0.04
369	0.00	0.00	0.23	0.08	0.00	0.17	0.00	0.07	0.00	0.11	0.00	0.08	0.00	0.12	0.01	0.10
360	0.00	0.00	0.00	0.00	0.00	0.03	0.00	0.02	0.00	0.03	0.00	0.00	0.00	0.06	0.00	0.02
37-	0.18	0.00	0.54	0.46	0.31	0.38	0.20	0.28	0.11	0.18	0.06	0.26	0.00	0.12	0.16	0.25
371	0.00	0.00	0.31	0.00	0.14	0.14	0.11	0.07	0.07	0.01	0.00	0.06	0.00	0.06	0.08	0.05
372	0.00	0.00	0.15	0.08	0.00	0.07	0.02	0.02	0.01	0.01	0.04	0.04	0.00	0.06	0.02	0.03
374	0.00	0.00	0.08	0.15	0.07	0.00	0.06	0.02	0.01	0.06	0.00	0.02	0.00	0.00	0.03	0.03
375	0.18	0.00	0.00	0.08	0.03	0.03	0.00	0.06	0.00	0.07	0.00	0.04	0.00	0.00	0.01	0.05
376	0.00	0.00	0.00	0.15	0.00	0.07	0.02	0.02	0.01	0.01	0.00	0.02	0.00	0.00	0.01	0.03
378	0.00	0.00	0.00	0.00	0.03	0.03	0.00	0.06	0.00	0.00	0.00	0.02	0.00	0.00	0.00	0.02
379	0.00	0.00	0.00	0.00	0.03	0.03	0.00	0.04	0.00	0.00	0.00	0.06	0.00	0.00	0.00	0.02
370	0.00	0.00	0.00	0.00	0.00	0.00	0.00	0.00	0.00	0.01	0.02	0.02	0.00	0.00	0.00	0.01

Table IV. FREQUENCY OF VARIOUS ONE-, TWO-, AND THREE-POINT MMPI CODES AMONG MALE PATIENTS--continued

CODES	AGE <20 N=550 T 70+	T 69-	20-29 N=1298 T 70+	T 69-	30-39 N=2905 T 70+	T 69-	40-49 N=5379 T 70+	T 69-	50-59 N=7097 T 70+	T 69-	60-69 N=5315 T 70+	T 69-	70 + N=1733 T 70+	T 69-	ALL AGES N=24277 T 70+	T 69-
38-	0.18	0.73	0.08	0.23	0.03	0.21	0.07	0.24	0.03	0.08	0.04	0.23	0.00	0.17	0.05	0.19
381	0.00	0.36	0.00	0.08	0.00	0.07	0.04	0.11	0.01	0.03	0.02	0.11	0.00	0.12	0.02	0.09
382	0.00	0.00	0.00	0.00	0.00	0.07	0.02	0.00	0.00	0.01	0.02	0.02	0.00	0.00	0.01	0.02
384	0.18	0.18	0.00	0.08	0.00	0.00	0.00	0.09	0.00	0.03	0.00	0.04	0.00	0.00	0.00	0.05
385	0.00	0.00	0.00	0.00	0.03	0.00	0.00	0.00	0.00	0.01	0.00	0.02	0.00	0.00	0.00	0.01
386	0.00	0.00	0.00	0.00	0.00	0.03	0.00	0.02	0.00	0.00	0.00	0.00	0.00	0.00	0.00	0.01
387	0.00	0.18	0.08	0.00	0.00	0.03	0.02	0.00	0.01	0.00	0.00	0.00	0.00	0.06	0.01	0.01
389	0.00	0.00	0.00	0.08	0.00	0.00	0.00	0.02	0.00	0.00	0.00	0.04	0.00	0.00	0.00	0.02
380	0.00	0.00	0.00	0.00	0.00	0.00	0.00	0.00	0.00	0.00	0.00	0.00	0.00	0.00	0.00	0.00
39-	0.36	1.82	0.39	1.69	0.38	1.14	0.33	1.15	0.06	0.76	0.02	0.73	0.00	0.46	0.17	0.94
391	0.36	0.36	0.15	0.39	0.14	0.28	0.13	0.26	0.01	0.30	0.00	0.32	0.00	0.06	0.07	0.28
392	0.00	0.00	0.00	0.15	0.07	0.03	0.02	0.11	0.00	0.01	0.00	0.08	0.00	0.06	0.01	0.06
394	0.00	0.73	0.08	0.62	0.03	0.38	0.02	0.26	0.03	0.17	0.00	0.09	0.00	0.00	0.02	0.22
395	0.00	0.55	0.00	0.23	0.03	0.28	0.09	0.22	0.00	0.13	0.02	0.13	0.00	0.12	0.03	0.18
396	0.00	0.18	0.00	0.08	0.00	0.14	0.06	0.20	0.00	0.11	0.00	0.09	0.00	0.12	0.01	0.13
397	0.00	0.00	0.08	0.15	0.10	0.03	0.02	0.06	0.01	0.01	0.00	0.00	0.00	0.06	0.02	0.03
398	0.00	0.00	0.08	0.08	0.00	0.00	0.00	0.04	0.00	0.01	0.00	0.02	0.00	0.00	0.00	0.02
390	0.00	0.00	0.00	0.00	0.00	0.00	0.00	0.00	0.00	0.01	0.00	0.00	0.00	0.06	0.00	0.01
30-	0.00	0.10	0.00	0.23	0.00	0.24	0.02	0.19	0.03	0.20	0.02	0.23	0.00	0.29	0.02	0.21
301	0.00	0.00	0.00	0.00	0.00	0.03	0.00	0.04	0.01	0.06	0.02	0.06	0.00	0.17	0.01	0.05
302	0.00	0.00	0.00	0.08	0.00	0.03	0.02	0.02	0.01	0.03	0.00	0.06	0.00	0.00	0.01	0.03
304	0.00	0.00	0.00	0.08	0.00	0.00	0.00	0.02	0.00	0.01	0.00	0.02	0.00	0.00	0.00	0.02
305	0.00	0.18	0.00	0.00	0.00	0.00	0.00	0.06	0.00	0.03	0.00	0.02	0.00	0.00	0.00	0.03
306	0.00	0.00	0.00	0.00	0.00	0.03	0.00	0.02	0.00	0.03	0.00	0.02	0.00	0.00	0.00	0.02
307	0.00	0.00	0.00	0.08	0.00	0.10	0.00	0.02	0.00	0.01	0.00	0.00	0.00	0.06	0.00	0.03
308	0.00	0.00	0.00	0.00	0.00	0.00	0.00	0.00	0.00	0.00	0.00	0.02	0.00	0.00	0.00	0.00
309	0.00	0.00	0.00	0.00	0.00	0.03	0.00	0.02	0.00	0.03	0.00	0.04	0.00	0.06	0.00	0.03
4--	6.18	5.82	8.32	6.01	5.65	5.16	3.96	5.65	3.40	5.24	2.35	4.76	1.10	3.52	3.72	5.15
41-	0.18	0.55	0.92	0.31	0.65	0.69	0.59	0.76	0.42	0.72	0.47	0.60	0.12	0.52	0.50	0.66
412	0.00	0.00	0.08	0.00	0.07	0.07	0.11	0.06	0.04	0.03	0.13	0.11	0.00	0.06	0.08	0.06
413	0.00	0.36	0.46	0.23	0.24	0.28	0.32	0.35	0.25	0.42	0.17	0.21	0.06	0.23	0.24	0.32
415	0.00	0.00	0.00	0.00	0.00	0.03	0.07	0.02	0.00	0.03	0.00	0.08	0.00	0.00	0.02	0.03
416	0.00	0.00	0.00	0.00	0.00	0.17	0.02	0.13	0.01	0.11	0.00	0.00	0.00	0.06	0.01	0.09
417	0.00	0.00	0.08	0.00	0.07	0.03	0.04	0.04	0.00	0.01	0.09	0.02	0.06	0.06	0.05	0.02
418	0.00	0.18	0.08	0.08	0.03	0.00	0.00	0.07	0.07	0.04	0.06	0.11	0.00	0.06	0.04	0.07
419	0.18	0.00	0.23	0.00	0.24	0.10	0.04	0.07	0.04	0.03	0.02	0.06	0.00	0.00	0.07	0.05
410	0.00	0.00	0.00	0.00	0.00	0.00	0.00	0.02	0.00	0.04	0.00	0.02	0.00	0.06	0.00	0.02

Table IV. FREQUENCY OF VARIOUS ONE-, TWO-, AND THREE-POINT MMPI CODES AMONG MALE PATIENTS--continued

	AGE <20 N=550		20-29 N=1298		30-39 N=2905		40-49 N=5379		50-59 N=7097		60-69 N=5315		70 + N=1733		ALL AGES N=24277	
CODES	T 70+	T 69-	T 70+	T 69-	T 70+	T 69-	T 70+	T 69-	T 70+	T 69-	T 70+	T 69-	T 70+	T 69-	T 70+	T 69-
42-	0.36	0.55	1.08	0.54	0.62	0.10	0.52	0.37	0.52	0.63	0.55	0.85	0.40	0.69	0.56	0.56
421	0.00	0.00	0.08	0.08	0.07	0.00	0.09	0.06	0.07	0.10	0.09	0.15	0.00	0.17	0.07	0.09
423	0.00	0.00	0.39	0.15	0.24	0.10	0.15	0.13	0.21	0.25	0.15	0.17	0.06	0.17	0.18	0.17
425	0.00	0.00	0.08	0.15	0.03	0.00	0.06	0.04	0.03	0.01	0.08	0.11	0.06	0.06	0.05	0.05
426	0.00	0.36	0.00	0.08	0.03	0.00	0.06	0.06	0.01	0.10	0.02	0.06	0.06	0.12	0.03	0.07
427	0.18	0.00	0.31	0.00	0.07	0.00	0.06	0.00	0.13	0.00	0.08	0.08	0.17	0.06	0.11	0.02
428	0.00	0.00	0.08	0.00	0.00	0.00	0.02	0.04	0.03	0.03	0.02	0.08	0.00	0.06	0.02	0.04
429	0.00	0.00	0.08	0.00	0.14	0.00	0.07	0.04	0.03	0.08	0.08	0.09	0.00	0.06	0.06	0.06
420	0.18	0.18	0.08	0.08	0.03	0.00	0.02	0.02	0.01	0.06	0.04	0.11	0.06	0.00	0.03	0.05
43-	0.36	1.27	2.16	2.16	1.69	1.79	1.32	2.03	1.07	1.65	0.32	1.35	0.12	0.46	1.01	1.62
431	0.00	0.18	0.62	0.69	0.48	0.45	0.63	0.63	0.35	0.55	0.06	0.49	0.06	0.06	0.35	0.51
432	0.00	0.18	0.31	0.54	0.52	0.07	0.13	0.26	0.20	0.28	0.11	0.17	0.06	0.17	0.19	0.23
435	0.00	0.00	0.15	0.23	0.21	0.21	0.11	0.26	0.04	0.17	0.02	0.21	0.00	0.12	0.07	0.20
436	0.18	0.18	0.23	0.23	0.07	0.31	0.13	0.26	0.15	0.20	0.00	0.24	0.00	0.06	0.10	0.23
437	0.00	0.36	0.23	0.00	0.17	0.14	0.13	0.13	0.04	0.11	0.00	0.06	0.00	0.06	0.07	0.10
438	0.18	0.00	0.15	0.15	0.10	0.17	0.07	0.13	0.10	0.11	0.08	0.06	0.00	0.00	0.09	0.10
439	0.00	0.18	0.46	0.23	0.10	0.41	0.11	0.35	0.17	0.20	0.06	0.11	0.00	0.00	0.12	0.23
430	0.00	0.18	0.00	0.08	0.03	0.03	0.00	0.00	0.01	0.03	0.00	0.02	0.00	0.00	0.01	0.02
45-	0.55	0.00	0.39	0.39	0.65	0.52	0.37	0.48	0.38	0.58	0.17	0.51	0.00	0.35	0.34	0.49
451	0.00	0.00	0.00	0.00	0.03	0.00	0.02	0.00	0.03	0.04	0.04	0.11	0.00	0.00	0.02	0.04
452	0.00	0.00	0.08	0.00	0.10	0.10	0.04	0.04	0.07	0.06	0.00	0.06	0.00	0.00	0.05	0.05
453	0.00	0.00	0.08	0.08	0.17	0.17	0.09	0.20	0.13	0.14	0.04	0.09	0.00	0.23	0.09	0.15
456	0.36	0.00	0.08	0.08	0.03	0.03	0.07	0.07	0.04	0.10	0.06	0.11	0.00	0.12	0.06	0.09
457	0.00	0.00	0.00	0.00	0.10	0.07	0.04	0.02	0.01	0.10	0.00	0.02	0.00	0.00	0.02	0.05
458	0.18	0.00	0.00	0.00	0.03	0.00	0.02	0.00	0.01	0.03	0.00	0.04	0.00	0.00	0.02	0.02
459	0.00	0.00	0.08	0.23	0.14	0.10	0.09	0.11	0.07	0.06	0.04	0.04	0.00	0.00	0.07	0.07
450	0.00	0.00	0.08	0.00	0.03	0.03	0.00	0.04	0.01	0.06	0.00	0.04	0.00	0.00	0.01	0.04
46-	0.73	0.73	0.85	0.62	0.62	0.48	0.26	0.54	0.28	0.38	0.21	0.41	0.17	0.40	0.33	0.46
461	0.18	0.00	0.00	0.00	0.10	0.03	0.00	0.06	0.04	0.03	0.04	0.13	0.00	0.06	0.04	0.06
462	0.00	0.00	0.15	0.08	0.14	0.03	0.02	0.06	0.03	0.08	0.02	0.04	0.12	0.06	0.05	0.06
463	0.00	0.36	0.15	0.39	0.14	0.17	0.07	0.11	0.11	0.11	0.04	0.09	0.00	0.00	0.08	0.13
465	0.00	0.18	0.15	0.08	0.03	0.03	0.02	0.07	0.01	0.07	0.04	0.06	0.00	0.17	0.03	0.07
467	0.36	0.00	0.08	0.08	0.03	0.03	0.09	0.06	0.01	0.00	0.00	0.00	0.06	0.00	0.05	0.02
468	0.00	0.18	0.08	0.00	0.07	0.03	0.00	0.00	0.06	0.00	0.00	0.02	0.00	0.00	0.03	0.01
469	0.18	0.00	0.23	0.00	0.07	0.14	0.06	0.19	0.01	0.06	0.08	0.06	0.00	0.12	0.06	0.09
460	0.00	0.00	0.00	0.00	0.03	0.00	0.00	0.00	0.00	0.03	0.00	0.02	0.00	0.00	0.00	0.01

Table IV. FREQUENCY OF VARIOUS ONE-, TWO-, AND THREE-POINT MMPI CODES AMONG MALE PATIENTS--continued

	AGE <20 N=550		20-29 N=1298		30-39 N=2905		40-49 N=5379		50-59 N=7097		60-69 N=5315		70 + N=1733		ALL AGES N=24277	
CODES	T 70+	T 69-	T 70+	T 69-	T 70+	T 69-	T 70+	T 69-	T 70+	T 69-	T 70+	T 69-	T 70+	T 69-	T 70+	T 69-
47-	0.73	0.18	0.92	0.54	0.41	0.17	0.15	0.26	0.17	0.14	0.15	0.08	0.00	0.23	0.23	0.19
471	0.00	0.00	0.00	0.08	0.07	0.03	0.04	0.02	0.03	0.01	0.00	0.02	0.00	0.00	0.02	0.02
472	0.18	0.00	0.15	0.00	0.17	0.00	0.04	0.04	0.06	0.04	0.04	0.02	0.00	0.06	0.07	0.03
473	0.00	0.00	0.23	0.23	0.03	0.03	0.04	0.07	0.03	0.01	0.08	0.00	0.00	0.06	0.05	0.04
475	0.36	0.00	0.00	0.00	0.03	0.00	0.00	0.06	0.00	0.01	0.00	0.02	0.00	0.12	0.01	0.03
476	0.00	0.00	0.08	0.08	0.00	0.03	0.00	0.00	0.01	0.03	0.00	0.00	0.00	0.00	0.01	0.02
478	0.18	0.18	0.23	0.00	0.03	0.00	0.04	0.06	0.01	0.00	0.00	0.00	0.00	0.00	0.03	0.02
479	0.00	0.00	0.15	0.08	0.00	0.07	0.00	0.00	0.03	0.03	0.04	0.00	0.00	0.00	0.02	0.02
470	0.00	0.00	0.08	0.08	0.07	0.00	0.00	0.02	0.00	0.00	0.00	0.02	0.00	0.00	0.01	0.01
48-	1.45	0.55	0.62	0.31	0.24	0.31	0.19	0.19	0.18	0.20	0.26	0.19	0.06	0.12	0.25	0.21
481	0.00	0.00	0.08	0.08	0.00	0.03	0.00	0.02	0.00	0.06	0.02	0.06	0.00	0.06	0.01	0.05
482	0.00	0.00	0.00	0.00	0.03	0.00	0.02	0.02	0.00	0.00	0.00	0.00	0.00	0.00	0.01	0.00
483	0.18	0.36	0.08	0.08	0.10	0.10	0.06	0.06	0.04	0.08	0.06	0.02	0.00	0.06	0.06	0.07
485	0.55	0.00	0.00	0.00	0.03	0.00	0.04	0.02	0.06	0.00	0.02	0.02	0.00	0.00	0.05	0.01
486	0.00	0.18	0.08	0.08	0.07	0.10	0.00	0.02	0.01	0.00	0.02	0.02	0.00	0.00	0.02	0.03
487	0.00	0.00	0.31	0.00	0.00	0.07	0.04	0.04	0.03	0.03	0.08	0.04	0.00	0.00	0.05	0.03
489	0.73	0.00	0.08	0.08	0.00	0.00	0.04	0.02	0.03	0.01	0.08	0.02	0.00	0.00	0.05	0.02
480	0.00	0.00	0.00	0.00	0.00	0.00	0.00	0.00	0.01	0.01	0.00	0.02	0.06	0.00	0.01	0.01
49-	1.64	1.45	1.39	1.00	0.69	1.03	0.48	0.82	0.37	0.73	0.19	0.47	0.23	0.52	0.47	0.75
491	0.00	0.36	0.08	0.08	0.00	0.10	0.02	0.07	0.06	0.08	0.00	0.08	0.00	0.06	0.02	0.09
492	0.18	0.00	0.00	0.08	0.10	0.07	0.11	0.09	0.03	0.14	0.02	0.06	0.06	0.06	0.06	0.09
493	0.18	0.36	0.31	0.46	0.21	0.24	0.11	0.39	0.04	0.20	0.04	0.11	0.12	0.17	0.10	0.24
495	0.18	0.18	0.08	0.08	0.07	0.17	0.06	0.11	0.14	0.07	0.04	0.08	0.00	0.17	0.08	0.10
496	0.00	0.36	0.31	0.15	0.07	0.24	0.00	0.07	0.06	0.10	0.04	0.06	0.00	0.06	0.05	0.11
497	0.00	0.00	0.31	0.08	0.07	0.07	0.13	0.00	0.01	0.03	0.02	0.02	0.00	0.00	0.06	0.02
498	1.09	0.00	0.31	0.00	0.17	0.03	0.04	0.04	0.01	0.08	0.02	0.06	0.06	0.00	0.08	0.05
490	0.00	0.18	0.00	0.08	0.00	0.10	0.02	0.04	0.01	0.03	0.02	0.02	0.00	0.00	0.01	0.04
40-	0.18	0.55	0.00	0.15	0.07	0.07	0.07	0.20	0.00	0.21	0.04	0.30	0.00	0.23	0.04	0.22
401	0.00	0.00	0.00	0.00	0.00	0.00	0.00	0.02	0.00	0.01	0.02	0.13	0.00	0.06	0.00	0.04
402	0.00	0.36	0.00	0.00	0.00	0.03	0.00	0.06	0.00	0.08	0.02	0.00	0.00	0.06	0.00	0.05
403	0.00	0.00	0.00	0.08	0.00	0.00	0.00	0.04	0.00	0.01	0.00	0.02	0.00	0.06	0.00	0.02
405	0.00	0.00	0.00	0.00	0.00	0.00	0.02	0.06	0.00	0.07	0.00	0.02	0.00	0.00	0.00	0.04
406	0.18	0.00	0.00	0.00	0.00	0.00	0.02	0.00	0.00	0.01	0.00	0.06	0.00	0.00	0.01	0.02
407	0.00	0.00	0.00	0.00	0.00	0.03	0.02	0.02	0.00	0.00	0.00	0.02	0.00	0.00	0.00	0.01
408	0.00	0.00	0.00	0.00	0.00	0.00	0.00	0.02	0.00	0.00	0.00	0.04	0.00	0.06	0.00	0.02
409	0.00	0.18	0.00	0.08	0.07	0.00	0.02	0.00	0.00	0.01	0.00	0.02	0.00	0.00	0.01	0.02

Table IV. FREQUENCY OF VARIOUS ONE-, TWO-, AND THREE-POINT MMPI CODES AMONG MALE PATIENTS--continued

	AGE <20 N=550		20-29 N=1298		30-39 N=2905		40-49 N=5379		50-59 N=7097		60-69 N=5315		70 + N=1733		ALL AGES N=24277	
CODES	T 70+	T 69-	T 70+	T 69-	T 70+	T 69-	T 70+	T 69-	T 70+	T 69-	T 70+	T 69-	T 70+	T 69-	T 70+	T 69-
5--	5.64	4.73	5.01	5.24	3.72	6.06	4.02	5.97	3.79	6.96	2.69	8.69	2.77	9.12	3.62	7.02
51-	0.18	0.00	0.54	0.46	0.17	0.17	0.32	0.28	0.35	0.75	0.28	0.47	0.12	1.10	0.30	0.51
512	0.00	0.00	0.08	0.00	0.03	0.00	0.06	0.07	0.04	0.13	0.04	0.11	0.06	0.17	0.05	0.09
513	0.18	0.00	0.23	0.23	0.07	0.14	0.15	0.11	0.14	0.38	0.13	0.13	0.06	0.35	0.13	0.22
514	0.00	0.00	0.00	0.00	0.03	0.03	0.02	0.02	0.00	0.13	0.00	0.06	0.00	0.17	0.01	0.07
516	0.00	0.00	0.00	0.00	0.00	0.00	0.02	0.04	0.06	0.01	0.02	0.06	0.00	0.06	0.02	0.03
517	0.00	0.00	0.00	0.08	0.00	0.00	0.00	0.00	0.00	0.04	0.02	0.04	0.00	0.00	0.00	0.02
518	0.00	0.00	0.08	0.08	0.00	0.00	0.00	0.02	0.01	0.00	0.00	0.02	0.00	0.00	0.01	0.01
519	0.00	0.00	0.00	0.00	0.00	0.00	0.06	0.02	0.04	0.03	0.02	0.02	0.00	0.17	0.03	0.03
510	0.00	0.00	0.15	0.08	0.03	0.00	0.02	0.00	0.06	0.03	0.06	0.04	0.00	0.17	0.05	0.03
52-	0.55	0.18	1.16	0.77	0.55	0.90	0.78	0.84	0.68	1.18	0.56	1.83	0.29	2.54	0.65	1.26
521	0.00	0.00	0.15	0.08	0.03	0.07	0.09	0.09	0.15	0.13	0.13	0.23	0.00	0.40	0.11	0.15
523	0.18	0.00	0.08	0.23	0.21	0.31	0.32	0.22	0.17	0.21	0.24	0.38	0.12	0.52	0.21	0.28
524	0.00	0.00	0.08	0.08	0.14	0.07	0.07	0.06	0.08	0.11	0.04	0.32	0.00	0.23	0.07	0.14
526	0.00	0.00	0.15	0.00	0.03	0.21	0.09	0.09	0.04	0.20	0.08	0.17	0.00	0.35	0.06	0.16
527	0.00	0.00	0.31	0.15	0.07	0.00	0.07	0.09	0.06	0.06	0.04	0.06	0.00	0.06	0.07	0.06
528	0.18	0.00	0.00	0.00	0.00	0.00	0.02	0.02	0.03	0.03	0.00	0.04	0.00	0.00	0.02	0.02
529	0.00	0.18	0.08	0.08	0.07	0.17	0.04	0.06	0.03	0.15	0.00	0.21	0.00	0.06	0.03	0.14
520	0.18	0.00	0.31	0.15	0.00	0.07	0.07	0.20	0.11	0.30	0.04	0.43	0.17	0.92	0.09	0.31
53-	0.55	1.27	1.08	1.00	0.90	1.34	0.95	1.62	0.79	1.56	0.68	1.73	0.81	1.96	0.82	1.58
531	0.18	0.00	0.46	0.31	0.28	0.24	0.33	0.28	0.20	0.35	0.21	0.34	0.46	0.63	0.27	0.33
532	0.18	0.18	0.15	0.08	0.14	0.21	0.17	0.24	0.17	0.28	0.09	0.34	0.17	0.29	0.15	0.26
534	0.00	0.36	0.08	0.15	0.17	0.17	0.24	0.30	0.15	0.21	0.08	0.19	0.00	0.29	0.14	0.23
536	0.00	0.18	0.00	0.23	0.07	0.38	0.11	0.28	0.07	0.30	0.11	0.41	0.00	0.12	0.08	0.31
537	0.00	0.18	0.23	0.08	0.10	0.10	0.02	0.06	0.04	0.04	0.06	0.04	0.06	0.06	0.06	0.06
538	0.00	0.36	0.00	0.00	0.00	0.00	0.00	0.11	0.03	0.04	0.04	0.04	0.00	0.06	0.02	0.06
539	0.18	0.00	0.15	0.15	0.14	0.07	0.07	0.24	0.10	0.23	0.08	0.19	0.12	0.40	0.10	0.21
530	0.00	0.00	0.00	0.00	0.00	0.17	0.00	0.11	0.03	0.11	0.02	0.19	0.00	0.12	0.01	0.13
54-	0.73	0.73	0.46	0.69	0.65	0.65	0.33	0.59	0.42	0.63	0.23	0.75	0.40	0.52	0.40	0.65
541	0.00	0.18	0.00	0.08	0.03	0.07	0.02	0.07	0.03	0.04	0.00	0.06	0.00	0.12	0.02	0.07
542	0.18	0.18	0.00	0.23	0.03	0.03	0.02	0.09	0.10	0.11	0.02	0.17	0.00	0.23	0.05	0.13
543	0.18	0.00	0.31	0.23	0.21	0.31	0.11	0.20	0.13	0.20	0.06	0.17	0.12	0.00	0.13	0.19
546	0.00	0.18	0.00	0.00	0.07	0.10	0.06	0.02	0.07	0.07	0.04	0.08	0.12	0.00	0.06	0.06
547	0.00	0.18	0.00	0.00	0.07	0.00	0.04	0.06	0.01	0.01	0.02	0.02	0.00	0.00	0.02	0.02
548	0.00	0.00	0.00	0.00	0.03	0.00	0.02	0.00	0.00	0.01	0.04	0.08	0.00	0.00	0.02	0.02
549	0.36	0.00	0.08	0.08	0.21	0.10	0.07	0.13	0.07	0.08	0.04	0.15	0.17	0.17	0.09	0.12
540	0.00	0.00	0.08	0.08	0.00	0.03	0.00	0.02	0.01	0.10	0.02	0.04	0.00	0.00	0.01	0.05

Table IV. FREQUENCY OF VARIOUS ONE-, TWO-, AND THREE-POINT MMPI CODES AMONG MALE PATIENTS--continued

	AGE <20 N=550		20-29 N=1298		30-39 N=2905		40-49 N=5379		50-59 N=7097		60-69 N=5315		70 + N=1733		ALL AGES N=24277	
CODES	T 70+	T 69-	T 70+	T 69-	T 70+	T 69-	T 70+	T 69-	T 70+	T 69-	T 70+	T 69-	T 70+	T 69-	T 70+	T 69-
56-	0.18	0.73	0.15	1.00	0.45	0.72	0.46	0.73	0.30	0.77	0.26	1.28	0.23	0.81	0.33	0.88
561	0.00	0.00	0.00	0.00	0.00	0.00	0.02	0.06	0.03	0.13	0.02	0.11	0.00	0.12	0.02	0.08
562	0.00	0.00	0.08	0.15	0.03	0.17	0.06	0.13	0.06	0.10	0.04	0.26	0.06	0.06	0.05	0.15
563	0.00	0.18	0.00	0.31	0.17	0.28	0.22	0.19	0.07	0.17	0.02	0.24	0.06	0.29	0.10	0.22
564	0.00	0.00	0.08	0.15	0.07	0.07	0.11	0.09	0.04	0.11	0.08	0.15	0.00	0.06	0.07	0.11
567	0.00	0.18	0.00	0.08	0.00	0.07	0.02	0.04	0.03	0.04	0.02	0.09	0.00	0.06	0.02	0.06
568	0.00	0.18	0.00	0.00	0.00	0.00	0.02	0.06	0.01	0.01	0.00	0.02	0.06	0.12	0.01	0.03
569	0.00	0.00	0.00	0.08	0.10	0.07	0.02	0.07	0.04	0.10	0.02	0.15	0.00	0.06	0.03	0.09
560	0.18	0.18	0.00	0.23	0.07	0.07	0.00	0.09	0.01	0.11	0.08	0.24	0.06	0.06	0.04	0.14
57-	1.64	0.00	0.54	0.31	0.21	0.24	0.32	0.15	0.31	0.21	0.17	0.15	0.35	0.00	0.31	0.17
571	0.18	0.00	0.08	0.08	0.00	0.00	0.00	0.00	0.01	0.00	0.00	0.00	0.00	0.00	0.01	0.00
572	0.36	0.00	0.15	0.00	0.07	0.07	0.04	0.02	0.13	0.06	0.04	0.02	0.12	0.00	0.09	0.03
573	0.18	0.00	0.15	0.15	0.03	0.03	0.07	0.04	0.03	0.06	0.04	0.02	0.06	0.00	0.05	0.04
574	0.18	0.00	0.00	0.00	0.00	0.03	0.04	0.02	0.03	0.01	0.02	0.06	0.00	0.00	0.02	0.02
576	0.55	0.00	0.00	0.00	0.03	0.00	0.07	0.06	0.07	0.03	0.04	0.00	0.06	0.00	0.07	0.02
578	0.18	0.00	0.00	0.00	0.07	0.00	0.04	0.00	0.01	0.01	0.00	0.00	0.06	0.00	0.03	0.00
579	0.00	0.00	0.08	0.08	0.00	0.07	0.02	0.02	0.00	0.03	0.00	0.04	0.06	0.00	0.01	0.03
570	0.00	0.00	0.08	0.00	0.00	0.03	0.04	0.00	0.03	0.01	0.04	0.02	0.00	0.00	0.03	0.01
58-	0.00	0.55	0.23	0.00	0.10	0.14	0.07	0.15	0.08	0.06	0.08	0.09	0.06	0.17	0.09	0.11
581	0.00	0.00	0.00	0.00	0.00	0.00	0.00	0.02	0.00	0.00	0.02	0.06	0.00	0.00	0.00	0.02
582	0.00	0.00	0.00	0.00	0.00	0.00	0.02	0.00	0.03	0.01	0.00	0.02	0.00	0.00	0.01	0.01
583	0.00	0.00	0.00	0.00	0.03	0.00	0.00	0.04	0.01	0.03	0.00	0.00	0.00	0.06	0.01	0.02
584	0.00	0.18	0.08	0.00	0.00	0.00	0.00	0.04	0.01	0.00	0.02	0.00	0.00	0.00	0.01	0.01
586	0.00	0.00	0.00	0.00	0.00	0.03	0.04	0.00	0.00	0.00	0.02	0.00	0.00	0.06	0.01	0.01
587	0.00	0.00	0.08	0.00	0.00	0.03	0.02	0.00	0.01	0.00	0.02	0.02	0.00	0.00	0.02	0.01
589	0.00	0.18	0.00	0.00	0.03	0.07	0.00	0.06	0.00	0.00	0.00	0.00	0.00	0.06	0.00	0.03
580	0.00	0.18	0.08	0.00	0.03	0.00	0.00	0.00	0.01	0.01	0.00	0.00	0.06	0.00	0.02	0.01
59-	1.27	1.27	0.31	0.62	0.65	1.14	0.56	1.10	0.56	1.10	0.17	1.09	0.29	0.75	0.47	1.05
591	0.18	0.00	0.08	0.00	0.03	0.10	0.06	0.09	0.01	0.06	0.00	0.15	0.06	0.23	0.03	0.10
592	0.00	0.36	0.08	0.00	0.03	0.17	0.02	0.11	0.07	0.14	0.02	0.11	0.00	0.06	0.04	0.12
593	0.18	0.18	0.08	0.15	0.14	0.28	0.17	0.30	0.15	0.45	0.06	0.24	0.12	0.06	0.13	0.30
594	0.18	0.18	0.00	0.23	0.21	0.28	0.09	0.17	0.15	0.08	0.00	0.13	0.06	0.17	0.10	0.15
596	0.36	0.36	0.00	0.15	0.07	0.14	0.11	0.26	0.07	0.18	0.04	0.26	0.00	0.12	0.07	0.21
597	0.18	0.00	0.00	0.00	0.10	0.03	0.02	0.04	0.01	0.04	0.02	0.04	0.00	0.06	0.03	0.04
598	0.18	0.18	0.08	0.08	0.07	0.03	0.04	0.06	0.07	0.01	0.00	0.02	0.06	0.00	0.05	0.03
590	0.00	0.00	0.00	0.00	0.00	0.10	0.06	0.07	0.01	0.13	0.04	0.13	0.00	0.06	0.02	0.10

Table IV. FREQUENCY OF VARIOUS ONE-, TWO-, AND THREE-POINT MMPI CODES AMONG MALE PATIENTS--continued

	AGE <20 N=550		20-29 N=1298		30-39 N=2905		40-49 N=5379		50-59 N=7097		60-69 N=5315		70 + N=1733		ALL AGES N=24277	
CODES	T 70+	T 69-	T 70+	T 69-	T 70+	T 69-	T 70+	T 69-	T 70+	T 69-	T 70+	T 69-	T 70+	T 69-	T 70+	T 69-
50-	0.55	0.00	0.54	0.39	0.03	0.76	0.22	0.52	0.30	0.69	0.26	1.30	0.23	1.27	0.26	0.80
501	0.00	0.00	0.00	0.00	0.03	0.03	0.06	0.06	0.01	0.04	0.04	0.08	0.06	0.23	0.03	0.06
502	0.36	0.00	0.23	0.08	0.00	0.14	0.07	0.19	0.13	0.17	0.13	0.38	0.06	0.58	0.11	0.23
503	0.00	0.00	0.08	0.08	0.00	0.10	0.00	0.09	0.03	0.06	0.00	0.15	0.00	0.06	0.01	0.09
504	0.00	0.00	0.00	0.00	0.00	0.10	0.04	0.04	0.01	0.08	0.00	0.09	0.00	0.06	0.01	0.07
506	0.00	0.00	0.00	0.08	0.00	0.17	0.04	0.04	0.03	0.11	0.06	0.28	0.06	0.12	0.03	0.14
507	0.18	0.00	0.00	0.08	0.00	0.07	0.02	0.06	0.07	0.04	0.04	0.09	0.00	0.12	0.04	0.07
508	0.00	0.00	0.00	0.08	0.00	0.07	0.00	0.00	0.00	0.01	0.00	0.02	0.00	0.06	0.00	0.02
509	0.00	0.00	0.23	0.00	0.00	0.07	0.00	0.06	0.01	0.17	0.00	0.21	0.06	0.06	0.02	0.12
6--	1.82	2.00	1.00	2.47	1.24	3.24	0.69	3.03	0.75	3.11	0.79	2.84	1.21	3.46	0.87	3.02
61-	0.00	0.00	0.00	0.31	0.14	0.17	0.02	0.20	0.07	0.31	0.11	0.24	0.12	0.12	0.07	0.23
612	0.00	0.00	0.00	0.08	0.00	0.03	0.00	0.02	0.01	0.06	0.04	0.02	0.00	0.00	0.01	0.03
613	0.00	0.00	0.00	0.08	0.10	0.03	0.02	0.07	0.04	0.10	0.00	0.09	0.00	0.00	0.03	0.07
614	0.00	0.00	0.00	0.00	0.00	0.03	0.00	0.06	0.01	0.07	0.00	0.02	0.00	0.00	0.00	0.04
615	0.00	0.00	0.00	0.08	0.00	0.00	0.00	0.00	0.00	0.00	0.00	0.02	0.00	0.00	0.00	0.01
617	0.00	0.00	0.00	0.08	0.00	0.00	0.00	0.00	0.00	0.00	0.02	0.00	0.06	0.00	0.01	0.00
618	0.00	0.00	0.00	0.00	0.03	0.03	0.00	0.00	0.00	0.00	0.00	0.04	0.06	0.00	0.01	0.01
619	0.00	0.00	0.00	0.00	0.00	0.00	0.00	0.02	0.00	0.06	0.02	0.04	0.00	0.06	0.00	0.03
610	0.00	0.00	0.00	0.00	0.00	0.03	0.00	0.04	0.00	0.03	0.04	0.02	0.00	0.06	0.01	0.03
62-	0.00	0.36	0.08	0.15	0.07	0.24	0.19	0.26	0.14	0.42	0.15	0.40	0.23	0.58	0.14	0.35
621	0.00	0.00	0.00	0.00	0.00	0.00	0.06	0.11	0.01	0.06	0.06	0.09	0.00	0.06	0.03	0.07
623	0.00	0.00	0.00	0.08	0.00	0.07	0.02	0.04	0.06	0.11	0.00	0.08	0.00	0.17	0.02	0.08
624	0.00	0.00	0.00	0.00	0.00	0.03	0.02	0.02	0.03	0.04	0.00	0.02	0.00	0.06	0.01	0.03
625	0.00	0.00	0.00	0.08	0.00	0.03	0.04	0.04	0.01	0.11	0.04	0.06	0.06	0.00	0.02	0.06
627	0.00	0.00	0.08	0.00	0.03	0.00	0.02	0.00	0.00	0.03	0.02	0.04	0.06	0.06	0.02	0.02
628	0.00	0.00	0.00	0.00	0.00	0.03	0.00	0.02	0.00	0.00	0.00	0.00	0.06	0.12	0.00	0.02
629	0.00	0.18	0.00	0.00	0.00	0.07	0.00	0.00	0.01	0.03	0.00	0.08	0.06	0.00	0.01	0.04
620	0.00	0.18	0.00	0.00	0.03	0.00	0.04	0.04	0.01	0.04	0.04	0.04	0.00	0.12	0.02	0.04
63-	0.00	0.00	0.23	0.77	0.10	1.00	0.11	0.89	0.03	0.62	0.00	0.55	0.00	0.63	0.06	0.70
631	0.00	0.00	0.00	0.15	0.03	0.21	0.04	0.13	0.01	0.10	0.00	0.09	0.00	0.17	0.02	0.12
632	0.00	0.00	0.00	0.00	0.00	0.14	0.02	0.17	0.01	0.10	0.00	0.08	0.00	0.17	0.01	0.11
634	0.00	0.00	0.15	0.08	0.00	0.28	0.02	0.13	0.00	0.20	0.00	0.13	0.00	0.06	0.01	0.16
635	0.00	0.00	0.08	0.23	0.03	0.24	0.00	0.22	0.00	0.13	0.00	0.17	0.00	0.17	0.01	0.18
637	0.00	0.00	0.00	0.15	0.03	0.14	0.02	0.04	0.00	0.04	0.00	0.00	0.00	0.00	0.01	0.05
638	0.00	0.00	0.00	0.08	0.00	0.00	0.02	0.00	0.00	0.00	0.00	0.00	0.00	0.00	0.00	0.00
639	0.00	0.00	0.00	0.00	0.00	0.00	0.00	0.11	0.00	0.06	0.00	0.06	0.00	0.06	0.00	0.06
630	0.00	0.00	0.00	0.08	0.00	0.00	0.00	0.09	0.00	0.00	0.00	0.02	0.00	0.00	0.00	0.03

Table IV. FREQUENCY OF VARIOUS ONE-, TWO-, AND THREE-POINT MMPI CODES AMONG MALE PATIENTS--continued

CODES	AGE <20 N=550 T 70+	T 69-	20-29 N=1298 T 70+	T 69-	30-39 N=2905 T 70+	T 69-	40-49 N=5379 T 70+	T 69-	50-59 N=7097 T 70+	T 69-	60-69 N=5315 T 70+	T 69-	70 + N=1733 T 70+	T 69-	ALL AGES N=24277 T 70+	T 69-
64-	0.73	1.09	0.15	0.46	0.34	0.48	0.07	0.37	0.17	0.54	0.06	0.34	0.00	0.12	0.14	0.43
641	0.00	0.00	0.00	0.08	0.03	0.00	0.00	0.04	0.01	0.03	0.00	0.02	0.00	0.06	0.01	0.03
642	0.00	0.00	0.08	0.08	0.07	0.03	0.00	0.04	0.04	0.06	0.02	0.06	0.00	0.00	0.03	0.05
643	0.00	0.18	0.00	0.15	0.00	0.28	0.02	0.20	0.01	0.24	0.00	0.06	0.00	0.00	0.01	0.17
645	0.00	0.18	0.00	0.00	0.07	0.07	0.02	0.06	0.03	0.03	0.02	0.09	0.00	0.00	0.02	0.05
647	0.18	0.18	0.08	0.00	0.10	0.07	0.00	0.02	0.01	0.06	0.00	0.04	0.00	0.00	0.02	0.04
648	0.00	0.18	0.00	0.00	0.00	0.00	0.04	0.00	0.01	0.01	0.02	0.02	0.00	0.06	0.02	0.02
649	0.55	0.36	0.00	0.08	0.07	0.03	0.00	0.02	0.03	0.07	0.00	0.02	0.00	0.00	0.03	0.05
640	0.00	0.00	0.00	0.08	0.00	0.00	0.00	0.00	0.01	0.04	0.00	0.04	0.00	0.00	0.00	0.02
65-	0.00	0.00	0.15	0.15	0.14	0.55	0.11	0.41	0.08	0.51	0.09	0.56	0.12	0.69	0.10	0.49
651	0.00	0.00	0.00	0.00	0.03	0.00	0.02	0.02	0.01	0.04	0.00	0.04	0.00	0.06	0.01	0.03
652	0.00	0.00	0.08	0.00	0.00	0.07	0.00	0.11	0.00	0.06	0.02	0.13	0.00	0.17	0.01	0.09
653	0.00	0.00	0.08	0.00	0.00	0.14	0.02	0.11	0.00	0.20	0.02	0.15	0.00	0.29	0.01	0.15
654	0.00	0.00	0.00	0.00	0.03	0.00	0.02	0.04	0.03	0.04	0.04	0.13	0.00	0.00	0.02	0.05
657	0.00	0.00	0.00	0.00	0.00	0.00	0.00	0.02	0.00	0.01	0.00	0.00	0.06	0.12	0.00	0.02
658	0.00	0.00	0.00	0.00	0.03	0.00	0.02	0.02	0.01	0.00	0.00	0.00	0.00	0.00	0.01	0.00
659	0.00	0.00	0.00	0.08	0.03	0.14	0.02	0.07	0.03	0.07	0.02	0.06	0.06	0.00	0.02	0.07
650	0.00	0.00	0.00	0.08	0.00	0.21	0.02	0.02	0.00	0.08	0.00	0.06	0.00	0.06	0.00	0.07
67-	0.36	0.00	0.23	0.00	0.17	0.17	0.09	0.13	0.07	0.11	0.15	0.17	0.12	0.23	0.12	0.14
671	0.00	0.00	0.00	0.00	0.00	0.00	0.00	0.04	0.01	0.00	0.00	0.02	0.00	0.06	0.00	0.02
672	0.18	0.00	0.00	0.00	0.07	0.03	0.02	0.02	0.01	0.01	0.02	0.04	0.00	0.00	0.02	0.02
673	0.00	0.00	0.00	0.00	0.03	0.03	0.02	0.00	0.00	0.00	0.02	0.04	0.00	0.06	0.01	0.02
674	0.00	0.00	0.15	0.00	0.03	0.03	0.00	0.02	0.00	0.00	0.02	0.00	0.06	0.12	0.02	0.02
675	0.00	0.00	0.00	0.00	0.00	0.00	0.02	0.02	0.01	0.03	0.00	0.00	0.00	0.00	0.01	0.01
678	0.00	0.00	0.00	0.00	0.00	0.00	0.02	0.00	0.01	0.01	0.04	0.02	0.00	0.00	0.02	0.01
679	0.18	0.00	0.08	0.00	0.00	0.03	0.00	0.00	0.00	0.03	0.02	0.04	0.06	0.00	0.02	0.02
670	0.00	0.00	0.00	0.00	0.03	0.03	0.02	0.04	0.01	0.03	0.04	0.02	0.00	0.00	0.02	0.02
68-	0.00	0.18	0.00	0.15	0.14	0.00	0.04	0.00	0.04	0.06	0.11	0.09	0.35	0.17	0.09	0.06
681	0.00	0.18	0.00	0.08	0.03	0.00	0.00	0.00	0.00	0.00	0.00	0.02	0.12	0.06	0.01	0.02
682	0.00	0.00	0.00	0.00	0.03	0.00	0.00	0.00	0.00	0.01	0.04	0.08	0.00	0.00	0.01	0.02
683	0.00	0.00	0.00	0.00	0.00	0.00	0.00	0.00	0.00	0.01	0.00	0.00	0.00	0.06	0.00	0.01
684	0.00	0.00	0.00	0.00	0.03	0.00	0.00	0.00	0.01	0.00	0.00	0.00	0.00	0.00	0.01	0.00
685	0.00	0.00	0.00	0.00	0.00	0.00	0.00	0.00	0.00	0.00	0.00	0.00	0.06	0.00	0.00	0.00
687	0.00	0.00	0.00	0.00	0.03	0.00	0.00	0.00	0.03	0.00	0.04	0.00	0.12	0.00	0.03	0.00
689	0.00	0.00	0.00	0.08	0.00	0.00	0.02	0.00	0.00	0.01	0.00	0.00	0.06	0.06	0.01	0.01
680	0.00	0.00	0.00	0.00	0.00	0.00	0.02	0.00	0.00	0.01	0.04	0.00	0.00	0.00	0.01	0.00

Table IV. FREQUENCY OF VARIOUS ONE-, TWO-, AND THREE-POINT MMPI CODES AMONG MALE PATIENTS--continued

CODES	AGE <20 N=550		20-29 N=1298		30-39 N=2905		40-49 N=5379		50-59 N=7097		60-69 N=5315		70 + N=1733		ALL AGES N=24277	
	T 70+	T 69-	T 70+	T 69-	T 70+	T 69-	T 70+	T 69-	T 70+	T 69-	T 70+	T 69-	T 70+	T 69-	T 70+	T 69-
69-	0.55	0.36	0.08	0.23	0.10	0.41	0.06	0.37	0.07	0.28	0.06	0.23	0.23	0.40	0.09	0.31
691	0.00	0.00	0.00	0.00	0.00	0.03	0.02	0.04	0.00	0.01	0.02	0.06	0.06	0.00	0.01	0.03
692	0.00	0.00	0.00	0.00	0.00	0.00	0.00	0.00	0.00	0.04	0.00	0.00	0.00	0.00	0.00	0.01
693	0.00	0.00	0.00	0.00	0.07	0.07	0.00	0.11	0.00	0.03	0.00	0.06	0.00	0.17	0.01	0.07
694	0.00	0.18	0.00	0.15	0.03	0.07	0.04	0.06	0.01	0.06	0.00	0.09	0.12	0.12	0.02	0.08
695	0.18	0.00	0.00	0.08	0.00	0.10	0.00	0.06	0.04	0.07	0.00	0.00	0.00	0.12	0.02	0.06
697	0.36	0.18	0.08	0.00	0.00	0.07	0.00	0.09	0.00	0.04	0.00	0.02	0.00	0.00	0.01	0.05
698	0.00	0.00	0.00	0.00	0.00	0.03	0.00	0.00	0.00	0.03	0.04	0.00	0.06	0.00	0.01	0.01
690	0.00	0.00	0.00	0.00	0.00	0.03	0.00	0.02	0.01	0.00	0.00	0.00	0.00	0.00	0.00	0.01
60-	0.18	0.00	0.08	0.23	0.03	0.21	0.00	0.39	0.07	0.27	0.06	0.26	0.06	0.52	0.05	0.30
601	0.00	0.00	0.00	0.00	0.00	0.00	0.00	0.06	0.01	0.00	0.00	0.02	0.00	0.12	0.00	0.02
602	0.00	0.00	0.00	0.00	0.00	0.07	0.00	0.09	0.01	0.08	0.04	0.08	0.06	0.06	0.02	0.07
603	0.00	0.00	0.00	0.15	0.00	0.03	0.00	0.06	0.00	0.04	0.00	0.00	0.00	0.06	0.00	0.04
604	0.00	0.00	0.00	0.00	0.00	0.00	0.00	0.11	0.00	0.01	0.00	0.02	0.00	0.06	0.00	0.04
605	0.00	0.00	0.00	0.00	0.03	0.07	0.00	0.04	0.01	0.07	0.02	0.08	0.00	0.12	0.01	0.06
607	0.18	0.00	0.08	0.00	0.00	0.03	0.00	0.02	0.03	0.04	0.00	0.00	0.00	0.06	0.02	0.02
608	0.00	0.00	0.00	0.00	0.00	0.00	0.00	0.00	0.00	0.01	0.00	0.02	0.00	0.06	0.00	0.01
609	0.00	0.00	0.00	0.08	0.00	0.00	0.00	0.02	0.00	0.00	0.00	0.06	0.00	0.00	0.00	0.02
7--	6.91	2.00	5.62	1.69	3.51	1.86	2.40	1.10	2.01	1.20	1.86	1.34	1.33	1.15	2.50	1.33
71-	0.18	0.36	0.31	0.15	0.34	0.17	0.33	0.09	0.32	0.17	0.24	0.19	0.23	0.06	0.30	0.15
712	0.00	0.18	0.08	0.00	0.14	0.03	0.13	0.02	0.13	0.01	0.08	0.04	0.12	0.00	0.11	0.02
713	0.00	0.00	0.08	0.15	0.07	0.03	0.11	0.02	0.06	0.03	0.04	0.04	0.06	0.00	0.07	0.03
714	0.00	0.00	0.00	0.00	0.03	0.00	0.00	0.04	0.00	0.03	0.00	0.04	0.00	0.00	0.00	0.02
715	0.18	0.18	0.00	0.00	0.03	0.03	0.06	0.00	0.03	0.01	0.00	0.02	0.00	0.00	0.03	0.02
716	0.00	0.00	0.00	0.00	0.00	0.03	0.02	0.00	0.03	0.03	0.02	0.00	0.00	0.00	0.02	0.01
718	0.00	0.00	0.08	0.00	0.03	0.03	0.00	0.00	0.06	0.03	0.06	0.02	0.00	0.06	0.04	0.02
719	0.00	0.00	0.08	0.00	0.00	0.00	0.02	0.00	0.03	0.01	0.02	0.00	0.00	0.00	0.02	0.00
710	0.00	0.00	0.00	0.00	0.03	0.00	0.00	0.02	0.00	0.01	0.04	0.04	0.06	0.00	0.02	0.02
72-	1.45	0.18	1.54	0.15	1.27	0.38	0.76	0.15	0.80	0.24	0.75	0.28	0.52	0.35	0.87	0.25
721	0.18	0.00	0.15	0.00	0.31	0.10	0.13	0.02	0.13	0.08	0.19	0.02	0.06	0.00	0.16	0.05
723	0.18	0.00	0.00	0.08	0.28	0.10	0.09	0.02	0.13	0.01	0.06	0.09	0.06	0.06	0.11	0.05
724	0.00	0.00	0.31	0.00	0.03	0.03	0.02	0.04	0.08	0.01	0.04	0.00	0.06	0.06	0.06	0.02
725	0.36	0.00	0.23	0.00	0.03	0.03	0.07	0.02	0.01	0.00	0.02	0.06	0.06	0.12	0.05	0.03
726	0.00	0.18	0.00	0.00	0.03	0.00	0.09	0.06	0.08	0.01	0.02	0.06	0.00	0.00	0.05	0.03
728	0.55	0.00	0.31	0.00	0.34	0.00	0.20	0.00	0.20	0.04	0.13	0.04	0.12	0.00	0.21	0.02
729	0.00	0.00	0.15	0.00	0.00	0.03	0.00	0.00	0.00	0.03	0.04	0.02	0.00	0.00	0.02	0.02
720	0.18	0.00	0.39	0.08	0.24	0.07	0.15	0.00	0.17	0.04	0.26	0.00	0.17	0.12	0.21	0.03

Table IV. FREQUENCY OF VARIOUS ONE-, TWO-, AND THREE-POINT MMPI CODES AMONG MALE PATIENTS--continued

	AGE <20 N=550		20-29 N=1298		30-39 N=2905		40-49 N=5379		50-59 N=7097		60-69 N=5315		70 + N=1733		ALL AGES N=24277	
CODES	T 70+	T 69-	T 70+	T 69-	T 70+	T 69-	T 70+	T 69-	T 70+	T 69-	T 70+	T 69-	T 70+	T 69-	T 70+	T 69-
73-	0.91	0.00	1.16	0.39	0.34	0.48	0.20	0.22	0.14	0.17	0.06	0.09	0.00	0.23	0.22	0.21
731	0.18	0.00	0.31	0.08	0.14	0.14	0.02	0.06	0.04	0.04	0.00	0.04	0.00	0.06	0.05	0.06
732	0.36	0.00	0.23	0.00	0.07	0.03	0.11	0.07	0.06	0.06	0.04	0.00	0.00	0.12	0.08	0.05
734	0.00	0.00	0.23	0.00	0.03	0.10	0.04	0.00	0.01	0.03	0.00	0.04	0.00	0.06	0.03	0.03
735	0.00	0.00	0.31	0.08	0.00	0.03	0.00	0.02	0.00	0.01	0.00	0.02	0.00	0.00	0.02	0.02
736	0.00	0.00	0.00	0.08	0.00	0.03	0.00	0.06	0.00	0.00	0.00	0.00	0.00	0.00	0.00	0.02
738	0.36	0.00	0.08	0.08	0.10	0.07	0.02	0.00	0.03	0.00	0.02	0.00	0.00	0.00	0.04	0.01
739	0.00	0.00	0.00	0.08	0.00	0.07	0.02	0.02	0.00	0.03	0.00	0.00	0.00	0.00	0.00	0.02
730	0.00	0.00	0.00	0.00	0.00	0.00	0.00	0.00	0.00	0.00	0.00	0.00	0.00	0.00	0.00	0.00
74-	0.55	0.18	0.62	0.23	0.21	0.24	0.13	0.17	0.11	0.14	0.15	0.15	0.06	0.06	0.17	0.16
741	0.00	0.00	0.00	0.00	0.00	0.03	0.02	0.06	0.00	0.03	0.02	0.06	0.00	0.00	0.01	0.04
742	0.00	0.00	0.23	0.15	0.00	0.00	0.04	0.02	0.04	0.01	0.00	0.02	0.00	0.00	0.03	0.02
743	0.18	0.00	0.00	0.00	0.03	0.07	0.02	0.00	0.04	0.03	0.02	0.04	0.00	0.00	0.03	0.02
745	0.00	0.00	0.00	0.08	0.00	0.00	0.00	0.02	0.00	0.03	0.02	0.00	0.00	0.00	0.00	0.02
746	0.00	0.00	0.15	0.00	0.00	0.14	0.02	0.02	0.01	0.00	0.06	0.00	0.00	0.06	0.03	0.02
748	0.36	0.00	0.15	0.00	0.03	0.00	0.02	0.02	0.01	0.03	0.02	0.02	0.06	0.00	0.04	0.02
749	0.00	0.18	0.08	0.00	0.07	0.00	0.02	0.02	0.00	0.00	0.00	0.00	0.00	0.00	0.02	0.01
740	0.00	0.00	0.00	0.00	0.07	0.00	0.00	0.02	0.00	0.01	0.02	0.02	0.00	0.00	0.01	0.01
75-	0.55	0.55	0.54	0.08	0.24	0.17	0.19	0.19	0.08	0.13	0.08	0.09	0.12	0.23	0.16	0.15
751	0.00	0.00	0.00	0.00	0.03	0.00	0.00	0.02	0.01	0.00	0.02	0.00	0.00	0.06	0.01	0.01
752	0.00	0.00	0.00	0.08	0.07	0.03	0.11	0.00	0.03	0.01	0.06	0.02	0.00	0.00	0.05	0.02
753	0.00	0.18	0.08	0.00	0.00	0.03	0.02	0.04	0.01	0.03	0.00	0.04	0.00	0.00	0.01	0.03
754	0.18	0.00	0.08	0.00	0.03	0.03	0.00	0.00	0.00	0.01	0.00	0.00	0.00	0.00	0.01	0.01
756	0.18	0.36	0.08	0.00	0.00	0.03	0.00	0.02	0.01	0.03	0.00	0.02	0.00	0.06	0.01	0.03
758	0.00	0.00	0.15	0.00	0.03	0.03	0.04	0.02	0.00	0.00	0.00	0.00	0.06	0.00	0.02	0.01
759	0.00	0.00	0.15	0.00	0.07	0.00	0.02	0.00	0.00	0.00	0.00	0.02	0.00	0.06	0.02	0.01
750	0.18	0.00	0.00	0.00	0.00	0.00	0.00	0.09	0.01	0.04	0.00	0.00	0.06	0.06	0.01	0.04
76-	0.36	0.00	0.08	0.08	0.17	0.10	0.07	0.04	0.03	0.07	0.04	0.15	0.00	0.06	0.07	0.08
761	0.00	0.00	0.00	0.00	0.00	0.03	0.00	0.00	0.00	0.00	0.00	0.02	0.00	0.00	0.00	0.01
762	0.00	0.00	0.00	0.00	0.03	0.03	0.00	0.00	0.00	0.00	0.02	0.04	0.00	0.00	0.01	0.01
763	0.00	0.00	0.08	0.00	0.00	0.03	0.02	0.02	0.00	0.00	0.00	0.04	0.00	0.00	0.01	0.02
764	0.00	0.00	0.00	0.08	0.03	0.00	0.00	0.00	0.01	0.00	0.00	0.00	0.00	0.00	0.01	0.00
765	0.18	0.00	0.00	0.00	0.00	0.00	0.02	0.02	0.00	0.04	0.00	0.02	0.00	0.00	0.01	0.02
768	0.00	0.00	0.00	0.00	0.03	0.00	0.00	0.00	0.01	0.00	0.02	0.00	0.00	0.00	0.01	0.00
769	0.00	0.00	0.00	0.00	0.03	0.00	0.04	0.00	0.00	0.00	0.00	0.02	0.00	0.00	0.01	0.00
760	0.18	0.00	0.00	0.00	0.03	0.00	0.00	0.00	0.00	0.03	0.00	0.02	0.00	0.06	0.01	0.02

Table IV. FREQUENCY OF VARIOUS ONE-, TWO-, AND THREE-POINT MMPI CODES AMONG MALE PATIENTS--continued

	AGE <20 N=550		20-29 N=1298		30-39 N=2905		40-49 N=5379		50-59 N=7097		60-69 N=5315		70 + N=1733		ALL AGES N=24277	
CODES	T 70+	T 69-	T 70+	T 69-	T 70+	T 69-	T 70+	T 69-	T 70+	T 69-	T 70+	T 69-	T 70+	T 69-	T 70+	T 69-
78-	2.00	0.18	0.92	0.00	0.41	0.10	0.39	0.06	0.13	0.04	0.32	0.08	0.12	0.17	0.35	0.07
781	0.18	0.00	0.08	0.00	0.03	0.03	0.06	0.00	0.03	0.00	0.02	0.02	0.06	0.00	0.04	0.01
782	0.73	0.00	0.54	0.00	0.14	0.00	0.15	0.00	0.07	0.01	0.11	0.00	0.06	0.06	0.14	0.01
783	0.00	0.00	0.00	0.00	0.03	0.00	0.04	0.00	0.01	0.00	0.00	0.00	0.00	0.00	0.02	0.00
784	0.36	0.00	0.08	0.00	0.03	0.00	0.02	0.00	0.01	0.00	0.09	0.02	0.00	0.00	0.05	0.00
785	0.18	0.18	0.00	0.00	0.03	0.00	0.02	0.06	0.00	0.00	0.00	0.02	0.00	0.00	0.01	0.02
786	0.36	0.00	0.08	0.00	0.14	0.00	0.02	0.00	0.00	0.00	0.02	0.00	0.00	0.06	0.04	0.00
789	0.00	0.00	0.15	0.00	0.00	0.03	0.02	0.00	0.00	0.01	0.02	0.00	0.00	0.06	0.02	0.01
780	0.18	0.00	0.00	0.00	0.00	0.03	0.07	0.00	0.00	0.01	0.06	0.02	0.00	0.00	0.03	0.01
79-	0.91	0.36	0.31	0.31	0.24	0.10	0.07	0.09	0.15	0.11	0.08	0.17	0.06	0.00	0.15	0.13
791	0.00	0.00	0.00	0.08	0.03	0.00	0.00	0.04	0.01	0.00	0.00	0.04	0.00	0.00	0.01	0.02
792	0.18	0.00	0.00	0.08	0.03	0.00	0.02	0.04	0.03	0.03	0.00	0.00	0.06	0.00	0.02	0.02
793	0.00	0.00	0.08	0.00	0.03	0.07	0.00	0.00	0.06	0.01	0.00	0.02	0.00	0.00	0.02	0.02
794	0.36	0.18	0.00	0.00	0.00	0.03	0.04	0.02	0.00	0.01	0.02	0.04	0.00	0.00	0.02	0.02
795	0.00	0.00	0.00	0.08	0.00	0.00	0.00	0.00	0.00	0.00	0.00	0.00	0.00	0.00	0.00	0.00
796	0.00	0.00	0.08	0.00	0.07	0.00	0.00	0.00	0.00	0.00	0.02	0.04	0.00	0.00	0.02	0.01
798	0.36	0.00	0.15	0.08	0.07	0.00	0.02	0.00	0.04	0.03	0.04	0.02	0.00	0.00	0.05	0.02
790	0.00	0.18	0.00	0.00	0.00	0.00	0.00	0.00	0.01	0.03	0.00	0.02	0.00	0.00	0.00	0.02
70-	0.00	0.18	0.15	0.31	0.28	0.10	0.24	0.09	0.24	0.13	0.15	0.13	0.23	0.00	0.21	0.12
701	0.00	0.00	0.15	0.00	0.07	0.00	0.02	0.02	0.00	0.01	0.00	0.00	0.00	0.00	0.02	0.01
702	0.00	0.00	0.00	0.15	0.10	0.00	0.15	0.02	0.14	0.06	0.09	0.08	0.23	0.00	0.12	0.05
703	0.00	0.00	0.00	0.00	0.00	0.00	0.02	0.00	0.01	0.01	0.00	0.00	0.00	0.00	0.01	0.00
704	0.00	0.00	0.00	0.00	0.00	0.00	0.02	0.00	0.01	0.00	0.00	0.00	0.00	0.00	0.01	0.00
705	0.00	0.00	0.00	0.00	0.03	0.07	0.00	0.04	0.03	0.01	0.02	0.02	0.00	0.00	0.02	0.02
706	0.00	0.18	0.00	0.00	0.00	0.00	0.02	0.00	0.00	0.01	0.00	0.00	0.00	0.00	0.00	0.01
708	0.00	0.00	0.00	0.15	0.07	0.03	0.02	0.02	0.01	0.01	0.04	0.00	0.00	0.00	0.02	0.02
709	0.00	0.00	0.00	0.00	0.00	0.00	0.00	0.00	0.03	0.00	0.00	0.04	0.00	0.00	0.01	0.01
8--	7.09	2.73	1.85	0.69	1.17	0.52	1.00	0.50	0.69	0.42	1.11	0.58	0.92	0.75	1.13	0.58
81-	0.91	0.18	0.08	0.08	0.28	0.00	0.11	0.07	0.18	0.04	0.13	0.02	0.06	0.06	0.17	0.05
812	0.36	0.00	0.00	0.00	0.03	0.00	0.02	0.00	0.07	0.00	0.04	0.00	0.00	0.00	0.05	0.00
813	0.18	0.18	0.00	0.08	0.10	0.00	0.04	0.06	0.03	0.00	0.02	0.00	0.00	0.00	0.04	0.02
814	0.18	0.00	0.08	0.00	0.00	0.00	0.00	0.02	0.01	0.01	0.06	0.00	0.00	0.06	0.02	0.01
815	0.00	0.00	0.00	0.00	0.03	0.00	0.00	0.00	0.00	0.00	0.00	0.00	0.00	0.00	0.00	0.00
816	0.00	0.00	0.00	0.00	0.00	0.00	0.00	0.00	0.01	0.01	0.02	0.00	0.00	0.00	0.01	0.00
817	0.18	0.00	0.00	0.00	0.10	0.00	0.04	0.00	0.04	0.00	0.00	0.00	0.06	0.00	0.04	0.00
819	0.00	0.00	0.00	0.00	0.00	0.00	0.02	0.00	0.01	0.01	0.00	0.02	0.00	0.00	0.01	0.01
810	0.00	0.00	0.00	0.00	0.00	0.00	0.00	0.00	0.00	0.00	0.00	0.00	0.00	0.00	0.00	0.00

Table IV. FREQUENCY OF VARIOUS ONE-, TWO-, AND THREE-POINT MMPI CODES AMONG MALE PATIENTS--continued

CODES	AGE <20 N=550		20-29 N=1298		30-39 N=2905		40-49 N=5379		50-59 N=7097		60-69 N=5315		70 + N=1733		ALL AGES N=24277	
	T 70+	T 69-	T 70+	T 69-	T 70+	T 69-	T 70+	T 69-	T 70+	T 69-	T 70+	T 69-	T 70+	T 69-	T 70+	T 69-
82-	0.55	0.00	0.23	0.15	0.14	0.03	0.11	0.02	0.11	0.07	0.24	0.04	0.12	0.17	0.16	0.06
821	0.00	0.00	0.08	0.00	0.00	0.03	0.02	0.00	0.01	0.01	0.06	0.02	0.12	0.00	0.03	0.01
823	0.18	0.00	0.00	0.00	0.00	0.00	0.00	0.02	0.01	0.01	0.00	0.00	0.00	0.00	0.01	0.01
824	0.18	0.00	0.00	0.08	0.00	0.00	0.02	0.00	0.01	0.00	0.04	0.00	0.00	0.00	0.02	0.00
825	0.00	0.00	0.08	0.08	0.00	0.00	0.00	0.00	0.00	0.01	0.00	0.00	0.00	0.06	0.00	0.01
826	0.00	0.00	0.08	0.00	0.00	0.00	0.00	0.00	0.00	0.01	0.04	0.02	0.00	0.00	0.01	0.01
827	0.00	0.00	0.00	0.00	0.14	0.00	0.06	0.00	0.06	0.01	0.11	0.00	0.00	0.06	0.07	0.01
829	0.18	0.00	0.00	0.00	0.00	0.00	0.00	0.00	0.01	0.00	0.00	0.00	0.00	0.00	0.01	0.00
820	0.00	0.00	0.00	0.00	0.00	0.00	0.02	0.00	0.00	0.00	0.00	0.00	0.00	0.06	0.00	0.00
83-	0.36	0.36	0.00	0.15	0.00	0.00	0.02	0.09	0.01	0.07	0.04	0.08	0.00	0.06	0.02	0.08
831	0.00	0.00	0.00	0.08	0.00	0.00	0.02	0.06	0.01	0.03	0.02	0.02	0.00	0.00	0.01	0.03
832	0.18	0.00	0.00	0.00	0.00	0.00	0.00	0.00	0.00	0.00	0.00	0.00	0.00	0.06	0.00	0.00
834	0.00	0.18	0.00	0.08	0.00	0.00	0.00	0.00	0.00	0.01	0.02	0.04	0.00	0.00	0.00	0.02
835	0.00	0.00	0.00	0.00	0.00	0.00	0.00	0.00	0.00	0.00	0.00	0.00	0.00	0.00	0.00	0.00
836	0.00	0.00	0.00	0.00	0.00	0.00	0.00	0.02	0.00	0.00	0.00	0.00	0.00	0.00	0.00	0.00
837	0.18	0.00	0.00	0.00	0.00	0.00	0.00	0.02	0.00	0.01	0.00	0.02	0.00	0.00	0.00	0.01
839	0.00	0.18	0.00	0.00	0.00	0.00	0.00	0.00	0.00	0.00	0.00	0.00	0.00	0.00	0.00	0.00
830	0.00	0.00	0.00	0.00	0.00	0.00	0.00	0.00	0.00	0.01	0.00	0.00	0.00	0.00	0.00	0.00
84-	0.18	0.55	0.31	0.00	0.24	0.10	0.07	0.02	0.07	0.03	0.06	0.19	0.00	0.12	0.10	0.09
841	0.00	0.00	0.15	0.00	0.00	0.03	0.04	0.00	0.00	0.00	0.02	0.06	0.00	0.06	0.02	0.02
842	0.18	0.00	0.00	0.00	0.00	0.00	0.00	0.00	0.01	0.00	0.00	0.02	0.00	0.00	0.01	0.00
843	0.00	0.00	0.15	0.00	0.03	0.03	0.02	0.00	0.01	0.01	0.00	0.06	0.00	0.06	0.02	0.02
845	0.00	0.00	0.00	0.00	0.03	0.00	0.02	0.00	0.00	0.00	0.00	0.00	0.00	0.00	0.01	0.00
846	0.00	0.00	0.00	0.00	0.10	0.00	0.00	0.00	0.01	0.00	0.02	0.00	0.00	0.00	0.02	0.00
847	0.00	0.00	0.00	0.00	0.07	0.00	0.00	0.00	0.00	0.01	0.00	0.00	0.00	0.00	0.01	0.00
849	0.00	0.36	0.00	0.00	0.00	0.03	0.00	0.02	0.03	0.00	0.02	0.04	0.00	0.00	0.01	0.02
840	0.00	0.18	0.00	0.00	0.00	0.00	0.00	0.00	0.00	0.00	0.00	0.02	0.00	0.00	0.00	0.01
85-	0.36	0.18	0.00	0.00	0.03	0.07	0.06	0.06	0.00	0.04	0.02	0.06	0.12	0.12	0.04	0.06
851	0.18	0.00	0.00	0.00	0.03	0.00	0.00	0.00	0.00	0.00	0.00	0.04	0.06	0.00	0.01	0.01
852	0.00	0.00	0.00	0.00	0.00	0.03	0.02	0.00	0.00	0.00	0.00	0.00	0.00	0.00	0.00	0.00
853	0.00	0.00	0.00	0.00	0.00	0.00	0.00	0.04	0.00	0.01	0.00	0.00	0.00	0.00	0.00	0.01
854	0.00	0.00	0.00	0.00	0.00	0.03	0.00	0.00	0.00	0.01	0.00	0.02	0.00	0.00	0.00	0.01
856	0.00	0.00	0.00	0.00	0.00	0.00	0.00	0.02	0.00	0.01	0.00	0.00	0.00	0.00	0.00	0.01
857	0.18	0.18	0.00	0.00	0.00	0.00	0.02	0.00	0.00	0.00	0.02	0.00	0.06	0.00	0.02	0.00
859	0.00	0.00	0.00	0.00	0.00	0.00	0.00	0.00	0.00	0.00	0.00	0.00	0.00	0.06	0.00	0.00
850	0.00	0.00	0.00	0.00	0.00	0.00	0.02	0.00	0.00	0.00	0.00	0.00	0.00	0.06	0.00	0.00

Table IV. FREQUENCY OF VARIOUS ONE-, TWO-, AND THREE-POINT MMPI CODES AMONG MALE PATIENTS--continued

CODES	AGE <20 N=550 T 70+	T 69-	20-29 N=1298 T 70+	T 69-	30-39 N=2905 T 70+	T 69-	40-49 N=5379 T 70+	T 69-	50-59 N=7097 T 70+	T 69-	60-69 N=5315 T 70+	T 69-	70 + N=1733 T 70+	T 69-	ALL AGES N=24277 T 70+	T 69-
86-	0.91	0.18	0.23	0.00	0.07	0.03	0.06	0.04	0.07	0.03	0.21	0.08	0.17	0.06	0.13	0.05
861	0.18	0.00	0.00	0.00	0.03	0.00	0.02	0.00	0.01	0.00	0.04	0.02	0.00	0.00	0.02	0.00
862	0.18	0.00	0.00	0.00	0.03	0.00	0.00	0.00	0.01	0.00	0.02	0.00	0.06	0.00	0.02	0.00
863	0.00	0.00	0.00	0.00	0.00	0.00	0.00	0.00	0.00	0.01	0.02	0.02	0.00	0.06	0.00	0.01
864	0.00	0.18	0.15	0.00	0.00	0.03	0.00	0.00	0.01	0.00	0.04	0.00	0.00	0.00	0.02	0.01
865	0.00	0.00	0.00	0.00	0.00	0.00	0.02	0.02	0.00	0.00	0.02	0.00	0.00	0.00	0.01	0.00
867	0.36	0.00	0.08	0.00	0.00	0.00	0.00	0.02	0.01	0.00	0.06	0.02	0.12	0.00	0.04	0.01
869	0.00	0.00	0.00	0.00	0.00	0.00	0.02	0.00	0.01	0.00	0.02	0.02	0.00	0.00	0.01	0.00
860	0.18	0.00	0.00	0.00	0.00	0.00	0.00	0.00	0.00	0.01	0.00	0.00	0.00	0.00	0.00	0.00
87-	2.00	0.36	0.85	0.08	0.24	0.07	0.43	0.11	0.21	0.08	0.32	0.06	0.29	0.00	0.37	0.08
871	0.18	0.00	0.23	0.00	0.00	0.00	0.06	0.02	0.03	0.03	0.04	0.00	0.06	0.00	0.05	0.01
872	0.36	0.00	0.31	0.00	0.03	0.00	0.17	0.00	0.08	0.00	0.08	0.00	0.17	0.00	0.12	0.00
873	0.00	0.00	0.08	0.00	0.00	0.00	0.04	0.06	0.01	0.03	0.00	0.02	0.06	0.00	0.02	0.02
874	0.18	0.00	0.00	0.00	0.10	0.00	0.06	0.00	0.03	0.01	0.04	0.00	0.00	0.00	0.05	0.00
875	0.18	0.18	0.00	0.08	0.03	0.00	0.00	0.00	0.00	0.01	0.02	0.00	0.00	0.00	0.01	0.01
876	0.18	0.00	0.08	0.00	0.07	0.03	0.04	0.02	0.01	0.00	0.04	0.00	0.00	0.00	0.04	0.01
879	0.55	0.00	0.15	0.00	0.00	0.03	0.06	0.02	0.01	0.00	0.08	0.04	0.00	0.00	0.05	0.02
870	0.36	0.18	0.00	0.00	0.00	0.00	0.02	0.00	0.03	0.00	0.04	0.00	0.00	0.00	0.03	0.00
89-	1.64	0.73	0.15	0.15	0.14	0.21	0.15	0.06	0.03	0.03	0.08	0.06	0.06	0.17	0.12	0.09
891	0.00	0.00	0.00	0.00	0.00	0.03	0.04	0.00	0.00	0.00	0.00	0.04	0.00	0.00	0.01	0.01
892	0.00	0.00	0.00	0.00	0.00	0.00	0.02	0.00	0.00	0.00	0.02	0.00	0.00	0.00	0.01	0.00
893	0.18	0.00	0.00	0.08	0.00	0.07	0.00	0.02	0.00	0.00	0.00	0.00	0.00	0.06	0.00	0.02
894	0.18	0.55	0.08	0.00	0.07	0.00	0.02	0.02	0.00	0.00	0.00	0.02	0.00	0.12	0.02	0.03
895	0.18	0.00	0.00	0.00	0.03	0.03	0.00	0.02	0.00	0.01	0.00	0.00	0.00	0.00	0.01	0.01
896	0.18	0.00	0.08	0.00	0.03	0.00	0.00	0.00	0.03	0.01	0.00	0.00	0.00	0.00	0.02	0.00
897	0.73	0.18	0.00	0.00	0.00	0.07	0.07	0.00	0.00	0.00	0.04	0.00	0.06	0.00	0.05	0.01
890	0.18	0.00	0.00	0.08	0.00	0.00	0.00	0.00	0.00	0.00	0.02	0.00	0.00	0.00	0.01	0.00
80-	0.18	0.18	0.00	0.08	0.03	0.00	0.00	0.04	0.00	0.03	0.02	0.02	0.12	0.00	0.02	0.03
801	0.00	0.00	0.00	0.08	0.00	0.00	0.00	0.02	0.00	0.00	0.00	0.00	0.00	0.00	0.00	0.01
802	0.00	0.00	0.00	0.00	0.03	0.00	0.00	0.00	0.00	0.00	0.00	0.00	0.06	0.00	0.01	0.00
803	0.00	0.00	0.00	0.00	0.00	0.00	0.00	0.00	0.00	0.00	0.00	0.00	0.00	0.00	0.00	0.00
804	0.00	0.18	0.00	0.00	0.00	0.00	0.00	0.02	0.00	0.00	0.00	0.00	0.00	0.00	0.00	0.01
805	0.18	0.00	0.00	0.00	0.00	0.00	0.00	0.00	0.00	0.00	0.00	0.00	0.06	0.00	0.01	0.00
806	0.00	0.00	0.00	0.00	0.00	0.00	0.00	0.00	0.00	0.00	0.00	0.00	0.00	0.00	0.00	0.00
807	0.00	0.00	0.00	0.00	0.00	0.00	0.00	0.00	0.00	0.01	0.02	0.02	0.00	0.00	0.00	0.01
809	0.00	0.00	0.00	0.00	0.00	0.00	0.00	0.00	0.00	0.01	0.00	0.00	0.00	0.00	0.00	0.00

Table IV. FREQUENCY OF VARIOUS ONE-, TWO-, AND THREE-POINT MMPI CODES AMONG MALE PATIENTS--continued

CODES	AGE <20 N=550		20-29 N=1298		30-39 N=2905		40-49 N=5379		50-59 N=7097		60-69 N=5315		70 + N=1733		ALL AGES N=24277	
	T 70+	T 69-	T 70+	T 69-	T 70+	T 69-	T 70+	T 69-	T 70+	T 69-	T 70+	T 69-	T 70+	T 69-	T 70+	T 69-
9--	9.09	10.73	7.86	8.47	4.61	6.82	3.18	5.45	2.04	5.58	1.37	4.84	0.69	4.39	2.83	5.72
91-	0.36	0.91	0.69	0.39	0.59	0.52	0.43	0.48	0.28	0.66	0.15	0.55	0.00	0.58	0.33	0.56
912	0.00	0.00	0.08	0.08	0.00	0.03	0.07	0.06	0.01	0.07	0.04	0.11	0.00	0.00	0.03	0.07
913	0.18	0.00	0.23	0.15	0.41	0.24	0.22	0.17	0.14	0.24	0.06	0.30	0.00	0.12	0.17	0.22
914	0.00	0.00	0.31	0.00	0.07	0.14	0.06	0.09	0.03	0.03	0.04	0.04	0.00	0.12	0.05	0.06
915	0.00	0.55	0.08	0.08	0.03	0.03	0.06	0.04	0.04	0.15	0.00	0.06	0.00	0.12	0.03	0.09
916	0.00	0.00	0.00	0.00	0.00	0.00	0.02	0.04	0.01	0.06	0.00	0.02	0.00	0.12	0.01	0.04
917	0.00	0.00	0.00	0.08	0.00	0.03	0.00	0.04	0.03	0.04	0.00	0.00	0.00	0.00	0.01	0.03
918	0.18	0.18	0.00	0.00	0.07	0.03	0.00	0.04	0.00	0.03	0.02	0.00	0.00	0.06	0.02	0.03
910	0.00	0.18	0.00	0.00	0.00	0.00	0.00	0.02	0.01	0.04	0.00	0.02	0.00	0.06	0.00	0.03
92-	0.18	0.00	0.39	0.85	0.28	0.55	0.13	0.43	0.10	0.56	0.15	0.58	0.12	0.23	0.16	0.51
921	0.00	0.00	0.00	0.23	0.00	0.07	0.02	0.07	0.04	0.14	0.08	0.11	0.06	0.06	0.04	0.11
923	0.00	0.00	0.23	0.00	0.03	0.07	0.00	0.11	0.01	0.13	0.00	0.19	0.06	0.00	0.02	0.11
924	0.18	0.00	0.00	0.00	0.07	0.14	0.02	0.07	0.00	0.08	0.02	0.08	0.00	0.06	0.02	0.08
925	0.00	0.00	0.00	0.23	0.10	0.07	0.04	0.06	0.00	0.04	0.00	0.08	0.00	0.06	0.02	0.07
926	0.00	0.00	0.00	0.08	0.00	0.00	0.02	0.02	0.00	0.06	0.02	0.02	0.00	0.00	0.01	0.03
927	0.00	0.00	0.08	0.15	0.07	0.14	0.02	0.04	0.03	0.01	0.04	0.04	0.00	0.00	0.03	0.05
928	0.00	0.00	0.08	0.08	0.00	0.00	0.00	0.00	0.00	0.01	0.00	0.00	0.00	0.00	0.00	0.01
920	0.00	0.00	0.00	0.08	0.00	0.07	0.02	0.06	0.01	0.08	0.00	0.08	0.00	0.06	0.01	0.07
93-	1.82	2.55	1.00	2.00	0.79	1.82	0.54	1.69	0.30	1.01	0.11	0.87	0.06	0.92	0.42	1.31
931	0.55	0.36	0.23	0.54	0.24	0.48	0.20	0.37	0.13	0.23	0.09	0.17	0.00	0.40	0.16	0.31
932	0.00	0.18	0.08	0.00	0.03	0.24	0.00	0.17	0.06	0.14	0.00	0.08	0.00	0.17	0.02	0.14
934	0.18	0.36	0.31	0.39	0.24	0.45	0.20	0.39	0.01	0.24	0.00	0.06	0.06	0.06	0.10	0.26
935	0.36	0.55	0.08	0.46	0.17	0.31	0.04	0.26	0.06	0.21	0.02	0.28	0.00	0.17	0.06	0.27
936	0.18	0.55	0.15	0.46	0.07	0.21	0.07	0.33	0.00	0.13	0.00	0.09	0.00	0.00	0.04	0.19
937	0.00	0.18	0.15	0.08	0.03	0.03	0.02	0.00	0.01	0.03	0.00	0.02	0.00	0.00	0.02	0.02
938	0.36	0.18	0.00	0.08	0.00	0.10	0.00	0.07	0.03	0.01	0.00	0.08	0.00	0.06	0.02	0.06
930	0.18	0.18	0.00	0.00	0.00	0.00	0.00	0.09	0.00	0.03	0.00	0.09	0.00	0.06	0.00	0.06
94-	3.09	2.36	2.39	2.16	1.24	1.69	0.95	0.84	0.46	1.08	0.26	0.70	0.12	0.46	0.76	1.06
941	0.18	0.36	0.23	0.39	0.10	0.17	0.17	0.11	0.06	0.13	0.04	0.13	0.00	0.06	0.09	0.14
942	0.00	0.00	0.31	0.08	0.10	0.14	0.00	0.02	0.08	0.11	0.02	0.08	0.06	0.23	0.06	0.09
943	0.55	0.73	0.69	0.62	0.34	0.76	0.17	0.28	0.08	0.35	0.08	0.17	0.06	0.06	0.17	0.35
945	0.73	0.18	0.46	0.46	0.28	0.10	0.17	0.22	0.07	0.17	0.08	0.11	0.00	0.00	0.15	0.16
946	0.18	0.36	0.15	0.23	0.14	0.14	0.19	0.17	0.08	0.17	0.00	0.08	0.00	0.12	0.09	0.15
947	0.18	0.00	0.08	0.00	0.14	0.17	0.15	0.02	0.01	0.06	0.04	0.06	0.00	0.00	0.07	0.05
948	1.27	0.55	0.46	0.23	0.14	0.07	0.11	0.02	0.06	0.06	0.02	0.06	0.00	0.00	0.12	0.07
940	0.00	0.18	0.00	0.15	0.00	0.14	0.00	0.00	0.01	0.04	0.00	0.02	0.00	0.00	0.00	0.05

Table IV. FREQUENCY OF VARIOUS ONE-, TWO-, AND THREE-POINT MMPI CODES AMONG MALE PATIENTS--continued

	AGE <20 N=550		20-29 N=1298		30-39 N=2905		40-49 N=5379		50-59 N=7097		60-69 N=5315		70 + N=1733		ALL AGES N=24277	
CODES	T 70+	T 69-	T 70+	T 69-	T 70+	T 69-	T 70+	T 69-	T 70+	T 69-	T 70+	T 69-	T 70+	T 69-	T 70+	T 69-
95-	1.27	0.91	0.92	0.85	0.86	1.10	0.48	1.06	0.39	1.00	0.30	0.98	0.12	0.81	0.48	1.00
951	0.00	0.00	0.08	0.00	0.07	0.14	0.02	0.09	0.04	0.08	0.06	0.11	0.00	0.12	0.04	0.09
952	0.18	0.18	0.08	0.00	0.07	0.10	0.02	0.13	0.00	0.11	0.04	0.19	0.00	0.06	0.03	0.12
953	0.00	0.18	0.15	0.31	0.17	0.48	0.11	0.30	0.15	0.20	0.06	0.23	0.06	0.17	0.12	0.26
954	0.36	0.36	0.08	0.39	0.10	0.07	0.15	0.15	0.11	0.18	0.02	0.08	0.00	0.12	0.09	0.15
956	0.00	0.18	0.23	0.08	0.17	0.17	0.07	0.17	0.04	0.28	0.08	0.09	0.06	0.29	0.08	0.19
957	0.36	0.00	0.08	0.08	0.21	0.00	0.07	0.04	0.00	0.01	0.00	0.13	0.00	0.00	0.05	0.05
958	0.36	0.00	0.23	0.00	0.03	0.03	0.00	0.04	0.00	0.01	0.04	0.00	0.00	0.00	0.03	0.02
950	0.00	0.00	0.00	0.00	0.03	0.10	0.04	0.15	0.04	0.11	0.02	0.15	0.00	0.06	0.03	0.12
96-	0.55	1.09	0.39	0.69	0.38	0.38	0.30	0.50	0.20	0.62	0.17	0.53	0.12	0.52	0.25	0.55
961	0.00	0.00	0.00	0.00	0.03	0.00	0.04	0.09	0.00	0.04	0.02	0.04	0.00	0.00	0.02	0.04
962	0.00	0.00	0.00	0.08	0.00	0.07	0.00	0.09	0.01	0.04	0.00	0.00	0.00	0.12	0.00	0.05
963	0.00	0.00	0.00	0.23	0.14	0.07	0.06	0.11	0.01	0.17	0.02	0.09	0.00	0.06	0.04	0.12
964	0.18	0.00	0.23	0.15	0.14	0.14	0.11	0.06	0.06	0.08	0.06	0.15	0.00	0.12	0.09	0.10
965	0.18	0.55	0.00	0.15	0.03	0.03	0.06	0.04	0.01	0.17	0.00	0.15	0.06	0.06	0.03	0.12
967	0.00	0.36	0.08	0.08	0.00	0.00	0.00	0.07	0.04	0.04	0.04	0.02	0.00	0.00	0.02	0.05
968	0.18	0.18	0.08	0.00	0.03	0.03	0.02	0.02	0.03	0.03	0.04	0.02	0.06	0.00	0.04	0.02
960	0.00	0.00	0.00	0.00	0.00	0.03	0.02	0.02	0.03	0.04	0.00	0.06	0.00	0.17	0.01	0.05
97-	0.55	0.55	1.16	0.69	0.17	0.21	0.17	0.13	0.11	0.18	0.13	0.19	0.00	0.06	0.19	0.20
971	0.18	0.18	0.08	0.00	0.00	0.07	0.02	0.02	0.00	0.01	0.06	0.02	0.00	0.00	0.02	0.02
972	0.18	0.00	0.08	0.15	0.03	0.00	0.04	0.02	0.01	0.01	0.04	0.02	0.00	0.00	0.03	0.02
973	0.00	0.00	0.23	0.08	0.03	0.07	0.04	0.00	0.01	0.04	0.00	0.00	0.00	0.00	0.03	0.02
974	0.00	0.18	0.31	0.15	0.00	0.00	0.02	0.00	0.03	0.06	0.00	0.04	0.00	0.00	0.03	0.04
975	0.00	0.18	0.15	0.08	0.07	0.03	0.00	0.04	0.01	0.01	0.00	0.04	0.00	0.00	0.02	0.03
976	0.00	0.00	0.15	0.08	0.03	0.03	0.00	0.00	0.01	0.01	0.00	0.04	0.00	0.00	0.02	0.02
978	0.18	0.00	0.15	0.15	0.00	0.00	0.02	0.00	0.01	0.00	0.02	0.00	0.00	0.00	0.02	0.01
970	0.00	0.00	0.00	0.00	0.00	0.00	0.04	0.06	0.01	0.03	0.02	0.04	0.00	0.06	0.02	0.03
98-	1.09	1.09	0.85	0.15	0.24	0.21	0.13	0.09	0.15	0.04	0.04	0.11	0.06	0.23	0.19	0.13
981	0.00	0.00	0.23	0.08	0.03	0.00	0.00	0.02	0.03	0.00	0.00	0.00	0.00	0.17	0.02	0.02
982	0.00	0.00	0.15	0.00	0.03	0.00	0.02	0.00	0.01	0.01	0.00	0.04	0.00	0.00	0.02	0.01
983	0.00	0.00	0.08	0.00	0.03	0.07	0.00	0.00	0.00	0.00	0.00	0.02	0.00	0.00	0.01	0.01
984	0.73	0.36	0.23	0.00	0.00	0.07	0.02	0.00	0.04	0.00	0.00	0.00	0.00	0.00	0.05	0.02
985	0.00	0.18	0.08	0.08	0.00	0.03	0.02	0.00	0.01	0.00	0.02	0.02	0.00	0.00	0.02	0.02
986	0.00	0.00	0.08	0.00	0.07	0.00	0.04	0.02	0.03	0.03	0.02	0.02	0.00	0.00	0.03	0.02
987	0.36	0.18	0.00	0.00	0.07	0.00	0.04	0.04	0.03	0.00	0.00	0.00	0.06	0.06	0.04	0.02
980	0.00	0.36	0.00	0.00	0.00	0.03	0.00	0.02	0.00	0.00	0.00	0.02	0.00	0.00	0.00	0.02

Table IV. FREQUENCY OF VARIOUS ONE-, TWO-, AND THREE-POINT MMPI CODES AMONG MALE PATIENTS--continued

	AGE <20 N=550		20-29 N=1298		30-39 N=2905		40-49 N=5379		50-59 N=7097		60-69 N=5315		70 + N=1733		ALL AGES N=24277	
CODES	T 70+	T 69-	T 70+	T 69-	T 70+	T 69-	T 70+	T 69-	T 70+	T 69-	T 70+	T 69-	T 70+	T 69-	T 70+	T 69-
90-	0.18	1.27	0.08	0.69	0.07	0.34	0.06	0.22	0.04	0.41	0.06	0.34	0.12	0.58	0.06	0.39
901	0.00	0.18	0.00	0.08	0.03	0.00	0.02	0.02	0.00	0.08	0.00	0.06	0.00	0.00	0.01	0.05
902	0.00	0.18	0.00	0.15	0.00	0.07	0.00	0.00	0.00	0.06	0.00	0.04	0.06	0.23	0.00	0.06
903	0.00	0.00	0.00	0.15	0.03	0.03	0.00	0.04	0.00	0.03	0.00	0.04	0.00	0.06	0.00	0.04
904	0.00	0.18	0.00	0.15	0.00	0.07	0.00	0.07	0.00	0.01	0.00	0.04	0.00	0.12	0.00	0.06
905	0.00	0.55	0.00	0.00	0.00	0.14	0.02	0.02	0.01	0.07	0.04	0.13	0.00	0.12	0.02	0.09
906	0.18	0.18	0.00	0.08	0.00	0.00	0.00	0.04	0.00	0.07	0.00	0.02	0.00	0.00	0.00	0.04
907	0.00	0.00	0.08	0.08	0.00	0.00	0.02	0.04	0.03	0.07	0.00	0.02	0.00	0.00	0.02	0.04
908	0.00	0.00	0.00	0.00	0.00	0.03	0.00	0.00	0.00	0.01	0.02	0.00	0.06	0.06	0.01	0.01
0--	0.91	4.36	1.16	2.39	0.69	3.13	0.91	3.70	0.99	4.37	1.07	6.40	1.15	6.23	0.97	4.54
01-	0.00	0.00	0.08	0.15	0.07	0.45	0.13	0.52	0.03	0.54	0.09	0.88	0.06	0.98	0.07	0.60
012	0.00	0.00	0.00	0.15	0.00	0.21	0.04	0.24	0.01	0.23	0.06	0.40	0.06	0.46	0.03	0.27
013	0.00	0.00	0.00	0.00	0.00	0.17	0.04	0.06	0.00	0.10	0.00	0.13	0.00	0.29	0.01	0.11
014	0.00	0.00	0.00	0.00	0.00	0.00	0.00	0.00	0.00	0.01	0.00	0.02	0.00	0.00	0.00	0.01
015	0.00	0.00	0.00	0.00	0.03	0.03	0.02	0.06	0.00	0.04	0.02	0.09	0.00	0.12	0.01	0.06
016	0.00	0.00	0.00	0.00	0.00	0.03	0.00	0.06	0.00	0.01	0.00	0.09	0.00	0.00	0.00	0.04
017	0.00	0.00	0.00	0.00	0.00	0.00	0.04	0.04	0.00	0.11	0.02	0.09	0.00	0.06	0.01	0.07
018	0.00	0.00	0.00	0.00	0.00	0.00	0.00	0.02	0.01	0.00	0.00	0.06	0.00	0.06	0.00	0.02
019	0.00	0.00	0.08	0.00	0.03	0.00	0.00	0.06	0.00	0.03	0.00	0.00	0.00	0.00	0.01	0.02
02-	0.36	1.09	0.15	0.31	0.31	0.83	0.39	1.12	0.49	1.55	0.58	2.16	0.63	2.25	0.46	1.47
021	0.00	0.00	0.00	0.00	0.14	0.17	0.07	0.20	0.10	0.45	0.26	0.56	0.12	0.69	0.13	0.37
023	0.00	0.00	0.00	0.00	0.00	0.14	0.04	0.13	0.01	0.23	0.02	0.24	0.06	0.23	0.02	0.18
024	0.18	0.00	0.00	0.08	0.00	0.07	0.02	0.11	0.01	0.08	0.02	0.09	0.00	0.23	0.02	0.10
025	0.18	0.18	0.00	0.00	0.07	0.10	0.04	0.26	0.13	0.32	0.11	0.66	0.12	0.46	0.09	0.35
026	0.00	0.00	0.00	0.08	0.00	0.14	0.07	0.19	0.06	0.20	0.02	0.19	0.06	0.06	0.04	0.16
027	0.00	0.36	0.15	0.08	0.07	0.10	0.13	0.13	0.13	0.13	0.11	0.23	0.29	0.35	0.13	0.16
028	0.00	0.00	0.00	0.00	0.03	0.03	0.00	0.02	0.01	0.00	0.00	0.06	0.00	0.06	0.01	0.02
029	0.00	0.55	0.00	0.08	0.00	0.07	0.02	0.07	0.04	0.14	0.04	0.13	0.00	0.17	0.02	0.12
03-	0.18	0.18	0.00	0.39	0.00	0.28	0.00	0.26	0.01	0.41	0.00	0.24	0.00	0.35	0.01	0.31
031	0.00	0.00	0.00	0.00	0.00	0.07	0.00	0.11	0.00	0.08	0.00	0.09	0.00	0.12	0.00	0.09
032	0.00	0.00	0.00	0.00	0.00	0.03	0.00	0.02	0.00	0.14	0.00	0.04	0.00	0.17	0.00	0.07
034	0.00	0.18	0.00	0.00	0.00	0.00	0.00	0.00	0.00	0.00	0.00	0.06	0.00	0.00	0.00	0.02
035	0.00	0.00	0.00	0.15	0.00	0.03	0.00	0.06	0.01	0.10	0.00	0.02	0.00	0.00	0.00	0.06
036	0.00	0.00	0.00	0.08	0.00	0.10	0.00	0.06	0.00	0.04	0.00	0.04	0.00	0.00	0.00	0.05
037	0.00	0.00	0.00	0.15	0.00	0.00	0.00	0.00	0.00	0.00	0.00	0.00	0.00	0.00	0.00	0.01
038	0.18	0.00	0.00	0.00	0.00	0.00	0.00	0.00	0.00	0.01	0.00	0.00	0.00	0.06	0.00	0.01
039	0.00	0.00	0.00	0.00	0.00	0.03	0.00	0.02	0.00	0.03	0.00	0.00	0.00	0.00	0.00	0.02

Table IV. FREQUENCY OF VARIOUS ONE-, TWO-, AND THREE-POINT MMPI CODES AMONG MALE PATIENTS--continued

	AGE <20 N=550		20-29 N=1298		30-39 N=2905		40-49 N=5379		50-59 N=7097		60-69 N=5315		70 + N=1733		ALL AGES N=24277	
CODES	T 70+	T 69-	T 70+	T 69-	T 70+	T 69-	T 70+	T 69-	T 70+	T 69-	T 70+	T 69-	T 70+	T 69-	T 70+	T 69-
04-	0.00	0.36	0.08	0.15	0.00	0.14	0.02	0.19	0.01	0.21	0.00	0.24	0.00	0.06	0.01	0.19
041	0.00	0.00	0.00	0.00	0.00	0.00	0.00	0.06	0.00	0.03	0.00	0.02	0.00	0.00	0.00	0.02
042	0.00	0.00	0.08	0.15	0.00	0.00	0.00	0.06	0.01	0.11	0.00	0.09	0.00	0.06	0.01	0.08
043	0.00	0.36	0.00	0.00	0.00	0.03	0.00	0.00	0.00	0.00	0.00	0.04	0.00	0.00	0.00	0.02
045	0.00	0.00	0.00	0.00	0.00	0.00	0.02	0.00	0.00	0.03	0.00	0.02	0.00	0.00	0.00	0.01
046	0.00	0.00	0.00	0.00	0.00	0.00	0.00	0.00	0.00	0.01	0.00	0.04	0.00	0.00	0.00	0.01
047	0.00	0.00	0.00	0.00	0.00	0.03	0.00	0.02	0.00	0.00	0.00	0.02	0.00	0.00	0.00	0.01
048	0.00	0.00	0.00	0.00	0.00	0.07	0.00	0.02	0.00	0.00	0.00	0.00	0.00	0.00	0.00	0.01
049	0.00	0.00	0.00	0.00	0.00	0.00	0.00	0.04	0.00	0.03	0.00	0.02	0.00	0.00	0.00	0.02
05-	0.00	1.27	0.39	0.31	0.10	0.69	0.11	0.52	0.18	0.70	0.11	1.32	0.17	0.98	0.15	0.81
051	0.00	0.18	0.00	0.00	0.00	0.07	0.00	0.11	0.03	0.08	0.00	0.09	0.06	0.23	0.01	0.10
052	0.00	0.55	0.31	0.08	0.03	0.28	0.06	0.22	0.07	0.28	0.08	0.51	0.06	0.29	0.07	0.31
053	0.00	0.18	0.00	0.15	0.00	0.07	0.00	0.02	0.00	0.08	0.00	0.13	0.00	0.23	0.00	0.09
054	0.00	0.00	0.00	0.00	0.00	0.03	0.02	0.00	0.00	0.06	0.00	0.11	0.00	0.00	0.00	0.05
056	0.00	0.18	0.00	0.08	0.00	0.17	0.02	0.07	0.00	0.10	0.00	0.23	0.00	0.06	0.00	0.13
057	0.00	0.18	0.08	0.00	0.07	0.03	0.02	0.04	0.06	0.04	0.04	0.06	0.06	0.06	0.05	0.05
058	0.00	0.00	0.00	0.00	0.00	0.00	0.00	0.00	0.01	0.00	0.00	0.00	0.00	0.00	0.00	0.00
059	0.00	0.00	0.00	0.00	0.00	0.03	0.00	0.06	0.01	0.06	0.00	0.19	0.00	0.12	0.00	0.08
06-	0.00	0.36	0.15	0.23	0.03	0.28	0.06	0.28	0.01	0.34	0.02	0.55	0.00	0.46	0.03	0.37
061	0.00	0.00	0.00	0.08	0.00	0.03	0.02	0.00	0.00	0.04	0.00	0.02	0.00	0.00	0.00	0.02
062	0.00	0.18	0.08	0.00	0.00	0.21	0.00	0.06	0.01	0.17	0.00	0.21	0.00	0.12	0.01	0.14
063	0.00	0.00	0.00	0.00	0.00	0.03	0.02	0.07	0.00	0.00	0.00	0.04	0.00	0.06	0.00	0.03
064	0.00	0.00	0.00	0.00	0.00	0.00	0.02	0.02	0.00	0.00	0.00	0.00	0.00	0.00	0.00	0.00
065	0.00	0.00	0.08	0.08	0.03	0.00	0.00	0.09	0.00	0.10	0.00	0.19	0.00	0.29	0.01	0.12
067	0.00	0.00	0.00	0.08	0.00	0.00	0.00	0.02	0.00	0.03	0.02	0.02	0.00	0.00	0.00	0.02
068	0.00	0.00	0.00	0.00	0.00	0.00	0.00	0.00	0.00	0.00	0.00	0.00	0.00	0.00	0.00	0.00
069	0.00	0.18	0.00	0.00	0.00	0.00	0.00	0.02	0.00	0.00	0.00	0.08	0.00	0.00	0.00	0.02
07-	0.18	0.55	0.08	0.46	0.17	0.31	0.17	0.41	0.18	0.20	0.19	0.53	0.29	0.35	0.18	0.36
071	0.00	0.00	0.00	0.08	0.00	0.07	0.02	0.07	0.03	0.01	0.02	0.04	0.06	0.00	0.02	0.04
072	0.00	0.00	0.00	0.31	0.00	0.17	0.09	0.17	0.08	0.06	0.13	0.15	0.06	0.23	0.08	0.14
073	0.00	0.00	0.00	0.00	0.00	0.00	0.00	0.00	0.00	0.04	0.00	0.04	0.00	0.00	0.00	0.02
074	0.00	0.18	0.00	0.00	0.00	0.03	0.02	0.02	0.00	0.00	0.00	0.02	0.00	0.00	0.00	0.02
075	0.00	0.00	0.00	0.00	0.03	0.03	0.02	0.09	0.06	0.01	0.00	0.15	0.06	0.06	0.03	0.07
076	0.00	0.00	0.08	0.08	0.07	0.00	0.00	0.06	0.00	0.03	0.00	0.06	0.00	0.00	0.01	0.04
078	0.18	0.18	0.00	0.00	0.07	0.00	0.02	0.00	0.00	0.00	0.04	0.04	0.06	0.00	0.03	0.01
079	0.00	0.18	0.00	0.00	0.00	0.00	0.00	0.00	0.01	0.04	0.00	0.04	0.06	0.06	0.01	0.03

Table IV. FREQUENCY OF VARIOUS ONE-, TWO-, AND THREE-POINT MMPI CODES AMONG MALE PATIENTS--continued

	AGE <20 N=550		20-29 N=1298		30-39 N=2905		40-49 N=5379		50-59 N=7097		60-69 N=5315		70 + N=1733		ALL AGES N=24277	
CODES	T 70+	T 69-	T 70+	T 69-	T 70+	T 69-	T 70+	T 69-	T 70+	T 69-	T 70+	T 69-	T 70+	T 69-	T 70+	T 69-
08-	0.18	0.00	0.08	0.15	0.00	0.07	0.04	0.06	0.03	0.04	0.06	0.06	0.00	0.12	0.04	0.06
081	0.00	0.00	0.00	0.00	0.00	0.03	0.00	0.02	0.00	0.00	0.00	0.02	0.00	0.00	0.00	0.01
082	0.18	0.00	0.00	0.00	0.00	0.00	0.02	0.00	0.01	0.03	0.04	0.00	0.00	0.00	0.02	0.01
083	0.00	0.00	0.00	0.00	0.00	0.00	0.00	0.00	0.00	0.00	0.00	0.00	0.00	0.06	0.00	0.00
084	0.00	0.00	0.00	0.00	0.00	0.03	0.00	0.00	0.00	0.00	0.00	0.00	0.00	0.00	0.00	0.00
085	0.00	0.00	0.00	0.00	0.00	0.00	0.00	0.00	0.00	0.01	0.02	0.00	0.00	0.06	0.00	0.01
086	0.00	0.00	0.00	0.08	0.00	0.00	0.00	0.00	0.00	0.00	0.00	0.00	0.00	0.00	0.00	0.00
087	0.00	0.00	0.00	0.08	0.00	0.00	0.02	0.04	0.01	0.00	0.00	0.00	0.00	0.00	0.01	0.01
089	0.00	0.00	0.08	0.00	0.00	0.00	0.00	0.00	0.00	0.00	0.00	0.04	0.00	0.00	0.00	0.01
09-	0.00	0.55	0.15	0.23	0.00	0.10	0.00	0.35	0.03	0.38	0.02	0.41	0.00	0.69	0.02	0.37
091	0.00	0.00	0.08	0.00	0.00	0.07	0.00	0.06	0.00	0.03	0.00	0.06	0.00	0.06	0.00	0.05
092	0.00	0.00	0.00	0.08	0.00	0.00	0.00	0.11	0.03	0.08	0.00	0.08	0.00	0.17	0.01	0.08
093	0.00	0.18	0.00	0.00	0.00	0.00	0.00	0.00	0.00	0.03	0.00	0.02	0.00	0.06	0.00	0.02
094	0.00	0.00	0.00	0.08	0.00	0.00	0.00	0.04	0.00	0.04	0.00	0.08	0.00	0.06	0.00	0.05
095	0.00	0.00	0.00	0.00	0.00	0.03	0.00	0.04	0.00	0.10	0.02	0.09	0.00	0.23	0.00	0.08
096	0.00	0.00	0.00	0.08	0.00	0.00	0.00	0.04	0.00	0.06	0.00	0.02	0.00	0.06	0.00	0.04
097	0.00	0.36	0.08	0.00	0.00	0.00	0.00	0.07	0.00	0.04	0.00	0.06	0.00	0.06	0.00	0.05
098	0.00	0.00	0.00	0.00	0.00	0.00	0.00	0.00	0.00	0.00	0.00	0.02	0.00	0.00	0.00	0.00

PART 2
Research Scales and Special Scoring Procedures

Table V. SCALE NAME AND AUTHOR(S) FOR 213 MMPI SCALES AND SCORING PROCEDURES,

AND NAME, AUTHOR(S), AND SCORING DIRECTION FOR 7 SCALES

SCALE NUMBER	SCALE NAME AND AUTHOR(S)
1	FIRST FACTOR * WELSH
2	ACADEMIC ACHIEVEMENT * GOUGH
3	ADMISSION OF SYMPTOMS * LITTLE AND FISHER
4	COLLEGE ACHIEVEMENT * ALTUS
5	COLLEGE ACHIEVEMENT, FEMALE * CLARK
6	AGING * BROZEK
7	ALCOHOLIC DIFFERENTIATION * HOYT AND SEDLACEK
8	ANXIETY INDEX * WELSH
9	ALCOHOLISM * HAMPTON
10	ALCOHOLISM * HOLMES
11	ATTITUDE TOWARD OTHERS * GIBSON
12	ADJUSTMENT TO PRISON * BEALL AND PANTON
13	ANXIETY REACTION * ROSEN
14	ATTITUDE TOWARD SELF * GIBSON
15	ANXIETY SCORE * MODLIN
16	IOWA MANIFEST ANXIETY * TAYLOR
17	MANIFEST ANXIETY, SHORT FORM * BENDIG
18	AVERAGE ELEVATION SCORE * MODLIN
19	RESPONSE BIAS * FRICKE
20	SUCCESS IN BASEBALL * LA PLACE
21	THIRD FACTOR * WELSH
22	CAUDALITY * H. L. WILLIAMS
23	CORRECTION FOR HYPOCHONDRIASIS * MC KINLEY AND HATHAWAY
24	CRITICAL ITEM LIST * HELLMAN
25	COLLEGE COUNSELEE * BURDOCK
26	CONTROL * CUADRA
27	CODE 12 * GUTHRIE
28	CODE 13 * GUTHRIE
29	CODE 21 * GUTHRIE
30	CODE 23 * GUTHRIE
31	CODE 27 * GUTHRIE
32	CODE 31 * GUTHRIE
33	CODE 32 * GUTHRIE
34	CODE 34 * GUTHRIE
35	CODE 36 * GUTHRIE
36	COMPETITOR * BOOTH
37	CONVERSION REACTION * ROSEN
38	COUNSELOR PERSONALITY * COTTLE, LEWIS, AND PENNEY
39	CYNICISM FACTOR * COMREY
40	DEPRESSION * HATHAWAY AND MC KINLEY
41	PURE DEPRESSION * WELSH
42	SUBJECTIVE DEPRESSION * HARRIS AND LINGOES
43	PSYCHOMOTOR RETARDATION * HARRIS AND LINGOES
44	PHYSICAL MALFUNCTIONING * HARRIS AND LINGOES

Table V. SCALE IDENTIFICATION FOR 220 SCALES--continued

SCALE NUMBER	SCALE NAME AND AUTHOR(S)
45	MENTAL DULLNESS * HARRIS AND LINGOES
46	BROODING * HARRIS AND LINGOES
47	DELINQUENCY * GOUGH AND PETERSON
48	DENIAL OF SYMPTOMS * LITTLE AND FISHER
49	DOMINANCE * GOUGH, MC CLOSKY, AND MEEHL
50	DOMINANCE, REVISED * GOUGH, MC CLOSKY, AND MEEHL
51	DEPRESSION, OBVIOUS * HARMON AND WIENER
52	DELINQUENCY * HATHAWAY AND MONACHESI
53	DEPRESSIVE REACTION * ROSEN
54	DISSIMULATION * GOUGH
55	DISSIMULATION, REVISED * GOUGH
56	DEPRESSION, SUBTLE * HARMON AND WIENER
57	DEPENDENCY * NAVRAN
58	ESCAPISM * BEALL AND PANTON
59	EMOTIONAL IMMATURITY * PEARSON
60	EGO OVERCONTROL * BLOCK
61	EPILEPSY * RICHARDS
62	EGO STRENGTH * BARRON
63	ETHNOCENTRICISM * ALTUS AND TAFEJIAN
64	EVALUATION OF IMPROVEMENT * FELDMAN
65	VALIDITY * HATHAWAY AND MC KINLEY
66	FEMININITY * GOUGH
67	DISSIMULATION INDEX * GOUGH
68	FEMALE MASOCHISM * HECHT
69	GENERAL PERSONALITY VARIANCE * ESTES AND HATHAWAY
70	GENERAL MALADJUSTMENT * WELSH
71	GRADUATE SCHOOL POTENTIAL * GOUGH
72	PRELIMINARY HYPOCHONDRIASIS * MC KINLEY AND HATHAWAY
73	HEADACHE PRONENESS * ARCHIBALD
74	HOSTILITY CONTROL * SCHULTZ
75	HEALTH CONCERN FACTOR * COMREY
76	HYPOGLYCEMIA-NEUROSIS * HOUK AND ROBERTSON
77	HOSTILITY * COOK AND MEDLEY
78	HONOR POINT RATIO * GOUGH
79	HYPOCHONDRIASIS * HATHAWAY AND MC KINLEY
80	PURE HYPOCHONDRIASIS * WELSH
81	OVERT HOSTILITY * SCHULTZ
82	CONVERSION HYSTERIA * MC KINLEY AND HATHAWAY
83	PURE HYSTERIA * WELSH
84	DENIAL OF SOCIAL ANXIETY * HARRIS AND LINGOES
85	NEED FOR AFFECTION * HARRIS AND LINGOES
86	LASSITUDE-MALAISE * HARRIS AND LINGOES
87	SOMATIC COMPLAINTS * HARRIS AND LINGOES
88	INHIBITION OF AGGRESSION * HARRIS AND LINGOES

Table V. SCALE IDENTIFICATION FOR 220 SCALES--continued

SCALE NUMBER	SCALE NAME AND AUTHOR(S)
89	OBVIOUS HYSTERIA * HARMON AND WIENER
90	SUBTLE HYSTERIA * HARMON AND WIENER
91	IRREGULAR MEDICAL DISCHARGE * CALDEN, THURSTON, STEWART, AND VINEBERG
92	INTELLECTUAL EFFICIENCY * GOUGH
93	IMPULSIVITY * GOUGH
94	INNER MALADJUSTMENT * SIMON
95	INTELLECTUAL QUOTIENT * GOUGH
96	INTERNALIZATION RATIO * WELSH
97	JUDGED ANXIETY * WELSH
98	JUDGING COMPLEX BEHAVIOR * BENARICK
99	JUDGED MANIFEST HOSTILITY * SIEGEL
100	CORRECTION * MC KINLEY, HATHAWAY, AND MEEHL
101	PURE CORRECTION * WELSH
102	LIE * HATHAWAY AND MC KINLEY
103	PRELIMINARY CORRECTION * MEEHL AND HATHAWAY
104	LOW BACK PAIN (FUNCTIONAL) * HANVIK
105	LENGTH OF HOSPITALIZATION * MEEKER
106	LEADERSHIP * GOUGH
107	SECOND FACTOR, NEGATIVE * WELSH
108	HYPOMANIA * MC KINLEY AND HATHAWAY
109	PURE HYPOMANIA * WELSH
110	AMORALITY * HARRIS AND LINGOES
111	PSYCHOMOTOR ACCELERATION * HARRIS AND LINGOES
112	IMPERTURBABILITY * HARRIS AND LINGOES
113	EGO INFLATION * HARRIS AND LINGOES
114	OBVIOUS HYPOMANIA * HARMON AND WIENER
115	SUBTLE HYPOMANIA * HARMON AND WIENER
116	MASCULINITY-FEMININITY, FEMALE * HATHAWAY AND MC KINLEY
117	MASCULINITY-FEMININITY, MALE * HATHAWAY AND MC KINLEY
118	PURE MASCULINITY-FEMININITY * WELSH
119	PERSONAL AND EMOTIONAL SENSITIVITY * PEPPER AND STRONG
120	SEXUAL IDENTIFICATION * PEPPER AND STRONG
121	ALTRUISM * PEPPER AND STRONG
122	FEMININE OCCUPATIONAL IDENTIFICATION * PEPPER AND STRONG
123	DENIAL OF MASCULINE OCCUPATIONS * PEPPER AND STRONG
124	POSITIVE MALINGERING * COFER, CHANCE, AND JUDSON
125	MALADJUSTMENT SCORE * GALLAGHER
126	NORMALITY * MEEHL
127	CHOICE OF NURSING * BEAVER
128	NEURODERMATITIS * ALLERHAND, GOUGH, AND GRAIS
129	NEUROTICISM * WINNE
130	NEUROTICISM FACTOR * COMREY
131	NEUROTIC OVERCONTROL * BLOCK
132	NEUROTIC SCORE * RUESCH AND BOWMAN

Table V. SCALE IDENTIFICATION FOR 220 SCALES--continued

SCALE NUMBER	SCALE NAME AND AUTHOR(S)
133	NEED FOR TREATMENT * SULLIVAN
134	NEUROTIC UNDERCONTROL * BLOCK
135	ORIGINALITY * BARRON AND GOUGH
136	FOURTH FACTOR * WELSH
137	PARANOIA * HATHAWAY AND MC KINLEY
138	PURE PARANOIA * WELSH
139	PERSECUTORY IDEAS * HARRIS AND LINGOES
140	POIGNANCY * HARRIS AND LINGOES
141	NAIVETE * HARRIS AND LINGOES
142	OBVIOUS PARANOIA * HARMON AND WIENER
143	SUBTLE PARANOIA * HARMON AND WIENER
144	PREDICTION OF CHANGE * SCHOFIELD
145	PSYCHOPATHIC DEVIATE * MC KINLEY AND HATHAWAY
146	PURE PSYCHOPATHIC DEVIATE * WELSH
147	FAMILIAL DISCORD * HARRIS AND LINGOES
148	AUTHORITY PROBLEMS * HARRIS AND LINGOES
149	SOCIAL IMPERTURBABILITY * HARRIS AND LINGOES
150	SOCIAL ALIENATION * HARRIS AND LINGOES
151	SELF-ALIENATION * HARRIS AND LINGOES
152	OBVIOUS PSYCHOPATHIC DEVIATE * HARMON AND WIENER
153	SUBTLE PSYCHOPATHIC DEVIATE * HARMON AND WIENER
154	PEDOPHILE * TOOBERT, BARTELME, AND JONES
155	PARIETAL-FRONTAL * FRIEDMAN
156	PROGNOSIS FOR SCHIZOPHRENIA * JENKINS
157	PARANOIA FACTOR * COMREY
158	PSYCHONEUROSIS * BLOCK
159	PATIENT-NORMAL AGREEMENT * WELSH AND HESTER
160	PRELIMINARY PROGNOSIS * FELDMAN
161	PSYCHOTIC TENDENCIES FACTOR * COMREY AND MARGGRAFF
162	PREJUDICE * GOUGH
163	PROGNOSIS FOR ELECTROSHOCK TREATMENT * FELDMAN
164	PSYCHOTIC SCORE * RUESCH AND BOWMAN
165	PSYCHASTHENIA * MC KINLEY AND HATHAWAY
166	PURE PSYCHASTHENIA * WELSH
167	PHARISAIC VIRTUE * COOK AND MEDLEY
168	PATIENT-NORMAL DISAGREEMENT * WELSH AND HESTER
169	PSYCHOLOGICAL INTERESTS * GOUGH
170	PARANOID SCHIZOPHRENIA * ROSEN
171	SECOND FACTOR * WELSH
172	RECIDIVISM * CLARK
173	SOCIAL RESPONSIBILITY * GOUGH, MC CLOSKY, AND MEEHL
174	SOCIAL RESPONSIBILITY, REVISED * GOUGH, MC CLOSKY, AND MEEHL
175	RIGIDITY, FEMALE * CERVIN
176	RIGIDITY, MALE * CERVIN

Table V. SCALE IDENTIFICATION FOR 220 SCALES--continued

SCALE NUMBER	SCALE NAME AND AUTHOR(S)
177	ROLE PLAYING * MC CLELLAND
178	STABILITY OF PROFILE, FEMALE * MILLS
179	STABILITY OF PROFILE, MALE * MILLS
180	SCHIZOPHRENIA * HATHAWAY AND MC KINLEY
181	PURE SCHIZOPHRENIA * WELSH
182	SOCIAL ALIENATION * HARRIS AND LINGOES
183	EMOTIONAL ALIENATION * HARRIS AND LINGOES
184	LACK OF EGO MASTERY, COGNITIVE * HARRIS AND LINGOES
185	LACK OF EGO MASTERY, CONATIVE * HARRIS AND LINGOES
186	LACK OF EGO MASTERY, DEFECTIVE INHIBITION * HARRIS AND LINGOES
187	BIZARRE SENSORY EXPERIENCES * HARRIS AND LINGOES
188	SEX DIFFERENTIAL * DRAKE
189	SELF-SUFFICIENCY * WOLFF
190	SOCIAL INTROVERSION * DRAKE
191	PURE SOCIAL INTROVERSION * WELSH
192	SCHIZOPHRENIA, CONDUCT DISORDER DIFFERENTIATION * HARDING, HOLZ, KAWAKAMI
193	SOMATIZATION REACTION * ROSEN
194	SOCIAL DESIRABILITY * FORDYCE
195	SOCIAL DESIRABILITY, REVISED * EDWARDS
196	SOCIAL PARTICIPATION * GOUGH
197	SOCIAL PRESENCE * GOUGH
198	SOCIOECONOMIC STATUS * NELSON
199	SOCIAL STATUS * GOUGH
200	SOCIAL STATUS, REVISED * GOUGH
201	SEXUAL DEVIATION * MARSH, HILLIARD, AND LIECHTI
202	SCHIZOPHRENIA CORRECTION * WELSH AND GOUGH
203	SHYNESS FACTOR * COMREY
204	TRUE ANSWER * COHN
205	TOLERANCE * GOUGH
206	TEACHING POTENTIALITY * GOWAN AND GOWAN
207	TEST-RETEST * BUECHLEY AND BALL
208	TEST-TAKING DEFENSIVENESS * HANLEY
209	ULCER PERSONALITY * SCODEL
210	UNDERACHIEVEMENT * MC QUARY AND TRUAX
211	WORK ATTITUDE * TYDLASKA AND MENGEL
212	PLUS-GETTING TENDENCY * HATHAWAY
213	CANNOT SAY SCORE * HATHAWAY AND MC KINLEY

Table V. SCALE IDENTIFICATION FOR 220 SCALES--continued

SCALE NUMBER	SCALE NAME AND AUTHOR(S)

214   TIRED HOUSEWIFE * JOHN S. PEARSON * 36 ITEMS

ITEMS TRUE

13   41   62 161 189 191 217 234 263 273 301 322 325 361 374 381 439 468
506 516 544 555

ITEMS FALSE

3   7   36   46   51 163 190 229 243 378 379 400 410 558

215   WORRIED BREADWINNER * JOHN S. PEARSON * 32 ITEMS

ITEMS TRUE

13   29   62   72 125 191 215 217 219 263 322 325 361 409 439 441 446 463
468 506 516 544

ITEMS FALSE

36   55 243 298 343 378 410 504 536 558

216   LATITUDE OF INTEREST * WENDELL M. SWENSON * 64 ITEMS

ITEMS TRUE

1   4   6   12   25   57   69   77   78   81   87   92   95   99 126 132 140 144
164 203 204 206 207 208 219 221 223 229 231 254 256 276 283 295 391 423
428 429 430 432 434 441 446 449 450 479 488 490 497 529 537 538 546 547
550 552 557 561 563 566

ITEMS FALSE

40 286 312 454

217   RELIGIOSITY * LILLIAN COTTRELL, M.D. * 17 ITEMS

ITEMS TRUE

53   58   95   98 112 115 206 232 249 258 373 378 420 476 483 488 490

218   FUNDAMENTALIST RELIGIOSITY * WENDELL M. SWENSON * 20 ITEMS

ITEMS TRUE

53   58   61   95   98 106 115 202 206 249 258 373 413 420 483 488 490

ITEMS FALSE

369 387 491

Table V. SCALE IDENTIFICATION FOR 220 SCALES--continued

SCALE
NUMBER   SCALE NAME AND AUTHOR(S)

219   DEFENSIVENESS * RICHARD G. HOLROYD * 71 ITEMS

                                        ITEMS TRUE
         73 222 239 399 488 500 524

                                        ITEMS FALSE
         15   19   26   39   69   71   89   94 129 136 138 142 148 155 158 160 171 183
         186 199 213 217 234 238 248 254 265 267 278 287 289 296 299 319 321 337
         343 345 346 348 349 375 378 383 386 389 390 392 395 398 411 413 414 418
         439 461 468 470 491 493 505 510 516 558

220   PARANOID DEFENSIVENESS * RICHARD G. HOLROYD * 50 ITEMS

                                        ITEMS TRUE
          1   9   17   36   79   93 163 170 232 240 242 264 280 287 292 379 399 400
         407 432 548

                                        ITEMS FALSE
         38   41   98 102 105 129 138 201 217 238 296 321 322 340 362 394 397 418
         439 442 446 468 477 481 482 499 506 544 549

Table VI. RAW-SCORE MEANS AND STANDARD DEVIATIONS FOR 220 SCALES AND SPECIAL SCORING PROCEDURES FOR

50,000 MEDICAL PATIENTS GROUPED BY AGE AND SEX (see Table V for Identification of Scales)

		MALES										FEMALES							
		<20	20-29	30-39	40-49	50-59	60-69	70+	ALL AGES			<20	20-29	30-39	40-49	50-59	60-69	70+	ALL AGES
SCALE		N=550	N=1298	N=2905	N=5379	N=7097	N=5315	N=1733	N=24277	SCALE		N=695	N=1690	N=3474	N=5955	N=7209	N=5229	N=1471	N=25723
1	M	12.75	10.91	9.81	9.85	10.27	9.99	10.09	10.14	1	M	13.94	12.65	12.18	12.11	11.92	11.85	12.05	12.10
	SD	8.18	8.08	7.64	7.47	7.34	6.99	6.92	7.38		SD	8.60	8.55	8.12	7.80	7.52	7.42	7.30	7.75
2	M	12.30	12.87	13.42	13.37	13.17	13.21	13.01	13.21	2	M	12.96	13.21	13.40	13.43	13.53	13.52	13.41	13.44
	SD	2.96	2.79	2.61	2.61	2.63	2.59	2.57	2.64		SD	2.78	2.64	2.39	2.36	2.32	2.37	2.34	2.39
3	M	6.69	7.21	7.29	7.15	7.19	6.69	6.64	7.04	3	M	8.13	9.17	10.01	9.73	9.03	8.44	8.14	9.14
	SD	4.69	4.75	5.04	4.79	4.71	4.20	4.08	4.63		SD	5.27	5.77	5.61	5.44	5.22	4.93	4.58	5.31
4	M	13.88	14.43	14.62	14.45	14.03	13.81	13.40	14.12	4	M	12.08	12.95	13.06	12.85	12.58	12.22	12.03	12.61
	SD	3.09	2.99	2.80	2.80	2.84	2.85	2.73	2.86		SD	2.83	2.90	2.74	2.73	2.74	2.66	2.70	2.75
5	M	27.25	28.39	29.46	30.22	30.83	31.38	31.47	30.48	5	M	29.27	31.15	32.20	32.77	33.34	33.89	33.95	32.95
	SD	4.87	4.75	4.40	4.34	4.27	4.20	4.32	4.43		SD	5.60	5.12	4.93	4.64	4.62	4.45	4.42	4.78
6	M	60.09	68.13	73.48	76.17	78.08	79.40	79.58	76.56	6	M	66.75	75.50	79.64	81.53	83.18	83.97	83.77	81.56
	SD	9.76	9.27	8.18	8.16	8.32	8.49	8.76	9.23		SD	9.27	8.84	8.21	8.38	8.50	8.71	9.00	9.17
7	M	37.30	38.70	38.94	38.61	37.68	36.34	34.98	37.60	7	M	38.34	39.15	38.94	38.26	37.44	36.12	34.76	37.55
	SD	5.32	5.33	5.08	5.21	5.34	5.29	5.22	5.39		SD	4.95	5.06	5.14	5.18	5.40	5.29	5.31	5.39
8	M	57.37	57.24	54.96	53.16	54.15	54.76	55.59	54.50	8	M	55.58	56.46	55.71	53.54	53.78	54.25	54.68	54.36
	SD	21.82	23.15	21.68	21.04	20.40	19.74	19.16	20.69		SD	19.68	20.08	20.20	18.92	18.32	17.72	17.47	18.74
9	M	46.03	47.17	47.08	47.35	47.70	46.32	45.41	47.02	9	M	48.35	50.99	51.13	50.65	50.00	48.95	48.28	50.01
	SD	11.46	11.92	11.75	11.41	11.28	10.82	10.51	11.27		SD	11.94	12.29	11.80	11.42	11.10	10.76	10.45	11.31
10	M	27.41	28.94	28.78	28.33	27.08	25.00	23.18	26.93	10	M	27.61	28.47	28.38	27.56	26.31	24.19	22.53	26.41
	SD	4.95	5.34	5.13	5.09	5.29	5.15	4.91	5.44		SD	4.45	4.81	4.78	4.92	4.98	4.76	4.48	5.14
11	M	13.25	14.25	14.73	14.64	14.37	14.01	13.69	14.31	11	M	13.77	14.48	14.65	14.47	14.35	14.04	13.63	14.31
	SD	3.11	3.08	2.84	2.80	2.79	2.78	2.81	2.84		SD	3.14	3.13	2.96	2.86	2.83	2.85	2.94	2.91
12	M	15.40	15.96	15.78	15.52	15.13	14.71	14.19	15.19	12	M	14.44	14.75	14.64	14.17	13.86	13.31	13.01	13.95
	SD	3.00	3.06	2.95	2.95	3.05	3.01	2.97	3.04		SD	2.90	2.96	3.00	2.91	2.90	2.92	2.91	2.97
13	M	25.28	25.45	25.47	25.48	25.37	25.06	24.60	25.29	13	M	24.59	25.29	25.67	25.54	25.37	25.02	24.62	25.31
	SD	3.77	3.71	3.75	3.76	3.75	3.69	3.45	3.73		SD	3.59	3.97	4.18	4.18	4.14	3.98	3.73	4.09
14	M	13.51	14.26	14.64	14.58	14.37	14.27	14.06	14.38	14	M	12.67	13.17	13.02	13.08	13.16	13.18	13.21	13.12
	SD	3.47	3.58	3.35	3.28	3.16	3.08	2.94	3.21		SD	3.91	3.92	3.80	3.60	3.38	3.32	3.29	3.53
15	M	173.15	184.13	186.71	187.03	185.54	180.87	179.84	184.22	15	M	168.60	179.48	185.91	184.52	180.36	176.30	173.71	180.49
	SD	29.96	30.92	32.15	31.30	31.18	29.33	29.67	30.93		SD	27.73	30.63	30.50	30.23	29.50	28.97	27.13	29.89
16	M	15.37	15.83	15.32	15.03	14.69	13.53	12.46	14.50	16	M	18.48	19.07	18.94	18.18	17.34	16.23	15.34	17.56
	SD	7.81	8.31	8.15	7.77	7.59	7.13	6.84	7.65		SD	8.89	8.98	8.62	8.24	7.92	7.52	7.09	8.14

Table VI. RAW-SCORE MEANS AND STANDARD DEVIATIONS FOR 220 SCALES FOR 50,000 MEDICAL PATIENTS--continued

SCALE		MALES <20 N=550	20-29 N=1298	30-39 N=2905	40-49 N=5379	50-59 N=7097	60-69 N=5315	70+ N=1733	ALL AGES N=24277	SCALE		FEMALES <20 N=695	20-29 N=1690	30-39 N=3474	40-49 N=5955	50-59 N=7209	60-69 N=5229	70+ N=1471	ALL AGES N=25723
17	M	6.46	6.70	6.21	5.95	5.82	5.17	4.63	5.73	17	M	7.52	7.67	7.68	7.29	6.96	6.51	6.18	7.06
	SD	4.09	4.37	4.17	3.96	3.85	3.61	3.43	3.90		SD	4.62	4.68	4.57	4.32	4.12	3.96	3.82	4.26
18	M	57.69	58.59	57.79	56.94	56.06	54.59	54.06	56.17	18	M	56.32	56.71	56.84	55.95	54.95	53.89	53.38	55.28
	SD	7.45	7.48	7.30	6.93	6.87	6.63	6.55	7.03		SD	6.60	6.90	6.73	6.47	6.22	6.06	5.56	6.44
19	M	27.49	25.87	25.19	25.48	26.54	27.32	27.91	26.40	19	M	27.83	25.60	24.84	25.42	26.02	26.91	27.88	26.03
	SD	6.56	6.48	6.46	6.62	6.93	7.14	7.42	6.92		SD	6.47	6.17	6.02	6.26	6.45	6.63	6.99	6.46
20	M	42.03	45.31	46.68	46.88	46.48	45.70	44.74	46.13	20	M	42.04	44.21	44.91	44.99	45.01	44.72	44.29	44.76
	SD	4.93	4.42	4.23	4.27	4.24	4.37	4.59	4.42		SD	4.92	4.79	4.69	4.52	4.45	4.45	4.40	4.56
21	M	17.61	16.97	16.35	16.37	16.63	16.88	17.07	16.67	21	M	14.97	15.07	14.83	14.86	14.70	14.98	15.15	14.87
	SD	4.71	5.03	4.87	4.86	4.69	4.56	4.52	4.74		SD	4.83	5.00	4.82	4.70	4.50	4.40	4.36	4.61
22	M	11.52	11.04	10.62	10.73	10.91	10.54	10.58	10.75	22	M	12.22	12.53	12.63	12.49	11.99	11.63	11.57	12.14
	SD	5.49	5.50	5.44	5.29	5.18	4.88	4.80	5.17		SD	5.73	5.71	5.59	5.45	5.16	5.03	4.82	5.31
23	M	16.07	13.93	12.87	12.82	12.81	12.62	12.85	12.91	23	M	15.75	14.67	14.03	13.89	13.60	13.44	13.66	13.83
	SD	6.20	6.13	5.78	5.67	5.41	5.30	5.23	5.56		SD	6.63	6.47	6.14	5.95	5.65	5.56	5.56	5.87
24	M	3.15	2.46	2.12	1.99	2.10	2.09	2.18	2.13	24	M	3.80	3.38	3.06	2.92	2.90	2.86	3.04	2.98
	SD	3.02	2.61	2.48	2.36	2.39	2.38	2.36	2.42		SD	3.34	3.01	2.67	2.43	2.31	2.22	2.15	2.45
25	M	27.03	26.90	27.78	28.53	29.58	30.96	31.66	29.38	25	M	26.16	27.13	27.78	28.00	28.51	29.63	30.28	28.47
	SD	4.62	5.01	4.68	4.75	4.68	4.71	4.51	4.90		SD	4.28	4.48	4.38	4.36	4.33	4.27	4.21	4.43
26	M	25.99	26.16	25.69	25.08	24.32	23.03	21.64	24.32	26	M	24.92	24.85	24.42	23.84	23.02	21.69	20.48	23.15
	SD	4.82	4.78	4.75	4.75	4.78	4.70	4.76	4.91		SD	4.87	4.81	4.78	4.77	4.78	4.72	4.66	4.91
27	M	5.85	6.15	6.48	6.53	6.57	6.12	5.87	6.36	27	M	6.14	6.62	7.12	7.20	7.04	6.72	6.48	6.94
	SD	3.25	3.65	3.86	3.77	3.69	3.45	3.40	3.65		SD	3.55	3.93	3.85	3.86	3.78	3.72	3.53	3.80
28	M	4.29	5.09	5.45	5.41	5.44	5.22	5.35	5.34	28	M	5.17	6.41	7.29	7.18	6.84	6.69	6.59	6.86
	SD	3.21	3.51	3.75	3.74	3.67	3.34	3.31	3.59		SD	3.69	4.28	4.19	4.23	4.08	3.91	3.62	4.09
29	M	10.83	10.86	10.81	10.97	11.00	10.38	10.39	10.78	29	M	11.23	11.89	12.51	12.54	12.19	11.80	11.64	12.16
	SD	5.35	5.92	6.19	5.99	5.75	5.26	5.19	5.72		SD	5.78	6.29	6.13	6.05	5.83	5.68	5.34	5.91
30	M	6.40	6.63	6.54	6.38	6.30	6.19	6.24	6.34	30	M	7.14	7.71	7.96	7.74	7.47	7.27	7.15	7.54
	SD	2.83	3.12	3.17	2.99	2.93	2.66	2.52	2.90		SD	2.94	3.24	3.18	3.16	3.06	2.94	2.78	3.08
31	M	11.80	10.57	9.77	9.59	9.72	9.37	9.44	9.69	31	M	12.85	12.35	12.16	11.82	11.49	11.15	11.04	11.66
	SD	7.06	7.37	7.11	6.91	6.69	6.33	6.23	6.74		SD	7.77	7.77	7.63	7.36	7.04	6.88	6.68	7.23
32	M	5.72	6.47	6.81	6.75	6.49	6.23	5.95	6.47	32	M	6.07	6.61	6.92	6.87	6.64	6.41	6.15	6.64
	SD	2.20	2.20	2.21	2.22	2.21	2.23	2.22	2.23		SD	2.37	2.42	2.43	2.42	2.38	2.44	2.30	2.42

Table VI. RAW-SCORE MEANS AND STANDARD DEVIATIONS FOR 220 SCALES FOR 50,000 MEDICAL PATIENTS--continued

MALES

SCALE		<20 N=550	20-29 N=1298	30-39 N=2905	40-49 N=5379	50-59 N=7097	60-69 N=5315	70+ N=1733	ALL AGES N=24277
33	M	14.72	16.48	16.91	16.55	15.94	15.69	15.51	16.11
	SD	4.12	4.06	4.03	4.07	4.09	4.13	4.19	4.12
34	M	7.60	8.00	7.94	7.68	7.41	7.24	7.14	7.51
	SD	2.54	2.63	2.64	2.60	2.60	2.54	2.48	2.60
35	M	7.29	8.21	8.54	8.50	8.20	8.03	7.83	8.22
	SD	2.93	2.94	2.85	2.87	2.84	2.86	2.84	2.87
36	M	12.52	12.89	13.25	13.30	13.22	13.13	12.80	13.16
	SD	2.02	2.04	1.93	1.95	1.99	2.03	2.15	2.01
37	M	52.95	55.07	56.27	56.32	56.06	56.23	55.85	56.04
	SD	9.07	9.28	8.67	8.30	7.91	7.76	7.58	8.16
38	M	27.12	29.99	31.78	31.58	30.60	29.83	29.20	30.58
	SD	7.21	6.94	6.76	6.68	6.67	6.50	6.48	6.73
39	M	4.05	4.49	4.63	4.62	4.42	4.14	3.93	4.39
	SD	2.08	2.03	1.97	2.00	2.02	2.04	2.10	2.03
40	M	19.90	21.34	21.60	21.64	21.92	21.74	21.84	21.70
	SD	5.43	5.83	5.78	5.59	5.49	5.18	5.12	5.48
41	M	10.30	11.42	11.58	11.69	11.83	11.94	12.01	11.75
	SD	2.55	2.51	2.43	2.51	2.50	2.51	2.49	2.51
42	M	8.65	8.59	8.40	8.29	8.43	8.35	8.57	8.40
	SD	4.12	4.37	4.22	4.01	3.85	3.52	3.48	3.87
43	M	5.49	6.17	6.34	6.36	6.46	6.44	6.50	6.38
	SD	1.96	1.95	1.82	1.84	1.81	1.80	1.79	1.83
44	M	3.75	3.90	3.95	3.89	3.87	3.74	3.69	3.84
	SD	1.62	1.67	1.63	1.60	1.61	1.59	1.62	1.61
45	M	2.79	2.83	2.81	2.84	2.94	2.83	3.03	2.88
	SD	2.47	2.45	2.39	2.34	2.26	2.12	2.12	2.27
46	M	2.18	2.05	1.98	1.93	2.02	1.94	1.96	1.98
	SD	1.88	1.94	1.87	1.80	1.75	1.64	1.58	1.75
47	M	2.84	3.32	3.22	3.18	3.29	3.09	2.97	3.18
	SD	1.72	1.83	1.80	1.72	1.72	1.67	1.60	1.72
48	M	14.07	15.73	15.92	15.54	14.62	13.96	13.41	14.79
	SD	4.07	4.30	4.30	4.34	4.35	4.36	4.40	4.41

FEMALES

SCALE		<20 N=695	20-29 N=1690	30-39 N=3474	40-49 N=5955	50-59 N=7209	60-69 N=5229	70+ N=1471	ALL AGES N=25723
33	M	14.46	15.93	16.56	16.06	15.66	15.51	15.35	15.81
	SD	4.18	4.12	4.17	4.15	4.13	4.18	4.08	4.17
34	M	7.98	7.85	7.82	7.53	7.34	7.12	7.16	7.44
	SD	2.59	2.69	2.66	2.63	2.58	2.54	2.40	2.60
35	M	7.63	8.34	8.50	8.31	8.29	8.12	7.93	8.25
	SD	3.01	2.93	2.76	2.78	2.79	2.83	2.87	2.82
36	M	11.93	12.20	12.45	12.46	12.42	12.36	12.22	12.38
	SD	2.13	2.10	2.10	2.08	2.13	2.10	2.11	2.11
37	M	50.79	52.12	52.42	52.90	53.20	53.44	53.60	52.96
	SD	10.04	9.94	9.47	8.77	8.26	8.07	7.83	8.68
38	M	27.85	31.26	32.20	31.60	31.13	29.98	28.82	30.94
	SD	7.02	6.96	6.54	6.49	6.50	6.51	6.37	6.62
39	M	4.66	5.06	5.19	4.97	4.84	4.61	4.35	4.85
	SD	1.94	1.91	1.78	1.85	1.90	1.97	1.99	1.91
40	M	21.69	23.82	24.80	24.50	24.17	23.96	23.81	24.18
	SD	5.91	6.41	6.34	6.13	5.91	5.80	5.46	6.03
41	M	11.04	11.94	12.28	12.29	12.31	12.41	12.53	12.28
	SD	2.47	2.36	2.39	2.43	2.42	2.44	2.46	2.43
42	M	9.60	10.18	10.50	10.22	9.88	9.75	9.83	10.03
	SD	4.63	4.90	4.82	4.51	4.25	4.04	3.82	4.39
43	M	5.96	6.82	7.07	6.98	6.96	6.97	6.95	6.94
	SD	1.84	1.83	1.82	1.85	1.81	1.81	1.72	1.82
44	M	4.15	4.51	4.72	4.57	4.37	4.21	4.02	4.41
	SD	1.80	1.92	1.87	1.79	1.75	1.73	1.72	1.79
45	M	3.00	3.23	3.60	3.55	3.40	3.28	3.20	3.40
	SD	2.62	2.79	2.81	2.67	2.55	2.45	2.33	2.61
46	M	2.96	3.02	2.94	2.77	2.60	2.46	2.33	2.68
	SD	2.23	2.25	2.19	2.01	1.91	1.81	1.69	1.98
47	M	2.31	2.63	2.53	2.58	2.61	2.57	2.48	2.57
	SD	1.60	1.67	1.57	1.53	1.48	1.46	1.42	1.51
48	M	15.26	16.28	16.49	16.02	15.53	14.94	14.33	15.63
	SD	4.25	4.12	4.01	4.12	4.07	4.21	4.19	4.16

Table VI. RAW-SCORE MEANS AND STANDARD DEVIATIONS FOR 220 SCALES FOR 50,000 MEDICAL PATIENTS--continued

		MALES									FEMALES							
		<20	20-29	30-39	40-49	50-59	60-69	70+	ALL AGES			<20	20-29	30-39	40-49	50-59	60-69	70+	ALL AGES
SCALE		N=550	N=1298	N=2905	N=5379	N=7097	N=5315	N=1733	N=24277	SCALE		N=695	N=1690	N=3474	N=5955	N=7209	N=5229	N=1471	N=25723
49	M	15.51	16.46	17.29	17.26	16.70	16.31	15.77	16.70	49	M	15.54	15.86	16.26	16.16	15.98	15.59	15.23	15.92
	SD	3.49	3.50	3.44	3.46	3.48	3.46	3.54	3.51		SD	3.41	3.50	3.49	3.47	3.41	3.44	3.34	3.45
50	M	8.90	9.69	10.25	10.17	9.88	9.79	9.45	9.91	50	M	8.76	9.02	9.08	9.11	9.09	9.03	8.95	9.06
	SD	2.54	2.57	2.50	2.42	2.41	2.37	2.43	2.44		SD	2.53	2.56	2.49	2.49	2.45	2.45	2.41	2.47
51	M	9.24	9.78	9.46	9.28	9.45	9.16	9.41	9.36	51	M	10.40	11.39	11.83	11.43	10.99	10.67	10.48	11.12
	SD	5.08	5.53	5.60	5.38	5.20	4.74	4.60	5.17		SD	5.75	6.30	6.26	5.97	5.63	5.40	5.00	5.78
52	M	10.00	10.01	9.01	8.66	8.61	8.19	7.83	8.63	52	M	7.12	6.77	5.99	5.90	5.82	5.62	5.81	5.92
	SD	4.17	4.19	3.89	3.72	3.67	3.53	3.52	3.74		SD	3.73	3.59	3.12	3.05	2.99	2.86	2.90	3.07
53	M	24.18	24.88	25.61	25.74	25.43	25.50	25.45	25.48	53	M	24.02	24.93	25.18	25.15	25.28	25.07	24.99	25.12
	SD	3.41	3.25	3.34	3.29	3.34	3.26	3.34	3.32		SD	3.39	3.35	3.25	3.18	3.27	3.25	3.15	3.25
54	M	12.30	10.32	9.21	8.89	9.13	9.02	9.23	9.20	54	M	12.68	11.50	10.53	10.39	10.24	10.01	10.11	10.41
	SD	7.03	6.44	6.12	5.78	5.72	5.64	5.57	5.85		SD	7.56	7.34	6.61	6.17	6.00	5.72	5.62	6.21
55	M	7.77	6.25	5.57	5.38	5.43	5.25	5.27	5.48	55	M	8.07	7.25	6.75	6.64	6.49	6.23	6.14	6.58
	SD	4.65	4.27	4.02	3.82	3.75	3.65	3.60	3.84		SD	5.09	5.03	4.55	4.24	4.12	3.91	3.85	4.26
56	M	10.67	11.55	12.14	12.36	12.49	12.57	12.53	12.35	56	M	11.27	12.42	12.96	13.03	13.13	13.26	13.20	13.02
	SD	2.86	2.77	2.60	2.62	2.60	2.62	2.61	2.65		SD	2.74	2.53	2.52	2.53	2.55	2.48	2.50	2.56
57	M	21.05	19.31	18.20	18.15	18.73	18.59	19.04	18.61	57	M	24.11	23.39	22.47	22.17	21.86	21.68	21.83	22.14
	SD	8.55	8.88	8.80	8.36	8.25	7.92	7.93	8.31		SD	9.09	9.34	8.96	8.86	8.42	8.31	8.15	8.66
58	M	13.51	13.91	13.20	12.77	12.36	11.54	11.04	12.39	58	M	12.49	12.51	12.10	11.75	11.32	10.39	9.91	11.36
	SD	4.40	4.35	4.14	3.91	3.84	3.64	3.52	3.94		SD	4.57	4.29	4.14	3.96	3.70	3.49	3.30	3.90
59	M	13.81	13.93	13.05	12.16	11.39	10.14	9.37	11.53	59	M	14.86	15.26	14.99	13.75	12.45	11.24	10.33	12.97
	SD	6.19	6.22	5.98	5.54	5.38	4.92	4.72	5.56		SD	6.67	6.91	6.53	6.08	5.80	5.47	4.96	6.15
60	M	12.26	12.62	13.03	13.09	13.19	13.26	13.11	13.11	60	M	11.43	13.02	13.90	13.73	13.63	13.48	13.29	13.54
	SD	3.37	3.48	3.58	3.54	3.46	3.38	3.34	3.47		SD	3.06	3.18	3.14	3.19	3.14	3.08	3.07	3.16
61	M	21.00	20.92	20.39	20.05	19.69	19.01	18.71	19.73	61	M	22.13	22.13	22.15	21.56	20.61	19.67	19.04	20.90
	SD	5.37	5.30	5.34	5.07	4.94	4.72	4.53	5.01		SD	5.78	6.01	5.72	5.66	5.36	5.12	4.79	5.55
62	M	46.05	46.80	46.37	45.42	43.91	43.02	41.48	44.37	62	M	42.43	41.70	40.11	39.21	38.39	37.46	36.69	38.85
	SD	6.07	5.90	6.22	6.18	6.12	5.85	6.09	6.25		SD	6.38	6.78	6.50	6.37	6.18	6.04	5.80	6.41
63	M	14.90	12.92	12.07	12.33	13.19	13.78	14.43	13.11	63	M	15.44	13.98	13.75	14.30	14.79	15.60	16.41	14.76
	SD	5.49	5.14	4.97	5.10	5.18	5.22	5.19	5.21		SD	5.43	5.21	5.10	5.13	5.22	5.22	5.33	5.25
64	M	17.41	16.46	15.05	14.71	14.84	13.99	13.81	14.72	64	M	18.56	18.45	18.35	17.62	16.97	16.47	16.34	17.31
	SD	10.55	10.80	10.43	9.82	9.50	8.82	8.62	9.61		SD	11.41	11.66	11.09	10.41	10.02	9.63	9.20	10.32

73

Table VI. RAW-SCORE MEANS AND STANDARD DEVIATIONS FOR 220 SCALES FOR 50,000 MEDICAL PATIENTS--continued

		MALES										FEMALES							
		<20	20-29	30-39	40-49	50-59	60-69	70+	ALL AGES			<20	20-29	30-39	40-49	50-59	60-69	70+	ALL AGES
SCALE		N=550	N=1298	N=2905	N=5379	N=7097	N=5315	N=1733	N=24277	SCALE		N=695	N=1690	N=3474	N=5955	N=7209	N=5229	N=1471	N=25723
65	M	4.99	4.19	3.71	3.55	3.57	3.60	3.79	3.67	65	M	4.37	4.00	3.61	3.40	3.19	3.14	3.42	3.38
	SD	3.61	3.25	2.91	2.76	2.71	2.79	2.77	2.83		SD	3.61	3.24	2.84	2.66	2.53	2.54	2.49	2.70
66	M	5.28	5.68	5.82	5.90	6.17	6.33	6.40	6.08	66	M	9.53	9.73	9.86	9.71	9.78	9.71	9.60	9.74
	SD	2.16	2.16	2.01	1.96	1.93	1.93	1.91	1.98		SD	1.91	1.99	1.95	1.96	1.92	1.93	1.92	1.94
67	M	-9.63	-11.61	-12.39	-12.21	-11.60	-11.42	-10.97	-11.70	67	M	-10.74	-11.81	-12.37	-12.22	-12.29	-11.95	-11.37	-12.09
	SD	7.15	6.75	6.49	6.43	6.29	6.27	6.17	6.40		SD	7.32	6.84	6.37	6.13	5.91	5.92	5.80	6.14
68	M	15.06	15.33	15.57	15.86	16.20	16.42	16.72	16.06	68	M	15.91	16.55	17.10	17.20	17.21	17.33	17.65	17.16
	SD	3.61	3.67	3.81	3.73	3.70	3.51	3.47	3.68		SD	3.71	3.94	3.84	3.82	3.77	3.77	3.63	3.80
69	M	23.27	21.28	20.32	20.51	21.13	20.58	20.14	20.76	69	M	24.37	23.37	22.78	22.77	22.44	21.94	21.82	22.54
	SD	10.02	10.18	9.97	9.75	9.60	9.29	9.08	9.63		SD	10.56	10.60	10.24	9.92	9.55	9.44	9.23	9.80
70	M	7.61	7.17	6.69	6.29	6.23	5.80	5.94	6.26	70	M	8.08	8.11	8.31	7.76	7.18	6.75	6.57	7.43
	SD	4.35	4.41	4.52	4.27	4.20	3.81	3.76	4.18		SD	4.70	5.33	5.22	5.00	4.78	4.47	4.06	4.86
71	M	8.85	9.58	10.06	10.02	9.76	9.63	9.37	9.76	71	M	8.67	9.19	9.31	9.17	9.04	8.91	8.70	9.06
	SD	2.45	2.50	2.41	2.34	2.34	2.30	2.37	2.37		SD	2.58	2.59	2.51	2.45	2.41	2.42	2.34	2.45
72	M	12.31	13.53	13.93	14.19	14.13	13.19	13.16	13.77	72	M	14.17	16.17	17.69	17.80	16.87	15.86	15.27	16.78
	SD	6.71	7.10	7.77	7.48	7.32	6.55	6.40	7.18		SD	7.63	8.64	8.50	8.39	8.17	7.75	7.07	8.20
73	M	9.26	8.87	8.76	8.83	9.19	9.25	9.20	9.06	73	M	9.00	9.25	9.54	9.49	9.42	9.53	9.70	9.47
	SD	2.98	3.25	3.28	3.17	3.04	2.90	2.72	3.07		SD	3.14	3.40	3.29	3.19	3.09	2.98	2.89	3.14
74	M	7.80	6.90	6.30	6.16	6.38	6.58	7.05	6.47	74	M	8.34	7.86	7.43	7.29	7.24	7.51	7.93	7.44
	SD	3.49	3.44	3.26	3.09	3.00	2.89	2.87	3.07		SD	3.65	3.58	3.36	3.15	3.08	3.09	3.09	3.20
75	M	3.96	4.51	4.87	4.82	4.89	4.57	4.52	4.73	75	M	4.78	5.64	6.59	6.35	5.89	5.68	5.55	5.98
	SD	3.20	3.38	3.85	3.71	3.67	3.26	3.18	3.56		SD	3.57	4.04	4.03	4.03	3.90	3.73	3.45	3.91
76	M	9.65	9.99	10.06	10.05	10.02	9.78	9.66	9.94	76	M	11.85	12.31	12.67	12.40	12.00	11.80	11.65	12.14
	SD	2.68	2.54	2.60	2.61	2.60	2.46	2.46	2.57		SD	2.71	2.51	2.49	2.58	2.58	2.55	2.49	2.58
77	M	19.20	16.88	15.53	15.77	16.57	17.21	17.48	16.55	77	M	16.98	14.23	13.20	13.80	14.13	14.93	15.71	14.27
	SD	8.10	7.93	7.67	7.63	7.70	7.70	7.81	7.75		SD	7.90	7.39	7.31	7.34	7.33	7.44	7.47	7.42
78	M	9.93	10.53	10.92	10.85	10.52	10.17	9.86	10.50	78	M	10.49	11.17	11.34	11.12	10.94	10.60	10.25	10.93
	SD	2.80	2.54	2.41	2.40	2.45	2.45	2.41	2.47		SD	2.63	2.38	2.31	2.31	2.36	2.37	2.40	2.37
79	M	6.51	7.29	7.74	8.15	8.20	7.63	7.66	7.88	79	M	7.88	9.28	10.49	10.69	10.09	9.62	9.45	10.04
	SD	4.57	5.03	5.53	5.41	5.31	4.82	4.79	5.20		SD	5.19	6.16	6.11	6.04	5.91	5.68	5.33	5.92
80	M	1.28	1.81	1.95	2.01	1.89	1.73	1.66	1.86	80	M	1.46	2.00	2.31	2.37	2.33	2.22	2.14	2.26
	SD	1.47	1.79	1.85	1.83	1.75	1.63	1.65	1.75		SD	1.53	1.88	1.94	1.93	1.93	1.87	1.77	1.90

Table VI. RAW-SCORE MEANS AND STANDARD DEVIATIONS FOR 220 SCALES FOR 50,000 MEDICAL PATIENTS--continued

		MALES										FEMALES							
		<20	20-29	30-39	40-49	50-59	60-69	70+	ALL AGES			<20	20-29	30-39	40-49	50-59	60-69	70+	ALL AGES
SCALE		N=550	N=1298	N=2905	N=5379	N=7097	N=5315	N=1733	N=24277	SCALE		N=695	N=1690	N=3474	N=5955	N=7209	N=5229	N=1471	N=25723
81	M	4.69	4.73	4.53	4.42	4.46	4.41	4.37	4.46	81	M	4.66	4.26	4.01	4.03	4.06	4.04	4.10	4.07
	SD	1.82	1.78	1.71	1.70	1.71	1.68	1.64	1.70		SD	1.71	1.71	1.72	1.71	1.72	1.66	1.59	1.70
82	M	21.44	23.56	23.82	23.61	22.77	21.44	20.81	22.66	82	M	24.15	26.11	27.22	26.74	25.49	24.16	23.21	25.62
	SD	5.59	5.52	5.58	5.55	5.59	5.45	5.56	5.64		SD	6.13	6.23	6.28	6.23	6.14	6.06	5.78	6.27
83	M	9.47	10.40	10.37	10.13	9.43	8.94	8.58	9.58	83	M	10.36	11.08	11.10	10.86	10.40	9.86	9.33	10.47
	SD	2.50	2.53	2.56	2.57	2.60	2.64	2.73	2.67		SD	2.64	2.45	2.43	2.48	2.50	2.58	2.56	2.56
84	M	3.11	3.65	3.75	3.71	3.62	3.61	3.47	3.63	84	M	3.43	3.56	3.69	3.66	3.62	3.54	3.51	3.61
	SD	1.81	1.87	1.86	1.85	1.84	1.83	1.78	1.84		SD	1.86	1.87	1.87	1.85	1.81	1.85	1.81	1.84
85	M	6.45	7.21	7.25	6.99	6.49	5.95	5.63	6.55	85	M	7.02	7.52	7.57	7.18	6.79	6.32	5.89	6.89
	SD	2.40	2.47	2.44	2.45	2.43	2.39	2.38	2.48		SD	2.44	2.39	2.32	2.36	2.31	2.34	2.26	2.38
86	M	3.83	4.17	4.02	3.86	3.93	3.70	3.69	3.87	86	M	4.30	4.71	5.13	4.80	4.46	4.21	4.09	4.57
	SD	2.97	2.99	3.05	2.87	2.86	2.60	2.55	2.82		SD	3.01	3.25	3.21	3.09	3.02	2.88	2.70	3.05
87	M	3.13	3.28	3.48	3.80	3.84	3.41	3.43	3.62	87	M	4.07	4.62	5.11	5.44	5.05	4.63	4.44	4.97
	SD	2.55	2.54	2.74	2.71	2.63	2.42	2.38	2.60		SD	3.02	3.29	3.28	3.21	3.06	2.96	2.77	3.12
88	M	2.99	3.34	3.45	3.40	3.14	3.11	3.08	3.23	88	M	3.35	3.72	3.84	3.85	3.86	3.88	3.82	3.83
	SD	1.37	1.36	1.35	1.35	1.42	1.45	1.49	1.41		SD	1.37	1.32	1.35	1.38	1.41	1.42	1.44	1.39
89	M	6.59	6.84	6.83	7.01	7.14	6.52	6.53	6.87	89	M	7.85	8.65	9.45	9.46	8.82	8.18	7.91	8.83
	SD	4.55	4.69	5.10	4.87	4.79	4.29	4.16	4.70		SD	5.10	5.75	5.66	5.45	5.26	4.97	4.62	5.33
90	M	14.85	16.73	16.99	16.61	15.63	14.88	14.28	15.79	90	M	16.29	17.46	17.78	17.27	16.67	15.98	15.30	16.78
	SD	4.10	4.33	4.26	4.32	4.35	4.38	4.42	4.42		SD	4.28	4.10	4.02	4.15	4.11	4.25	4.25	4.20
91	M	15.03	14.44	13.71	13.45	13.92	13.75	13.83	13.80	91	M	12.94	12.80	12.78	12.64	12.40	12.36	12.49	12.54
	SD	6.45	6.37	6.32	6.04	6.06	5.71	5.75	6.02		SD	6.80	6.86	6.31	6.07	5.81	5.67	5.44	6.00
92	M	28.77	29.07	29.24	28.81	27.92	27.21	26.41	28.09	92	M	28.28	28.04	27.61	27.11	26.58	26.04	25.49	26.81
	SD	4.63	4.37	4.33	4.31	4.33	4.31	4.44	4.42		SD	4.76	4.69	4.55	4.48	4.48	4.48	4.31	4.56
93	M	8.37	7.13	6.31	5.96	5.59	4.96	4.57	5.69	93	M	7.86	6.81	6.07	5.68	5.09	4.49	4.17	5.37
	SD	3.74	3.45	3.18	3.03	2.97	2.81	2.78	3.10		SD	3.94	3.48	3.29	3.08	2.95	2.70	2.67	3.14
94	M	37.72	32.51	29.18	28.83	30.17	30.13	30.72	30.08	94	M	40.60	37.01	35.34	34.55	34.13	34.26	35.32	34.85
	SD	20.71	20.05	18.89	18.13	17.78	17.36	17.18	18.12		SD	22.42	21.71	19.99	18.69	17.92	17.42	17.29	18.70
95	M	42.91	43.46	43.93	43.34	41.99	40.90	39.58	42.21	95	M	42.08	42.27	41.61	40.87	40.01	38.92	37.90	40.29
	SD	6.71	6.27	6.21	6.22	6.31	6.25	6.46	6.41		SD	6.90	6.83	6.61	6.49	6.49	6.62	6.39	6.67
96	M	0.42	0.46	0.53	0.56	0.62	0.68	0.73	0.60	96	M	0.37	0.53	0.63	0.65	0.66	0.71	0.77	0.65
	SD	0.49	0.50	0.50	0.50	0.49	0.47	0.44	0.49		SD	0.48	0.50	0.48	0.48	0.47	0.45	0.42	0.48

Table VI. RAW-SCORE MEANS AND STANDARD DEVIATIONS FOR 220 SCALES FOR 50,000 MEDICAL PATIENTS--continued

SCALE		MALES <20 N=550	MALES 20-29 N=1298	MALES 30-39 N=2905	MALES 40-49 N=5379	MALES 50-59 N=7097	MALES 60-69 N=5315	MALES 70+ N=1733	MALES ALL AGES N=24277	SCALE		FEMALES < 20 N=695	FEMALES 20-29 N=1690	FEMALES 30-39 N=3474	FEMALES 40-49 N=5955	FEMALES 50-59 N=7209	FEMALES 60-69 N=5229	FEMALES 70+ N=1471	FEMALES ALL AGES N=25723
97	M	6.76	7.07	6.90	6.90	6.84	6.33	5.79	6.68	97	M	7.76	8.41	8.53	8.36	8.16	7.85	7.46	8.16
	SD	4.49	4.74	4.69	4.49	4.39	4.18	4.09	4.42		SD	5.01	5.39	5.19	4.88	4.79	4.64	4.46	4.88
98	M	25.88	27.03	27.20	26.95	26.40	25.89	25.51	26.46	98	M	30.40	30.91	30.61	30.03	29.63	28.92	28.20	29.73
	SD	4.52	4.17	3.97	3.96	4.06	3.95	4.17	4.06		SD	4.24	4.18	4.13	4.14	4.29	4.30	4.31	4.29
99	M	15.21	13.35	12.32	12.04	12.10	12.02	11.81	12.21	99	M	12.38	10.52	9.61	9.57	9.47	9.49	9.41	9.66
	SD	6.50	5.81	5.45	5.34	5.36	5.36	5.41	5.45		SD	5.92	5.11	4.90	4.84	4.69	4.60	4.65	4.83
100	M	14.59	15.80	16.10	15.76	15.18	15.02	14.76	15.37	100	M	15.13	15.81	15.98	15.62	15.48	15.10	14.79	15.48
	SD	4.85	4.85	4.86	4.91	4.85	4.81	4.78	4.87		SD	4.84	4.85	4.76	4.73	4.70	4.73	4.66	4.75
101	M	9.70	10.43	10.64	10.31	9.84	9.63	9.25	9.98	101	M	9.97	10.50	10.53	10.21	10.04	9.70	9.40	10.07
	SD	3.11	3.06	3.03	3.07	3.04	3.03	3.02	3.07		SD	3.14	3.12	3.00	3.01	3.02	3.03	2.99	3.04
102	M	3.62	3.74	3.75	3.85	4.12	4.66	5.12	4.18	102	M	3.93	4.02	4.26	4.47	4.82	5.38	5.98	4.77
	SD	2.08	2.15	2.07	2.11	2.23	2.38	2.46	2.27		SD	2.18	2.03	2.06	2.14	2.24	2.34	2.48	2.27
103	M	11.38	12.04	12.01	11.72	11.25	11.22	11.08	11.47	103	M	11.49	11.56	11.53	11.22	11.13	10.90	10.70	11.17
	SD	4.18	4.25	4.25	4.27	4.23	4.18	4.19	4.24		SD	4.13	4.19	4.01	4.02	3.99	4.04	4.06	4.04
104	M	9.95	10.64	10.89	10.53	10.25	9.91	9.40	10.27	104	M	10.10	10.91	11.47	11.07	10.72	10.10	9.60	10.71
	SD	2.52	2.64	2.66	2.71	2.65	2.73	2.73	2.71		SD	2.74	2.69	2.72	2.75	2.76	2.77	2.77	2.80
105	M	19.16	19.59	19.66	19.59	19.48	19.52	19.22	19.51	105	M	19.67	19.74	19.44	19.40	19.35	19.39	19.22	19.41
	SD	2.77	2.76	2.80	2.82	2.77	2.77	2.84	2.79		SD	2.84	2.84	2.87	2.84	2.84	2.86	2.83	2.85
106	M	30.65	32.93	34.06	33.84	33.03	32.64	31.70	33.09	106	M	29.81	30.53	30.88	30.91	30.91	30.78	30.30	30.79
	SD	7.30	7.36	7.09	6.85	6.73	6.50	6.47	6.82		SD	7.46	7.41	7.12	7.00	6.74	6.60	6.46	6.88
107	M	16.73	14.86	13.73	13.77	14.32	14.40	14.24	14.22	107	M	15.03	12.90	12.02	12.37	12.52	12.82	13.11	12.61
	SD	6.98	6.85	6.64	6.62	6.68	6.66	6.73	6.70		SD	6.78	6.41	6.20	6.25	6.28	6.32	6.30	6.31
108	M	17.09	16.25	15.17	14.45	14.03	13.31	12.86	14.21	108	M	16.84	14.99	13.88	13.60	13.42	12.87	12.64	13.56
	SD	4.78	4.50	4.31	4.16	4.08	3.86	3.77	4.20		SD	4.63	4.45	4.31	4.20	4.05	3.88	3.66	4.18
109	M	11.06	10.32	9.59	9.24	9.25	9.09	9.09	9.34	109	M	10.50	9.25	8.50	8.59	8.75	8.69	8.78	8.75
	SD	3.23	3.27	3.12	3.08	3.14	3.00	3.05	3.12		SD	2.87	2.89	2.80	2.87	2.86	2.89	2.80	2.88
110	M	2.19	1.96	1.61	1.42	1.35	1.16	1.09	1.39	110	M	1.74	1.39	1.20	1.09	0.99	0.92	0.92	1.07
	SD	1.47	1.32	1.25	1.18	1.19	1.09	1.10	1.21		SD	1.27	1.15	1.07	1.07	1.02	0.99	0.99	1.06
111	M	3.95	3.84	3.62	3.51	3.40	3.19	3.04	3.41	111	M	4.00	3.63	3.41	3.28	3.19	3.03	2.90	3.24
	SD	1.71	1.63	1.60	1.55	1.48	1.46	1.41	1.53		SD	1.69	1.70	1.68	1.61	1.55	1.48	1.41	1.59
112	M	3.18	3.45	3.35	3.20	3.21	3.27	3.30	3.26	112	M	3.01	2.95	2.85	2.87	2.97	2.99	3.08	2.94
	SD	1.65	1.71	1.70	1.64	1.66	1.65	1.67	1.66		SD	1.55	1.60	1.55	1.55	1.58	1.60	1.64	1.58

Table VI. RAW-SCORE MEANS AND STANDARD DEVIATIONS FOR 220 SCALES FOR 50,000 MEDICAL PATIENTS--continued

SCALE		MALES <20 N=550	20-29 N=1298	30-39 N=2905	40-49 N=5379	50-59 N=7097	60-69 N=5315	70+ N=1733	ALL AGES N=24277	SCALE		FEMALES <20 N=695	20-29 N=1690	30-39 N=3474	40-49 N=5955	50-59 N=7209	60-69 N=5229	70+ N=1471	ALL AGES N=25723
113	M	2.87	2.41	2.23	2.20	2.19	2.20	2.23	2.23	113	M	2.68	2.14	1.97	1.98	2.02	2.04	2.11	2.04
	SD	1.77	1.60	1.53	1.46	1.47	1.45	1.47	1.49		SD	1.69	1.50	1.48	1.48	1.48	1.47	1.47	1.49
114	M	6.68	6.23	5.73	5.40	5.13	4.59	4.33	5.18	114	M	6.28	5.52	5.10	4.88	4.67	4.33	4.10	4.77
	SD	3.25	2.90	2.81	2.68	2.56	2.46	2.44	2.68		SD	3.41	3.01	2.84	2.68	2.57	2.39	2.31	2.67
115	M	10.41	10.02	9.43	9.05	8.90	8.72	8.53	9.03	115	M	10.56	9.47	8.79	8.72	8.75	8.54	8.53	8.79
	SD	2.78	2.88	2.79	2.66	2.68	2.56	2.52	2.69		SD	2.49	2.73	2.61	2.65	2.63	2.57	2.52	2.64
116	M	0.00	0.00	0.00	0.00	0.00	0.00	0.00	0.00	116	M	36.84	37.42	37.31	36.84	36.53	35.49	34.50	36.45
	SD	0.00	0.00	0.00	0.00	0.00	0.00	0.00	0.00		SD	4.54	4.43	4.57	4.72	4.74	4.92	4.93	4.80
117	M	23.78	24.11	23.87	23.58	23.30	22.84	22.63	23.34	117	M	0.00	0.00	0.00	0.00	0.00	0.00	0.00	0.00
	SD	5.36	5.04	4.67	4.63	4.61	4.50	4.43	4.65		SD	0.00	0.00	0.00	0.00	0.00	0.00	0.00	0.00
118	M	14.59	14.74	14.71	14.69	14.77	14.82	15.12	14.78	118	M	23.64	23.65	23.33	23.15	23.25	22.97	22.83	23.20
	SD	4.07	3.82	3.58	3.53	3.49	3.49	3.42	3.54		SD	3.42	3.36	3.55	3.60	3.52	3.61	3.67	3.56
119	M	6.72	6.46	6.12	5.90	5.64	5.32	4.97	5.70	119	M	8.18	7.80	7.50	7.25	6.95	6.57	6.27	7.07
	SD	2.77	2.83	2.64	2.57	2.47	2.35	2.29	2.53		SD	2.82	2.76	2.66	2.60	2.47	2.36	2.31	2.56
120	M	1.14	1.02	0.94	0.88	0.84	0.83	0.84	0.87	120	M	1.60	1.46	1.29	1.25	1.26	1.35	1.50	1.32
	SD	1.05	1.00	0.98	0.95	0.95	0.95	0.95	0.96		SD	1.02	0.96	0.85	0.82	0.80	0.81	0.84	0.84
121	M	4.78	5.45	5.64	5.55	5.23	4.93	4.63	5.24	121	M	5.54	6.27	6.38	6.15	5.95	5.58	5.19	5.95
	SD	1.82	1.80	1.68	1.74	1.79	1.80	1.80	1.80		SD	1.73	1.62	1.56	1.61	1.68	1.65	1.69	1.67
122	M	4.57	4.44	4.49	4.62	4.92	5.10	5.37	4.84	122	M	9.49	9.24	9.20	9.35	9.62	9.68	9.73	9.49
	SD	2.59	2.53	2.51	2.59	2.65	2.71	2.75	2.65		SD	2.70	2.78	2.76	2.77	2.74	2.78	2.82	2.77
123	M	5.16	5.27	5.22	5.15	5.24	5.32	5.53	5.26	123	M	7.60	7.84	7.76	7.58	7.55	7.49	7.44	7.59
	SD	1.88	1.95	1.86	1.84	1.87	1.94	1.93	1.89		SD	1.58	1.50	1.58	1.63	1.62	1.66	1.66	1.62
124	M	14.19	13.04	12.95	12.85	13.31	14.19	14.76	13.46	124	M	12.26	11.43	11.50	11.71	12.34	13.24	14.10	12.30
	SD	3.96	4.03	3.87	3.87	3.91	4.03	3.85	3.97		SD	3.77	3.66	3.60	3.65	3.57	3.61	3.59	3.69
125	M	46.06	44.59	41.78	40.89	40.44	38.05	37.55	40.32	125	M	49.03	48.86	48.45	46.99	44.65	42.36	41.59	45.46
	SD	20.03	20.07	19.78	18.56	17.78	16.66	16.22	18.15		SD	22.60	23.17	21.65	20.13	18.93	17.71	16.36	19.79
126	M	30.18	27.93	26.96	27.30	28.02	28.43	28.63	27.91	126	M	31.57	30.19	29.78	30.05	30.13	30.72	31.36	30.30
	SD	8.51	8.83	8.67	8.49	8.29	8.05	8.05	8.37		SD	9.01	9.28	8.98	8.70	8.45	8.29	8.10	8.62
127	M	36.43	35.76	36.15	36.50	37.04	37.91	38.25	37.01	127	M	34.16	34.32	34.50	35.30	36.13	37.03	37.70	35.82
	SD	4.74	4.56	4.60	4.50	4.70	4.76	4.76	4.71		SD	5.15	5.13	4.99	5.07	4.96	5.01	4.83	5.11
128	M	7.11	7.04	7.09	7.15	7.29	7.36	7.40	7.24	128	M	7.24	7.26	7.18	7.23	7.43	7.54	7.69	7.37
	SD	1.39	1.39	1.44	1.44	1.43	1.44	1.43	1.44		SD	1.50	1.44	1.49	1.51	1.49	1.45	1.40	1.49

77

Table VI. RAW-SCORE MEANS AND STANDARD DEVIATIONS FOR 220 SCALES FOR 50,000 MEDICAL PATIENTS--continued

		MALES										FEMALES							
SCALE		<20 N=550	20-29 N=1298	30-39 N=2905	40-49 N=5379	50-59 N=7097	60-69 N=5315	70+ N=1733	ALL AGES N=24277	SCALE		<20 N=695	20-29 N=1690	30-39 N=3474	40-49 N=5955	50-59 N=7209	60-69 N=5229	70+ N=1471	ALL AGES N=25723
129	M	6.12	6.88	7.02	6.98	7.00	6.56	6.56	6.85	129	M	6.84	8.01	8.99	9.00	8.67	8.11	7.68	8.53
	SD	4.17	4.56	4.87	4.64	4.60	4.03	3.87	4.47		SD	4.62	5.36	5.28	5.19	5.01	4.70	4.24	5.03
130	M	8.04	8.33	8.02	7.77	7.78	7.39	7.43	7.73	130	M	8.96	9.33	9.56	9.16	8.80	8.52	8.37	8.94
	SD	4.90	5.26	4.99	4.71	4.50	4.12	4.04	4.56		SD	5.52	5.78	5.59	5.20	4.92	4.66	4.40	5.09
131	M	5.45	5.68	5.54	5.36	5.17	5.02	5.03	5.25	131	M	5.66	6.52	6.68	6.34	6.05	5.98	5.86	6.20
	SD	2.68	2.85	2.84	2.74	2.61	2.54	2.41	2.66		SD	2.91	2.96	2.92	2.78	2.67	2.61	2.49	2.75
132	M	173.15	184.13	186.71	187.03	185.54	180.87	179.84	184.22	132	M	168.60	179.48	185.91	184.52	180.36	176.30	173.71	180.49
	SD	29.96	30.92	32.15	31.30	31.18	29.33	29.67	30.93		SD	27.73	30.63	30.50	30.23	29.50	28.97	27.13	29.89
133	M	18.50	17.45	16.94	16.65	16.38	15.70	15.37	16.39	133	M	20.19	18.95	18.28	17.85	17.61	17.39	17.03	17.84
	SD	5.16	5.20	5.08	4.91	4.96	4.74	4.72	4.95		SD	5.02	5.10	5.01	4.82	4.72	4.62	4.46	4.82
134	M	12.95	11.80	10.81	10.64	10.47	10.08	9.57	10.53	134	M	12.81	11.81	11.04	10.85	10.51	10.05	9.69	10.67
	SD	5.12	5.09	4.90	4.77	4.61	4.40	4.21	4.69		SD	5.04	4.87	4.73	4.53	4.34	4.24	4.06	4.50
135	M	11.92	11.91	11.89	11.71	11.32	11.25	11.06	11.49	135	M	12.66	12.94	12.99	12.60	12.28	11.94	11.60	12.40
	SD	2.94	2.84	2.81	2.83	2.91	2.91	2.90	2.89		SD	2.58	2.68	2.74	2.79	2.85	2.88	2.88	2.84
136	M	10.45	9.83	9.13	8.87	8.75	8.58	8.55	8.87	136	M	10.50	9.68	8.98	8.60	8.27	8.04	8.05	8.53
	SD	3.55	3.37	3.24	3.11	3.02	2.91	2.88	3.09		SD	3.46	3.55	3.35	3.18	3.01	2.91	2.68	3.16
137	M	9.87	9.85	9.71	9.48	9.18	8.69	8.51	9.21	137	M	9.96	10.29	10.19	9.69	9.27	8.95	8.73	9.48
	SD	3.18	3.08	2.97	2.84	2.87	2.87	2.98	2.93		SD	3.38	3.11	3.04	3.06	2.94	2.89	2.86	3.03
138	M	4.13	4.34	4.43	4.33	4.10	3.89	3.78	4.13	138	M	3.96	4.34	4.45	4.25	4.08	3.92	3.84	4.14
	SD	1.64	1.71	1.64	1.66	1.66	1.69	1.75	1.68		SD	1.60	1.60	1.58	1.60	1.62	1.63	1.66	1.62
139	M	1.90	1.39	1.28	1.22	1.23	1.19	1.23	1.25	139	M	1.70	1.35	1.33	1.30	1.26	1.24	1.22	1.29
	SD	1.89	1.52	1.53	1.44	1.47	1.54	1.61	1.51		SD	1.81	1.52	1.54	1.57	1.50	1.49	1.55	1.53
140	M	1.98	1.95	1.83	1.76	1.83	1.94	2.01	1.86	140	M	2.44	2.51	2.41	2.28	2.14	2.15	2.17	2.25
	SD	1.60	1.49	1.40	1.36	1.34	1.33	1.32	1.37		SD	1.61	1.62	1.56	1.52	1.44	1.41	1.39	1.49
141	M	4.69	5.31	5.50	5.52	5.32	5.04	4.91	5.28	141	M	5.15	5.74	5.97	5.74	5.63	5.43	5.24	5.63
	SD	2.38	2.26	2.23	2.23	2.23	2.22	2.23	2.24		SD	2.22	2.21	2.08	2.11	2.11	2.12	2.12	2.13
142	M	2.52	2.10	1.90	1.82	1.93	1.93	1.98	1.93	142	M	2.74	2.48	2.28	2.22	2.12	2.12	2.17	2.21
	SD	2.36	2.08	2.05	1.92	1.94	1.96	2.03	1.98		SD	2.58	2.25	2.17	2.12	2.00	1.94	2.01	2.08
143	M	7.33	7.74	7.80	7.66	7.25	6.76	6.52	7.28	143	M	7.19	7.79	7.89	7.45	7.15	6.82	6.56	7.26
	SD	2.41	2.40	2.34	2.39	2.40	2.38	2.40	2.42		SD	2.30	2.32	2.23	2.29	2.29	2.30	2.24	2.32
144	M	4.77	5.12	5.05	4.79	4.55	4.16	4.01	4.58	144	M	5.33	5.97	6.16	6.06	5.84	5.47	5.22	5.82
	SD	3.00	3.38	3.61	3.46	3.33	3.07	3.03	3.33		SD	3.45	3.94	3.85	3.77	3.65	3.53	3.31	3.69

Table VI. RAW-SCORE MEANS AND STANDARD DEVIATIONS FOR 220 SCALES FOR 50,000 MEDICAL PATIENTS--continued

		MALES										FEMALES						
		<20	20-29	30-39	40-49	50-59	60-69	70+	ALL AGES			<20	20-29	30-39	40-49	50-59	60-69	70+	ALL AGES
SCALE		N=550	N=1298	N=2905	N=5379	N=7097	N=5315	N=1733	N=24277	SCALE		N=695	N=1690	N=3474	N=5955	N=7209	N=5229	N=1471	N=25723
145	M	16.82	16.58	15.70	15.25	14.89	14.07	13.51	14.93	145	M	16.55	15.89	15.31	14.63	14.07	13.27	12.79	14.32
	SD	4.69	4.85	4.50	4.16	4.08	3.92	3.76	4.23		SD	4.95	5.05	4.74	4.36	4.15	3.92	3.54	4.39
146	M	5.98	5.70	5.29	5.15	4.94	4.53	4.22	4.95	146	M	5.72	5.05	4.56	4.32	3.97	3.63	3.44	4.15
	SD	2.33	2.40	2.25	2.15	2.13	2.04	1.92	2.17		SD	2.31	2.37	2.19	2.11	2.02	1.90	1.74	2.12
147	M	3.01	2.23	1.70	1.53	1.34	1.15	0.98	1.44	147	M	3.10	2.36	1.99	1.73	1.44	1.10	0.93	1.59
	SD	2.06	1.84	1.59	1.47	1.37	1.26	1.18	1.48		SD	2.21	2.00	1.82	1.63	1.47	1.27	1.17	1.64
148	M	3.98	4.34	4.18	4.00	3.85	3.42	3.19	3.81	148	M	3.38	3.46	3.38	3.17	3.04	2.88	2.75	3.10
	SD	1.53	1.69	1.64	1.60	1.59	1.53	1.47	1.61		SD	1.35	1.47	1.45	1.42	1.41	1.39	1.40	1.43
149	M	7.37	7.69	7.87	7.84	7.69	7.62	7.47	7.71	149	M	7.21	6.98	7.07	7.03	7.09	7.07	6.98	7.06
	SD	2.66	2.59	2.54	2.48	2.44	2.39	2.30	2.46		SD	2.73	2.74	2.75	2.66	2.54	2.50	2.41	2.60
150	M	5.12	4.64	4.35	4.25	4.22	4.05	4.02	4.23	150	M	5.10	4.80	4.64	4.50	4.37	4.15	4.02	4.42
	SD	2.66	2.50	2.43	2.31	2.30	2.24	2.25	2.33		SD	2.78	2.69	2.53	2.43	2.35	2.29	2.27	2.42
151	M	3.94	3.69	3.35	3.30	3.37	3.21	3.23	3.34	151	M	3.86	3.68	3.47	3.34	3.22	3.14	3.15	3.31
	SD	2.65	2.75	2.62	2.52	2.45	2.36	2.37	2.49		SD	2.75	2.85	2.68	2.51	2.41	2.32	2.24	2.49
152	M	6.26	6.02	5.40	5.21	5.29	4.96	4.79	5.24	152	M	5.60	5.19	4.76	4.55	4.45	4.25	4.21	4.54
	SD	3.81	3.85	3.60	3.40	3.31	3.10	3.12	3.37		SD	4.11	4.04	3.65	3.41	3.16	2.94	2.73	3.33
153	M	10.56	10.56	10.31	10.05	9.60	9.11	8.73	9.69	153	M	10.95	10.70	10.55	10.08	9.62	9.02	8.57	9.78
	SD	2.53	2.69	2.57	2.58	2.57	2.55	2.54	2.63		SD	2.59	2.68	2.61	2.56	2.52	2.56	2.35	2.63
154	M	6.36	6.43	6.81	6.89	7.07	7.15	7.29	6.98	154	M	5.86	6.36	6.49	6.59	6.66	6.72	6.86	6.60
	SD	2.43	2.31	2.37	2.32	2.30	2.31	2.35	2.33		SD	2.40	2.48	2.26	2.24	2.17	2.18	2.12	2.23
155	M	11.82	11.35	10.63	10.59	10.60	9.94	9.67	10.46	155	M	11.76	11.73	11.74	11.58	11.13	10.67	10.33	11.23
	SD	5.06	5.30	5.37	5.21	5.17	4.85	4.78	5.13		SD	5.53	5.55	5.44	5.39	5.26	5.08	4.92	5.31
156	M	33.77	35.33	35.51	35.06	34.45	34.05	33.41	34.58	156	M	33.43	34.51	34.45	33.56	32.91	32.14	31.61	33.16
	SD	4.64	4.18	4.04	4.18	4.30	4.39	4.48	4.32		SD	4.12	4.18	4.22	4.23	4.34	4.37	4.44	4.38
157	M	1.30	0.71	0.59	0.56	0.58	0.61	0.65	0.61	157	M	1.11	0.69	0.63	0.61	0.56	0.56	0.57	0.61
	SD	1.64	1.24	1.19	1.11	1.13	1.20	1.26	1.18		SD	1.63	1.28	1.23	1.25	1.16	1.14	1.19	1.21
158	M	13.48	12.65	12.51	13.24	13.65	13.43	13.36	13.30	158	M	15.17	14.97	15.13	15.54	15.32	15.12	15.12	15.27
	SD	5.23	5.17	5.23	5.21	5.21	5.14	5.17	5.21		SD	5.20	5.27	5.08	5.08	5.09	5.08	5.15	5.11
159	M	40.35	41.19	41.35	41.44	40.97	40.00	38.72	40.75	159	M	39.06	39.52	39.27	39.12	38.52	37.47	36.25	38.50
	SD	2.87	2.53	2.40	2.52	2.77	3.08	3.43	2.89		SD	3.01	2.69	2.83	2.98	3.17	3.44	3.55	3.25
160	M	11.27	10.43	9.66	9.30	9.30	8.97	8.89	9.35	160	M	9.90	9.09	8.60	8.57	8.36	8.05	8.10	8.45
	SD	4.96	4.74	4.68	4.50	4.45	4.27	4.39	4.50		SD	5.26	5.03	4.85	4.60	4.46	4.32	4.21	4.58

Table VI. RAW-SCORE MEANS AND STANDARD DEVIATIONS FOR 220 SCALES FOR 50,000 MEDICAL PATIENTS--continued

SCALE		MALES <20 N=550	20-29 N=1298	30-39 N=2905	40-49 N=5379	50-59 N=7097	60-69 N=5315	70+ N=1733	ALL AGES N=24277	SCALE		FEMALES <20 N=695	20-29 N=1690	30-39 N=3474	40-49 N=5955	50-59 N=7209	60-69 N=5229	70+ N=1471	ALL AGES N=25723
161	M	1.60	1.04	0.85	0.84	0.91	0.92	0.98	0.92	161	M	1.78	1.48	1.29	1.21	1.10	1.00	1.00	1.17
	SD	1.85	1.42	1.28	1.27	1.29	1.31	1.36	1.32		SD	1.94	1.76	1.57	1.43	1.38	1.30	1.25	1.45
162	M	9.89	9.05	8.44	8.39	8.94	9.45	9.64	8.95	162	M	9.46	8.56	8.28	8.72	9.06	9.39	9.74	8.96
	SD	5.14	4.84	4.58	4.51	4.62	4.61	4.64	4.64		SD	5.11	4.78	4.52	4.45	4.53	4.54	4.53	4.56
163	M	20.47	18.53	16.56	15.90	15.61	15.23	14.95	15.92	163	M	19.45	17.16	15.51	14.90	14.35	13.95	14.02	14.86
	SD	6.94	7.23	6.87	6.52	6.40	6.15	6.18	6.56		SD	7.47	7.19	6.82	6.49	6.15	5.92	5.96	6.48
164	M	174.69	171.79	166.99	162.97	159.79	156.20	155.56	161.25	164	M	174.26	173.52	171.97	167.19	163.62	159.81	158.05	165.42
	SD	29.03	28.53	27.08	25.54	25.14	24.74	24.26	26.04		SD	26.94	26.32	25.16	24.30	23.22	22.22	21.08	24.23
165	M	13.42	12.31	11.15	10.63	10.59	9.96	10.05	10.64	165	M	14.86	14.20	13.90	13.08	12.45	11.99	11.87	12.84
	SD	7.73	7.87	7.57	7.25	7.11	6.73	6.61	7.17		SD	8.53	8.53	8.25	7.74	7.41	7.10	6.97	7.67
166	M	3.62	3.28	2.99	2.92	2.97	2.83	2.81	2.95	166	M	4.22	3.87	3.75	3.64	3.62	3.59	3.53	3.66
	SD	2.32	2.21	2.11	2.10	2.14	2.14	2.14	2.14		SD	2.41	2.27	2.24	2.20	2.19	2.17	2.21	2.21
167	M	18.29	17.18	17.13	18.09	19.73	20.92	21.73	19.29	167	M	20.80	20.13	20.49	21.49	22.53	24.06	25.15	22.27
	SD	6.81	7.01	7.06	7.21	7.36	7.22	7.19	7.37		SD	7.14	7.44	7.46	7.50	7.59	7.52	7.41	7.64
168	M	14.94	15.57	15.45	15.40	15.35	14.66	14.14	15.14	168	M	15.25	15.65	15.94	15.94	15.80	15.11	14.68	15.62
	SD	3.08	3.39	3.34	3.34	3.37	3.34	3.35	3.37		SD	3.22	3.11	3.22	3.20	3.26	3.14	2.98	3.21
169	M	3.98	4.26	4.50	4.47	4.32	4.15	3.96	4.30	169	M	3.88	4.01	4.10	4.01	3.94	3.78	3.65	3.93
	SD	1.28	1.26	1.18	1.16	1.16	1.15	1.14	1.18		SD	1.28	1.28	1.24	1.23	1.21	1.19	1.17	1.23
170	M	12.51	10.74	9.86	9.43	9.52	9.97	10.34	9.83	170	M	12.66	11.63	11.07	10.70	10.69	11.00	11.34	10.96
	SD	5.44	4.86	4.56	4.42	4.35	4.47	4.53	4.52		SD	5.53	5.06	4.67	4.47	4.33	4.29	4.23	4.50
171	M	15.84	17.22	17.46	17.41	17.56	17.91	18.07	17.57	171	M	16.77	18.92	19.52	19.18	19.04	19.09	19.13	19.08
	SD	4.60	4.61	4.66	4.64	4.56	4.53	4.54	4.60		SD	3.82	4.02	4.09	4.19	4.18	4.13	4.11	4.16
172	M	8.78	9.31	9.17	9.06	8.84	8.30	7.87	8.76	172	M	6.87	7.13	6.98	6.95	6.87	6.57	6.40	6.83
	SD	2.49	2.63	2.61	2.60	2.61	2.47	2.38	2.59		SD	2.27	2.29	2.27	2.30	2.26	2.19	2.09	2.26
173	M	19.56	20.06	20.91	21.03	20.80	20.95	21.04	20.85	173	M	20.90	21.71	22.27	22.19	22.13	22.14	22.27	22.11
	SD	4.01	3.99	3.76	3.71	3.81	3.78	3.93	3.81		SD	3.77	3.53	3.31	3.39	3.39	3.44	3.46	3.42
174	M	13.91	14.26	14.74	14.80	14.56	14.62	14.57	14.62	174	M	15.00	15.56	15.87	15.76	15.67	15.57	15.51	15.66
	SD	2.93	2.83	2.66	2.66	2.73	2.68	2.82	2.72		SD	2.63	2.52	2.37	2.35	2.37	2.39	2.41	2.39
175	M	4.57	5.04	5.24	5.29	5.36	5.41	5.34	5.31	175	M	4.75	5.31	5.44	5.44	5.49	5.47	5.45	5.43
	SD	1.59	1.44	1.39	1.32	1.32	1.27	1.23	1.33		SD	1.60	1.46	1.49	1.44	1.41	1.38	1.37	1.43
176	M	5.57	5.34	5.24	5.23	5.26	5.32	5.35	5.28	176	M	5.93	5.90	5.86	5.82	5.76	5.71	5.67	5.79
	SD	1.46	1.50	1.44	1.41	1.44	1.47	1.47	1.45		SD	1.46	1.54	1.54	1.51	1.53	1.56	1.57	1.54

Table VI. RAW-SCORE MEANS AND STANDARD DEVIATIONS FOR 220 SCALES FOR 50,000 MEDICAL PATIENTS--continued

		MALES										FEMALES							
SCALE		<20 N=550	20-29 N=1298	30-39 N=2905	40-49 N=5379	50-59 N=7097	60-69 N=5315	70+ N=1733	ALL AGES N=24277	SCALE		<20 N=695	20-29 N=1690	30-39 N=3474	40-49 N=5955	50-59 N=7209	60-69 N=5229	70+ N=1471	ALL AGES N=25723
177	M	19.32	20.18	20.52	20.28	19.62	19.04	18.23	19.67	177	M	19.51	19.89	19.70	19.24	18.94	18.45	18.02	19.04
	SD	3.69	3.81	3.62	3.62	3.67	3.65	3.65	3.71		SD	3.75	3.70	3.75	3.77	3.66	3.74	3.62	3.75
178	M	13.07	13.60	13.81	13.74	13.40	13.18	12.70	13.43	178	M	12.58	13.51	13.92	13.61	13.40	12.92	12.51	13.35
	SD	2.87	2.67	2.60	2.66	2.67	2.74	2.75	2.70		SD	2.66	2.60	2.62	2.69	2.68	2.73	2.78	2.71
179	M	18.71	19.68	20.25	20.20	19.78	19.60	19.07	19.81	179	M	17.38	18.45	18.86	18.85	18.64	18.40	18.02	18.59
	SD	4.49	4.47	4.27	4.19	4.13	4.09	4.07	4.19		SD	4.56	4.40	4.26	4.13	4.05	4.10	4.03	4.16
180	M	13.28	10.42	8.79	8.29	8.34	8.17	8.55	8.58	180	M	13.02	11.33	10.46	9.91	9.33	8.77	8.77	9.70
	SD	8.32	7.58	7.07	6.66	6.33	6.13	5.94	6.61		SD	8.90	8.81	7.98	7.35	6.80	6.29	5.89	7.22
181	M	5.12	3.89	3.29	3.25	3.37	3.44	3.58	3.43	181	M	4.91	4.17	3.86	3.77	3.58	3.54	3.70	3.74
	SD	3.01	2.67	2.36	2.25	2.23	2.29	2.24	2.33		SD	3.03	2.97	2.62	2.45	2.34	2.28	2.29	2.47
182	M	4.55	3.26	2.60	2.45	2.39	2.34	2.37	2.51	182	M	4.44	3.49	3.06	2.85	2.57	2.39	2.42	2.77
	SD	2.66	2.35	1.99	1.80	1.74	1.74	1.77	1.89		SD	2.73	2.47	2.19	2.05	1.92	1.82	1.84	2.07
183	M	2.43	2.06	1.90	1.85	1.87	1.94	2.02	1.92	183	M	2.38	2.21	2.17	2.04	2.02	2.04	2.00	2.07
	SD	1.21	1.16	1.06	1.01	0.96	0.91	0.86	0.99		SD	1.19	1.22	1.23	1.11	1.03	1.01	0.98	1.09
184	M	1.66	1.29	1.02	0.99	1.07	1.11	1.39	1.10	184	M	1.64	1.35	1.33	1.29	1.29	1.30	1.41	1.32
	SD	1.83	1.72	1.57	1.52	1.52	1.47	1.62	1.55		SD	1.98	1.86	1.84	1.72	1.69	1.65	1.61	1.73
185	M	3.06	2.42	2.00	1.85	1.85	1.83	1.92	1.93	185	M	3.03	2.62	2.51	2.35	2.22	2.16	2.10	2.32
	SD	2.37	2.25	1.97	1.86	1.75	1.63	1.58	1.83		SD	2.43	2.37	2.27	2.09	1.95	1.88	1.80	2.06
186	M	1.85	1.46	1.18	1.01	0.90	0.78	0.71	0.97	186	M	2.14	1.71	1.35	1.17	1.00	0.84	0.83	1.12
	SD	1.63	1.44	1.33	1.27	1.20	1.14	1.04	1.25		SD	1.88	1.71	1.51	1.39	1.28	1.13	1.12	1.39
187	M	2.32	1.92	1.89	1.87	1.93	1.94	2.12	1.93	187	M	2.60	2.52	2.57	2.64	2.62	2.48	2.47	2.57
	SD	2.33	1.97	2.10	2.06	2.00	1.95	1.92	2.02		SD	2.52	2.63	2.46	2.45	2.31	2.14	1.99	2.34
188	M	17.33	17.73	18.02	17.86	18.01	18.01	18.30	17.97	188	M	27.20	27.52	27.25	26.48	26.29	25.91	25.57	26.45
	SD	4.23	4.20	3.94	3.89	3.85	3.78	3.83	3.88		SD	3.78	3.75	3.85	3.83	3.77	3.87	3.72	3.85
189	M	20.41	21.80	22.50	22.27	21.88	21.80	21.40	21.95	189	M	19.01	19.69	20.04	19.92	20.05	19.96	19.79	19.93
	SD	6.01	6.23	5.97	5.74	5.62	5.48	5.37	5.70		SD	6.36	6.50	6.37	6.18	5.87	5.88	5.70	6.07
190	M	27.38	25.98	25.72	26.04	26.99	27.74	28.23	26.84	190	M	27.10	28.33	28.62	28.81	28.71	29.01	29.62	28.76
	SD	9.03	9.33	8.99	8.84	8.48	8.09	7.48	8.57		SD	9.09	9.49	9.20	8.89	8.33	8.08	7.68	8.61
191	M	20.67	19.82	19.58	19.78	20.34	20.85	21.11	20.27	191	M	19.92	20.87	20.97	21.19	21.09	21.34	21.80	21.14
	SD	6.56	6.79	6.64	6.51	6.30	6.08	5.66	6.35		SD	6.52	6.78	6.64	6.47	6.14	6.02	5.79	6.31
192	M	11.97	11.51	10.92	10.61	10.41	9.69	9.03	10.35	192	M	12.12	11.74	11.36	10.91	10.40	9.86	9.33	10.61
	SD	3.64	3.44	3.35	3.30	3.29	3.29	3.24	3.37		SD	3.57	3.54	3.30	3.28	3.27	3.23	3.24	3.36

Table VI. RAW-SCORE MEANS AND STANDARD DEVIATIONS FOR 220 SCALES FOR 50,000 MEDICAL PATIENTS--continued

SCALE		MALES <20 N=550	20-29 N=1298	30-39 N=2905	40-49 N=5379	50-59 N=7097	60-69 N=5315	70+ N=1733	ALL AGES N=24277	SCALE		FEMALES <20 N=695	20-29 N=1690	30-39 N=3474	40-49 N=5955	50-59 N=7209	60-69 N=5229	70+ N=1471	ALL AGES N=25723
193	M	23.15	24.16	24.84	24.83	24.66	24.84	24.85	24.71	193	M	22.84	23.67	24.22	24.38	24.54	24.96	25.30	24.48
	SD	4.67	4.47	3.95	3.91	3.95	4.01	4.05	4.02		SD	4.87	4.70	4.37	4.23	4.08	4.09	4.19	4.25
194	M	66.37	67.95	68.25	67.96	67.19	66.61	65.53	67.27	194	M	64.34	65.01	64.71	64.54	64.77	64.48	64.01	64.61
	SD	7.43	7.08	7.02	6.85	6.78	6.81	6.96	6.92		SD	8.21	7.99	7.61	7.41	7.21	7.26	7.11	7.40
195	M	29.61	30.82	31.06	30.90	30.31	29.98	29.44	30.41	195	M	27.85	28.36	28.31	28.25	28.41	28.30	28.01	28.30
	SD	5.46	5.35	5.24	5.08	4.98	4.85	4.73	5.04		SD	6.06	5.98	5.62	5.43	5.25	5.17	5.03	5.39
196	M	16.77	16.95	17.02	16.71	16.18	15.75	15.15	16.29	196	M	16.51	15.99	15.59	15.38	15.24	14.82	14.36	15.27
	SD	3.91	3.94	3.87	3.87	3.79	3.63	3.50	3.81		SD	3.92	4.01	3.94	3.87	3.73	3.67	3.51	3.82
197	M	14.85	15.40	15.68	15.43	14.92	14.32	13.61	14.92	197	M	14.01	14.03	13.96	13.74	13.54	13.02	12.47	13.52
	SD	3.01	3.12	2.92	2.83	2.72	2.67	2.60	2.84		SD	3.20	3.23	3.15	3.07	2.95	2.86	2.72	3.03
198	M	61.82	63.82	64.40	63.44	61.66	59.90	57.90	61.85	198	M	61.65	62.88	62.11	60.60	59.31	57.49	55.61	59.70
	SD	8.16	7.71	7.89	8.15	8.30	8.11	8.48	8.37		SD	7.97	8.14	8.15	8.18	8.38	8.54	8.18	8.52
199	M	18.88	20.22	20.71	20.55	20.09	19.53	18.88	20.04	199	M	19.30	19.77	19.92	19.80	19.60	18.96	18.38	19.49
	SD	4.15	3.87	3.78	3.75	3.79	3.75	3.82	3.82		SD	3.94	4.07	3.99	3.89	3.99	3.99	3.90	3.99
200	M	10.12	10.85	11.33	11.20	10.86	10.52	10.07	10.85	200	M	10.77	10.92	10.95	10.78	10.68	10.34	10.11	10.66
	SD	2.70	2.58	2.53	2.49	2.52	2.55	2.63	2.56		SD	2.87	2.69	2.62	2.62	2.56	2.59	2.60	2.62
201	M	32.33	30.98	30.22	31.05	32.80	34.01	35.11	32.43	201	M	33.82	33.68	33.53	34.34	35.16	36.48	37.60	35.02
	SD	8.46	8.49	8.52	8.48	8.40	8.19	8.16	8.51		SD	8.50	8.80	8.36	8.14	7.98	7.80	7.60	8.17
202	M	8.06	8.04	8.36	8.53	8.58	8.75	8.81	8.56	202	M	8.06	8.13	8.30	8.36	8.49	8.61	8.71	8.44
	SD	2.00	1.90	1.71	1.61	1.61	1.53	1.47	1.63		SD	1.93	1.83	1.71	1.67	1.63	1.57	1.55	1.67
203	M	2.18	1.75	1.66	1.68	1.75	1.73	1.79	1.73	203	M	1.89	1.84	1.73	1.73	1.74	1.78	1.77	1.76
	SD	1.69	1.71	1.70	1.69	1.70	1.67	1.60	1.69		SD	1.73	1.73	1.72	1.70	1.67	1.68	1.65	1.69
204	M	14.49	12.07	10.77	10.57	10.69	10.45	10.32	10.76	204	M	14.68	12.42	11.47	11.37	11.06	10.88	10.93	11.33
	SD	6.41	6.32	5.97	5.81	5.77	5.60	5.55	5.84		SD	6.56	6.22	6.01	5.89	5.65	5.55	5.53	5.83
205	M	20.08	20.97	21.48	21.37	20.65	19.97	19.42	20.68	205	M	20.34	21.28	21.31	20.69	20.16	19.58	19.11	20.34
	SD	4.95	4.68	4.43	4.43	4.52	4.52	4.59	4.56		SD	4.90	4.66	4.41	4.38	4.50	4.59	4.55	4.55
206	M	66.91	71.42	73.75	72.83	71.14	70.50	68.79	71.44	206	M	66.16	69.57	69.83	68.79	68.39	67.68	66.21	68.43
	SD	14.94	14.47	13.66	13.37	13.14	12.90	13.03	13.40		SD	15.54	15.29	14.40	13.83	13.34	13.28	13.01	13.80
207	M	1.70	1.29	1.35	1.48	1.85	2.17	2.70	1.80	207	M	1.51	1.43	1.65	1.87	2.11	2.41	2.82	2.03
	SD	1.89	1.56	1.69	1.77	2.11	2.29	2.53	2.08		SD	1.66	1.71	2.00	2.18	2.24	2.39	2.58	2.23
208	M	12.33	13.17	13.52	13.31	13.15	13.20	13.23	13.23	208	M	12.65	13.13	13.38	13.18	13.13	13.12	13.03	13.16
	SD	3.18	3.19	3.08	3.00	2.98	2.97	2.91	3.01		SD	3.08	3.06	2.98	3.00	2.99	2.89	2.98	2.98

Table VI. RAW-SCORE MEANS AND STANDARD DEVIATIONS FOR 220 SCALES FOR 50,000 MEDICAL PATIENTS--continued

SCALE		MALES								SCALE		FEMALES							
		<20 N=550	20-29 N=1298	30-39 N=2905	40-49 N=5379	50-59 N=7097	60-69 N=5315	70+ N=1733	ALL AGES N=24277			<20 N=695	20-29 N=1690	30-39 N=3474	40-49 N=5955	50-59 N=7209	60-69 N=5229	70+ N=1471	ALL AGES N=25723
209	M	47.99	50.77	52.29	52.68	52.40	52.20	51.38	52.14	209	M	44.61	47.27	47.80	47.86	47.67	47.21	46.56	47.47
	SD	7.90	7.99	7.60	7.36	7.21	7.11	6.99	7.36		SD	8.05	7.80	7.60	7.32	7.11	7.11	6.84	7.31
210	M	12.03	11.79	11.80	11.68	11.48	11.24	10.90	11.50	210	M	13.17	12.81	12.60	12.39	12.11	11.87	11.70	12.24
	SD	2.07	1.88	1.87	1.90	1.89	1.93	2.01	1.93		SD	1.96	1.91	1.90	1.94	1.95	2.02	2.07	1.99
211	M	10.08	9.32	8.47	8.52	8.90	8.89	9.03	8.82	211	M	10.37	9.44	9.33	9.50	9.48	9.78	10.20	9.59
	SD	5.28	5.09	4.78	4.65	4.55	4.31	4.22	4.58		SD	5.45	5.28	5.12	4.94	4.81	4.69	4.62	4.91
212	M	21.55	20.30	19.57	19.33	19.29	18.77	18.22	19.25	212	M	22.74	22.45	21.97	21.48	20.80	20.03	19.75	21.06
	SD	7.65	8.00	7.73	7.44	7.29	7.11	6.95	7.38		SD	8.32	8.34	8.05	7.72	7.42	7.28	7.16	7.67
213	M	11.07	7.91	9.49	12.36	16.32	20.66	28.03	15.84	213	M	14.62	11.72	15.85	20.18	24.00	28.68	32.67	22.40
	SD	17.78	14.18	16.53	19.60	22.31	24.83	28.68	22.41		SD	22.38	18.96	23.46	25.44	27.78	29.41	29.93	27.12
214	M	11.91	13.50	14.25	14.11	13.67	12.22	11.23	13.29	214	M	14.16	16.45	17.81	17.01	15.67	14.21	12.97	15.83
	SD	5.12	5.60	5.86	5.65	5.58	5.17	4.96	5.57		SD	5.84	6.18	6.00	5.95	5.76	5.52	5.03	5.95
215	M	11.48	13.97	15.25	15.20	14.36	12.73	11.30	13.99	215	M	13.20	15.19	16.24	15.92	15.17	13.89	12.70	15.04
	SD	3.61	4.07	4.30	4.17	4.11	3.96	3.80	4.27		SD	3.83	3.99	3.94	4.03	4.01	3.93	3.73	4.10
216	M	31.70	31.45	31.34	30.86	30.27	29.86	29.50	30.48	216	M	32.42	30.86	29.62	29.62	29.51	29.35	29.43	29.68
	SD	6.84	6.97	6.90	6.99	7.02	7.01	6.99	7.02		SD	6.26	6.74	6.74	6.96	6.76	6.75	6.64	6.80
217	M	7.92	7.43	7.59	7.63	7.85	8.18	8.61	7.87	217	M	8.51	8.06	7.96	8.14	8.46	9.16	9.77	8.51
	SD	3.23	3.34	3.32	3.29	3.28	3.32	3.42	3.32		SD	3.04	3.04	3.04	3.08	3.17	3.07	3.09	3.14
218	M	8.76	8.25	8.27	8.02	7.92	7.92	8.12	8.04	218	M	9.47	9.14	8.87	8.70	8.65	8.93	9.23	8.84
	SD	3.41	3.55	3.52	3.49	3.52	3.58	3.70	3.54		SD	3.07	3.08	3.07	3.14	3.23	3.19	3.11	3.17
219	M	41.91	45.11	46.09	45.05	42.99	41.16	39.41	43.25	219	M	41.25	43.63	43.84	42.63	41.39	39.34	37.50	41.51
	SD	9.33	9.15	9.05	9.11	9.18	9.18	9.22	9.37		SD	9.57	9.53	9.26	9.13	9.18	9.25	9.17	9.40
220	M	25.36	24.70	25.01	25.10	25.52	26.89	27.62	25.77	220	M	21.98	21.05	20.87	21.70	22.58	23.56	24.59	22.35
	SD	6.69	7.00	7.03	6.78	6.78	6.60	6.48	6.82		SD	6.89	7.16	6.91	6.84	6.60	6.58	6.39	6.81

Table VII. CORRELATION MATRIX FOR 220 REGULAR AND SPECIAL MMPI SCALES AND SCORING PROCEDURES FOR 50,000 MEDICAL PATIENTS (Decimal Points Omitted)

SCALE	1	2	3	4	5	6	7	8	9	10	11	12	13	14	15	16	17	18	19	20	21	22	23	24	25	26	27	28	29	30
1		-58	57	-24	-29	-33	-46	64	84	5	-56	-19	39	-75	27	85	83	38	60	-41	45	85	87	64	-15	49	68	38	74	61
2	-58		-42	28	40	46	41	-35	-53	1	51	3	-23	55	-18	-51	-50	-26	-39	48	-38	-57	-54	-51	9	-28	-48	-29	-49	-31
3	57	-42		-16	-12	-2	-23	30	59	20	-28	-2	38	-51	80	71	62	69	21	-34	20	68	47	52	-7	27	75	86	79	70
4	-24	28	-16		8	16	36	7	-18	19	20	24	3	13	8	-21	-18	4	-28	29	20	-14	-16	-26	0	-6	-14	-14	-9	1
5	-29	40	-12	8		60	24	-13	-17	-17	37	-13	14	27	2	-21	-26	-15	-20	38	-17	-21	-31	-27	32	-40	-22	-7	-21	-10
6	-33	46	-2	16	60		28	-13	-14	4	41	2	8	30	18	-18	-21	0	-33	41	-19	-22	-35	-26	30	-28	-14	10	-12	-2
7	-46	41	-23	36	24	28		-19	-31	48	56	35	-19	40	3	-37	-37	5	-40	38	-28	-36	-39	-33	-13	-7	-32	-18	-35	-15
8	64	-35	30	7	-13	-13	-19		59	15	-35	0	34	-62	32	57	63	44	27	-17	52	62	58	37	-8	31	42	11	53	60
9	84	-53	59	-18	-17	-14	-31	59		18	-45	-14	50	-67	35	86	81	43	53	-25	46	81	77	57	-11	49	70	45	76	59
10	5	1	20	19	-17	4	48	15	18		16	34	-11	-3	34	18	18	43	-17	17	-3	13	10	7	-46	50	13	17	17	23
11	-56	51	-28	20	37	41	56	-35	-45	16		23	-20	50	1	-43	-42	-5	-45	45	-51	-50	-54	-41	6	-25	-40	-16	-43	-28
12	-19	3	-2	24	-13	2	35	0	-14	34	23		-6	14	16	-13	-9	22	-22	10	-4	-12	-16	-7	-3	9	-12	-3	-13	1
13	39	-23	38	3	14	8	-19	34	50	-11	-20	-6		-33	30	49	42	22	20	4	38	47	33	14	29	5	38	28	44	38
14	-75	55	-51	13	27	30	40	-62	-67	-3	50	14	-33		-27	-72	-71	-33	-32	46	-44	-74	-68	-48	20	-29	-60	-34	-67	-61
15	27	-18	80	8	2	18	3	32	35	34	1	16	30	-27		45	39	84	-10	-7	11	44	20	26	0	12	59	78	62	64
16	85	-51	71	-21	-21	-18	-37	57	86	18	-43	-13	49	-72	45		92	50	47	-31	37	84	74	59	-17	48	75	54	80	68
17	83	-50	62	-18	-26	-21	-37	63	81	18	-42	-9	42	-71	39	92		49	43	-33	34	80	73	58	-19	50	67	43	73	65
18	38	-26	69	4	-15	0	5	44	43	43	-5	22	22	-33	84	50	49		1	-18	11	47	38	46	-11	26	51	60	56	59
19	60	-39	21	-28	-20	-33	-40	27	53	-17	-45	-22	20	-32	-10	47	43	1		-25	32	45	54	43	5	34	41	12	36	13
20	-41	48	-34	29	38	41	38	-17	-25	17	45	10	4	46	-7	-31	-33	-18	-25		-17	-36	-36	-48	9	-1	-30	-25	-33	-27
21	45	-38	20	20	-17	-19	-28	52	46	-3	-51	-4	38	-44	11	37	34	11	32	-17		49	47	22	9	22	40	9	49	38
22	85	-57	68	-14	-21	-22	-36	62	81	13	-50	-12	47	-74	44	84	80	47	45	-36	49		77	56	-11	41	73	49	79	68
23	87	-54	47	-16	-31	-35	-39	58	77	10	-54	-16	33	-68	20	74	73	38	54	-36	47	77		61	-20	49	61	31	66	53
24	64	-51	52	-26	-27	-26	-33	37	57	7	-41	-7	14	-48	26	59	58	46	43	-48	22	56	61		-11	31	49	38	51	40
25	-15	9	-7	0	32	30	-13	-8	-11	-46	6	-3	29	20	0	-17	-19	-11	5	9	9	-11	-20	-11		-41	-9	-3	-11	-10
26	49	-28	27	-6	-40	-28	-7	31	49	50	-25	9	5	-29	12	48	50	26	34	-1	22	41	49	31	-41		37	16	38	26
27	68	-48	75	-14	-22	-14	-32	42	70	13	-40	-12	38	-60	59	75	67	51	41	-30	40	73	61	49	-9	37		73	88	64
28	38	-29	86	-14	-7	10	-18	11	45	17	-16	-3	28	-34	78	54	43	60	12	-25	9	49	31	38	-3	16	73		73	55
29	74	-49	79	-9	-21	-12	-35	53	76	17	-43	-13	44	-67	62	80	73	56	36	-33	49	79	66	51	-11	38	88	73		73
30	61	-31	70	1	-10	-2	-15	60	59	23	-28	1	38	-61	64	68	65	59	13	-27	38	68	53	40	-10	26	64	55	73	
31	89	-54	62	-11	-26	-27	-37	76	82	11	-51	-13	44	-81	37	84	82	46	46	-39	55	86	81	58	-16	44	74	43	83	74
32	-33	22	19	-1	12	29	26	-42	-23	18	36	19	-11	35	36	-15	-18	29	-27	16	-49	-27	-36	-8	1	-8	-5	34	-11	-15
33	-56	46	-4	28	28	43	46	-22	-46	23	54	25	-16	44	36	-39	-37	23	-60	31	-32	-41	-54	-34	7	-28	-30	7	-27	-2
34	-47	34	-18	3	13	20	37	-40	-43	18	44	26	-30	46	7	-38	-31	15	-36	19	-60	-46	-44	-21	0	-14	-38	-10	-46	-29
35	-67	62	-33	26	39	48	51	-40	-55	10	68	23	-21	57	2	-53	-51	-2	-61	48	-48	-59	-62	-46	10	-35	-51	-20	-50	-28
36	-24	25	-32	15	12	11	16	-15	-24	-4	18	6	-6	31	-22	-28	-25	-23	-4	30	-7	-26	-20	-23	18	-3	-23	-29	-28	-28
37	-79	58	-53	27	40	35	47	-59	-71	-13	56	19	-20	77	-25	-76	-75	-38	-38	51	-37	-72	-73	-62	33	-41	-56	-35	-66	-54
38	-69	64	-34	39	37	53	60	-31	-53	26	67	33	-24	54	1	-54	-52	-6	-64	51	-35	-56	-61	-51	2	-26	-47	-21	-46	-25
39	-37	40	-16	19	37	39	40	-18	-24	14	64	15	-3	27	10	-25	-24	10	-48	41	-39	-31	-33	-29	3	-21	-31	-9	-25	-10
40	52	-28	70	4	3	16	-10	74	56	26	-21	2	37	-55	77	61	60	67	6	-16	33	63	43	36	-5	20	62	60	70	79
41	-11	17	10	20	27	41	22	37	-2	24	15	8	0	1	38	-4	1	23	-29	24	6	1	-13	-11	-0	-3	1	9	7	22
42	70	-44	72	-4	-12	-8	-25	75	68	16	-37	-2	41	-71	63	73	73	63	24	-34	39	77	61	50	-6	27	66	54	75	82
43	-6	14	13	25	28	34	18	33	2	8	8	8	16	-2	34	-0	-1	21	-26	11	20	6	-8	-6	12	-20	1	10	9	28
44	12	-8	27	-5	1	4	-2	9	14	7	-5	-0	9	-12	24	17	15	20	1	-8	1	16	10	12	-2	3	21	26	20	20
45	25	-16	26	-3	-7	-4	-8	24	24	8	-15	-0	12	-27	20	25	26	21	9	-16	13	27	22	20	-5	10	22	18	25	29
46	30	-18	25	-7	-7	-6	-11	25	27	7	-17	-5	12	-28	14	30	30	18	12	-18	11	29	25	24	-7	14	23	17	26	28
47	11	-16	7	-0	-15	-10	-2	8	11	8	-9	6	2	-6	7	8	10	14	9	-8	8	11	11	11	-1	11	8	3	8	4
48	-17	17	-6	4	11	13	18	-14	-14	8	21	6	-7	15	4	-12	-11	3	-20	14	-20	-16	-17	-11	-3	-7	-13	-2	-14	-6
49	-19	16	-14	10	1	8	14	-14	-16	11	15	10	-11	20	-4	-16	-15	-4	-11	19	-12	-19	-15	-14	-4	3	-14	-9	-16	-13
50	-21	16	-16	7	1	5	10	-18	-18	5	15	7	-11	23	-6	-19	-18	-7	-8	18	-14	-21	-18	-15	1	-0	-15	-10	-18	-18

Table VII. CORRELATION MATRIX FOR 220 MMPI SCALES FOR 50,000 MEDICAL PATIENTS--continued

SCALE	31	32	33	34	35	36	37	38	39	40	41	42	43	44	45	46	47	48	49	50	51	52	53	54	55	56	57	58	59	60
1	89	-33	-56	-47	-67	-24	-79	-69	-37	52	-11	70	-6	12	25	30	11	-17	-19	-21	28	8	-11	28	28	-10	31	19	28	-6
2	-54	22	46	34	62	25	58	64	40	-28	17	-44	14	-8	-16	-18	-16	17	16	16	-17	-18	16	-21	-20	11	-16	-17	-19	7
3	62	19	-4	-18	-33	-32	-53	-34	-16	70	10	72	13	27	26	25	7	-6	-14	-16	31	1	-12	23	24	-1	22	16	32	2
4	-11	-1	28	3	26	15	27	39	19	4	20	-4	25	-5	-3	-7	-0	4	10	7	-5	3	11	-10	-11	6	-8	3	-4	10
5	-26	12	28	13	39	12	40	37	37	3	27	-12	28	1	-7	-7	-15	11	1	1	-5	-26	7	-13	-13	17	-4	-24	-14	14
6	-27	29	43	20	48	11	35	53	39	16	41	-8	34	4	-4	-6	-10	13	8	5	-1	-25	10	-12	-11	21	-7	-18	-11	16
7	-37	26	46	37	51	16	47	60	40	-10	22	-25	18	-2	-8	-11	-2	18	14	10	-10	-4	11	-15	-14	9	-13	-2	-5	6
8	76	-42	-22	-40	-40	-15	-59	-31	-18	74	37	75	33	9	24	25	8	-14	-14	-18	26	6	-2	17	17	3	23	15	21	2
9	82	-23	-46	-43	-55	-24	-71	-53	-24	56	-2	68	2	14	24	27	11	-14	-16	-18	27	8	-10	26	26	-8	29	18	28	-3
10	11	18	23	18	10	-4	-13	26	14	26	24	16	8	7	8	7	8	8	11	5	9	11	1	5	6	0	2	21	18	-3
11	-51	36	54	44	68	18	56	67	64	-21	15	-37	8	-5	-15	-17	-9	21	15	15	-16	-9	13	-21	-21	10	-19	-13	-14	5
12	-13	19	25	26	23	6	19	33	15	2	8	-2	8	-0	-0	-5	6	6	10	7	-3	14	4	-5	-5	-0	-10	11	3	2
13	44	-11	-16	-30	-21	-6	-20	-24	-3	37	0	41	16	9	12	12	2	-7	-11	-11	15	0	-3	9	10	-2	14	4	14	10
14	-81	35	44	46	57	31	77	54	27	-55	1	-71	-2	-12	-27	-28	-6	15	20	23	-28	-2	11	-24	-24	5	-29	-14	-25	0
15	37	36	36	7	2	-22	-25	1	10	77	38	63	34	24	20	14	7	4	-4	-6	24	4	-4	11	12	7	9	14	24	7
16	84	-15	-39	-38	-53	-28	-76	-54	-25	61	-4	73	-0	17	25	30	8	-12	-16	-19	30	5	-10	28	28	-8	31	19	32	-3
17	82	-18	-37	-31	-51	-25	-75	-52	-24	60	1	73	-1	15	26	30	10	-11	-15	-18	30	6	-8	26	27	-7	29	19	32	-4
18	46	29	23	15	-2	-23	-38	-6	10	67	23	63	21	20	21	18	14	3	-4	-7	24	12	-5	18	18	0	13	22	29	1
19	46	-27	-60	-36	-61	-4	-38	-64	-48	6	-29	24	-26	1	9	12	9	-20	-11	-8	8	13	-8	17	16	-12	17	9	8	-13
20	-39	16	31	19	48	30	51	51	41	-16	24	-34	11	-8	-16	-18	-8	14	19	18	-16	-6	14	-21	-21	10	-18	-9	-17	7
21	55	-49	-32	-60	-48	-7	-37	-35	-39	33	6	39	20	1	13	11	8	-20	-12	-14	13	12	-4	13	12	-5	14	12	10	4
22	86	-27	-41	-46	-59	-26	-72	-56	-31	63	1	77	6	16	27	29	11	-16	-19	-21	30	6	-11	26	26	-7	30	18	30	-1
23	81	-36	-54	-44	-62	-20	-73	-61	-33	43	-13	61	-8	10	22	25	11	-17	-15	-18	24	11	-10	27	27	-12	29	20	25	-6
24	58	-8	-34	-21	-46	-23	-62	-51	-29	36	-11	50	-6	12	20	24	11	-11	-14	-15	22	9	-12	27	26	-9	22	17	25	-6
25	-16	1	7	0	10	18	33	2	3	-5	-0	-6	12	-2	-5	-7	-1	-3	-4	1	-6	-6	3	-6	-7	5	-6	-14	-12	10
26	44	-8	-28	-14	-35	-3	-41	-26	-21	20	-3	27	-20	3	10	14	11	-7	3	-0	11	20	-3	15	15	-12	11	25	20	-13
27	74	-5	-30	-38	-51	-23	-56	-47	-31	62	1	66	1	21	22	23	8	-13	-14	-15	27	6	-11	22	23	-5	23	16	26	-1
28	43	34	7	-10	-20	-29	-35	-21	-9	60	9	54	10	26	18	17	3	-2	-9	-10	24	-2	-10	16	18	1	15	9	23	3
29	83	-11	-27	-46	-50	-28	-66	-46	-25	70	7	75	9	20	25	26	8	-14	-16	-18	30	5	-10	24	25	-4	27	17	29	0
30	74	-15	-2	-29	-28	-28	-54	-25	-10	79	22	82	28	20	29	28	4	-6	-13	-18	32	-3	-4	20	21	1	26	14	28	5
31		-39	-46	-54	-61	-26	-77	-56	-30	67	-0	81	8	15	29	31	9	-17	-19	-23	31	6	-9	26	27	-7	32	19	29	-1
32	-39		46	63	43	-1	30	34	27	-2	13	-14	1	7	-6	-6	-2	17	12	13	-4	-3	1	-5	-4	6	-12	-1	1	0
33	-46	46		52	62	4	46	64	44	9	38	-16	34	4	-6	-13	-6	22	14	12	-6	-9	10	-15	-15	15	-17	-6	-5	10
34	-54	63	52		52	10	44	43	28	-22	7	-29	-6	-2	-9	-11	-2	21	15	15	-11	-1	6	-10	-10	3	-17	-3	-5	-1
35	-61	43	62	52		17	62	77	73	-23	21	-41	16	-5	-15	-19	-11	24	17	16	-16	-12	13	-21	-21	12	-20	-15	-15	9
36	-26	-1	4	10	17		36	17	8	-25	-1	-27	1	-9	-11	-11	-2	3	9	11	-13	2	8	-11	-11	1	-12	-5	-13	2
37	-77	30	46	44	62	36		58	33	-50	2	-64	3	-13	-25	-29	-9	15	18	21	-28	-6	13	-29	-28	8	-30	-20	-29	6
38	-56	34	64	43	77	17	58		57	-16	30	-37	23	-5	-14	-17	-12	23	19	16	-15	-15	16	-22	-21	15	-20	-11	-14	11
39	-30	27	44	28	73	8	33	57		-5	15	-18	20	-0	-6	-7	-9	21	10	7	-6	-13	9	-13	-13	10	-8	-10	-5	9
40	67	-2	9	-22	-23	-25	-50	-16	-5		56	88	48	25	29	27	4	-4	-13	-17	34	-5	-5	18	19	12	22	12	27	8
41	-0	13	38	7	21	-1	2	30	15	56		26	55	8	6	3	-3	6	0	-2	10	-11	5	-3	-3	23	-0	-2	2	10
42	81	-14	-16	-29	-41	-27	-64	-37	-18	88	26		27	21	33	34	7	-10	-17	-22	36	0	-7	24	25	1	28	16	31	4
43	8	1	34	-6	16	1	3	23	20	48	55	27		6	9	7	-5	5	-4	-7	10	-13	2	-1	-1	19	4	-4	4	14
44	15	7	4	-2	-5	-9	-13	-5	-0	25	8	21	6		41	36	11	-6	-17	-19	61	2	-16	31	33	18	30	26	57	6
45	29	-6	-6	-9	-15	-11	-25	-14	-6	29	6	33	9	41		68	25	-33	-42	-52	86	20	-20	56	56	-13	64	48	72	0
46	31	-6	-13	-11	-19	-11	-29	-17	-7	27	3	34	7	36	68		31	-42	-42	-46	80	23	-22	63	63	-22	76	51	69	-12
47	9	-2	-6	-2	-11	-2	-9	-12	-9	4	-3	7	-5	11	25	31		-26	-24	-17	27	50	-27	39	35	-22	27	42	37	-21
48	-17	17	22	21	24	3	15	23	21	-4	6	-10	5	-6	-33	-42	-26		50	45	-34	-38	34	-53	-51	45	-57	-32	-29	30
49	-19	12	14	15	17	9	18	19	10	-13	0	-17	-4	-17	-42	-42	-24	50		83	-42	-19	37	-43	-41	22	-55	-10	-33	5
50	-23	13	12	15	16	11	21	16	7	-17	-2	-22	-7	-19	-52	-46	-17	45	83		-50	-10	30	-42	-42	16	-57	-21	-41	-5

Table VII. CORRELATION MATRIX FOR 220 MMPI SCALES FOR 50,000 MEDICAL PATIENTS--continued

SCALE	61	62	63	64	65	66	67	68	69	70	71	72	73	74	75	76	77	78	79	80	81	82	83	84	85	86	87	88	89	90
1	23	-23	24	71	39	25	76	53	69	53	-56	46	47	55	34	31	47	-28	37	29	17	5	-21	-25	-44	55	43	-27	57	-55
2	-16	13	-17	-46	-37	2	-65	-26	-46	-39	41	-33	-36	-38	-27	-14	-42	41	-28	-22	-16	-1	20	17	45	-41	-32	29	-42	50
3	32	-27	14	57	35	27	43	47	42	69	-36	75	45	44	72	51	20	-14	72	48	19	37	-2	-10	-16	88	88	-4	99	-15
4	-5	19	-14	-10	-4	-17	-28	-8	-19	-10	23	-13	-11	-12	-12	-12	-20	23	-14	-12	-13	-1	7	-3	25	-10	-17	10	-16	17
5	-8	-10	-1	-23	-28	23	-44	-0	-23	-24	19	-8	-12	-17	-6	15	-28	15	-6	-9	-14	8	15	10	29	-17	-5	37	-12	36
6	-5	-12	-5	-19	-21	29	-45	2	-26	-13	25	2	-10	-18	4	15	-35	27	5	2	-11	14	17	13	35	-4	3	37	-2	45
7	-4	17	-17	-31	-17	-9	-52	-23	-35	-18	36	-18	-30	-33	-14	-7	-39	32	-17	-16	-12	8	22	15	51	-19	-20	17	-23	50
8	16	-12	13	55	33	17	40	42	44	41	-37	24	28	42	11	13	23	-12	12	4	3	1	-15	-23	-23	43	7	-11	30	-36
9	23	-21	20	67	37	27	69	48	66	50	-47	50	47	51	37	38	39	-21	41	33	14	9	-16	-23	-34	54	48	-18	58	-44
10	14	12	-10	11	16	-2	-2	-0	4	23	9	17	-4	-2	14	8	-10	21	14	7	3	17	11	3	26	26	13	1	21	23
11	-11	15	-20	-42	-32	-7	-67	-26	-46	-29	41	-21	-39	-42	-15	-9	-54	35	-18	-16	-14	10	25	20	61	-26	-21	24	-28	63
12	2	18	-13	-8	11	-20	-17	-9	-17	3	17	-2	-10	-11	-3	-13	-17	13	-3	-2	-0	8	8	9	19	6	-8	-1	-2	21
13	14	-10	10	38	9	12	25	33	36	26	-18	35	36	27	24	29	18	-10	26	19	3	10	-7	-13	-13	36	31	-5	37	-18
14	-21	24	-20	-63	-35	-26	-61	-45	-57	-47	48	-43	-38	-49	-30	-27	-30	23	-33	-24	-8	-5	17	25	34	-50	-38	16	-51	46
15	25	-11	1	38	26	9	6	36	16	57	-14	63	27	23	63	36	-2	2	64	43	12	43	11	2	18	78	69	14	81	23
16	27	-23	19	71	36	32	66	50	65	58	-49	59	46	51	45	43	35	-18	49	38	16	16	-13	-20	-31	65	58	-16	70	-38
17	26	-21	18	70	36	30	63	47	61	56	-48	52	41	49	37	35	33	-17	40	31	15	13	-13	-17	-29	61	45	-16	61	-36
18	27	-7	4	44	40	7	13	33	22	61	-20	54	25	31	49	27	5	-0	50	35	15	37	8	2	17	70	54	10	70	19
19	6	-9	21	35	22	4	60	29	47	21	-36	16	31	34	10	12	53	-35	13	14	18	-12	-25	-17	-56	18	17	-36	21	-62
20	-14	20	-17	-34	-34	-10	-48	-21	-29	-35	39	-26	-23	-36	-23	-12	-28	30	-24	-18	-11	-1	14	13	38	-29	-29	15	-35	39
21	9	-1	11	38	28	-0	48	27	41	21	-26	15	34	42	9	4	36	-24	10	8	3	-9	-20	-31	-38	22	12	-15	21	-53
22	26	-23	21	70	39	27	68	53	64	57	-49	56	46	55	44	40	39	-25	47	33	15	13	-17	-24	-36	65	53	-22	68	-48
23	20	-17	21	63	40	19	70	43	64	47	-47	38	42	53	26	24	46	-22	30	24	15	2	-20	-24	-40	44	35	-25	47	-51
24	21	-22	20	52	50	21	63	34	44	47	-42	41	38	46	31	24	35	-26	35	29	19	10	-12	-12	-31	44	44	-15	51	-33
25	-7	-3	5	-12	-10	-4	-14	3	-9	-12	6	-5	9	-2	-2	-6	5	-13	-2	-3	-2	-2	-1	4	-4	-7	-3	8	-7	3
26	15	9	3	34	24	-3	45	15	38	27	-17	20	18	19	12	6	30	-3	14	13	14	1	-10	-10	-21	27	18	-31	26	-29
27	24	-21	16	59	34	18	58	47	54	57	-39	64	46	44	57	36	32	-20	62	53	18	18	-15	-20	-34	68	66	-21	76	-41
28	24	-24	10	42	25	23	28	37	29	56	-24	70	37	32	73	44	10	-8	74	57	15	35	2	-5	-8	74	82	-2	86	-5
29	26	-23	17	66	37	25	60	51	58	61	-43	65	48	51	58	43	31	-18	61	48	14	20	-14	-25	-31	74	67	-14	80	-41
30	25	-23	13	60	32	31	36	47	42	60	-37	55	35	45	49	39	14	-6	49	30	9	25	-2	-16	-8	76	49	4	70	-15
31	24	-22	21	73	40	27	69	54	66	57	-52	50	46	57	37	33	37	-22	40	29	11	8	-19	-30	-37	61	45	-21	61	-53
32	4	4	-10	-22	-8	-2	-36	-8	-29	2	20	15	-11	-24	24	9	-24	16	22	19	6	27	20	32	33	8	29	15	18	55
33	-2	10	-19	-32	-16	-6	-64	-20	-49	-9	34	-5	-30	-30	5	-0	-46	31	-1	-8	-11	25	31	23	65	4	-6	44	-4	75
34	-4	12	-14	-35	-14	-10	-50	-24	-43	-12	28	-16	-31	-34	-9	-9	-30	22	-11	-10	1	15	22	40	43	-14	-14	18	-17	66
35	-12	14	-22	-48	-32	-6	-77	-32	-55	-32	44	-25	-41	-43	-18	-12	-56	38	-21	-18	-16	12	30	26	70	-31	-25	34	-33	76
36	-12	15	-8	-24	-12	-16	-18	-18	-16	-25	24	-25	-6	-16	-24	-23	-5	8	-24	-13	-4	-11	2	6	9	-32	-24	-4	-32	8
37	-23	25	-20	-65	-42	-27	-70	-41	-58	-52	53	-42	-39	-52	-30	-25	-36	25	-34	-26	-13	-6	18	22	39	-51	-38	18	-53	48
38	-12	17	-24	-46	-29	-1	-75	-32	-54	-32	49	-26	-44	-44	-20	-14	-60	47	-23	-21	-20	9	29	19	65	-32	-28	38	-34	68
39	-4	4	-14	-24	-24	6	-58	-16	-33	-16	29	-10	-26	-27	-8	1	-52	34	-10	-9	-19	16	23	12	74	-15	-11	26	-16	64
40	25	-24	12	55	31	32	29	49	36	60	-33	57	35	40	50	39	9	-5	51	31	7	28	-1	-12	-4	76	51	6	71	-7
41	5	-5	-4	2	1	17	-22	8	-12	6	6	9	-1	-2	9	9	-18	12	7	-2	-5	14	10	5	22	14	5	21	10	25
42	27	-26	18	66	38	30	48	54	50	65	-45	58	41	50	47	38	23	-14	49	32	12	22	-9	-17	-20	75	51	-7	71	-26
43	5	-10	-1	7	2	20	-22	12	-7	10	1	11	5	8	10	11	-18	9	9	2	-14	14	9	-3	25	16	8	28	13	22
44	54	-41	18	16	10	15	7	15	10	25	-10	26	12	12	26	19	1	-1	27	16	5	14	2	-1	0	28	21	3	27	2
45	66	-48	40	29	18	13	18	23	22	28	-20	24	18	22	19	15	10	-7	20	14	4	8	-4	-6	-7	26	18	-2	25	-9
46	56	-51	55	31	18	19	22	24	27	28	-23	23	19	25	17	18	13	-8	19	13	5	7	-5	-8	-9	24	18	-2	24	-11
47	26	-15	30	12	15	-13	14	5	10	12	-7	6	6	9	4	-3	14	-10	5	5	6	0	-4	-2	-9	8	3	-9	7	-9
48	-19	33	-61	-16	-12	4	-24	-11	-21	-8	16	-6	-17	-17	-3	1	-24	17	-4	-5	-4	10	15	12	28	-6	-3	17	-6	32
49	-28	56	-55	-19	-10	-10	-16	-16	-18	-13	21	-12	-14	-19	-9	-9	-11	15	-10	-7	-2	0	7	9	13	-11	-11	3	-13	15
50	-34	51	-46	-23	-11	-16	-16	-18	-20	-16	21	-14	-15	-21	-10	-12	-9	12	-11	-8	-0	-2	5	9	10	-14	-12	1	-15	13

Table VII. CORRELATION MATRIX FOR 220 MMPI SCALES FOR 50,000 MEDICAL PATIENTS--continued

SCALE	91	92	93	94	95	96	97	98	99	100	101	102	103	104	105	106	107	108	109	110	111	112	113	114	115	116	117	118	119	120
1	72	-56	59	94	-60	12	82	-25	49	-71	-69	-30	-76	-12	-50	-76	68	32	30	17	43	-45	35	55	-5	14	-9	11	61	31
2	-63	62	-52	-63	63	-7	-51	51	-53	58	56	24	58	11	43	55	-60	-27	-24	-21	-31	30	-26	-45	3	8	-2	20	-30	-19
3	66	-44	36	61	-44	15	67	-11	20	-31	-32	-7	-38	28	-40	-45	32	21	8	4	39	-24	14	41	-8	21	-18	16	42	21
4	-20	33	-24	-27	37	2	-24	12	-20	32	30	7	29	12	10	16	-29	-23	-23	-11	-6	2	-18	-20	-16	-24	25	-19	-12	-20
5	-41	13	-52	-31	16	5	-22	22	-49	38	32	37	33	7	30	25	-39	-40	-31	-31	-19	9	-26	-44	-19	27	-25	27	-20	-4
6	-35	22	-47	-34	27	5	-17	36	-48	43	38	38	39	26	28	32	-46	-33	-34	-37	-19	17	-25	-39	-13	29	-22	35	-13	-12
7	-36	51	-23	-49	57	-8	-44	38	-35	55	52	7	54	31	28	48	-46	-10	-17	-3	-16	26	-25	-27	10	3	2	11	-20	-13
8	49	-37	27	63	-36	16	54	-15	21	-29	-33	-13	-37	1	-39	-57	34	3	0	3	35	-34	7	27	-21	1	5	4	42	16
9	69	-51	56	85	-52	13	80	-16	43	-63	-59	-32	-69	-5	-46	-67	62	28	23	10	43	-48	31	52	-8	16	-7	17	65	29
10	15	23	30	3	26	-3	9	25	8	14	18	-26	8	38	-8	9	-2	21	2	16	13	-0	-3	18	16	-0	11	10	26	4
11	-53	53	-37	-61	61	-7	-46	34	-56	63	56	19	63	26	35	59	-62	-19	-23	-18	-25	38	-30	-41	11	2	0	10	-36	-19
12	-5	25	2	-18	28	-5	-15	5	-6	30	29	-1	30	28	7	25	-17	5	-6	11	5	21	-13	-4	12	-19	19	-17	-14	-9
13	28	-28	9	40	-26	13	46	-16	10	-27	-23	-1	-31	-0	-15	-36	27	-5	-1	-6	28	-35	5	15	-23	1	-1	-10	28	0
14	-57	57	-40	-75	58	-15	-66	21	-30	55	55	20	61	13	57	75	-45	-9	-5	-6	-34	45	-13	-34	21	-18	15	-12	-54	-22
15	43	-19	11	30	-16	15	40	-4	-5	10	4	9	1	45	-25	-15	-1	5	-13	-6	30	-1	-7	19	-11	-4	9	1	20	2
16	70	-51	55	86	-53	13	91	-13	39	-60	-57	-27	-66	3	-49	-68	58	31	21	11	49	-41	26	56	-7	21	-14	19	65	27
17	67	-47	53	83	-49	11	86	-13	39	-57	-56	-26	-63	4	-47	-60	54	33	20	11	51	-36	26	54	-3	18	-11	15	62	25
18	52	-17	33	45	-15	7	47	-5	13	11	6	-1	3	43	-33	-17	12	34	9	8	40	8	12	41	13	-6	15	3	31	16
19	54	-40	46	63	-45	2	51	-28	59	-62	-58	-28	-61	-28	-14	-42	76	43	53	29	30	-22	47	48	19	-4	2	-4	24	28
20	-45	52	-29	-47	55	-4	-32	35	-29	39	40	2	38	13	43	44	-31	-18	-13	-13	-16	13	-18	-30	2	-11	16	-2	-20	-24
21	41	-41	22	48	-40	14	34	-27	35	-42	-42	-16	-45	-21	-28	-58	41	-8	3	9	24	-51	11	21	-35	-20	18	-24	28	8
22	72	-55	53	85	-57	15	77	-21	42	-61	-60	-25	-67	-5	-49	-71	58	23	19	13	43	-47	26	49	-14	14	-9	10	59	23
23	67	-47	61	86	-49	8	69	-17	51	-62	-59	-33	-67	-16	-50	-69	65	37	33	15	44	-43	41	55	3	10	-3	10	64	28
24	62	-48	53	75	-51	5	62	-17	43	-45	-44	-15	-47	0	-40	-47	49	41	30	18	35	-20	34	54	11	17	-14	15	42	47
25	-11	-4	-28	-10	-5	5	-11	-17	-9	11	7	27	14	-7	28	13	-5	-20	-9	-12	-9	9	-7	-20	-12	-12	3	-20	-31	-12
26	45	-7	64	45	-5	-1	43	-1	51	-42	-33	-54	-42	8	-21	-24	49	44	34	23	28	-23	30	47	22	-8	16	-1	46	16
27	70	-51	46	70	-51	17	71	-19	36	-51	-50	-21	-58	4	-44	-59	51	25	19	11	41	-37	25	48	-10	9	-5	7	48	20
28	52	-35	23	43	-34	15	50	-5	10	-19	-21	-0	-25	30	-31	-30	19	15	4	-0	26	-14	9	29	-6	20	-17	17	30	14
29	72	-54	45	75	-53	19	73	-15	33	-51	-52	-20	-58	6	-49	-67	48	16	13	7	40	-47	21	44	-19	13	-8	11	56	22
30	52	-36	27	60	-34	17	58	0	8	-25	-30	-9	-34	20	-47	-54	22	5	-2	-3	34	-33	7	27	-19	22	-15	20	49	16
31	69	-55	52	88	-56	17	77	-17	39	-61	-61	-27	-68	-8	-57	-79	56	19	17	11	43	-53	26	47	-18	15	-9	14	63	27
32	-8	27	-12	-31	29	-7	-14	13	-18	41	43	16	43	44	23	51	-28	11	-7	-6	-3	48	-11	-7	25	5	-3	7	-18	-7
33	-36	41	-45	-56	45	-2	-40	30	-48	72	66	36	68	47	30	54	-64	-27	-40	-16	-14	41	-42	-38	-4	-2	4	3	-37	-20
34	-30	45	-18	-46	44	-16	-37	20	-24	55	55	18	58	35	32	69	-39	12	-10	1	-13	64	-17	-18	37	-0	1	6	-30	-10
35	-64	55	-51	-70	62	-8	-54	42	-63	78	72	30	78	28	37	64	-77	-26	-33	-26	-27	42	-34	-46	6	3	0	10	-39	-24
36	-22	28	-14	-26	28	-6	-26	10	-8	14	16	1	16	-11	28	28	-8	-5	2	1	-12	12	-3	-14	5	-17	16	-13	-23	-13
37	-64	60	-53	-81	62	-10	-74	20	-42	61	58	27	65	7	61	73	-53	-25	-16	-13	-40	41	-25	-49	10	-18	12	-15	-62	-32
38	-63	59	-47	-72	67	-5	-58	48	-60	77	73	15	74	29	38	60	-76	-35	-40	-26	-31	31	-40	-51	-4	6	-1	16	-34	-23
39	-52	38	-31	-42	48	-2	-30	41	-60	57	54	17	56	18	17	34	-64	-24	-30	-27	-16	16	-27	-34	-3	15	-8	20	-14	-15
40	51	-37	16	53	-35	20	55	-3	2	-15	-21	5	-25	28	-36	-44	15	-3	-13	-7	34	-26	-4	21	-25	23	-17	20	40	13
41	-4	6	-27	-12	8	11	-3	15	-31	29	22	25	24	32	9	6	-28	-30	-36	-18	-0	6	-34	-23	-24	12	-8	15	-0	-7
42	63	-46	35	71	-46	18	66	-13	20	-35	-40	-8	-45	14	-48	-57	34	11	2	2	39	-33	12	35	-18	20	-15	16	48	20
43	-9	-1	-33	-6	1	12	-2	11	-35	29	23	30	23	22	7	-9	-30	-35	-36	-16	-3	-5	-39	-21	-34	16	-14	14	-2	-7
44	13	-10	6	14	-10	7	15	2	-1	-3	-3	2	-6	11	-8	-10	3	4	-0	-1	8	-4	2	8	-2	17	-15	12	12	6
45	22	-17	14	26	-17	8	24	-3	7	-13	-14	-3	-16	4	-19	-21	12	6	2	1	15	-12	5	15	-5	11	-9	8	18	9
46	22	-17	18	30	-18	6	27	0	10	-18	-18	-5	-20	4	-17	-24	16	9	5	3	15	-13	9	17	-2	19	-16	15	24	12
47	19	-7	14	12	-8	-1	9	-16	18	-10	-10	-3	-9	1	-6	-4	15	15	11	9	10	1	9	16	8	-18	18	-16	3	2
48	-19	18	-12	-19	19	-6	-13	16	-19	24	23	6	23	13	12	20	-23	-5	-10	-4	-7	14	-11	-12	5	11	-9	10	-6	-3
49	-14	23	-6	-20	23	-7	-17	11	-5	15	16	-3	16	7	12	22	-11	1	-2	-1	-6	12	-2	-7	8	-10	12	-4	-8	-7
50	-13	22	-7	-21	22	-7	-18	6	-3	14	15	-2	16	3	15	25	-9	2	1	-1	-8	16	-1	-8	11	-16	16	-10	-13	-8

Table VII. CORRELATION MATRIX FOR 220 MMPI SCALES FOR 50,000 MEDICAL PATIENTS--continued

SCALE	121	122	123	124	125	126	127	128	129	130	131	132	133	134	135	136	137	138	139	140	141	142	143	144	145	146	147	148	149	150
1	-36	6	4	-45	83	82	-32	-4	61	79	50	27	74	72	-35	38	31	-17	51	51	-43	63	-15	62	42	36	40	1	-45	67
2	44	22	9	33	-60	-54	32	9	-43	-49	-28	-18	-38	-56	33	-36	-15	19	-43	-29	43	-49	23	-45	-39	-45	-37	-16	31	-49
3	-11	8	11	-29	81	48	-39	-16	89	72	45	80	51	41	-13	35	32	1	31	37	-17	45	1	83	39	26	31	14	-23	40
4	21	-23	-10	7	-18	-24	21	-2	-15	-8	12	8	-21	-26	20	-8	1	19	-20	-9	22	-21	19	-18	-6	-4	-11	3	-7	-16
5	30	22	28	26	-30	-9	26	14	-14	-26	-2	2	-24	-43	11	-36	-8	19	-28	-9	39	-27	14	-18	-33	-33	-33	-18	6	-32
6	43	22	39	20	-23	-24	24	11	-3	-17	1	18	-25	-41	34	-23	2	25	-29	-4	42	-25	24	-9	-22	-32	-31	-8	20	-30
7	42	7	4	5	-33	-47	21	-1	-26	-29	-20	3	-24	-39	37	-4	3	30	-28	-30	43	-36	34	-30	3	-2	-10	16	25	-23
8	-14	-9	10	-32	61	50	-22	4	39	76	50	32	44	39	-13	22	31	1	30	44	-21	43	2	36	37	28	28	-3	-45	44
9	-25	6	10	-46	81	78	-28	-2	62	75	55	35	68	69	-27	38	36	-9	44	46	-31	57	-4	63	43	36	38	11	-44	62
10	25	-3	0	-36	25	-10	-28	-8	17	21	7	34	15	16	30	30	24	17	4	-0	11	5	26	13	43	30	21	32	12	18
11	52	10	4	23	-49	-56	20	1	-31	-42	-31	1	-31	-56	29	-20	-0	38	-44	-36	61	-48	41	-34	-22	-25	-30	0	38	-44
12	14	-21	-9	2	-4	-30	-2	-5	-3	-1	-11	16	-11	-11	20	11	6	18	-12	-11	15	-13	18	-4	21	19	8	25	18	-6
13	-5	-19	10	-10	39	48	1	-7	45	40	42	30	27	30	-16	3	11	-2	9	30	-7	19	-2	40	10	11	9	3	-31	22
14	25	-2	-10	44	-72	-65	37	8	-56	-76	-55	-27	-54	-52	25	-29	-29	10	-37	-48	31	-52	8	-54	-33	-28	-35	3	52	-51
15	14	-10	5	-12	61	17	-25	-15	74	58	35		26	9	5	26	35	22	12	23	12	24	24	68	39	21	17	22	-3	20
16	-23	9	10	-49	86	73	-39	-5	74	80	57	45	72	66	-24	36	38	-7	43	52	-31	60	-4	73	43	35	38	5	-40	58
17	-21	6	9	-45	82	67	-39	-0	66	82	51	39	66	64	-23	36	40	-5	44	53	-29	59	-1	66	46	34	39	4	-33	58
18	9	-7	2	-17	71	24	-29	-12	65	63	33	84	42	23	6	48	60	29	36	33	8	45	36	62	66	41	36	31	3	43
19	-51	8	-15	-8	41	59	-5	6	25	33	12	-10	52	61	-42	15	-2	-37	40	29	-54	43	-39	29	15	21	19	-10	-25	42
20	34	-4	1	10	-45	-34	35	9	-32	-37	-23	-7	-28	-33	27	-30	-12	19	-39	-29	41	-45	25	-37	-26	-29	-41	-4	26	-30
21	-32	-35	-1	-21	43	51	-9	-1	24	43	51	11	24	37	-13	13	7	-15	26	30	-36	33	-20	26	14	26	21	4	-58	33
22	-29	1	8	-45	84	75	-34	-10	71	82	59	44	65	65	-24	36	30	-12	45	47	-37	58	-12	67	42	36	39	6	-47	60
23	-33	5	3	-44	77	78	-23	-2	50	70	50	20	68	70	-27	46	33	-13	52	45	-41	61	-11	52	46	39	45	4	-40	72
24	-28	12	3	-23	72	54	-27	-3	53	57	30	26	55	52	-21	48	39	-5	58	41	-33	65	-7	54	46	35	39	10	-22	57
25	-7	-17	7	48	-19	-0	31	9	-4	-14	-6	0	-20	-18	-11	-22	-10	-2	-7	2	3	-8	-6	-5	-21	-13	-19	-8	4	-18
26	-16	-6	-14	-45	45	33	-31	-1	27	41	13	12	46	59	-4	36	21	-9	27	15	-26	31	0	28	38	32	31	18	-5	42
27	-26	2	1	-34	79	61	-31	-13	75	71	50	59	60	55	-23	30	22	-14	36	38	-34	48	-14	79	32	28	29	9	-37	47
28	-5	11	10	-18	65	32	-28	-18	79	51	36	78	38	26	-7	26	23	4	20	25	-9	32	2	76	24	12	14	14	-13	25
29	-22	2	7	-39	86	67	-37	-13	79	80	61	62	64	55	-21	35	32	-6	37	46	-28	53	-6	79	37	31	34	10	-47	52
30	-5	5	20	-37	72	46	-30	-12	70	82	58	64	48	35	-7	27	33	6	27	39	-12	39	8	64	36	22	29	0	-37	44
31	-28	3	9	-47	85	76	-34	-7	66	88	62	37	70	64	-26	37	36	-10	44	55	-35	61	-7	64	40	34	39	1	-57	64
32	29	8	2	17	-9	-32	-5	-6	12	-19	-27	36	-15	-22	19	-3	7	24	-14	-15	30	-16	23	12	12	-4	-8	18	57	-23
33	51	-4	11	25	-31	-58	6	-6	-12	-25	-17	36	-39	-56	44	-16	5	40	-34	-20	53	-37	38	-14	-8	-20	-26	12	38	-45
34	29	11	-0	25	-32	-49	7	2	-24	-34	-43	7	-29	-34	23	-2	3	21	-19	-23	35	-26	26	-23	19	-2	-7	19	73	-25
35	58	8	9	31	-56	-64	23	2	-36	-48	-32	2	-44	-66	41	-23	8	49	-45	-33	74	-50	53	-39	-25	-35	-32	0	43	-50
36	4	-3	-12	15	-33	-21	33	2	-28	-27	-17	-22	-20	-18	4	-19	-19	-4	-20	-16	4	-21	-6	-25	-15	-8	-14	-2	17	-19
37	29	-5	-7	52	-78	-66	49	7	-55	-73	-47	-25	-59	-61	25	-42	-35	11	-49	-49	38	-62	9	-57	-45	-36	-45	-2	44	-62
38	59	6	20	14	-54	-67	15	2	-38	-45	-23	1	-47	-61	55	-25	-2	39	-47	-34	61	-52	42	-42	-25	-31	-32	2	31	-50
39	66	15	13	9	-30	-40	11	-9	-17	-23	-9	10	-21	-51	30	-7	31	58	-35	-20	86	-36	70	-21	-16	-22	-20	-1	18	-28
40	4	4	23	-27	71	41	-27	-5	71	81	52	77	40	26	-3	22	33	10	22	40	-5	37	10	64	39	21	25	4	-31	33
41	27	-2	24	-0	5	-11	-2	22	9	15	16	38	-15	-22	25	-10	6	17	-13	5	21	-9	15	5	3	-4	-3	-1	-1	-15
42	-14	3	17	-34	81	57	-31	-9	75	92	56	63	53	44	-17	33	37	2	35	48	-20	51	3	67	46	29	35	4	-37	50
43	28	-1	27	7	6	-8	4	-0	15	17	24	34	-15	-22	18	-10	7	16	-12	8	21	-6	14	8	-4	-7	-4	-5	-21	-14
44	3	9	10	-7	21	9	-8	-6	24	19	12	24	12	8	1	5	8	2	6	10	-1	10	2	24	9	3	7	1	-5	8
45	-4	4	7	-14	30	20	-13	-7	26	33	19	20	20	17	-5	14	13	0	13	16	-8	18	0	23	17	10	15	1	-14	18
46	-4	10	10	-16	31	24	-14	-4	25	33	20	14	24	21	-7	15	16	-2	16	22	-10	23	-0	24	19	11	19	-1	-15	23
47	-8	-13	-12	-2	14	8	-3	-2	7	10	2	7	8	14	-8	15	10	-0	17	5	-9	14	0	7	20	20	13	14	0	15
48	21	7	8	4	-12	-19	1	0	-7	-12	-8	4	-10	-18	15	-6	3	12	-11	-8	21	-13	16	-7	-2	-7	-7	3	16	-11
49	9	-4	-5	4	-17	-19	6	1	-14	-16	-15	-4	-12	-11	12	-4	-2	7	-10	-9	11	-14	9	-14	-4	-5	-9	4	20	-10
50	5	-6	-12	10	-20	-19	9	2	-16	-20	-20	-6	-13	-11	7	-5	-6	4	-10	-13	9	-15	6	-16	-7	-6	-11	4	22	-13

Table VII. CORRELATION MATRIX FOR 220 MMPI SCALES FOR 50,000 MEDICAL PATIENTS--continued

SCALE	151	152	153	154	155	156	157	158	159	160	161	162	163	164	165	166	167	168	169	170	171	172	173	174	175	176	177	178	179	180
1	75	69	-18	51	83	-16	50	82	-15	72	59	64	79	48	90	76	76	22	-45	68	-16	13	-39	-36	23	39	-59	-17	-73	79
2	-55	-61	14	-34	-60	23	-44	-49	21	-61	-46	-54	-56	-26	-58	-45	-44	-6	34	-49	15	-20	61	63	-4	-16	52	17	52	-59
3	50	48	4	40	71	-4	30	56	-15	52	40	37	40	55	67	47	41	33	-32	40	14	-0	-13	-23	10	19	-30	7	-39	65
4	-17	-9	2	-4	-18	40	-18	-27	26	-20	-25	-29	-18	2	-22	-32	-30	-4	25	-18	26	4	31	29	10	5	18	31	37	-19
5	-39	-43	1	-15	-23	9	-27	-17	7	-43	-27	-24	-42	-13	-29	-18	2	-12	8	-25	36	-37	43	43	21	13	25	17	33	-39
6	-34	-38	11	-12	-25	24	-31	-19	10	-43	-31	-34	-48	-6	-30	-22	-8	0	18	-29	44	-24	51	48	12	-5	29	30	39	-36
7	-24	-23	35	-25	-35	39	-31	-37	35	-40	-32	-47	-41	-1	-41	-45	-54	18	38	-40	23	12	33	32	-7	-15	54	23	56	-36
8	57	53	-7	41	58	19	31	42	-6	44	31	38	53	57	72	54	44	12	-33	44	16	7	-21	-14	34	41	-42	11	-40	55
9	68	64	-11	48	81	-10	40	79	-5	64	50	56	72	48	85	73	72	28	-38	62	-6	18	-35	-34	26	37	-52	-6	-65	70
10	17	24	40	-4	14	34	-2	8	32	6	3	-16	15	33	13	5	-28	43	18	-7	6	30	-4	-1	-12	-7	20	17	12	17
11	-46	-47	24	-32	-48	28	-45	-47	30	-57	-39	-62	-61	-10	-51	-42	-49	-2	36	-54	14	-9	42	41	-10	-19	60	17	56	-52
12	-3	5	29	-8	-10	36	-12	-26	25	-5	-13	-23	-12	15	-12	-18	-39	8	19	-21	15	22	0	-1	-12	-12	32	17	31	-4
13	25	21	-11	28	51	6	11	39	11	32	15	30	27	23	45	38	47	-3	-18	23	18	-11	-1	-1	34	34	-24	17	-24	27
14	-59	-56	17	-40	-70	11	-38	-62	29	-52	-41	-46	-60	-44	-77	-57	-56	-10	41	-54	1	-1	34	30	-29	-38	59	6	63	-64
15	28	30	25	30	47	23	11	25	2	24	16	6	11	60	40	21	10	29	-13	11	37	-0	8	-4	9	7	-2	27	-4	40
16	66	62	-8	45	85	-7	40	76	-10	65	52	52	69	54	89	76	68	26	-39	58	-7	8	-31	-29	24	36	-48	-5	-66	72
17	67	62	-3	43	79	-1	41	67	-10	61	49	49	66	55	86	73	65	23	-39	54	-7	11	-30	-28	18	35	-46	-5	-64	72
18	48	53	41	38	47	23	34	27	0	39	36	13	30	87	53	33	13	30	-16	30	22	19	-5	-15	0	5	-4	15	-16	62
19	48	42	-29	35	45	-34	39	56	-2	58	43	67	62	7	51	49	68	17	-30	49	-44	19	-39	-37	11	28	-45	-35	-58	45
20	-37	-43	12	-27	-33	29	-43	-27	50	-43	-39	-43	-36	-25	-40	-27	-31	7	40	-44	12	1	37	42	9	-7	40	19	43	-53
21	35	41	-29	37	47	6	29	38	-1	46	19	51	54	19	45	32	38	-9	-23	45	12	7	-28	-26	37	33	-54	14	-32	40
22	68	64	-13	50	88	-8	43	76	-12	67	51	58	69	50	86	69	66	24	-40	61	0	11	-33	-33	24	37	-54	-4	-61	74
23	71	67	-10	50	71	-16	51	75	-12	69	57	55	78	48	81	67	67	22	-35	69	-17	18	-36	-33	18	38	-55	-20	-69	76
24	62	63	-4	43	55	-17	58	52	-26	66	70	53	57	54	66	56	49	20	-35	69	-14	15	-32	-37	5	13	-37	-18	-52	78
25	-17	-18	-12	9	-9	-1	-3	-12	4	-9	-9	10	-17	-12	-16	-12	16	-42	-3	-7	25	-22	22	17	19	5	2	7	18	-17
26	45	45	4	17	44	11	23	45	32	44	31	27	58	26	47	41	18	43	-2	28	-33	37	-43	-33	-7	10	-21	-7	-33	43
27	54	52	-13	43	76	-11	34	67	-10	58	43	50	56	42	71	53	54	30	-31	49	0	7	-26	-29	23	28	-45	3	-52	65
28	31	29	3	29	53	-9	18	45	-15	33	28	23	23	41	47	33	29	34	-20	25	17	-3	-3	-16	7	10	-18	11	-25	46
29	59	59	-14	48	80	-6	36	70	-12	58	43	49	61	52	80	60	57	28	-36	53	8	5	-25	-28	24	33	-52	8	-55	69
30	53	47	-1	43	66	16	26	51	-13	40	30	30	41	57	67	42	38	21	-32	40	28	-1	-5	-7	24	33	-35	13	-37	59
31	73	67	-20	52	84	-2	44	75	-15	66	50	56	73	57	92	70	67	20	-44	65	-1	9	-33	-30	34	46	-59	-4	-66	78
32	-23	-20	44	-20	-23	12	-16	-25	13	-20	-12	-28	-38	6	-27	-23	-28	11	18	-31	9	-2	24	11	-30	-30	44	13	37	-18
33	-41	-38	35	-24	-41	42	-34	-53	14	-50	-37	-52	-58	8	-45	-44	-57	-3	26	-47	43	-13	44	38	-13	-23	51	36	64	-38
34	-28	-25	63	-28	-46	21	-20	-46	17	-36	-22	-42	-44	0	-44	-37	-44	3	23	-42	4	-1	27	21	-38	-38	55	3	46	-30
35	-57	-57	31	-36	-59	31	-45	-59	20	-68	-45	-74	-68	-6	-61	-53	-57	-10	37	-56	28	-14	48	46	-12	-25	61	23	65	-58
36	-21	-18	-2	-5	-26	12	-14	-18	28	-16	-16	-12	-16	-25	-29	-23	-16	-3	31	-21	-2	3	15	14	-3	-7	21	5	21	-27
37	-66	-66	11	-39	-69	19	-48	-64	34	-62	-52	-51	-69	-48	-80	-68	-56	-16	44	-63	12	-8	42	38	-9	-26	59	15	69	-74
38	-57	-54	28	-38	-57	42	-47	-62	28	-67	-50	-71	-66	-9	-60	-54	-69	-8	42	-57	38	-13	51	52	-7	-19	62	35	69	-57
39	-33	-36	20	-23	-31	24	-34	-29	15	-56	-27	-68	-50	15	-31	-28	-36	-3	27	-36	23	-14	38	40	-1	-8	43	17	41	-34
40	45	43	9	37	62	20	22	42	-11	34	25	26	31	58	62	40	35	27	-30	31	39	-8	-1	-4	23	28	-30	25	-25	52
41	-10	-8	15	-10	-0	33	-13	-13	7	-17	-17	-14	-18	14	-5	-7	-12	9	2	-13	48	-20	21	23	8	3	8	36	26	-9
42	63	58	1	47	75	10	35	56	-17	52	40	41	49	62	78	53	49	21	-39	47	22	2	-15	-16	23	34	-43	9	-45	69
43	-6	-6	2	-1	0	29	-9	-9	-5	-15	-11	-8	-18	21	2	-6	-6	-1	-2	-3	50	-25	28	24	21	11	-1	31	18	-2
44	10	8	5	8	16	-2	6	13	-7	8	10	6	6	15	16	11	9	12	-8	7	9	-5	1	-1	3	6	-5	5	-8	15
45	23	22	-0	15	25	4	14	21	-8	19	17	15	18	23	28	18	17	9	-17	19	5	1	-7	-7	7	14	-16	1	-17	28
46	26	24	0	16	27	1	16	24	-9	21	20	17	22	22	31	22	21	9	-16	22	1	-1	-8	-7	5	14	-17	-1	-22	29
47	19	23	5	11	11	-2	12	5	4	18	10	12	14	10	10	7	6	5	-3	9	-7	23	-15	-17	-4	-4	-5	-3	-6	14
48	-15	-15	16	-12	-15	9	-12	-15	6	-20	-11	-21	-20	2	-15	-11	-18	0	12	-16	9	-6	16	15	-6	-8	20	7	18	-15
49	-14	-14	10	-10	-17	10	-11	-15	15	-15	-12	-18	-12	-8	-19	-14	-19	2	20	-16	-2	7	11	11	-10	-13	18	4	17	-17
50	-16	-15	8	-10	-19	4	-12	-17	14	-15	-12	-16	-13	-13	-22	-16	-18	0	18	-18	-7	8	8	6	-12	-16	19	-0	16	-19

Table VII. CORRELATION MATRIX FOR 220 MMPI SCALES FOR 50,000 MEDICAL PATIENTS--continued

SCALE	181	182	183	184	185	186	187	188	189	190	191	192	193	194	195	196	197	198	199	200	201	202	203	204	205	206	207	208	209	210
1	65	63	38	66	68	62	49	20	-82	61	51	65	-60	-73	-80	-37	-53	-49	-38	-41	67	-50	49	82	-59	-87	0	-55	-73	21
2	-48	-48	-25	-48	-44	-49	-41	13	53	-35	-30	-56	49	61	60	43	37	54	37	45	-48	36	-30	-56	58	70	0	48	53	-9
3	44	39	39	50	56	48	62	23	-47	39	30	52	-21	-60	-61	-26	-38	-42	-23	-25	49	-38	21	40	-34	-57	1	-33	-45	12
4	-18	-12	1	-16	-8	-21	-21	-12	16	15	18	-21	19	29	27	7	11	38	11	16	-23	13	8	-32	36	32	-4	19	33	-12
5	-30	-41	-15	-26	-26	-34	-19	31	22	-3	-3	-27	43	32	28	-1	4	8	-4	7	2	31	-14	-38	28	38	5	39	37	3
6	-31	-36	-9	-28	-26	-34	-15	36	34	-4	-3	-33	41	33	31	7	7	26	21	24	-7	32	-20	-45	40	45	6	36	38	-2
7	-34	-29	-8	-31	-23	-31	-26	8	45	-29	-25	-22	33	54	55	32	40	57	37	41	-37	25	-25	-44	56	61	-5	38	47	-1
8	42	45	42	54	61	39	18	15	-61	61	52	41	-44	-44	-51	-41	-51	-18	-31	-32	44	-36	47	42	-31	-54	0	-35	-46	4
9	58	55	28	55	55	57	46	26	-75	62	54	67	-54	-63	-72	-40	-49	-38	-33	-37	64	-42	47	72	-48	-73	-1	-47	-60	25
10	8	16	8	4	13	11	8	10	2	-8	-9	25	-14	6	5	21	20	46	39	30	-22	-12	-6	6	25	9	-7	-0	-3	7
11	-48	-49	-22	-38	-37	-39	-30	7	54	-51	-49	-36	47	60	62	41	44	51	42	48	-46	28	-38	-58	66	68	-2	57	59	-7
12	-9	-1	8	-5	4	-7	-10	-16	24	-15	-14	-1	9	22	23	17	26	37	28	21	-25	1	-17	-20	30	26	-4	14	21	-7
13	20	16	16	26	28	25	18	7	-35	53	49	39	-12	-27	-36	-41	-36	-26	-36	-30	47	-18	32	28	-22	-30	-1	-19	-9	21
14	-51	-51	-37	-53	-60	-48	-38	-23	79	-61	-52	-52	61	74	77	50	64	45	44	46	-52	46	-48	-56	48	79	-2	51	69	-3
15	21	17	33	32	41	24	43	9	-18	22	16	27	5	-30	-28	-11	-19	-15	-5	-4	28	-22	1	3	-0	-22	-1	-6	-10	-4
16	58	55	32	58	58	63	50	29	-75	55	45	67	-53	-73	-80	-33	-49	-42	-31	-34	58	-47	42	70	-47	-76	-1	-50	-64	22
17	56	54	39	60	64	62	45	26	-71	50	40	64	-55	-67	-73	-29	-48	-36	-26	-30	53	-50	35	67	-43	-74	-1	-47	-63	23
18	40	41	45	46	54	43	50	10	-23	18	9	33	-12	-32	-31	-4	-15	-12	-1	-1	31	-27	-1	19	-4	-31	-3	-9	-23	2
19	43	39	12	37	29	42	29	-3	-50	27	22	45	-31	-38	-45	-10	-20	-43	-23	-28	52	-21	33	71	-60	-57	2	-37	-45	23
20	-44	-46	-30	-41	-42	-37	-40	-3	43	-22	-17	-25	33	63	55	31	40	57	38	35	-39	33	-18	-35	54	59	-2	37	58	4
21	39	42	21	30	33	25	13	-13	-49	74	72	35	-36	-37	-43	-55	-50	-23	-45	-50	45	-20	66	37	-45	-46	-0	-36	-32	-1
22	59	56	39	62	63	57	51	22	-77	66	57	64	-51	-69	-75	-43	-55	-46	-40	-45	65	-43	50	69	-52	-79	0	-51	-62	18
23	64	69	32	58	58	61	47	16	-75	59	51	58	-59	-62	-69	-36	-47	-38	-33	-38	58	-41	50	77	-50	-79	-1	-51	-66	19
24	63	59	38	65	53	62	62	16	-49	30	22	43	-41	-60	-58	-20	-33	-47	-25	-27	54	-27	23	57	-50	-64	1	-34	-59	16
25	-11	-19	-2	-9	-12	-14	-7	-13	20	8	10	-15	32	16	14	-8	-4	-16	-23	-11	27	22	-2	-17	-4	15	5	17	32	3
26	36	40	13	28	29	41	22	-0	-32	13	9	53	-44	-21	-28	10	7	15	20	3	1	-29	18	55	-17	-35	-6	-30	-34	19
27	51	44	28	48	52	48	56	13	-63	52	44	57	-29	-62	-64	-31	-43	-44	-29	-33	55	-40	42	56	-46	-65	-0	-45	-51	13
28	31	24	24	33	36	32	55	21	-31	26	19	35	-2	-46	-43	-16	-26	-35	-13	-16	38	-24	11	25	-22	-38	1	-22	-30	7
29	54	50	34	54	59	50	52	22	-69	64	54	58	-37	-67	-71	-41	-54	-41	-37	-39	57	-44	54	56	-44	-70	0	-45	-57	13
30	41	41	41	48	64	38	38	29	-55	56	47	45	-29	-54	-58	-37	-51	-24	-28	-28	46	-43	36	35	-25	-54	0	-34	-47	4
31	62	60	43	68	73	57	46	24	-83	72	62	64	-56	-72	-80	-48	-63	-41	-42	-45	61	-51	63	69	-51	-81	0	-53	-69	14
32	-21	-24	-6	-17	-16	-13	5	4	42	-47	-47	-16	38	26	32	40	42	16	38	44	-23	16	-64	-32	30	37	-1	28	31	1
33	-38	-38	-4	-27	-20	-35	-20	0	56	-36	-31	-38	53	46	50	27	33	43	36	39	-38	23	-42	-68	54	60	-1	50	50	-21
34	-30	-27	-9	-23	-21	-24	-15	-1	60	-62	-60	-30	42	47	51	53	53	35	46	49	-37	22	-76	-42	45	51	-2	40	43	-2
35	-54	-53	-20	-44	-41	-46	-34	7	62	-49	-45	-53	49	60	63	38	42	53	43	47	-53	34	-49	-73	75	76	-1	58	63	-13
36	-21	-18	-9	-24	-24	-19	-21	-16	31	-15	-11	-21	19	38	37	19	26	23	18	14	-19	26	-9	-13	19	32	-1	18	33	13
37	-61	-64	-37	-55	-58	-59	-44	-20	77	-50	-41	-52	71	79	80	41	56	46	36	40	-49	48	-40	-65	55	83	-1	53	81	-5
38	-51	-48	-18	-47	-39	-50	-39	13	61	-37	-32	-48	46	64	66	31	41	71	46	48	-59	36	-36	-74	75	79	-2	55	61	-15
39	-33	-32	-12	-25	-22	-26	-20	22	33	-29	-30	-32	28	37	37	18	22	41	26	36	-34	17	-21	-48	70	49	-1	44	42	-4
40	34	34	42	47	57	32	37	30	-47	52	43	38	-20	-46	-50	-35	-47	-22	-23	-23	46	-32	28	24	-21	-45	2	-26	-39	3
41	-12	-10	10	-5	2	-13	-7	17	8	10	10	-11	12	13	12	-8	-7	19	8	6	-4	9	-6	-26	18	17	2	15	8	-10
42	49	49	49	60	71	46	45	27	-64	60	49	51	-37	-62	-67	-41	-56	-36	-34	-34	56	-44	36	45	-36	-64	1	-41	-54	9
43	-6	-2	19	1	10	-11	-3	16	3	27	26	-11	9	4	2	-23	-19	7	-10	-3	8	8	12	-28	12	9	1	18	6	-13
44	10	9	10	11	14	11	15	15	-10	8	6	11	-1	-15	-14	-5	-10	-10	-4	-5	13	-8	3	7	-6	-12	1	-6	-12	5
45	20	19	21	26	30	18	17	12	-24	20	17	18	-15	-24	-25	-15	-21	-13	-11	-12	19	-19	12	17	-14	-25	2	-14	-22	3
46	22	24	21	22	28	22	18	18	-27	21	17	21	-20	-26	-28	-14	-21	-14	-12	-12	22	-17	13	23	-16	-27	2	-16	-27	8
47	10	12	8	9	10	12	7	-14	-6	3	2	11	-9	-7	-7	-1	-1	-7	-2	-6	10	-6	3	12	-10	-12	-1	-8	-6	-2
48	-14	-14	-6	-12	-11	-12	-7	9	18	-18	-17	-12	14	17	18	14	15	17	15	17	-15	9	-19	-20	22	21	-3	18	15	0
49	-14	-12	-10	-16	-17	-12	-12	-7	21	-19	-16	-12	11	22	22	20	22	23	21	20	-23	11	-14	-14	20	23	-3	12	18	-2
50	-15	-15	-13	-18	-21	-13	-12	-14	24	-23	-20	-13	14	23	24	23	24	19	20	20	-21	13	-16	-14	17	23	-2	13	21	-3

Table VII. CORRELATION MATRIX FOR 220 MMPI SCALES FOR 50,000 MEDICAL PATIENTS--continued

SCALE	211	212	213	214	215	216	217	218	219	220
1	81	86	-3	69	49	-8	9	13	-76	-73
2	-61	-56	-23	-46	-26	21	3	-1	61	47
3	59	57	-1	78	57	-15	3	9	-38	-58
4	-25	-19	-30	-16	-11	-8	-14	-9	41	27
5	-28	-27	-20	-17	-14	-4	22	16	27	18
6	-30	-31	-29	-5	3	-11	1	-6	38	23
7	-45	-40	-40	-25	-9	14	-20	-9	70	30
8	55	57	-13	41	23	-27	-9	-2	-38	-46
9	72	84	-17	75	61	-14	8	14	-65	-75
10	-2	13	-34	29	37	6	-49	-33	32	-24
11	-57	-53	-25	-30	-12	23	-2	0	68	35
12	-13	-18	-27	-3	2	-2	-24	-15	38	15
13	38	43	-25	46	34	-30	28	30	-30	-35
14	-64	-71	-23	-59	-36	25	-1	-7	65	70
15	31	26	-16	58	45	-19	-5	1	2	-32
16	72	85	-7	84	69	-10	6	12	-63	-83
17	73	79	-6	77	61	-11	4	10	-60	-78
18	40	33	-23	54	43	-8	-5	6	-1	-34
19	58	58	-12	30	24	27	24	17	-65	-32
20	-43	-33	-45	-23	-4	11	-11	-14	46	28
21	44	51	-14	24	9	-37	-1	-1	-40	-23
22	76	82	-7	76	52	-20	4	10	-64	-72
23	72	80	-7	58	42	-7	6	12	-66	-63
24	60	56	1	49	35	1	8	12	-53	-45
25	-0	-16	-19	-16	-22	-14	44	34	0	31
26	34	52	-29	43	46	17	-35	-27	-27	-45
27	64	70	-4	74	62	-10	5	9	-52	-62
28	42	40	-0	66	54	-9	6	9	-24	-44
29	67	75	-4	77	60	-18	5	10	-53	-68
30	57	55	-6	63	42	-29	1	8	-30	-57
31	76	84	-4	69	48	-19	4	11	-65	-72
32	-23	-33	-14	3	14	17	-2	-1	40	17
33	-46	-53	-18	-20	-15	-5	-13	-10	71	39
34	-37	-52	-16	-24	-13	25	-1	0	55	36
35	-67	-67	-17	-41	-23	10	-2	-1	75	44
36	-24	-23	-28	-29	-13	15	0	-3	23	32
37	-66	-73	-29	-61	-42	20	13	5	68	73
38	-69	-61	-26	-38	-22	1	-16	-10	85	46
39	-45	-39	-13	-15	-4	6	1	6	53	13
40	52	48	-11	62	41	-31	-9	-2	-23	-48
41	-7	-11	-17	3	-4	-26	-29	-27	24	7
42	66	63	-5	67	42	-28	4	11	-44	-60
43	-2	-8	-11	4	-5	-37	-11	-9	20	6
44	13	13	0	22	16	-5	1	3	-5	-15
45	26	22	1	24	15	-9	-0	3	-16	-22
46	26	27	0	26	17	-6	1	4	-21	-26
47	13	8	-4	6	6	1	-3	-2	-8	-4
48	-18	-18	-6	-6	-1	4	-2	1	24	8
49	-19	-17	-10	-11	-2	9	-8	-9	21	14
50	-20	-19	-8	-15	-5	13	-2	-4	19	17

Table VII. CORRELATION MATRIX FOR 220 MMPI SCALES FOR 50,000 MEDICAL PATIENTS--continued

SCALE	1	2	3	4	5	6	7	8	9	10	11	12	13	14	15	16	17	18	19	20	21	22	23	24	25	26	27	28	29	30
51	28	-17	31	-5	-5	-1	-10	26	27	9	-16	-3	15	-28	24	30	30	24	8	-16	13	30	24	22	-6	11	27	24	30	32
52	8	-18	1	3	-26	-25	-4	6	8	11	-9	14	0	-2	4	5	6	12	13	-6	12	6	11	9	-6	20	6	-2	5	-3
53	-11	16	-12	11	7	10	11	-2	-10	1	13	4	-3	11	-4	-10	-8	-5	-8	14	-4	-11	-10	-12	3	-3	-11	-10	-10	-4
54	28	-21	23	-10	-13	-12	-15	17	26	5	-21	-5	9	-24	11	28	26	18	17	-21	13	26	27	27	-6	15	22	16	24	20
55	28	-20	24	-11	-13	-11	-14	17	26	6	-21	-5	10	-24	12	28	27	18	16	-21	12	26	27	26	-7	15	23	18	25	21
56	-10	11	-1	6	17	21	9	3	-8	0	10	-0	-2	5	7	-8	-7	0	-12	10	-5	-7	-12	-9	5	-12	-5	1	-4	1
57	31	-16	22	-8	-4	-7	-13	23	29	2	-19	-10	14	-29	9	31	29	13	17	-18	14	30	29	22	-6	11	23	15	27	26
58	19	-17	16	3	-24	-18	-2	15	18	21	-13	11	4	-14	14	19	19	22	9	-9	12	18	20	17	-14	25	16	9	17	14
59	28	-19	32	-4	-14	-11	-5	21	28	18	-14	3	14	-25	24	32	32	29	8	-17	10	30	25	25	-12	20	26	23	29	28
60	-6	7	2	10	14	16	6	2	-3	-3	5	2	10	0	7	-3	-4	1	-13	7	4	-1	-6	-6	10	-13	-1	3	0	5
61	23	-16	32	-5	-8	-5	-4	16	23	14	-11	2	14	-21	25	27	26	27	6	-14	9	26	20	21	-7	15	24	24	26	25
62	-23	13	-27	19	-10	-12	17	-12	-21	12	15	18	-10	24	-11	-23	-21	-7	-9	20	-1	-23	-17	-22	-3	9	-21	-24	-23	-23
63	24	-17	14	-14	-1	-5	-17	13	20	-10	-20	-13	10	-20	1	19	18	4	21	-17	11	21	21	20	5	3	16	10	17	13
64	71	-46	57	-10	-23	-19	-31	55	67	11	-42	-8	38	-63	38	71	70	44	35	-34	38	70	63	52	-12	34	59	42	66	60
65	39	-37	35	-4	-28	-21	-17	33	37	16	-32	11	9	-35	26	36	36	40	22	-34	28	39	40	50	-10	24	34	25	37	32
66	25	2	27	-17	23	29	-9	17	27	-2	-7	-20	12	-26	9	32	30	7	4	-10	-0	27	19	21	-4	-3	18	23	25	31
67	76	-65	43	-28	-44	-45	-52	40	69	-2	-67	-17	25	-61	6	66	63	13	60	-48	48	68	70	63	-14	45	58	28	60	36
68	53	-26	47	-8	-0	2	-23	42	48	-0	-26	-9	33	-45	36	50	47	33	29	-21	27	53	43	34	3	15	47	37	51	47
69	69	-46	42	-19	-23	-26	-35	44	66	4	-46	-17	36	-57	16	65	61	22	47	-29	41	64	64	44	-9	38	54	29	58	42
70	53	-39	69	-10	-24	-13	-18	41	50	23	-29	3	26	-47	57	58	56	61	21	-35	21	57	47	47	-12	27	57	56	61	60
71	-56	41	-36	23	19	25	36	-37	-47	9	41	17	-18	48	-14	-49	-48	-20	-36	39	-26	-49	-47	-42	6	-17	-39	-24	-43	-37
72	46	-33	75	-13	-8	2	-18	24	50	17	-21	-2	35	-43	63	59	52	54	16	-26	15	56	38	41	-5	20	64	70	65	55
73	47	-36	45	-11	-12	-10	-30	28	47	-4	-39	-10	36	-38	27	46	41	25	31	-23	34	46	42	38	9	18	46	37	48	35
74	55	-38	44	-12	-17	-18	-33	42	51	-2	-42	-11	27	-49	23	51	49	31	34	-36	42	55	53	46	-2	19	44	32	51	45
75	34	-27	72	-12	-6	4	-14	11	37	14	-15	-3	24	-30	63	45	37	49	10	-23	9	44	26	31	-2	12	57	73	58	49
76	31	-14	51	-12	15	15	-7	13	38	8	-9	-13	29	-27	36	43	35	27	12	-12	4	40	24	24	-6	6	36	44	43	39
77	47	-42	20	-20	-28	-35	-39	23	39	-10	-54	-17	18	-30	-2	35	33	5	53	-28	36	39	46	35	5	30	32	10	31	14
78	-28	41	-14	23	15	27	32	-12	-21	21	35	13	-10	23	2	-18	-17	-0	-35	30	-24	-25	-22	-26	-13	-3	-20	-8	-18	-6
79	37	-28	72	-14	-6	5	-17	12	41	14	-18	-3	26	-33	64	49	40	50	13	-24	10	47	30	35	-2	14	62	74	61	49
80	29	-22	48	-12	-9	2	-16	4	33	7	-16	-2	19	-24	43	38	31	35	14	-18	8	33	24	29	-3	13	53	57	48	30
81	17	-16	19	-13	-14	-11	-12	3	14	3	-14	-0	3	-8	12	16	15	15	18	-11	3	15	15	19	-2	14	18	15	14	9
82	5	-1	37	-1	8	14	8	1	9	17	10	8	10	-5	43	16	13	37	-12	-1	-9	13	2	10	-2	1	18	35	20	25
83	-21	20	-2	7	15	17	22	-15	-16	11	25	8	-7	17	11	-13	-13	8	-25	14	-20	-17	-20	-12	-1	-10	-15	2	-14	-2
84	-25	17	-10	-3	10	13	15	-23	-23	3	20	9	-13	25	2	-20	-17	2	-17	13	-31	-24	-24	-12	4	-10	-20	-5	-25	-16
85	-44	45	-16	25	29	35	51	-23	-34	26	61	19	-13	34	18	-31	-29	17	-56	38	-38	-36	-40	-31	-4	-21	-34	-8	-31	-8
86	55	-41	88	-10	-17	-4	-19	43	54	26	-26	6	36	-50	78	65	61	70	18	-29	22	65	44	44	-7	27	68	74	74	76
87	43	-32	88	-17	-5	3	-20	7	48	13	-21	-8	31	-38	69	58	45	54	17	-29	12	53	35	44	-3	18	66	82	67	49
88	-27	29	-4	10	37	37	17	-11	-18	1	24	-1	-5	16	14	-16	-16	10	-36	15	-15	-22	-25	-15	8	-31	-21	-2	-14	4
89	57	-42	99	-16	-12	-2	-23	30	58	21	-28	-2	37	-51	81	70	61	70	21	-35	21	68	47	51	-7	26	76	86	80	70
90	-55	50	-15	17	36	45	50	-36	-44	23	63	21	-18	46	23	-38	-36	19	-62	39	-53	-48	-51	-33	3	-29	-41	-5	-41	-15
91	72	-63	66	-20	-41	-35	-36	49	69	15	-53	-5	28	-57	43	70	67	52	54	-45	41	72	67	62	-11	45	70	52	72	52
92	-56	62	-44	33	13	22	51	-37	-51	23	53	25	-28	57	-19	-51	-47	-17	-40	52	-41	-55	-47	-48	-4	-7	-51	-35	-54	-36
93	59	-52	36	-24	-52	-47	-23	27	56	30	-37	2	9	-40	11	55	53	33	46	-29	22	53	61	53	-28	64	46	23	45	27
94	94	-63	61	-27	-31	-34	-49	63	85	3	-61	-18	40	-75	30	86	83	45	63	-47	48	85	86	75	-10	45	70	43	75	60
95	-60	63	-44	37	16	27	57	-36	-52	26	61	28	-26	58	-16	-53	-49	-15	-45	55	-40	-57	-49	-51	-5	-5	-51	-34	-53	-34
96	12	-7	15	2	5	5	-8	16	13	-3	-7	-5	13	-15	15	13	11	7	2	-4	14	15	8	5	5	-1	17	15	19	17
97	82	-51	67	-24	-22	-17	-44	54	80	9	-46	-15	46	-66	40	91	86	47	51	-32	34	77	69	62	-11	43	71	50	73	58
98	-25	51	-11	12	22	36	38	-15	-16	25	34	5	-16	21	-4	-13	-13	-5	-28	35	-27	-21	-17	-17	-17	-1	-19	-5	-15	0
99	49	-53	20	-20	-49	-48	-35	21	43	8	-56	-6	10	-30	-5	39	39	13	59	-29	35	42	51	43	-9	51	36	10	33	8
100	-71	58	-31	32	38	43	55	-29	-63	14	63	30	-27	55	10	-60	-57	11	-62	39	-42	-61	-62	-45	11	-42	-51	-19	-51	-25

Table VII. CORRELATION MATRIX FOR 220 MMPI SCALES FOR 50,000 MEDICAL PATIENTS--continued

SCALE	31	32	33	34	35	36	37	38	39	40	41	42	43	44	45	46	47	48	49	50	51	52	53	54	55	56	57	58	59	60
51	31	-4	-6	-11	-16	-13	-28	-15	-6	34	10	36	10	61	86	80	27	-34	-42	-50		18	-26	62	62	-10	70	53	83	1
52	6	-3	-9	-1	-12	2	-6	-15	-13	-5	-11	0	-13	2	20	23	50	-38	-19	-10	18		-30	44	38	-40	26	50	30	-42
53	-9	1	10	6	13	8	13	16	9	-5	5	-7	2	-16	-20	-22	-27	34	37	30	-26	-30		-38	-39	35	-22	-23	-28	26
54	26	-5	-15	-10	-21	-11	-29	-22	-13	18	-3	24	-1	31	56	63	39	-53	-43	-42	62	44	-38		94	-38	71	57	66	-30
55	27	-4	-15	-10	-21	-11	-28	-21	-13	19	-3	25	-1	33	56	63	35	-51	-41	-42	62	38	-39	94		-36	69	57	67	-28
56	-7	6	15	3	12	1	8	15	10	12	23	1	19	18	-13	-22	-22	45	22	16	-10	-40	35	-38	-36		-31	-25	-19	41
57	32	-12	-17	-17	-20	-12	-30	-20	-8	22	-0	28	4	30	64	76	27	-57	-55	-57	70	26	-22	71	69	-31		43	64	-19
58	19	-1	-6	-3	-15	-5	-20	-11	-10	12	-2	16	-4	26	48	51	42	-32	-10	-21	53	50	-23	57	57	-25	43		62	-28
59	29	1	-5	-5	-15	-13	-29	-14	-5	27	2	31	4	57	72	69	37	-29	-33	-41	83	30	-28	66	67	-19	64	62		-10
60	-1	0	10	-1	9	2	6	11	9	8	10	4	14	6	0	-12	-21	30	5	-5	1	-42	26	-30	-28	41	-19	-28	-10	
61	24	4	-2	-4	-12	-12	-23	-12	-4	25	5	27	5	54	66	56	26	-19	-28	-34	74	22	-25	56	58	-7	51	50	78	-2
62	-22	4	10	12	14	15	25	17	4	-24	-5	-26	-10	-41	-48	-51	-15	33	56	51	-59	4	40	-49	-49	16	-57	-11	-47	1
63	21	-10	-19	-14	-22	-8	-20	-24	-14	12	-4	18	-1	18	40	55	30	-61	-55	-46	43	31	-35	66	63	-38	70	27	40	-25
64	73	-22	-32	-35	-48	-24	-65	-46	-24	55	2	66	7	16	29	31	12	-16	-19	-23	32	7	-11	29	29	-8	32	21	33	-2
65	40	-8	-16	-14	-32	-12	-42	-29	-24	31	1	38	2	10	18	18	15	-12	-10	-11	20	16	-10	24	23	-9	16	22	22	-5
66	27	-2	-6	-10	-6	-16	-27	-1	6	32	17	30	20	15	13	19	-13	4	-10	-16	18	-31	-3	13	15	11	21	-6	14	10
67	69	-36	-64	-50	-77	-18	-70	-75	-58	29	-22	48	-22	7	18	22	14	-24	-16	-16	20	17	-15	26	26	-16	23	20	21	-10
68	54	-8	-20	-24	-32	-18	-41	-32	-16	49	8	54	12	15	23	24	5	-11	-16	-18	25	-0	-5	20	20	1	25	9	20	3
69	66	-29	-49	-43	-55	-16	-58	-54	-33	36	-12	50	-7	10	22	27	10	-21	-18	-20	25	10	-11	27	27	-12	30	18	25	-6
70	57	2	-9	-12	-32	-25	-52	-32	-16	60	6	65	10	25	28	28	12	-8	-13	-16	32	7	-11	26	26	-4	24	22	35	-2
71	-52	20	34	28	44	24	53	49	29	-33	6	-45	1	-10	-20	-23	-7	16	21	21	-22	-5	13	-24	-24	8	-25	-11	-19	5
72	50	15	-5	-16	-25	-25	-42	-26	-10	57	9	58	11	26	24	23	6	-6	-12	-14	30	1	-12	22	24	-1	21	14	30	2
73	46	-11	-30	-31	-41	-6	-39	-44	-26	35	-1	41	5	12	18	19	6	-17	-14	-15	21	6	-11	21	22	-6	20	11	19	2
74	57	-24	-30	-34	-43	-16	-52	-44	-27	40	-2	50	8	12	22	25	9	-17	-19	-21	25	6	-11	26	26	-8	27	15	24	-2
75	37	24	5	-9	-18	-24	-30	-20	-8	50	9	47	10	26	19	17	4	-3	-9	-10	25	-0	-11	16	18	0	16	10	25	2
76	33	9	-0	-9	-12	-23	-25	-14	1	39	9	38	11	19	15	18	-3	1	-9	-12	21	-12	-6	14	15	4	20	2	21	4
77	37	-24	-46	-30	-56	-5	-36	-60	-52	9	-18	23	-18	1	10	13	14	-24	-11	-9	10	20	-12	21	19	-15	16	16	11	-13
78	-22	16	31	22	38	8	25	47	34	-5	12	-14	9	-1	-7	-8	-10	17	15	12	-7	-13	14	-13	-12	10	-9	-6	-5	7
79	40	22	-1	-11	-21	-24	-34	-23	-10	51	7	49	9	27	20	19	5	-4	-10	-11	26	-0	-12	19	20	0	17	11	26	2
80	29	19	-8	-10	-18	-13	-26	-21	-9	31	-2	32	2	16	14	13	5	-5	-7	-8	18	2	-10	17	19	-3	12	10	18	-0
81	11	6	-11	1	-16	-4	-13	-20	-19	7	-5	12	-14	5	4	5	6	-4	-2	-0	6	9	-5	8	7	-6	3	8	7	-6
82	8	27	25	15	12	-11	-6	9	16	28	14	22	14	14	8	7	0	10	0	-2	11	-4	-3	5	6	5	4	5	13	4
83	-19	20	31	22	30	2	18	29	23	-1	10	-9	9	2	-4	-5	-4	15	7	5	-3	-6	3	-6	-5	6	-6	-4	-1	4
84	-30	32	23	40	26	6	22	19	12	-12	5	-17	-3	-1	-6	-8	-2	12	9	9	-7	-2	3	-7	-7	4	-11	-4	-5	-1
85	-37	33	65	43	70	9	39	65	74	-4	22	-20	25	0	-7	-9	-9	28	13	10	-7	-11	9	-14	-14	11	-12	-7	-4	9
86	61	8	4	-14	-31	-32	-51	-32	-15	76	14	75	16	28	26	24	8	-6	-11	-14	31	4	-9	20	21	-0	21	18	32	2
87	45	29	-6	-14	-25	-24	-38	-28	-11	51	5	51	8	21	18	18	3	-3	-11	-12	23	-2	-11	18	20	0	17	9	24	2
88	-21	15	44	18	34	-4	18	38	26	6	21	-7	28	3	-2	-2	-9	17	3	1	-0	-15	6	-5	-4	11	-2	-9	-2	8
89	61	18	-4	-17	-33	-32	-53	-34	-16	71	10	71	13	27	25	24	7	-6	-13	-15	31	1	-12	23	24	-1	22	15	31	2
90	-53	55	75	66	76	8	48	68	64	-7	25	-26	22	2	-9	-11	-9	32	15	13	-9	-13	10	-15	-14	13	-15	-9	-5	8
91	69	-8	-36	-30	-64	-22	-64	-63	-52	51	-4	63	-9	13	22	22	19	-19	-14	-13	24	21	-14	26	25	-12	21	24	26	-9
92	-55	27	41	45	55	28	60	59	38	-37	6	-46	-1	-10	-17	-17	-7	18	23	22	-19	-3	15	-19	-19	4	-20	-4	-14	0
93	52	-12	-45	-18	-51	-14	-53	-47	-31	16	-27	35	-33	6	14	18	14	-12	-6	-7	15	23	-12	24	25	-20	17	27	25	-16
94	88	-31	-56	-46	-70	-26	-81	-72	-42	53	-12	71	-6	14	26	30	12	-19	-20	-21	29	10	-13	31	31	-11	32	20	30	-6
95	-56	29	45	44	62	28	62	67	48	-35	8	-46	1	-10	-17	-18	-8	19	23	22	-19	-4	16	-21	-20	5	-21	-5	-14	2
96	17	-7	-2	-16	-8	-6	-10	-5	-2	20	11	18	12	7	8	6	-1	-6	-7	-7	9	-4	-2	3	4	4	7	-0	5	4
97	77	-14	-40	-37	-54	-26	-74	-58	-30	55	-3	66	-2	15	24	27	9	-13	-17	-18	28	6	-11	28	28	-7	27	17	29	-4
98	-17	13	30	20	42	10	20	48	41	-3	15	-13	11	2	-3	0	-16	16	11	6	-1	-20	8	-6	-4	8	1	-5	1	4
99	39	-18	-48	-24	-63	-8	-42	-60	-60	2	-31	20	-35	-1	7	10	18	-19	-5	-3	7	27	-12	20	18	-19	9	22	13	-16
100	-61	41	72	55	78	14	61	77	57	-15	29	-35	29	-3	-13	-18	-10	24	15	14	-15	-12	13	-20	-20	16	-21	-13	-14	11

Table VII. CORRELATION MATRIX FOR 220 MMPI SCALES FOR 50,000 MEDICAL PATIENTS--continued

SCALE	61	62	63	64	65	66	67	68	69	70	71	72	73	74	75	76	77	78	79	80	81	82	83	84	85	86	87	88	89	90
51	74	-59	43	32	20	18	20	25	25	32	-22	30	21	25	25	21	10	-7	26	18	6	11	-3	-7	-7	31	23	-0	31	-9
52	22	4	31	7	16	-31	17	-0	10	7	-5	1	6	6	-0	-12	20	-13	-0	2	9	-4	-6	-2	-11	4	-2	-15	1	-13
53	-25	40	-35	-11	-10	-3	-15	-5	-11	-11	13	-12	-11	-11	-11	-6	-12	14	-12	-10	-5	-3	3	3	9	-9	-11	6	-12	10
54	56	-49	66	29	24	13	26	20	27	26	-24	22	21	26	16	14	21	-13	19	17	8	5	-6	-7	-14	20	18	-5	23	-15
55	58	-49	63	29	23	15	26	20	27	26	-24	24	22	26	18	15	19	-12	20	19	7	6	-5	-7	-14	21	20	-4	24	-14
56	-7	16	-38	-8	-9	11	-16	1	-12	-4	8	-1	-6	-8	0	4	-15	10	0	-3	-6	5	6	4	11	-0	0	11	-1	13
57	51	-57	70	32	16	21	23	25	30	24	-25	21	20	27	16	20	16	-9	17	12	3	4	-6	-11	-12	21	17	-2	22	-15
58	50	-11	27	21	22	-6	20	9	18	22	-11	14	11	15	10	2	16	-6	11	10	8	5	-4	-4	-7	18	9	-9	15	-9
59	78	-47	40	33	22	14	21	20	25	35	-19	30	19	24	25	21	11	-5	26	18	7	13	-1	-5	-4	32	24	-2	31	-5
60	-2	1	-25	-2	-5	10	-10	3	-6	-2	5	2	2	-2	2	4	-13	7	2	-0	-6	4	4	-1	9	2	2	8	2	8
61		-44	33	27	18	13	16	19	21	30	-17	30	20	20	26	20	9	-6	27	19	7	14	0	-4	-3	28	27	-1	31	-2
62	-44		-52	-24	-9	-33	-15	-23	-19	-22	24	-26	-19	-23	-23	-26	-5	10	-25	-18	-2	-9	3	6	10	-22	-25	-5	-26	8
63	33	-52		21	13	15	22	19	24	15	-22	14	19	22	10	12	21	-18	12	10	5	-1	-8	-7	-18	12	13	-5	14	-18
64	27	-24	21		55	33	56	70	84	77	-67	70	63	75	54	45	52	-31	58	44	12	12	-13	-20	-27	56	43	-14	57	-36
65	18	-9	13	55		6	53	35	44	55	-39	42	39	53	32	14	41	-29	36	29	12	6	-9	-10	-21	34	25	-11	35	-24
66	13	-33	15	33	6		7	30	25	24	-22	29	21	26	23	43	-3	6	26	16	-3	12	4	-4	2	20	25	17	26	4
67	16	-15	22	56	53	7		35	61	42	-47	35	45	49	25	15	57	-38	29	25	20	-7	-28	-24	-63	39	34	-41	43	-72
68	19	-23	19	70	35	30	35		61	60	-51	59	50	52	47	42	37	-23	52	43	9	12	-10	-13	-21	45	37	-7	47	-24
69	21	-19	24	84	44	25	61	61		57	-65	53	61	68	37	37	69	-40	43	35	12	1	-19	-22	-40	37	35	-23	42	-49
70	30	-22	15	77	55	24	42	60	57		-51	82	52	60	75	47	33	-22	76	50	16	24	-5	-10	-15	70	52	-9	69	-17
71	-17	24	-22	-67	-39	-22	-47	-51	-65	-51		-42	-45	-55	-31	-24	-52	47	-34	-27	-9	-2	15	15	33	-34	-27	14	-36	37
72	30	-26	14	70	42	29	35	59	53	82	-42		57	51	89	61	23	-16	94	73	14	29	-2	-8	-11	65	69	-3	75	-11
73	20	-19	19	63	39	21	45	50	61	52	-45	57		57	46	33	54	-35	53	49	13	7	-15	-15	-35	36	43	-17	44	-36
74	20	-23	22	75	53	26	49	52	68	60	-55	51	57		40	33	54	-37	44	33	11	5	-14	-19	-30	41	35	-10	44	-37
75	26	-23	10	54	32	23	25	47	37	75	-31	89	46	40		58	16	-13	93	62	13	30	0	-4	-8	64	66	-3	72	-5
76	20	-26	12	45	14	43	15	42	37	47	-24	61	33	33	58		10	1	60	36	5	21	2	-5	-3	43	47	7	50	-1
77	9	-5	21	52	41	-3	57	37	69	33	-52	23	54	54	16	10		-59	20	21	20	-10	-22	-14	-55	18	15	-27	20	-53
78	-6	10	-18	-31	-29	6	-38	-23	-40	-22	47	-16	-35	-37	-13	1	-59		-15	-15	-11	7	16	9	37	-11	-12	19	-14	37
79	27	-25	12	58	36	26	29	52	43	76	-34	94	53	44	93	60	20	-15		79	15	29	-1	-5	-11	62	69	-3	73	-8
80	19	-18	10	44	29	16	25	43	35	50	-27	73	49	33	62	36	21	-15	79		13	17	-2	-5	-11	38	48	-5	47	-9
81	7	-2	5	12	12	-3	20	9	12	16	-9	14	13	11	13	5	20	-11	15	13		12	-22	6	-18	19	15	-10	19	-12
82	14	-9	-1	12	6	12	-7	12	1	24	-2	29	7	5	30	21	-10	7	29	17	12		56	31	22	34	34	17	37	28
83	0	3	-8	-13	-9	4	-28	-10	-19	-5	15	-2	-15	-14	0	2	-22	16	-1	-2	-22	56		48	35	-4	1	29	-2	41
84	-4	6	-7	-20	-10	-4	-24	-13	-22	-10	15	-8	-15	-19	-4	-5	-14	9	-5	-5	6	31	48		15	-9	-7	8	-10	33
85	-3	10	-18	-27	-21	2	-63	-21	-40	-15	33	-11	-35	-30	-8	-3	-55	37	-11	-11	-18	22	35	15		-14	-13	31	-16	83
86	28	-22	12	56	34	20	39	45	37	70	-34	65	36	41	64	43	18	-11	62	38	19	34	-4	-9	-14		60	-8	89	-14
87	27	-25	13	43	25	25	34	37	35	52	-27	69	43	35	66	47	15	-12	69	48	15	34	1	-7	-13	60		-4	88	-10
88	-1	-5	-5	-14	-11	17	-41	-7	-23	-9	14	-3	-17	-10	-3	7	-27	19	-3	-5	-10	17	29	8	31	-8	-4		-4	56
89	31	-26	14	57	35	26	43	47	42	69	-36	75	44	44	72	50	20	-14	73	47	19	37	-2	-10	-16	89	88	-4		-16
90	-2	8	-18	-36	-24	4	-72	-24	-49	-17	37	-11	-36	-37	-5	-1	-53	37	-8	-9	-12	28	41	33	83	-14	-10	56	-16	
91	23	-13	18	59	46	2	73	39	56	57	-45	51	45	49	45	25	51	-33	45	34	26	10	-21	-16	-51	63	52	-31	66	-53
92	-13	28	-21	-45	-29	-19	-58	-35	-44	-35	48	-37	-38	-44	-29	-21	-36	45	-33	-29	-10	-1	20	21	44	-37	-38	16	-44	51
93	19	-3	13	44	36	-1	63	18	49	39	-32	29	28	34	22	11	41	-21	24	23	19	2	-14	-12	-32	34	27	-36	36	-40
94	25	-24	26	72	47	25	81	52	70	57	-56	49	51	61	37	32	50	-33	41	32	20	6	-22	-24	-48	58	47	-26	61	-58
95	-14	29	-23	-47	-30	-20	-63	-35	-46	-36	51	-37	-40	-47	-30	-21	-42	49	-33	-28	-13	1	22	20	50	-37	-38	18	-44	55
96	6	-9	4	15	5	8	7	15	12	12	-10	16	12	12	15	11	2	-4	16	12	-5	9	-16	-31	-6	14	12	-2	15	-10
97	25	-24	20	67	37	28	67	49	61	55	-49	56	48	52	40	37	38	-24	46	39	19	14	-15	-18	-35	61	54	-17	67	-41
98	-1	-2	-8	-15	-17	33	-37	-13	-18	-11	25	-8	-19	-13	-6	13	-34	44	-7	-7	-13	10	20	7	42	-12	-8	24	-12	42
99	9	5	14	31	34	-16	67	13	43	25	-27	14	29	31	9	-2	61	-35	11	13	24	-11	-23	-11	-60	20	13	-37	20	-57
100	-11	14	-21	-48	-25	-6	-91	-30	-60	-29	43	-26	-41	-40	-18	-14	-56	37	-21	-20	-17	13	29	24	67	-27	-26	44	-32	77

Table VII. CORRELATION MATRIX FOR 220 MMPI SCALES FOR 50,000 MEDICAL PATIENTS--continued

SCALE	91	92	93	94	95	96	97	98	99	100	101	102	103	104	105	106	107	108	109	110	111	112	113	114	115	116	117	118	119	120
51	24	-19	15	29	-19	9	28	-1	7	-15	-15	-2	-18	7	-19	-24	13	6	1	-0	16	-13	6	16	-6	16	-14	13	22	10
52	21	-3	23	10	-4	-4	6	-20	27	-12	-11	-14	-10	-4	-7	-1	21	21	18	19	10	1	13	22	12	-37	35	-31	-1	-1
53	-14	15	-12	-13	16	-2	-11	8	-12	13	12	1	13	2	8	12	-13	-9	-7	-7	-6	5	-5	-13	-1	-5	6	-1	-7	-6
54	26	-19	24	31	-21	3	28	-6	20	-20	-19	-8	-21	-0	-17	-23	22	16	12	7	16	-11	15	23	2	10	-8	8	22	15
55	25	-19	25	31	-20	4	28	-4	18	-20	-19	-8	-21	1	-16	-23	21	15	11	7	16	-12	13	23	2	14	-12	10	23	14
56	-12	4	-20	-11	5	4	-7	8	-19	16	13	12	14	9	8	7	-17	-17	-15	-10	-8	4	-15	-17	-9	13	-12	11	-6	-3
57	21	-20	17	32	-21	7	27	1	9	-21	-20	-6	-23	-4	-18	-29	17	7	5	1	14	-18	9	16	-5	21	-18	17	26	14
58	24	-4	27	20	-5	-0	17	-5	22	-13	-12	-18	-13	6	-12	-11	19	19	12	16	16	-5	12	24	6	-12	14	-8	17	8
59	26	-14	25	30	-14	5	29	1	13	-14	-13	-9	-17	10	-17	-20	15	16	7	6	21	-10	10	24	2	13	-10	11	26	11
60	-9	0	-16	-6	2	4	-4	4	-16	11	9	11	9	5	2	-0	-14	-17	-16	-11	-4	-3	-13	-13	-14	7	-7	3	-1	-7
61	23	-13	19	25	-14	6	25	-1	9	-11	-10	-6	-13	10	-14	-17	12	13	5	5	17	-9	7	20	1	12	-9	8	21	8
62	-13	28	-3	-24	29	-9	-24	-2	5	14	15	-10	17	0	15	25	-6	3	4	9	-5	13	-2	-5	10	-39	39	-29	-17	-12
63	18	-21	13	26	-23	4	20	-8	14	-21	-20	-0	-21	-7	-10	-21	21	9	10	4	9	-11	12	14	-1	15	-15	10	14	12
64	59	-45	44	72	-47	15	67	-15	31	-48	-48	-17	-53	2	-43	-60	45	20	14	8	39	-36	21	43	-11	14	-9	11	51	22
65	46	-29	36	47	-30	5	37	-17	34	-25	-26	-10	-27	6	-31	-32	32	25	16	15	27	-12	20	36	3	-5	8	-3	27	19
66	2	-19	-1	25	-20	8	28	33	-16	-6	-7	9	-12	9	-9	-25	-2	-7	-9	-14	5	-15	-3	-0	-10	71	-61	67	37	20
67	73	-58	63	81	-63	7	67	-37	67	-91	-84	-34	-88	-25	-47	-66	77	37	38	26	35	-46	42	59	-1	-4	5	-8	49	28
68	39	-35	18	52	-35	15	49	-13	13	-30	-33	1	-36	5	-28	-43	30	7	6	-1	23	-25	11	22	-12	15	-13	11	30	15
69	56	-44	49	70	-46	12	61	-18	43	-60	-56	-27	-63	-14	-36	-60	58	25	24	14	33	-40	29	44	-6	10	-6	7	50	22
70	57	-35	39	57	-36	12	55	-11	25	-29	-30	-10	-33	20	-38	-39	31	28	12	11	38	-19	19	43	2	13	-10	10	38	18
71	-45	48	-32	-56	51	-10	-49	25	-27	43	43	9	46	7	32	51	-41	-15	-14	-10	-26	25	-17	-31	7	-13	13	-8	-33	-21
72	51	-37	29	49	-37	16	56	-8	14	-26	-27	-5	-32	20	-34	-37	25	16	6	1	32	-21	10	34	-9	20	-17	15	35	15
73	45	-38	28	51	-40	12	48	-19	29	-41	-38	-7	-42	-2	-30	-41	42	15	13	6	27	-27	19	32	-9	6	-6	1	31	14
74	49	-44	34	61	-47	12	52	-13	31	-40	-40	-8	-43	-6	-33	-53	40	16	15	12	28	-30	20	34	-9	15	-13	12	39	21
75	45	-29	22	37	-30	15	40	-6	9	-18	-19	0	-22	24	-27	-27	17	12	3	0	23	-13	7	25	-6	17	-15	12	25	11
76	25	-21	11	32	-21	11	37	13	-2	-14	-13	6	-19	15	-14	-26	12	3	-3	-6	16	-17	5	14	-10	41	-35	37	31	14
77	51	-36	41	50	-42	2	38	-34	61	-56	-51	-19	-52	-21	-19	-34	65	34	38	26	24	-20	37	44	9	-16	14	-18	25	16
78	-33	45	-21	-33	49	-4	-24	44	-35	37	37	3	34	14	15	29	-41	-18	-23	-22	-14	12	-19	-27	-1	12	-4	23	-5	-10
79	45	-33	24	41	-33	16	46	-7	11	-21	-22	-1	-26	21	-28	-30	20	13	5	0	25	-15	9	27	-7	19	-17	14	28	13
80	34	-29	23	32	-28	12	39	-7	13	-20	-20	-4	-23	10	-23	-23	19	14	7	2	20	-13	10	24	-3	11	-9	8	22	12
81	26	-10	19	20	-13	-5	19	-13	24	-17	-16	-6	-15	3	-7	-5	26	24	20	10	13	6	20	24	13	-6	5	-6	8	7
82	10	-1	2	6	1	9	14	10	-11	13	11	7	9	26	-5	2	-11	3	-8	-5	10	6	-6	4	1	13	-10	12	9	2
83	-21	20	-14	-22	22	-16	-15	20	-23	29	26	10	28	15	13	22	-28	-8	-13	-8	-8	15	-13	-15	3	9	-7	11	-8	-6
84	-16	21	-12	-24	20	-31	-18	7	-11	24	25	11	27	16	17	35	-17	4	-4	-4	-8	31	-6	-10	17	-0	-0	1	-16	-6
85	-51	44	-32	-48	50	-6	-35	42	-60	67	61	19	63	30	24	41	-69	-22	-33	-13	-17	26	-37	-34	0	11	-3	17	-19	-15
86	63	-37	34	58	-37	14	61	-12	20	-27	-29	-8	-34	30	-37	-41	29	19	6	4	39	-21	12	38	-8	13	-9	9	37	15
87	52	-38	27	47	-38	12	54	-8	13	-26	-26	-3	-31	23	-32	-36	25	17	6	1	29	-19	11	33	-7	23	-21	17	33	15
88	-31	16	-36	-26	18	-2	-17	24	-37	44	40	34	38	15	14	21	-41	-23	-27	-20	-12	13	-22	-27	-9	21	-18	22	-7	-5
89	66	-44	36	61	-44	15	67	-12	20	-32	-33	-7	-38	27	-40	-45	32	21	8	4	39	-23	14	41	-9	20	-16	15	41	20
90	-53	51	-40	-58	55	-10	-41	42	-57	77	73	30	73	41	34	62	-70	-17	-33	-19	-19	47	-35	-38	12	14	-9	19	-26	-17
91		-54	61	80	-57	9	71	-37	65	-62	-60	-24	-63	1	-45	-53	71	44	36	26	48	-25	37	64	4	-10	12	-12	44	27
92	-54		-27	-62	94	-14	-55	47	-31	54	55	2	56	16	42	65	-46	-7	-9	-6	-27	37	-16	-32	22	-10	17	5	-27	-21
93	61	-27		64	-29	-2	53	-16	65	-56	-48	-56	-54	-13	-31	-36	64	55	43	31	32	-23	43	63	23	-4	8	-1	45	27
94	80	-62	64		-66	12	85	-28	56	-71	-69	-27	-75	-11	-52	-76	73	39	34	19	47	-43	40	62	-2	13	-9	10	61	37
95	-57	94	-29	-66		-13	-58	50	-38	59	60	3	60	18	42	66	-53	-11	-15	-16	-29	35	-19	-36	18	-10	17	5	-27	-23
96	9	-14	-2	12	-13		12	-4	-4	-6	-8	2	-9	1	-9	-17	2	-14	-11	-8	4	-15	-6	-3	-19	3	-3	2	6	1
97	71	-55	53	85	-58	12		-20	42	-60	-57	-22	-64	-0	-44	-63	60	33	23	12	50	-37	28	57	-5	16	-12	12	57	29
98	-37	47	-16	-28	50	-4	-20		-36	35	35	3	31	13	19	26	-39	-12	-17	-14	-15	4	-16	-22	4	44	-26	62	14	2
99	65	-31	65	56	-38	-4	42	-36		-62	-53	-39	-57	-20	-22	-29	82	56	55	40	31	-16	51	59	29	-25	23	-25	30	21
100	-62	54	-56	-71	59	-6	-60	35	-62		91	38	95	36	38	63	-77	-30	-38	-23	-27	52	-40	-51	4	2	-2	8	-45	-23

Table VII. CORRELATION MATRIX FOR 220 MMPI SCALES FOR 50,000 MEDICAL PATIENTS--continued

SCALE	121	122	123	124	125	126	127	128	129	130	131	132	133	134	135	136	137	138	139	140	141	142	143	144	145	146	147	148	149	150
51	-3	7	10	-15	34	23	-15	-6	31	35	23	24	23	19	-5	14	15	0	14	20	-8	21	1	28	18	11	16	1	-15	20
52	-17	-25	-28	-1	11	6	-3	-5	2	6	-4	4	8	17	-12	18	5	-5	12	-2	-14	11	-3	3	20	23	15	20	2	12
53	8	-1	-0	5	-14	-12	9	2	-11	-9	-5	-4	-7	-13	7	-8	-2	5	-10	-5	10	-12	7	-13	-7	-8	-10	-5	7	-8
54	-11	6	5	-13	32	26	-15	-4	23	26	17	11	25	26	-7	19	13	-5	21	18	-16	25	-5	25	20	16	23	3	-13	23
55	-10	7	7	-15	32	25	-16	-5	24	26	17	12	24	26	-6	18	12	-5	20	18	-16	24	-5	26	19	15	22	2	-13	23
56	14	7	12	5	-8	-10	5	7	-1	-4	1	7	-10	-16	9	-12	-3	6	-9	-3	12	-9	4	-3	-7	-10	-10	-6	1	-11
57	-7	13	11	-17	30	29	-13	-3	22	29	23	9	26	22	-9	12	13	-4	16	21	-12	23	-3	23	13	9	17	-5	-22	22
58	-8	-10	-9	-16	25	12	-14	-7	15	21	8	14	17	22	-1	21	14	-0	16	12	-12	18	2	16	25	21	21	14	-3	20
59	0	5	7	-19	36	21	-20	-8	30	33	21	24	26	24	-2	21	19	2	17	19	-8	23	4	30	25	18	24	8	-10	23
60	11	-2	10	2	-3	-4	7	1	2	-0	8	7	-10	-12	8	-8	1	7	-7	1	10	-6	6	-0	-5	-6	-5	-4	-5	-6
61	-1	3	7	-14	32	18	-17	-6	30	28	18	25	21	19	-1	17	15	2	12	15	-6	19	3	28	19	14	17	9	-9	17
62	2	-26	-21	9	-24	-23	9	0	-26	-22	-19	-11	-16	-9	7	-4	-7	4	-11	-17	6	-17	6	-24	-2	4	-5	11	17	-13
63	-14	10	7	-4	20	26	-3	2	15	17	12	1	18	19	-13	7	3	-11	16	14	-17	19	-12	16	7	5	10	-5	-14	17
64	-20	2	8	-36	73	60	-30	-7	60	72	50	38	55	52	-19	35	33	-5	39	45	-28	52	-3	58	40	33	36	6	-39	53
65	-18	-9	-3	-16	51	31	-21	-7	34	42	25	26	30	35	-7	38	28	-0	39	28	-24	44	-3	35	40	36	36	14	-17	40
66	14	51	58	-20	25	26	-13	7	25	26	30	9	21	10	17	-1	12	2	7	25	3	16	2	25	1	-11	8	-21	-18	13
67	-52	-8	-10	-37	69	69	-27	-5	47	59	34	6	55	74	-40	39	16	-30	55	39	-61	62	-34	49	33	37	42	7	-40	58
68	-14	8	7	-13	52	45	-12	-2	51	55	35	36	41	30	-22	14	20	-2	24	35	-15	34	-4	48	22	15	20	-8	-30	35
69	-31	3	2	-35	61	66	-23	-4	45	56	41	16	55	61	-27	29	17	-20	36	36	-39	47	-19	45	29	28	32	3	-41	49
70	-12	4	5	-26	70	40	-29	-16	68	66	36	57	46	42	-12	39	36	2	38	36	-18	47	5	63	47	30	36	14	-19	46
71	27	-4	-5	22	-49	-48	26	3	-37	-47	-30	-14	-37	-40	32	-19	-13	15	-33	-30	32	-40	17	-39	-25	-20	-25	4	32	-38
72	-7	8	10	-24	65	39	-28	-15	74	58	39	63	40	34	-9	27	26	2	23	30	-12	36	2	68	29	19	23	11	-20	31
73	-27	-2	3	-15	50	47	-8	-1	50	43	33	27	32	38	-22	21	12	-15	27	30	-29	36	-16	47	20	20	21	6	-28	34
74	-24	6	10	-21	58	53	-17	-1	44	54	43	23	42	43	-18	29	24	-9	40	38	-31	49	-12	46	29	25	32	3	-37	43
75	-5	8	8	-16	54	28	-24	-16	66	45	30	63	31	23	-7	22	20	2	17	22	-9	29	1	59	22	14	16	12	-12	22
76	5	31	24	-14	40	34	-19	-3	44	36	31	36	32	20	-1	9	14	1	12	22	1	20	0	40	13	5	13	-3	-15	18
77	-50	-13	-15	-9	38	50	-6	3	22	29	13	-2	33	54	-33	20	-1	-33	40	24	-54	41	-36	25	24	29	27	5	-16	39
78	36	20	11	-3	-23	-30	8	1	-16	-17	-4	2	-14	-28	33	-5	5	27	-28	-15	37	-28	30	-19	-7	-14	-14	-1	18	-19
79	-6	10	9	-18	58	32	-24	-14	69	47	32	64	35	26	-8	24	21	1	20	24	-11	31	-0	65	24	15	18	11	-14	25
80	-8	7	3	-14	45	26	-17	-14	53	33	23	43	30	23	-9	20	15	-1	17	18	-11	24	-2	53	17	12	14	9	-11	21
81	-18	-3	-8	-3	20	15	-6	5	19	15	-2	12	16	20	-11	14	5	-8	16	10	-17	18	-9	20	17	14	11	8	9	13
82	17	7	10	-4	22	0	-11	-8	31	19	11	43	8	-2	10	11	17	14	1	7	15	5	17	28	16	4	6	10	8	5
83	26	6	10	6	-12	-22	2	-0	-6	-12	-5	11	-14	-22	20	-4	4	16	-13	-9	23	-15	17	-6	-3	-8	-6	3	15	-14
84	13	3	1	13	-18	-23	7	2	-12	-20	-25	2	-18	-16	10	-6	-4	8	-10	-12	14	-15	8	-12	4	-6	-8	6	39	-14
85	67	9	13	11	-30	-50	8	-8	-19	-25	-11	18	-28	-56	40	-9	21	42	-34	-22	71	-36	58	-22	-9	-17	-17	10	24	-32
86	-10	1	8	-28	75	41	-35	-21	83	75	39	78	46	39	-11	33	31	3	30	36	-16	41	4	75	44	28	31	11	-20	39
87	-8	12	10	-21	66	41	-29	-9	77	50	38	69	41	31	-11	27	23	0	23	27	-13	35	-1	72	25	16	21	15	-18	28
88	31	12	25	18	-15	-19	4	8	-10	-13	10	14	-19	-31	28	-13	5	19	-17	-4	30	-16	20	-4	-8	-17	-12	-7	8	-15
89	-12	7	10	-28	81	48	-38	-16	89	71	45	81	50	41	-13	35	31	1	31	36	-17	45	1	83	39	26	31	14	-23	40
90	63	12	18	22	-36	-57	12	-1	-20	-33	-24	23	-37	-57	44	-14	12	39	-35	-24	65	-39	49	-22	-3	-20	-20	11	51	-35
91	-47	-9	-15	-28	82	65	-32	-7	67	71	37	43	61	68	-34	47	28	-17	56	43	-53	67	-23	67	56	50	44	20	-25	59
92	42	9	-7	20	-57	-58	35	4	-46	-49	-41	-19	-33	-41	37	-17	-13	18	-41	-35	38	-50	26	-50	-18	-23	-25	1	51	-36
93	-31	-0	-15	-44	61	52	-34	-11	36	46	17	11	58	72	-17	50	29	-15	46	20	-42	48	-4	39	51	46	44	22	-12	59
94	-41	5	3	-39	89	84	-32	-2	65	80	51	30	75	74	-35	44	38	-16	61	57	-48	74	-15	68	47	41	45	4	-45	71
95	48	8	-6	19	-58	-61	35	2	-46	-49	-38	-16	-34	-45	41	-16	-7	29	-44	-38	49	-53	38	-50	-19	-24	-26	0	48	-38
96	-2	-2	4	-5	13	11	-5	-1	16	16	16	15	6	2	-3	-2	3	1	-0	10	-2	6	-2	14	-5	-3	-2	-6	-18	1
97	-28	6	6	-39	82	72	-38	1	73	74	49	40	67	65	-27	34	33	-10	45	50	-34	59	-9	75	39	32	35	4	-35	54
98	49	58	30	-5	-21	-25	11	4	-15	-14	-3	-4	-4	-24	41	-3	8	21	-28	-7	37	-25	31	-19	-15	-28	-17	-10	14	-13
99	-58	-17	-25	-19	46	50	-15	-3	22	32	6	-5	41	74	-28	33	6	-33	54	23	-63	50	-36	27	41	43	33	20	-4	49
100	55	4	12	37	-53	-68	20	2	-36	-47	-27	10	-50	-71	47	-23	-0	39	-42	-31	61	-48	41	-38	-15	-23	-30	1	41	-47

Table VII. CORRELATION MATRIX FOR 220 MMPI SCALES FOR 50,000 MEDICAL PATIENTS--**continued**

SCALE	151	152	153	154	155	156	157	158	159	160	161	162	163	164	165	166	167	168	169	170	171	172	173	174	175	176	177	178	179	180
51	24	22	1	16	28	2	14	24	-10	20	18	16	19	25	31	21	19	12	-17	20	7	-2	-6	-6	8	14	-17	4	-19	29
52	15	23	3	11	9	2	12	4	14	21	10	12	20	7	8	4	-1	7	1	8	-17	27	-26	-27	-7	-7	-2	-7	-6	15
53	-9	-11	3	-3	-12	11	-10	-11	8	-13	-12	-13	-12	-5	-12	-10	-9	-5	10	-11	5	-1	13	15	1	-2	10	5	12	-14
54	25	26	0	17	25	-6	21	24	-10	27	25	22	27	21	29	23	21	8	-17	27	-5	4	-14	-14	1	10	-19	-6	-24	32
55	24	25	0	14	26	-6	20	24	-9	26	25	22	26	21	29	23	21	9	-17	26	-3	2	-12	-13	1	11	-18	-5	-23	32
56	-11	-12	5	-4	-8	5	-9	-8	-3	-15	-11	-10	-16	-2	-9	-8	-5	-2	3	-10	17	-13	14	14	5	1	6	10	12	-12
57	23	21	-6	16	27	-5	16	28	-11	21	20	20	25	19	32	25	26	7	-19	25	0	-4	-9	-7	10	19	-21	-3	-26	27
58	22	27	7	11	20	8	16	13	9	23	15	13	25	19	21	13	3	14	-3	15	-10	17	-16	-15	-4	2	-8	-1	-12	25
59	26	27	8	14	29	3	17	22	-3	24	22	15	24	29	32	22	14	14	-13	21	2	4	-9	-9	1	10	-12	4	-19	32
60	-7	-8	1	-0	-3	8	-6	-4	-1	-9	-7	-7	-12	2	-4	-5	-3	-7	1	-3	22	-10	14	13	11	4	3	12	9	-6
61	20	20	7	12	26	3	12	21	-3	21	18	13	18	25	28	20	12	12	-13	18	4	1	-6	-8	3	10	-10	4	-14	28
62	-14	-9	8	-10	-20	16	-11	-24	28	-10	-17	-15	-6	-13	-23	-20	-27	-4	22	-19	-9	18	0	2	-9	-13	19	4	21	-20
63	18	16	-9	12	19	-13	16	22	-13	19	19	25	19	8	22	19	27	2	-18	23	-3	-3	-9	-10	6	12	-21	-10	-22	21
64	61	58	-8	42	69	-3	38	58	-14	57	44	46	58	49	74	57	53	19	-36	53	2	7	-25	-25	19	30	-44	-2	-52	65
65	43	49	2	33	37	0	42	28	-19	44	36	34	42	42	42	31	22	13	-21	45	-0	18	-25	-28	1	8	-26	-2	-29	54
66	10	0	1	3	21	-8	6	27	-25	1	14	10	6	19	27	28	30	7	-18	23	24	-34	18	20	13	22	-17	4	-22	17
67	65	66	-30	44	69	-28	55	68	-22	75	55	71	76	17	72	61	63	17	-38	67	-31	23	-54	-52	7	22	-62	-23	-68	71
68	43	36	-9	38	50	-2	25	44	-10	38	28	36	35	35	53	39	47	15	-31	36	7	-4	-7	-8	23	30	-29	1	-33	44
69	54	51	-18	38	63	-14	35	65	-8	57	43	53	63	28	67	55	58	17	-32	52	-15	10	-34	-31	22	32	-47	-11	-56	57
70	54	52	12	37	58	1	36	43	-13	49	40	33	41	55	61	40	32	28	-29	39	7	10	-17	-22	2	16	-28	1	-35	64
71	-47	-44	15	-29	-47	19	-33	-44	24	-43	-37	-47	-45	-26	-53	-42	-48	-6	59	-42	7	0	32	30	-11	-23	43	14	49	-49
72	37	36	3	30	59	-3	23	47	-12	41	33	28	30	44	54	39	34	26	-26	32	14	-1	-10	-17	11	17	-24	7	-31	52
73	37	36	-13	30	48	-10	28	47	-11	47	32	43	41	24	47	37	45	11	-26	43	1	1	-18	-22	15	20	-38	-2	-39	46
74	47	47	-12	37	51	-8	39	47	-22	50	40	47	51	38	58	44	46	8	-31	53	1	4	-22	-25	19	26	-44	-3	-45	56
75	27	26	3	24	46	-5	16	37	-12	32	25	21	20	35	41	27	24	26	-19	22	15	-4	-4	-14	6	10	-17	9	-22	41
76	19	14	2	16	37	-10	10	36	-11	16	18	14	14	25	35	28	32	24	-17	21	12	-16	4	2	12	17	-13	7	-21	26
77	41	43	-16	30	39	-24	40	41	-4	55	35	60	57	4	39	35	46	10	-27	44	-29	18	-38	-39	2	12	-45	-21	-45	42
78	-25	-25	21	-15	-27	25	-29	-23	15	-35	-26	-51	-30	0	-25	-22	-34	6	25	-30	16	-7	38	42	-2	-8	36	16	30	-27
79	30	28	3	26	50	-8	19	42	-13	35	28	24	23	36	44	31	29	26	-21	26	13	-4	-6	-15	7	12	-19	6	-25	43
80	23	23	-0	21	37	-8	16	36	-10	30	24	20	19	25	33	25	23	17	-15	25	2	-2	-8	-14	5	8	-15	1	-21	33
81	18	18	4	11	17	-7	15	14	1	26	17	20	21	9	17	14	15	12	-7	15	-14	11	-13	-16	-6	-1	-8	-10	-14	20
82	6	6	20	6	14	10	-0	6	-0	2	5	-7	-4	27	12	6	-2	14	-3	-1	18	-5	11	5	-1	-1	8	11	3	13
83	-17	-17	17	-12	-16	13	-14	-20	7	-22	-12	-25	-23	4	-17	-14	-22	1	13	-18	16	-7	21	18	-5	-7	24	11	22	-15
84	-17	-16	27	-15	-24	6	-11	-23	7	-18	-12	-19	-24	-7	-24	-17	-19	-0	12	-22	2	-2	13	10	-18	-20	26	1	21	-19
85	-37	-36	31	-25	-36	36	-34	-40	18	-54	-30	-65	-53	16	-36	-33	-52	-2	30	-40	29	-13	41	40	-4	-13	50	22	50	-35
86	53	51	7	40	67	5	29	49	-11	46	34	32	39	56	65	42	35	34	-30	31	17	4	-13	-19	7	17	-28	9	-35	60
87	33	31	1	29	57	-11	22	49	-13	42	34	30	28	40	50	37	35	26	-25	32	10	-4	-7	-20	10	15	-22	4	-30	51
88	-27	-25	19	-12	-24	15	-16	-28	-10	-32	-19	-26	-33	9	-21	-17	-18	-12	7	-16	39	-22	39	29	5	-5	20	22	21	-22
89	50	48	3	39	70	-4	30	55	-14	51	40	37	39	55	67	46	41	34	-32	38	15	0	-13	-23	9	19	-30	7	-38	65
90	-44	-43	50	-30	-47	34	-36	-51	16	-57	-34	-65	-62	9	-47	-39	-54	-3	32	-49	33	-15	50	44	-16	-26	60	23	55	-43
91	70	74	-3	50	73	-16	53	62	-10	77	55	68	73	45	75	57	55	31	-37	59	-18	29	-48	-52	5	17	-48	-9	-58	76
92	-43	-45	28	-32	-57	35	-40	-49	41	-50	-41	-63	-47	-23	-57	-46	-58	4	49	-51	-1	9	51	51	-21	-24	58	10	52	-52
93	62	63	4	31	55	-12	44	54	9	65	53	44	68	36	60	49	32	33	-20	49	-40	36	-53	-48	-9	9	-31	-26	-49	66
94	78	74	-17	56	82	-20	60	80	-21	80	67	71	83	56	93	77	78	23	-46	77	-16	15	-43	-43	22	38	-61	-18	-75	86
95	-45	-46	28	-32	-59	40	-43	-52	44	-56	-44	-70	-51	-20	-59	-50	-62	4	51	-55	4	8	51	52	-19	-25	63	15	58	-55
96	5	3	-12	7	15	1	1	12	-6	6	3	7	6	9	14	10	11	1	-9	7	11	-8	0	0	15	13	-10	7	-6	8
97	63	59	-11	43	80	-12	43	70	-13	66	54	58	67	50	85	75	70	22	-42	59	-11	8	-33	-33	21	31	-48	-7	-64	72
98	-26	-33	17	-13	-25	22	-29	-13	13	-38	-21	-47	-26	2	-21	-18	-29	18	29	-18	12	-13	44	48	1	1	32	12	23	-24
99	51	56	-5	31	44	-24	49	43	6	66	44	64	68	10	44	40	40	17	-17	47	-45	45	-55	-56	-10	5	-42	-25	-49	51
100	-54	-51	40	-34	-63	36	-40	-68	14	-66	-46	-67	-69	8	-62	-57	-65	-13	35	-55	40	-17	52	46	-9	-24	62	29	67	-54

Table VII. CORRELATION MATRIX FOR 220 MMPI SCALES FOR 50,000 MEDICAL PATIENTS--continued

SCALE	181	182	183	184	185	186	187	188	189	190	191	192	193	194	195	196	197	198	199	200	201	202	203	204	205	206	207	208	209	210
51	21	21	21	23	28	21	20	16	-26	22	18	20	-16	-27	-28	-16	-23	-15	-12	-13	22	-18	13	19	-15	-26	2	-15	-24	5
52	11	14	3	9	7	13	5	-31	-3	-3	-2	15	-10	-3	-3	4	8	-1	3	-2	3	-8	4	15	-9	-10	-2	-10	-1	-2
53	-12	-12	-4	-9	-8	-13	-13	-1	11	-5	-5	-11	8	15	14	8	9	17	9	10	-12	7	-4	-13	14	15	-1	9	14	-3
54	28	28	18	23	25	27	21	10	-24	17	14	21	-19	-26	-27	-12	-17	-17	-12	-13	22	-17	12	26	-21	-28	1	-17	-27	8
55	27	28	18	23	25	28	21	12	-24	18	14	22	-20	-26	-27	-12	-18	-16	-12	-13	21	-16	12	26	-20	-28	1	-18	-27	11
56	-11	-12	-2	-7	-6	-14	-6	11	8	0	-0	-11	10	8	8	-1	-1	5	2	4	-3	8	-5	-17	9	11	1	9	7	-3
57	22	23	16	21	24	22	17	21	-32	25	21	21	-20	-27	-30	-17	-24	-17	-16	-15	25	-17	19	26	-19	-29	2	-19	-29	9
58	19	23	14	17	19	20	12	-7	-13	8	6	20	-19	-13	-14	1	-2	2	3	-2	6	-14	7	20	-9	-17	-3	-14	-15	4
59	24	26	20	23	28	28	21	14	-23	16	13	26	-18	-25	-26	-9	-14	-9	-6	-8	17	-20	10	23	-12	-25	-2	-15	-24	10
60	-6	-7	2	-4	-1	-8	-3	7	3	11	12	-7	7	4	4	-10	-8	1	-9	-6	2	5	3	-13	7	7	1	8	9	-2
61	20	19	18	21	25	24	23	12	-19	15	12	22	-13	-21	-22	-9	-14	-10	-7	-8	16	-16	8	18	-11	-21	-1	-12	-19	8
62	-16	-12	-13	-18	-18	-14	-22	-31	25	-19	-15	-9	9	30	29	21	29	30	20	17	-28	10	-9	-13	19	26	-7	12	27	-5
63	20	17	11	17	16	18	16	12	-22	18	16	15	-12	-21	-23	-14	-19	-23	-16	-16	26	-9	12	23	-24	-25	4	-15	-22	8
64	51	51	39	53	58	51	43	20	-62	54	46	51	-45	-60	-65	-36	-48	-37	-32	-34	52	-40	40	55	-42	-66	-0	-41	-56	13
65	47	48	33	39	42	39	34	-2	-31	27	23	30	-30	-44	-39	-18	-24	-23	-16	-20	31	-21	18	34	-30	-42	-1	-24	-37	6
66	15	14	13	13	17	13	17	71	-25	27	22	9	-11	-23	-27	-21	-32	-12	-12	-9	24	-8	10	14	-9	-19	4	-6	-32	16
67	64	62	25	54	49	58	46	-4	-66	49	43	60	-58	-72	-74	-36	-45	-53	-39	-46	55	-38	45	79	-70	-81	1	-61	-68	18
68	32	30	31	41	45	30	31	20	-48	43	36	35	-21	-42	-46	-27	-40	-35	-26	-23	46	-24	28	35	-31	-46	2	-25	-36	12
69	49	47	22	43	42	49	36	14	-62	51	44	53	-46	-53	-60	-34	-42	-36	-32	-36	51	-33	44	65	-48	-64	0	-47	-54	20
70	43	46	40	50	56	48	52	16	-42	34	26	43	-27	-51	-51	-20	-33	-31	-18	-20	41	-35	19	39	-30	-52	-1	-31	-44	9
71	-40	-38	-24	-46	-44	-38	-33	-12	54	-37	-30	-36	35	52	55	32	44	45	34	34	-47	32	-26	-45	49	60	-2	36	51	-7
72	35	30	27	40	43	39	52	21	-40	33	26	40	-16	-49	-49	-23	-31	-35	-19	-20	40	-31	18	32	-26	-45	0	-27	-35	10
73	36	34	22	34	34	37	37	7	-40	44	40	34	-24	-42	-44	-32	-35	-39	-28	-31	47	-21	29	42	-39	-48	1	-28	-35	16
74	46	49	36	42	47	42	36	17	-50	50	43	37	-36	-51	-53	-38	-45	-38	-34	-36	50	-27	39	45	-44	-57	2	-34	-50	9
75	28	21	22	29	32	28	50	17	-27	23	17	31	-4	-39	-37	-15	-23	-30	-13	-14	32	-22	10	22	-20	-34	1	-19	-27	6
76	17	15	14	20	23	21	28	43	-28	25	19	27	-2	-30	-34	-14	-24	-22	-12	-13	32	-16	12	20	-12	-27	1	-12	-25	15
77	39	39	14	30	26	35	25	-17	-37	29	27	36	-30	-35	-39	-17	-21	-37	-24	-31	42	-17	25	57	-56	-51	1	-40	-38	13
78	-23	-23	-9	-24	-18	-23	-21	19	27	-16	-14	-25	19	31	30	25	21	45	31	32	-36	11	-15	-33	54	40	-3	21	29	-2
79	29	23	22	32	34	31	50	19	-30	25	19	33	-7	-43	-42	-17	-25	-34	-15	-16	36	-24	12	26	-23	-38	1	-21	-30	8
80	23	19	14	24	24	25	37	11	-24	18	14	25	-5	-34	-31	-12	-17	-31	-12	-13	27	-18	10	23	-19	-29	0	-18	-22	8
81	16	15	8	13	12	17	17	-7	-8	-0	-2	15	-7	-13	-13	4	1	-15	0	-5	15	-7	-4	21	-18	-17	-1	-12	-13	6
82	4	3	13	10	14	9	19	15	0	-0	-3	8	7	-7	-7	2	-2	-1	5	6	6	-7	-12	-5	9	-2	-1	6	-0	1
83	-15	-14	-4	-12	-10	-13	-7	10	22	-17	-16	-14	18	20	21	14	15	20	16	18	-16	9	-20	-24	26	25	-1	20	20	-3
84	-17	-17	-8	-15	-16	-14	-8	-2	31	-33	-32	-17	20	23	26	26	26	13	23	23	-17	13	-46	-20	19	26	-0	18	23	-1
85	-34	-32	-9	-27	-22	-29	-21	17	42	-32	-30	-32	33	43	44	26	29	47	31	41	-40	18	-27	-57	68	55	-3	52	46	-8
86	40	39	44	47	59	45	47	16	-44	37	28	52	-19	-55	-56	-23	-37	-34	-19	-22	45	-39	19	36	-29	-53	0	-32	-42	8
87	34	27	23	38	37	37	61	22	-36	30	23	37	-13	-49	-48	-21	-29	-40	-20	-20	40	-25	16	31	-29	-45	1	-24	-34	11
88	-19	-20	-3	-16	-14	-18	-12	22	20	-7	-6	-28	24	19	19	1	2	18	5	13	-10	15	-14	-39	27	29	1	33	18	-13
89	44	39	39	50	56	48	62	22	-47	38	30	51	-20	-60	-60	-26	-38	-42	-23	-25	49	-38	21	39	-35	-57	1	-32	-45	10
90	-41	-40	-12	-34	-29	-34	-23	16	58	-48	-46	-40	45	52	55	39	41	48	43	50	-42	26	-60	-64	67	65	-2	56	53	-8
91	62	59	35	58	57	61	56	-6	-59	42	34	60	-43	-62	-65	-24	-34	-50	-27	-35	60	-39	31	69	-62	-73	-1	-50	-58	10
92	-43	-39	-22	-45	-39	-40	-42	-5	61	-48	-42	-41	37	69	68	64	57	73	60	62	-61	29	-39	-45	70	71	-5	41	59	2
93	53	57	19	48	42	56	42	-1	-44	16	10	61	-50	-41	-45	-1	-9	-16	-5	-14	28	-35	22	71	-38	-56	-5	-48	-49	26
94	73	70	42	69	67	71	56	18	-80	61	50	66	-60	-76	-82	-39	-56	-57	-43	-46	72	-45	48	83	-66	-89	1	-55	-75	23
95	-47	-41	-23	-47	-41	-42	-45	-2	63	-48	-41	-42	40	71	70	60	57	78	62	63	-64	30	-37	-50	78	76	-5	43	64	1
96	7	4	6	9	11	4	7	5	-15	18	17	7	-4	-14	-15	-17	-18	-10	-13	-12	12	-7	15	4	-8	-12	2	-7	-8	-2
97	58	53	35	59	58	65	51	21	-71	50	40	63	-49	-72	-78	-32	-46	-50	-34	-37	60	-46	37	66	-54	-75	-0	-47	-62	21
98	-23	-17	-8	-25	-20	-19	-15	52	24	-14	-12	-25	20	34	29	25	18	50	42	40	-32	16	-9	-24	52	40	-1	20	17	11
99	48	49	14	34	29	46	29	-27	-34	19	15	48	-40	-35	-38	-4	-6	-28	-10	-24	35	-22	19	67	-58	-52	-2	-45	-41	19
100	-49	-46	-9	-42	-34	-48	-34	4	64	-45	-40	-57	54	62	67	33	41	51	38	46	-49	36	-46	-78	69	75	-2	61	62	-20

Table VII. CORRELATION MATRIX FOR 220 MMPI SCALES FOR 50,000 MEDICAL PATIENTS--continued

SCALE	211	212	213	214	215	216	217	218	219	220
51	26	26	1	29	20	-10	-1	3	-18	-26
52	11	10	-8	2	5	9	-6	-5	-7	-2
53	-13	-11	-8	-10	-6	3	1	0	15	10
54	27	27	-1	22	16	-3	2	4	-22	-22
55	27	28	-0	24	18	-4	1	4	-22	-23
56	-9	-11	-0	-4	-4	-7	-3	-4	13	7
57	26	31	1	24	16	-5	6	8	-24	-28
58	18	19	-9	17	16	2	-14	-9	-8	-15
59	26	28	-5	33	25	-4	-4	3	-13	-29
60	-6	-5	-2	0	-3	-16	3	4	9	4
61	22	23	-5	29	21	-6	-3	2	-11	-24
62	-21	-19	-18	-22	-12	11	-12	-10	24	22
63	25	22	4	14	5	-4	11	9	-26	-15
64	64	65	-3	62	44	-17	3	9	-51	-59
65	41	36	-4	30	20	-11	-8	-2	-28	-24
66	18	24	1	31	19	-16	9	11	-15	-31
67	73	73	11	53	38	-8	-0	1	-80	-57
68	49	45	-7	45	31	-10	11	11	-37	-39
69	59	70	-4	53	40	-8	6	9	-60	-57
70	54	48	-2	59	41	-11	-0	6	-32	-47
71	-52	-48	-17	-35	-19	15	-7	-9	53	43
72	46	46	-2	66	51	-13	3	8	-31	-49
73	47	45	-4	43	30	-18	8	8	-46	-34
74	54	53	-1	40	23	-16	9	10	-47	-38
75	37	34	1	58	42	-9	4	6	-22	-38
76	30	33	-7	50	38	-3	14	19	-18	-38
77	52	46	-4	23	14	1	6	2	-54	-23
78	-37	-25	-16	-11	-1	11	-4	-0	43	12
79	39	38	1	59	46	-9	5	8	-25	-40
80	29	29	1	44	43	-3	5	7	-22	-30
81	23	15	-5	16	12	8	2	1	-17	-10
82	6	5	-7	25	20	-5	-0	4	10	-13
83	-21	-20	-9	-7	-3	0	-2	1	30	12
84	-19	-27	-4	-13	-7	10	0	-1	23	18
85	-50	-44	-18	-20	-8	5	-7	-0	68	23
86	59	52	-3	73	50	-16	-1	4	-32	-55
87	43	46	0	65	50	-9	7	10	-32	-45
88	-29	-24	-5	-14	-12	-16	7	7	32	16
89	59	56	-1	77	56	-15	3	8	-38	-57
90	-55	-56	-19	-23	-11	6	-3	1	73	32
91	75	70	-6	64	47	-1	2	6	-62	-55
92	-59	-53	-37	-43	-23	35	-9	-8	66	47
93	54	62	-13	50	45	18	-8	0	-46	-51
94	84	87	-3	69	50	-8	12	16	-79	-71
95	-64	-55	-40	-42	-19	33	-10	-7	72	47
96	10	12	3	13	8	-11	0	1	-10	-11
97	73	79	-3	77	64	-10	7	10	-66	-74
98	-36	-17	-27	-7	4	24	-4	1	41	7
99	55	54	-11	31	23	12	-4	-5	-54	-28
100	-65	-69	-17	-47	-34	3	-5	-2	84	56

Table VII. CORRELATION MATRIX FOR 220 MMPI SCALES FOR 50,000 MEDICAL PATIENTS--continued

SCALE	1	2	3	4	5	6	7	8	9	10	11	12	13	14	15	16	17	18	19	20	21	22	23	24	25	26	27	28	29	30
101	-69	56	-32	30	32	38	52	-33	-59	18	56	29	-23	55	4	-57	-56	6	-58	40	-42	-60	-59	-44	7	-33	-50	-21	-52	-30
102	-30	24	-7	7	37	38	7	-13	-32	-26	19	-1	-1	20	9	-27	-26	-1	-28	2	-16	-25	-33	-15	27	-54	-21	-0	-20	-9
103	-76	58	-38	29	33	39	54	-37	-69	8	63	30	-31	61	1	-66	-63	3	-61	38	-45	-67	-67	-47	14	-42	-58	-25	-58	-34
104	-12	11	28	12	7	26	31	1	-5	38	26	28	-0	13	45	3	4	43	-28	13	-21	-5	-16	0	-7	8	4	30	6	20
105	-50	43	-40	10	30	28	28	-39	-46	-8	35	7	-15	57	-25	-49	-47	-33	-14	43	-28	-49	-50	-40	28	-21	-44	-31	-49	-47
106	-76	55	-45	16	25	32	48	-57	-67	9	59	25	-36	75	-15	-68	-60	-17	-42	44	-58	-71	-69	-47	13	-24	-59	-30	-67	-54
107	68	-60	32	-29	-39	-46	-46	34	62	-2	-62	-17	27	-45	-1	58	54	12	76	-31	41	58	65	49	-5	49	51	19	48	22
108	32	-27	21	-23	-40	-33	-10	3	28	21	-19	5	-5	-9	5	31	33	34	43	-18	-8	23	37	41	-20	44	25	15	16	5
109	30	-24	8	-23	-31	-34	-17	0	23	2	-23	-6	-1	-5	-13	21	20	9	53	-13	3	19	33	30	-9	34	19	4	13	-2
110	17	-21	4	-11	-31	-37	-3	3	10	16	-18	11	-6	-6	-6	11	11	8	29	-13	9	13	15	18	-12	23	11	-0	7	-3
111	43	-31	39	-6	-19	-19	-16	35	43	13	-25	5	28	-34	30	49	51	40	30	-16	24	43	44	35	-9	28	41	26	40	34
112	-45	30	-24	2	9	17	26	-34	-48	-0	38	21	-35	45	-1	-41	-36	8	-22	13	-51	-47	-43	-20	9	-23	-37	-14	-47	-33
113	35	-26	14	-18	-26	-25	-25	7	31	-3	-30	-13	5	-13	-7	26	26	12	47	-18	11	26	41	34	-7	30	25	9	21	7
114	55	-45	41	-20	-44	-39	-27	27	52	18	-41	-4	15	-34	19	56	54	41	48	-30	21	49	55	54	-20	47	48	29	44	27
115	-5	3	-8	-16	-19	-13	10	-21	-8	16	11	12	-23	21	-11	-7	-3	13	19	2	-35	-14	3	11	-12	22	-10	-6	-19	-19
116	14	8	21	-24	27	29	3	1	16	-0	2	-19	1	-18	-4	21	18	-6	-4	-11	-20	14	10	17	-12	-8	9	20	13	22
117	-9	-2	-18	25	-25	-22	2	5	-7	11	0	19	-1	15	9	-14	-11	15	2	16	18	-9	-3	-14	3	16	-5	-17	-8	-15
118	11	20	16	-19	27	35	11	4	17	10	10	-17	-10	-12	1	19	15	3	-4	-2	-24	10	10	15	-20	-1	7	17	11	20
119	61	-30	42	-12	-20	-13	-20	42	65	26	-36	-14	28	-54	20	65	62	31	24	-20	28	59	64	42	-31	46	48	30	56	49
120	31	-19	21	-20	-4	-12	-13	16	29	4	-19	-9	0	-22	2	27	25	16	28	-24	8	23	28	47	-12	16	20	14	22	16
121	-36	44	-11	21	30	43	42	-14	-25	25	52	14	-5	25	14	-23	-21	9	-51	34	-32	-29	-33	-28	-7	-16	-26	-5	-22	-5
122	6	22	8	-23	22	22	7	-9	6	-3	10	-21	-19	-2	-10	9	6	-7	8	-4	-35	1	5	12	-17	-6	2	11	2	5
123	4	9	11	-10	28	39	4	10	10	0	4	-9	10	-10	5	10	9	2	-15	1	-1	8	3	3	7	-14	1	10	7	20
124	-45	33	-29	7	26	20	5	-32	-46	-36	23	2	-10	44	-12	-49	-45	-17	-8	10	-21	-45	-44	-23	48	-45	-34	-18	-39	-37
125	83	-60	81	-18	-30	-23	-33	61	81	25	-49	-4	39	-72	61	86	82	71	41	-45	43	84	77	72	-19	45	79	65	86	72
126	82	-54	48	-24	-9	-24	-47	50	78	-10	-56	-30	48	-65	17	73	67	24	59	-34	51	75	78	54	-0	33	61	32	67	46
127	-32	32	-39	21	26	24	21	-22	-28	-28	20	-2	1	37	-25	-39	-39	-29	-5	35	-9	-34	-23	-27	31	-31	-31	-28	-37	-30
128	-4	9	-16	-2	14	11	-1	4	-2	-8	1	-5	-7	8	-15	-5	-0	-12	6	9	-1	-10	-2	-3	9	-1	-13	-18	-13	-12
129	61	-43	89	-15	-14	-3	-26	39	62	17	-31	-3	45	-56	74	74	66	65	25	-32	24	71	50	53	-4	27	75	79	79	70
130	79	-49	72	-8	-26	-17	-29	76	75	21	-42	-1	40	-76	58	80	82	63	33	-37	43	82	70	57	-14	41	71	51	80	82
131	50	-28	45	12	-2	1	-20	50	55	7	-31	-11	42	-55	35	57	51	33	12	-23	51	59	50	30	-6	13	50	36	61	58
132	27	-18	80	8	2	18	3	32	35	34	1	16	30	-27		45	39	84	-10	-7	11	44	20	26	0	12	59	78	62	64
133	74	-38	51	-21	-24	-25	-24	44	68	15	-31	-11	27	-54	26	72	66	42	52	-28	24	65	68	55	-20	46	60	38	64	48
134	72	-56	41	-26	-43	-41	-39	39	69	16	-56	-11	30	-52	9	66	64	23	61	-33	37	65	70	52	-18	59	55	26	55	35
135	-35	33	-13	20	11	34	37	-13	-27	30	29	20	-16	25	5	-24	-23	6	-42	27	-13	-24	-27	-21	-11	-4	-23	-7	-21	-7
136	38	-36	35	-8	-36	-23	-4	22	38	30	-20	11	3	-29	26	36	36	48	15	-30	13	36	46	48	-22	36	30	26	35	27
137	31	-15	32	1	-8	2	3	31	36	24	-0	6	11	-29	35	38	40	60	-2	-12	7	30	33	39	-10	21	22	23	32	33
138	-17	19	1	19	19	25	30	1	-9	17	38	18	-2	10	22	-7	-5	29	-37	19	-15	-12	-13	-5	-2	-9	-14	4	-6	6
139	51	-43	31	-20	-28	-29	-28	30	44	4	-44	-12	9	-37	12	43	44	36	40	-39	26	45	52	58	-7	27	36	20	37	27
140	51	-29	37	-9	-9	-4	-30	44	46	-0	-36	-11	30	-48	23	52	53	33	29	-29	30	47	45	41	2	15	38	25	46	39
141	-43	43	-17	22	39	42	43	-21	-31	11	61	15	-7	31	12	-31	-29	8	-54	41	-36	-37	-41	-33	3	-26	-34	-9	-28	-12
142	63	-49	45	-21	-27	-25	-36	43	57	5	-48	-13	19	-52	24	60	59	45	43	-45	33	58	61	65	-8	31	48	32	53	39
143	-15	23	1	19	14	24	34	2	-4	26	41	18	-2	8	24	-4	-1	36	-39	25	-20	-12	-11	-7	-6	0	-14	2	-6	8
144	62	-45	83	-18	-18	-9	-30	36	63	13	-34	-4	40	-54	68	73	66	62	29	-37	26	67	52	54	-5	28	79	76	79	64
145	42	-39	39	-6	-33	-22	3	37	43	43	-22	21	10	-33	39	43	46	66	15	-26	14	42	46	46	-21	38	32	24	37	36
146	36	-45	26	-4	-33	-32	-2	28	36	30	-25	19	11	-28	21	35	34	41	21	-29	26	36	39	35	-13	32	28	12	31	22
147	40	-37	31	-11	-33	-31	-10	28	38	21	-30	8	9	-35	17	38	39	36	19	-41	21	39	45	39	-19	31	29	14	34	29
148	1	-16	14	3	-18	-8	16	-3	11	32	0	25	3	3	22	5	4	31	-10	-4	4	6	4	10	-8	18	9	14	10	0
149	-45	31	-23	-7	6	20	25	-45	-44	12	38	18	-31	52	-3	-40	-33	3	-25	26	-58	-47	-40	-22	4	-5	-37	-13	-47	-37
150	67	-49	40	-16	-32	-30	-23	44	62	18	-44	-6	22	-51	20	58	58	43	42	-30	33	60	72	57	-18	42	47	25	52	44

Table VII. CORRELATION MATRIX FOR 220 MMPI SCALES FOR 50,000 MEDICAL PATIENTS--continued

SCALE	31	32	33	34	35	36	37	38	39	40	41	42	43	44	45	46	47	48	49	50	51	52	53	54	55	56	57	58	59	60
101	-61	43	66	55	72	16	58	73	54	-21	22	-40	23	-3	-14	-18	-10	23	16	15	-15	-11	12	-19	-19	13	-20	-12	-13	9
102	-27	16	36	18	30	1	27	15	17	5	25	-8	30	2	-3	-5	-3	6	-3	-2	-2	-14	1	-8	-8	12	-6	-18	-9	11
103	-68	43	68	58	78	16	65	74	56	-25	24	-45	23	-6	-16	-20	-9	23	16	16	-18	-10	13	-21	-21	14	-23	-13	-17	9
104	-8	44	47	35	28	-11	7	29	18	28	32	14	22	11	4	4	1	13	7	3	7	-4	2	-0	1	9	-4	6	10	5
105	-57	23	30	32	37	28	61	38	17	-36	9	-48	7	-8	-19	-17	-6	12	12	15	-19	-7	8	-17	-16	8	-18	-12	-17	2
106	-79	51	54	69	64	28	73	60	34	-44	6	-57	-9	-10	-21	-24	-4	20	22	25	-24	-1	12	-23	-23	7	-29	-11	-20	-0
107	56	-28	-64	-39	-77	-8	-53	-76	-64	15	-28	34	-30	3	12	16	15	-23	-11	-9	13	21	-13	22	21	-17	17	19	15	-14
108	19	11	-27	12	-26	-5	-25	-35	-24	-3	-30	11	-35	4	6	9	15	-5	1	2	6	21	-9	16	15	-17	7	19	16	-17
109	17	-7	-40	-10	-33	2	-16	-40	-30	-13	-36	2	-36	-0	2	5	11	-10	-2	1	1	18	-7	12	11	-15	5	12	7	-16
110	11	-6	-16	1	-26	1	-13	-26	-27	-7	-18	2	-16	-1	1	3	9	-4	-1	-1	-0	19	-7	7	7	-10	1	16	6	-11
111	43	-3	-14	-13	-27	-12	-40	-31	-16	34	-0	39	-3	8	15	15	10	-7	-6	-8	16	10	-6	16	16	-8	14	16	21	-4
112	-53	48	41	64	42	12	41	31	16	-26	6	-33	-5	-4	-12	-13	1	14	12	16	-13	1	5	-11	-12	4	-18	-5	-10	-3
113	26	-11	-42	-17	-34	-3	-25	-40	-27	-4	-34	12	-39	2	5	9	9	-11	-2	-1	6	13	-5	15	13	-15	9	12	10	-13
114	47	-7	-38	-18	-46	-14	-49	-51	-34	21	-23	35	-21	8	15	17	16	-12	-7	-8	16	22	-13	23	23	-17	16	24	24	-13
115	-18	25	-4	37	6	5	10	-4	-3	-25	-24	-18	-34	-2	-5	-2	8	5	8	11	-6	12	-1	2	2	-9	-5	6	2	-14
116	15	5	-2	-0	3	-17	-18	6	15	23	12	20	16	17	11	19	-18	11	-10	-16	16	-37	-5	10	14	13	21	-12	13	7
117	-9	-3	4	1	0	16	12	-1	-8	-17	-8	-15	-14	-15	-9	-16	18	-9	12	16	-14	35	6	-8	-12	-12	-18	14	-10	-7
118	14	7	3	6	10	-13	-15	16	20	20	15	16	14	12	8	15	-16	10	-4	-10	13	-31	-1	8	10	11	17	-8	11	3
119	63	-18	-37	-30	-39	-23	-62	-34	-14	40	-0	48	-2	12	18	24	3	-6	-8	-13	22	-1	-7	22	23	-6	26	17	26	-1
120	27	-7	-20	-10	-24	-13	-32	-23	-15	13	-7	20	-7	6	9	12	2	-3	-7	-8	10	-1	-6	15	14	-3	14	8	11	-7
121	-28	29	51	29	58	4	29	59	66	4	27	-14	28	3	-4	-4	-8	21	9	5	-3	-17	8	-11	-10	14	-7	-8	0	11
122	3	8	-4	11	8	-3	-5	6	15	4	-2	3	-1	9	4	10	-13	7	-4	-6	7	-25	-1	6	7	7	13	-10	5	-2
123	9	2	11	-0	9	-12	-7	20	13	23	24	17	27	10	7	10	-12	8	-5	-12	10	-28	-0	5	7	12	11	-9	7	10
124	-47	17	25	25	31	15	52	14	9	-27	-0	-34	7	-7	-14	-16	-2	4	4	10	-15	-1	5	-13	-15	5	-17	-16	-19	2
125	85	-9	-31	-32	-56	-33	-78	-54	-30	71	5	81	6	21	30	31	14	-12	-17	-20	34	11	-14	32	32	-8	30	25	36	-3
126	76	-32	-58	-49	-64	-21	-66	-67	-40	41	-11	57	-8	9	20	24	8	-19	-19	-19	23	6	-12	26	25	-10	29	12	21	-4
127	-34	-5	6	7	23	33	49	15	11	-27	-2	-31	4	-8	-13	-14	-3	1	6	9	-15	-3	9	-15	-16	5	-13	-14	-20	7
128	-7	-6	-6	2	2	2	7	2	-9	-5	22	-9	-0	-6	-7	-4	-2	0	1	2	-6	-5	2	-4	-5	7	-3	-7	-8	1
129	66	12	-12	-24	-36	-28	-55	-38	-17	71	9	75	15	24	26	25	7	-7	-14	-16	31	2	-11	23	24	-1	22	15	30	2
130	88	-19	-25	-34	-48	-27	-73	-45	-23	81	15	92	17	19	33	33	10	-12	-16	-20	35	6	-9	26	26	-4	29	21	33	-0
131	62	-27	-17	-43	-32	-17	-47	-23	-9	52	16	56	24	12	19	20	2	-8	-15	-20	23	-4	-5	17	17	1	23	8	21	8
132	37	36	36	7	2	-22	-25	1	10	77	38	63	34	24	20	14	7	4	-4	-6	24	4	-4	11	12	7	9	14	24	7
133	70	-15	-39	-29	-44	-20	-59	-47	-21	40	-15	53	-15	12	20	24	8	-10	-12	-13	23	8	-7	25	24	-10	26	17	26	-10
134	64	-22	-56	-34	-66	-18	-61	-61	-51	26	-22	44	-22	8	17	21	14	-18	-11	-11	19	17	-13	26	26	-16	22	22	24	-12
135	-26	19	44	23	41	4	25	55	30	-3	25	-17	18	1	-5	-7	-8	15	12	7	-5	-12	7	-7	-6	9	-9	-1	-2	8
136	37	-3	-16	-2	-23	-19	-42	-25	-7	22	-10	33	-10	5	14	15	15	-6	-4	-5	14	18	-8	19	18	-12	12	21	21	-8
137	36	7	5	3	8	-19	-35	-2	31	33	6	37	7	8	13	16	10	3	-2	-6	15	5	-2	13	12	-3	13	14	19	1
138	-10	24	40	21	49	-4	11	39	58	10	17	2	16	2	0	-2	-0	12	7	4	0	-5	5	-5	-5	6	-4	-0	2	7
139	44	-14	-34	-19	-45	-20	-49	-47	-35	22	-13	35	-12	6	13	16	17	-11	-10	-10	14	12	-10	21	20	-9	16	16	17	-7
140	55	-15	-20	-23	-33	-16	-49	-34	-20	40	5	48	8	10	16	22	5	-8	-9	-13	20	-2	-5	18	18	-3	21	12	19	1
141	-35	30	53	35	74	4	38	61	86	-5	21	-20	21	-1	-8	-10	-9	21	11	9	-8	-14	10	-16	-16	12	-12	-12	-8	10
142	61	-16	-37	-26	-50	-21	-62	-52	-36	37	-9	51	-6	10	18	23	14	-13	-14	-15	21	11	-12	25	24	-9	23	18	23	-6
143	-7	23	38	26	53	-6	9	42	70	10	15	3	14	2	0	-0	0	16	9	6	1	-3	7	-5	-5	4	-3	2	4	6
144	64	12	-14	-23	-39	-25	-57	-42	-21	64	5	67	8	24	23	24	7	-7	-14	-16	28	3	-13	25	26	-3	23	16	30	-0
145	40	12	-8	19	-25	-15	-45	-25	-16	39	3	46	-4	9	17	19	20	-2	-4	-7	18	20	-7	20	19	-7	13	25	25	-5
146	34	-4	-20	-2	-35	-8	-36	-31	-22	21	-4	29	-7	3	10	11	20	-7	-5	-6	11	23	-8	16	15	-10	9	21	18	-6
147	39	-8	-26	-7	-32	-14	-45	-32	-20	25	-3	35	-4	7	15	19	13	-7	-9	-11	16	15	-10	23	22	-10	17	21	24	-5
148	1	18	12	19	0	-2	-2	2	-1	4	-1	4	-5	1	1	-1	14	3	4	4	1	20	-5	3	2	-6	-5	14	8	-4
149	-57	57	38	73	43	17	44	31	18	-31	-1	-37	-21	-5	-14	-15	0	16	20	22	-15	2	7	-13	-13	1	-22	-3	-10	-5
150	64	-23	-45	-25	-50	-19	-62	-50	-28	33	-15	50	-14	8	18	23	15	-11	-10	-13	20	12	-8	23	23	-11	22	20	23	-6

Table VII. CORRELATION MATRIX FOR 220 MMPI SCALES FOR 50,000 MEDICAL PATIENTS--continued

SCALE	61	62	63	64	65	66	67	68	69	70	71	72	73	74	75	76	77	78	79	80	81	82	83	84	85	86	87	88	89	90
101	-10	15	-20	-48	-26	-7	-84	-33	-56	-30	43	-27	-38	-40	-19	-13	-51	37	-22	-20	-16	11	26	25	61	-29	-26	40	-33	73
102	-6	-10	-0	-17	-10	9	-34	1	-27	-10	9	-5	-7	-8	0	6	-19	3	-1	-4	-6	7	10	11	19	-8	-3	34	-7	30
103	-13	17	-21	-53	-27	-12	-88	-36	-63	-33	46	-32	-42	-43	-22	-19	-52	34	-26	-23	-15	9	28	27	63	-34	-31	38	-38	73
104	10	0	-7	2	6	9	-25	5	-14	20	7	20	-2	-6	24	15	-21	14	21	10	3	26	15	16	30	30	23	15	27	41
105	-14	15	-10	-43	-31	-9	-47	-28	-36	-38	32	-34	-30	-33	-27	-14	-19	15	-28	-23	-7	-5	13	17	24	-37	-32	14	-40	34
106	-17	25	-21	-60	-32	-25	-66	-43	-60	-39	51	-37	-41	-53	-27	-26	-34	29	-30	-23	-5	2	22	35	41	-41	-36	21	-45	62
107	12	-6	21	45	32	-2	77	30	58	31	-41	25	42	40	17	12	65	-41	20	19	26	-11	-28	-17	-69	29	25	-41	32	-70
108	13	3	9	20	25	-7	37	7	25	28	-15	16	15	16	12	3	34	-18	13	14	24	3	-8	4	-22	19	17	-23	21	-17
109	5	4	10	14	16	-9	38	6	24	12	-14	6	13	15	3	-3	38	-23	5	7	20	-8	-13	-4	-33	6	6	-27	8	-33
110	5	9	4	8	15	-14	26	-1	14	11	-10	1	6	12	0	-6	26	-22	0	2	10	-5	-8	-4	-13	4	1	-20	4	-19
111	17	-5	9	39	27	5	35	23	33	38	-26	32	27	28	23	16	24	-14	25	20	13	10	-8	-8	-17	39	29	-12	39	-19
112	-9	13	-11	-36	-12	-15	-46	-25	-40	-19	25	-21	-27	-30	-13	-17	-20	12	-15	-13	6	6	15	31	26	-21	-19	13	-23	47
113	7	-2	12	21	20	-3	42	11	29	19	-17	10	19	20	7	5	37	-19	9	10	20	-6	-13	-6	-37	12	11	-22	14	-35
114	20	-5	14	43	36	-0	59	22	44	43	-31	34	32	34	25	14	44	-27	27	24	24	4	-15	-10	-34	38	33	-27	41	-38
115	1	10	-1	-11	3	-10	-1	-12	-6	2	7	-9	-9	-9	-6	-10	9	-1	-7	-3	13	1	3	17	0	-8	-7	-9	-9	12
116	12	-39	15	14	-5	71	-4	15	10	13	-13	20	6	15	17	41	-16	12	19	11	-6	13	9	-0	11	13	23	21	20	14
117	-9	39	-15	-9	8	-61	5	-13	-6	-10	13	-17	-6	-13	-15	-35	14	-4	-17	-9	5	-10	-7	-0	-3	-9	-21	-18	-16	-9
118	8	-29	10	11	-3	67	-8	11	7	10	-8	15	1	12	12	37	-18	23	14	8	-6	12	11	1	17	9	17	22	15	19
119	21	-17	14	51	27	37	49	30	50	38	-33	35	31	39	25	31	25	-5	28	22	8	9	-8	-16	-19	37	33	-7	41	-26
120	8	-12	12	22	19	20	28	15	22	18	-21	15	14	21	11	14	16	-10	13	12	7	2	-6	-6	-15	15	15	-5	20	-17
121	-1	2	-14	-20	-18	14	-52	-14	-31	-12	27	-7	-27	-24	-5	5	-50	36	-6	-8	-18	17	26	13	67	-10	-8	31	-12	63
122	3	-26	10	2	-9	51	-8	8	3	4	-4	8	-2	6	8	31	-13	20	10	7	-3	7	6	3	9	1	12	12	7	12
123	7	-21	7	8	-3	58	-10	7	2	5	-5	10	3	10	8	24	-15	11	9	3	-8	10	10	1	13	8	10	25	10	18
124	-14	9	-4	-36	-16	-20	-37	-13	-35	-26	22	-24	-15	-21	-16	-14	-9	-3	-18	-14	-3	-4	6	13	11	-28	-21	18	-28	22
125	32	-24	20	73	51	25	69	52	61	70	-49	65	50	58	54	40	38	-23	58	45	20	22	-12	-18	-30	75	66	-15	81	-36
126	18	-23	26	60	31	26	69	45	66	40	-48	39	47	53	28	34	50	-30	32	26	15	0	-22	-23	-50	41	41	-19	48	-57
127	-17	9	-3	-30	-21	-13	-27	-12	-23	-29	26	-28	-8	-17	-24	-19	-6	8	-24	-17	-6	-11	2	7	8	-35	-29	4	-38	12
128	-6	0	2	-7	-7	7	-5	-2	-4	-16	3	-15	-1	-1	-16	-3	3	1	-14	-14	5	-8	-0	2	-8	-21	-9	8	-16	-1
129	30	-26	15	60	34	25	47	51	45	68	-37	74	50	44	66	44	22	-16	69	53	19	31	-6	-12	-19	83	77	-10	89	-20
130	28	-22	17	72	42	26	59	55	56	66	-47	58	43	54	45	36	29	-17	47	33	15	19	-12	-20	-25	75	50	-13	71	-33
131	18	-19	12	50	25	30	34	35	41	36	-30	39	33	43	30	31	13	-4	32	23	-2	11	-5	-25	-11	39	38	10	45	-24
132	25	-11	1	38	26	9	6	36	16	57	-14	63	27	23	63	36	-2	2	64	43	12	43	11	2	18	78	69	14	81	23
133	21	-16	18	55	30	21	55	41	55	46	-37	40	32	42	31	32	33	-14	35	30	16	8	-14	-18	-28	46	41	-19	50	-37
134	19	-9	19	52	35	10	74	30	61	42	-40	34	38	43	23	20	54	-28	26	23	20	-2	-22	-16	-56	39	31	-31	41	-57
135	-1	7	-13	-19	-7	17	-40	-22	-27	-12	32	-9	-22	-18	-7	-1	-33	33	-8	-9	-11	10	20	10	40	-11	-11	28	-13	44
136	17	-4	7	35	38	-1	39	14	29	39	-19	27	21	29	22	9	20	-5	24	20	14	11	-4	-6	-9	33	27	-13	35	-14
137	15	-7	3	33	28	12	16	20	17	36	-13	26	12	24	20	14	-1	5	21	15	5	17	4	-4	21	31	23	5	31	12
138	2	4	-11	-5	-0	2	-30	-2	-20	2	15	2	-15	-9	2	1	-33	27	1	-1	-8	14	16	8	42	3	0	19	1	39
139	12	-11	16	39	39	7	55	24	36	38	-33	23	27	40	17	12	40	-28	20	17	16	1	-13	-10	-34	30	23	-17	31	-35
140	15	-17	14	45	28	25	39	35	36	36	-30	30	30	38	22	22	24	-15	24	18	10	7	-9	-12	-22	36	27	-4	36	-24
141	-6	6	-17	-28	-24	3	-61	-15	-39	-18	32	-12	-29	-31	-9	1	-54	37	-11	-11	-17	15	23	14	71	-16	-13	30	-17	65
142	19	-17	19	52	44	16	62	34	47	47	-40	36	36	49	29	20	41	-28	31	24	18	5	-15	-15	-36	41	35	-16	45	-39
143	3	6	-12	-3	-3	2	-34	-4	-19	5	17	2	-16	-12	1	0	-36	30	-0	-2	-9	17	17	8	58	4	-1	20	1	49
144	28	-24	16	58	35	25	49	48	45	63	-39	68	47	46	59	40	25	-19	65	53	20	28	-6	-12	-22	75	72	-4	83	-22
145	19	-2	7	40	40	1	33	22	29	47	-25	29	20	29	22	13	24	-7	24	17	17	16	-3	4	-9	44	25	-8	39	-3
146	14	4	5	33	36	-11	37	15	28	30	-20	19	20	25	14	5	29	-14	15	12	14	4	-8	-6	-17	28	16	-17	26	-20
147	17	-5	10	36	36	8	42	20	32	36	-25	23	21	32	16	13	27	-14	18	14	11	6	-6	-8	-17	31	21	-12	31	-20
148	9	11	-5	6	14	-21	7	-8	3	14	4	11	6	3	12	-3	5	-1	11	9	8	10	3	6	10	11	15	-7	14	11
149	-9	17	-14	-39	-17	-18	-40	-30	-41	-19	32	-20	-28	-37	-12	-15	-16	18	-14	-11	9	8	15	39	24	-20	-18	8	-23	51
150	17	-13	17	53	40	13	58	35	49	46	-38	31	34	43	22	18	39	-19	25	21	13	5	-14	-14	-32	39	28	-15	40	-35

Table VII. CORRELATION MATRIX FOR 220 MMPI SCALES FOR 50,000 MEDICAL PATIENTS--**continued**

SCALE	91	92	93	94	95	96	97	98	99	100	101	102	103	104	105	106	107	108	109	110	111	112	113	114	115	116	117	118	119	120
101	-60	55	-48	-69	60	-8	-57	35	-53	91		30	86	34	39	62	-69	-22	-33	-19	-27	50	-36	-45	10	3	-1	9	-39	-21
102	-24	2	-56	-27	3	2	-22	3	-39	38	30		37	19	23	20	-39	-22	-23	-22	-13	28	-24	-25	-9	11	-15	5	-30	-11
103	-63	56	-54	-75	60	-9	-64	31	-57	95	86	37		33	42	69	-75	-25	-33	-20	-28	58	-37	-49	10	-3	2	2	-50	-23
104	1	16	-13	-11	18	1	-0	13	-20	36	34	19	33		7	19	-26	5	-13	-4	14	32	-20	-4	11	10	-6	12	-2	-4
105	-45	42	-31	-52	42	-9	-44	19	-22	38	39	23	42	7		51	-29	-14	-7	-5	-33	31	-19	-35	13	-1	-1	1	-40	-18
106	-53	65	-36	-76	66	-17	-63	26	-29	63	62	20	69	19	51		-49	-3	-11	-8	-32	59	-19	-34	30	-16	14	-8	-49	-23
107	71	-46	64	73	-53	2	60	-39	82	-77	-69	-39	-75	-26	-29	-49		54	58	40	38	-30	54	67	17	-13	12	-16	39	25
108	44	-7	55	39	-11	-14	33	-12	56	-30	-22	-22	-25	5	-14	-3	54		86	48	31	26	63	79	78	-6	10	-3	27	21
109	36	-9	43	34	-15	-11	23	-17	55	-38	-33	-23	-33	-13	-7	-11	58	86		50	14	15	68	63	72	-9	10	-7	20	18
110	26	-6	31	19	-16	-8	12	-14	40	-23	-19	-22	-20	-4	-5	-8	40	48	50		11	-0	18	43	33	-15	13	-14	6	12
111	48	-27	32	47	-29	4	50	-15	31	-27	-27	-13	-28	14	-33	-32	38	31	14	11		-15	20	52	-4	-5	7	-4	26	13
112	-25	37	-23	-43	35	-15	-37	4	-16	52	50	28	58	32	31	59	-30	26	15	-0	-15		-10	-14	54	-10	8	-6	-37	-10
113	37	-16	43	40	-19	-6	28	-16	51	-40	-36	-24	-37	-20	-19	-19	54	63	68	18	20	-10		52	47	-6	8	-3	25	16
114	64	-32	63	62	-36	-3	57	-22	59	-51	-45	-25	-49	-4	-35	-34	67	79	63	43	52	-14	52		23	-7	10	-6	41	24
115	4	22	23	-2	18	-19	-5	4	29	4	10	-9	10	11	13	30	17	78	72	33	-4	54	47	23		-3	5	2	1	8
116	-10	-10	-4	13	-10	3	16	44	-25	2	3	11	-3	10	-1	-16	-13	-6	-9	-15	-5	-10	-6	-7	-3		-95	82	32	23
117	12	17	8	-9	17	-3	-12	-26	23	-2	-1	-15	2	-6	-1	14	12	10	10	13	7	8	8	10	5	-95		-63	-14	-17
118	-12	5	-1	10	5	2	12	62	-25	8	9	5	2	12	1	-8	-16	-3	-7	-14	-4	-6	-3	-6	2	82	-63		37	28
119	44	-27	45	61	-27	6	57	14	30	-45	-39	-30	-50	-2	-40	-49	39	27	20	6	26	-37	25	41	1	32	-14	37		25
120	27	-21	27	37	-23	1	29	2	21	-23	-21	-11	-23	-4	-18	-23	25	21	18	12	13	-10	16	24	8	23	-17	28	25	
121	-47	42	-31	-41	48	-2	-28	49	-58	55	53	25	51	27	21	32	-64	-23	-34	-26	-16	17	-31	-30	-5	25	-13	32	-9	-14
122	-9	9	-0	5	8	-2	6	58	-17	4	5	4	1	1	7	0	-9	6	4	-9	-8	1	6	-3	12	70	-56	84	18	21
123	-15	-7	-15	3	-6	4	6	30	-25	12	11	16	7	14	7	-8	-18	-18	-20	-17	-3	-6	-15	-15	-13	58	-47	62	19	10
124	-28	20	-44	-39	19	-5	-39	-5	-19	37	31	57	43	4	37	43	-25	-7	1	-5	-20	36	-3	-23	13	-17	9	-19	-50	-18
125	82	-57	61	89	-58	13	82	-21	46	-53	-53	-22	-59	10	-56	-65	56	36	21	16	51	-36	30	60	-4	15	-8	12	62	33
126	65	-58	52	84	-61	11	72	-25	50	-68	-64	-23	-73	-25	-39	-68	69	22	24	10	37	-47	34	45	-11	14	-11	10	58	28
127	-32	35	-34	-32	35	-5	-38	11	-15	20	18	26	24	-10	31	32	-17	-10	2	-10	-23	15	-1	-26	10	-12	9	-10	-28	-14
128	-7	4	-11	-2	2	-1	1	4	-3	2	-1	12	4	-3	13	7	2	-3	-2	-3	-2	6	1	-8	3	5	-4	7	-1	3
129	67	-46	36	65	-46	16	73	-15	22	-36	-37	-7	-42	22	-42	-49	36	22	11	4	41	-26	15	45	-10	18	-15	12	41	18
130	71	-49	46	80	-49	16	74	-14	32	-47	-48	-19	-55	10	-52	-63	45	22	12	7	45	-37	21	46	-12	14	-8	12	58	24
131	37	-41	17	51	-38	16	49	-3	6	-27	-28	-4	-35	-2	-39	-59	18	-12	-12	-4	30	-44	0	18	-36	18	-13	15	44	13
132	43	-19	11	30	-16	15	40	-4	-5	10	4	9	1	45	-25	-15	-1	5	-13	-6	30	-1	-7	19	-11	-4	9	1	20	2
133	61	-33	58	75	-34	6	67	-4	41	-50	-46	-31	-54	-7	-35	-51	54	40	32	15	40	-32	35	51	11	17	-8	23	55	36
134	68	-41	72	74	-45	2	65	-24	74	-71	-60	-45	-71	-14	-33	-50	78	50	45	31	39	-35	45	61	17	2	1	1	53	28
135	-34	37	-17	-35	41	-3	-27	41	-28	47	47	8	45	24	20	29	-41	-17	-25	-11	-10	11	-21	-23	-4	19	-10	28	-3	-8
136	47	-17	50	44	-16	-2	34	-3	33	-23	-23	-19	-22	5	-37	-21	28	38	20	9	30	-9	25	43	16	-3	11	4	41	22
137	28	-13	29	38	-7	3	33	8	6	-0	-3	-5	-3	20	-28	-16	1	20	-1	-3	24	-5	9	28	3	7	1	12	33	15
138	-17	18	-15	-16	29	1	-10	21	-33	39	32	16	36	27	-1	19	-41	-16	-28	-20	7	13	-17	-15	-9	2	3	7	-5	-8
139	56	-41	46	61	-44	-0	45	-28	54	-42	-41	-16	-42	-1	-28	-37	50	42	31	19	29	-15	39	47	18	1	0	-2	32	24
140	43	-35	20	57	-38	10	50	-7	23	-31	-32	-0	-34	7	-29	-44	32	9	6	2	44	-20	18	25	-11	15	-10	12	42	18
141	-53	38	-42	-48	49	-2	-34	37	-63	61	55	31	59	25	20	38	-68	-31	-38	-29	-18	22	-38	-39	-10	11	-6	15	-22	-18
142	67	-50	48	74	-53	6	59	-25	50	-48	-47	-14	-49	-4	-40	-48	53	36	28	18	34	-22	34	51	6	7	-4	4	43	28
143	-23	26	-4	-15	38	-2	-9	31	-36	41	37	6	38	29	-0	21	-44	-7	-25	-19	1	12	-17	-9	-2	3	5	11	4	-6
144	67	-50	39	68	-50	14	75	-19	27	-38	-39	-8	-44	17	-42	-50	40	25	13	6	44	-26	18	47	-8	17	-15	11	42	21
145	56	-18	51	47	-19	-5	39	-15	41	-15	-15	-20	-16	20	-27	-15	34	42	18	20	36	4	24	42	24	-5	10	-2	36	17
146	50	-23	46	41	-24	-3	32	-28	43	-23	-26	-19	-22	2	-23	-22	38	28	17	21	34	-9	20	38	6	-18	19	-17	26	14
147	44	-25	44	45	-26	-2	35	-17	33	-30	-29	-15	-25	2	-25	-31	34	31	18	15	29	-14	23	39	10	5	-2	3	37	19
148	20	1	22	4	0	-6	4	-10	20	1	3	-12	1	15	-9	7	10	22	11	24	10	5	12	22	13	-22	24	-18	4	0
149	-25	51	-12	-45	48	-18	-35	14	-4	41	45	11	48	25	31	75	-22	23	8	-1	-13	64	5	-11	48	-12	12	-5	-29	-13
150	59	-36	59	71	-38	1	54	-13	49	-47	-43	-28	-51	-1	-40	-51	54	41	32	15	35	-29	43	49	15	6	1	7	52	28

Table VII. CORRELATION MATRIX FOR 220 MMPI SCALES FOR 50,000 MEDICAL PATIENTS--continued

SCALE	121	122	123	124	125	126	127	128	129	130	131	132	133	134	135	136	137	138	139	140	141	142	143	144	145	146	147	148	149	150
101	53	5	11	31	-53	-64	18	-1	-37	-48	-28	4	-46	-60	47	-23	-3	32	-41	-32	55	-47	37	-39	-15	-26	-29	3	45	-43
102	25	4	16	57	-22	-23	26	12	-7	-19	-4	9	-31	-45	8	-19	-5	16	-16	-0	31	-14	6	-8	-20	-19	-15	-12	11	-28
103	51	1	7	43	-59	-73	24	4	-42	-55	-35	1	-54	-71	45	-22	-3	36	-42	-34	59	-49	38	-44	-16	-22	-25	1	48	-51
104	27	1	14	4	10	-25	-10	-3	22	10	-2	45	-7	-14	24	5	20	27	-1	7	25	-4	29	17	20	2	2	15	25	-1
105	21	7	7	37	-56	-39	31	13	-42	-52	-39	-25	-35	-33	20	-37	-28	-1	-28	-29	20	-40	-0	-42	-27	-23	-25	-9	31	-40
106	32	0	-8	43	-65	-68	32	7	-49	-63	-59	-15	-51	-50	29	-21	-16	19	-37	-44	38	-48	21	-50	-15	-22	-31	7	75	-51
107	-64	-9	-18	-25	56	69	-17	2	36	45	18	-1	54	78	-41	28	1	-41	50	32	-68	53	-44	40	34	38	34	10	-22	54
108	-23	6	-18	-7	36	22	-10	-3	22	22	-12	5	40	50	-17	38	20	-16	42	9	-31	36	-7	25	42	28	31	22	23	41
109	-34	4	-20	1	21	24	2	-2	11	12	-12	-13	32	45	-25	20	-1	-28	31	6	-38	28	-25	13	18	17	18	11	8	32
110	-26	-9	-17	-5	16	10	-10	-3	4	7	-4	-6	15	31	-11	9	-3	-20	19	2	-29	18	-19	6	20	21	15	24	-1	15
111	-16	-8	-3	-20	51	37	-23	-2	41	45	30	30	40	39	-10	30	24	7	29	44	-18	34	1	44	36	34	29	10	-13	35
112	17	1	-6	36	-36	-47	15	6	-26	-37	-44	-1	-32	-35	11	-9	-5	13	-15	-20	22	-22	12	-26	4	-9	-14	5	64	-29
113	-31	6	-15	-3	30	34	-1	1	15	21	0	-7	35	45	-21	25	9	-17	39	18	-38	34	-17	18	24	20	23	12	5	43
114	-30	-3	-15	-23	60	45	-26	-8	45	46	18	19	51	61	-23	43	28	-15	47	25	-39	51	-9	47	42	38	39	22	-11	49
115	-5	12	-13	13	-4	-11	10	3	-10	-12	-36	-11	11	17	-4	16	3	-9	18	-11	-10	6	-2	-8	24	6	10	13	48	15
116	25	70	58	-17	15	14	-12	5	18	14	18	-4	17	2	19	-3	7	2	1	15	11	7	3	17	-5	-18	5	-22	-12	6
117	-13	-56	-47	9	-8	-11	9	-4	-15	-8	-13	9	-8	1	-10	11	1	3	0	-10	-6	-4	5	-15	10	19	-2	24	12	1
118	32	84	62	-19	12	10	-10	7	12	12	15	1	23	1	28	4	12	7	-2	12	15	4	11	11	-2	-17	3	-18	-5	7
119	-9	18	19	-50	62	58	-28	-1	41	58	44	20	55	53	-3	41	33	-5	32	42	-22	43	4	42	36	26	37	4	-29	52
120	-14	21	10	-18	33	28	-14	3	18	24	13	2	36	28	-8	22	15	-8	24	18	-18	28	-6	21	17	14	19	0	-13	28
121		16	22	5	-25	-40	6	-1	-14	-19	-5	14	-21	-44	41	-11	14	41	-33	-15	60	-33	46	-17	-12	-19	-16	0	18	-27
122	16		24	-2	2	6	4	4	5	1	-1	-10	24	-0	9	1	4	-0	-0	5	9	2	4	4	-7	-20	-3	-20	3	4
123	22	24		-15	7	6	-14	8	9	10	22	5	-2	-6	33	-11	6	8	-5	12	13	-0	7	9	-4	-12	2	-12	-10	-2
124	5	-2	-15		-43	-33	43	11	-27	-41	-32	-12	-34	-43	-3	-24	-14	4	-15	-14	17	-21	0	-26	-27	-22	-25	-9	28	-34
125	-25	2	7	-43		71	-42	-10	81	87	57	61	69	65	-21	55	49	-1	57	55	-33	72	0	80	62	50	52	19	-37	68
126	-40	6	6	-33	71		-21	2	50	62	52	17	64	70	-35	29	21	-21	46	44	-45	57	-23	55	34	36	38	-1	-46	60
127	6	4	-14	43	-42	-21		8	-31	-37	-21	-25	-28	-29	1	-24	-17	0	-17	-18	14	-26	1	-34	-26	-26	-26	-12	17	-20
128	-1	4	8	11	-10	2	8		-17	-8	-3	-15	-3	-7	2	-7	-3	-2	0	4	-1	0	-4	-7	-8	-5	-6	-1	6	-3
129	-14	5	9	-27	81	50	-31	-17		75	47	74	51	43	-17	32	32	-0	32	39	-19	46	-0	83	37	25	28	12	-26	41
130	-19	1	10	-41	87	62	-37	-8	75		56	58	63	55	-21	40	43	-1	42	56	-26	58	4	69	50	36	41	7	-38	59
131	-5	-1	22	-32	57	52	-21	-3	47	56		35	35	28	-3	23	26	5	20	35	-10	34	3	50	19	21	23	6	-55	34
132	14	-10	5	-12	61	17	-25	-15	74	58	35		26	9	5	26	35	22	12	23	12	24	24	68	39	21	17	22	-3	20
133	-21	24	-2	-34	69	64	-28	-3	51	63	35	26		60	-21	43	34	-9	43	37	-29	53	-3	55	46	34	38	4	-27	60
134	-44	-0	-6	-43	65	70	-29	-7	43	55	28	9	60		-25	36	13	-31	51	34	-60	53	-29	46	45	41	41	13	-23	59
135	41	9	33	-3	-21	-35	1	2	-17	-21	-3	5	-21	-25		-1	6	26	-23	-8	31	-24	29	-18	-5	-10	-9	9	21	-22
136	-11	1	-11	-24	55	29	-24	-7	32	40	23	26	43	36	-1		40	10	36	19	-12	42	14	31	56	49	52	32	-5	45
137	14	4	6	-14	49	21	-17	-3	32	43	26	35	34	13	6	40		62	51	47	34	61	73	32	43	25	27	15	-6	41
138	41	-0	8	4	-1	-21	0	-2	-0	-1	5	22	-9	-31	26	10	62		1	8	69	1	78	-2	7	-1	-2	7	12	-8
139	-33	-0	-5	-15	57	46	-17	0	32	42	20	12	43	51	-23	36	51	1		37	-36	80	-5	36	50	36	40	7	-15	65
140	-15	5	12	-14	55	44	-18	4	39	56	35	23	37	34	-8	19	47	8	37		-20	62	5	41	27	20	27	-4	-24	41
141	60	9	13	17	-33	-45	14	-1	-19	-26	-10	12	-29	-60	31	-12	34	69	-36	-20		-37	75	-22	-18	-22	-22	-2	21	-34
142	-33	2	-0	-21	72	57	-26	0	46	58	34	24	53	53	-24	42	61	1	80	62	-37		-9	50	49	37	41	13	-25	62
143	46	4	7	0	0	-23	1	-4	-0	4	3	24	-3	-29	29	14	73	78	-5	5	75	-9		-3	13	-1	-1	8	14	-2
144	-17	4	9	-26	80	55	-34	-7	83	69	50	68	55	46	-18	31	32	-2	36	41	-22	50	-3		38	28	31	12	-29	43
145	-12	-7	-4	-27	62	34	-26	-8	37	50	19	39	46	45	-5	56	43	7	50	27	-18	49	13	38		76	63	41	13	63
146	-19	-20	-12	-22	50	36	-26	-5	25	36	21	21	34	41	-10	49	25	-1	36	20	-22	37	-1	28	76		68	33	-40	45
147	-16	-3	2	-25	52	38	-26	-6	28	41	23	17	38	41	-9	52	27	-2	40	27	-22	41	-1	31	63	68		14	-14	45
148	0	-20	-12	-9	19	-1	-12	-1	12	7	6	22	4	13	9	32	15	7	7	-4	-2	13	8	12	41	33	14		15	18
149	18	3	-10	28	-37	-46	17	6	-26	-38	-55	-3	-27	-23	21	-5	-6	12	-15	-24	21	-25	14	-29	13	-40	-14	15		-21
150	-27	4	-2	-34	68	60	-20	-3	41	59	34	20	60	59	-22	45	41	-8	65	41	-34	62	-2	43	63	45	45	18	-21	

Table VII. CORRELATION MATRIX FOR 220 MMPI SCALES FOR 50,000 MEDICAL PATIENTS--continued

SCALE	151	152	153	154	155	156	157	158	159	160	161	162	163	164	165	166	167	168	169	170	171	172	173	174	175	176	177	178	179	180
101	-52	-49	38	-35	-62	32	-39	-62	17	-63	-43	-66	-64	3	-61	-54	-63	-10	35	-52	32	-13	47	43	-11	-24	58	26	63	-52
102	-29	-30	6	-10	-28	0	-13	-36	-26	-30	-21	-16	-42	-6	-29	-25	-6	-18	-4	-17	32	-22	39	27	3	-8	17	21	30	-27
103	-57	-52	40	-38	-70	32	-39	-75	15	-66	-47	-66	-70	-1	-69	-61	-67	-15	37	-57	32	-14	48	43	-19	-29	60	24	70	-57
104	1	-2	35	-8	-2	33	-7	-16	11	-8	-7	-17	-18	30	-1	-4	-23	22	9	-15	33	-2	22	18	-13	-4	27	31	23	0
105	-43	-44	12	-32	-48	6	-28	-43	34	-42	-35	-25	-41	-39	-54	-38	-30	-11	29	-42	4	-16	31	31	-11	-20	40	6	45	-55
106	-54	-50	39	-38	-69	21	-38	-66	32	-57	-43	-55	-63	-32	-74	-61	-60	-5	44	-62	2	6	36	30	-37	-44	65	8	65	-61
107	58	60	-20	40	61	-33	48	64	-0	74	50	76	77	10	61	56	66	22	-30	56	-41	31	-54	-53	5	18	-55	-29	-65	59
108	40	39	19	18	25	-17	35	28	8	46	41	31	44	25	32	29	21	31	-6	32	-42	47	-31	-36	-28	-9	-10	-28	-36	44
109	31	29	-8	16	21	-27	28	27	7	42	32	38	41	2	24	25	28	23	-7	30	-44	39	-31	-33	-15	-0	-19	-31	-39	30
110	19	24	3	5	15	-8	18	13	8	27	18	32	30	2	14	14	3	14	-3	14	-27	25	-30	-30	-8	-10	-18	-13	-21	20
111	39	40	8	27	45	4	28	36	1	42	32	31	41	39	48	37	33	10	-20	30	-4	10	-18	-20	-2	22	-23	-1	-31	48
112	-29	-27	40	-23	-47	11	-15	-49	7	-30	-20	-32	-40	-5	-44	-33	-37	-4	22	-34	0	6	22	15	-29	-30	42	-3	39	-31
113	34	34	-4	24	25	-29	38	34	-1	43	35	35	44	10	30	28	35	21	-11	38	-35	38	-25	-28	-12	5	-24	-30	-40	36
114	52	55	-1	32	52	-16	45	48	-1	64	52	51	62	37	56	47	39	31	-22	49	-32	36	-41	-45	-7	1	-33	-21	-52	64
115	10	6	31	-4	-14	-11	10	-5	13	7	12	-2	6	2	-7	-1	-6	17	13	1	-34	38	-8	-11	-36	-16	17	-23	-5	5
116	0	-10	4	-8	8	-13	-1	20	-30	-10	9	-2	-7	11	16	17	19	11	-13	13	18	-36	19	23	6	18	-6	0	-14	8
117	4	13	0	11	-4	17	1	-14	34	11	-7	-2	12	-2	-10	-11	-18	-2	14	-8	-16	37	-14	-16	-4	-15	8	2	11	-4
118	0	-9	8	-5	4	-7	-4	20	-20	-13	6	-10	-5	15	13	15	13	21	-9	12	15	-27	25	31	5	16	1	1	-10	6
119	47	46	1	31	58	-5	29	62	-6	44	38	32	61	40	63	56	44	24	-27	53	-6	5	-20	-14	13	26	-35	-4	-55	54
120	27	28	-8	27	24	-14	23	28	-20	32	27	28	32	23	31	28	26	11	-18	37	-12	3	-17	-16	0	9	-20	-17	-28	37
121	-33	-35	25	-24	-30	30	-34	-33	14	-50	-28	-59	-48	9	-29	-27	-41	-0	24	-35	32	-15	43	45	-0	-6	42	28	41	-32
122	-1	-12	3	-0	-6	-21	-3	14	-20	-11	7	-11	-8	3	4	8	13	30	-3	8	-11	-19	22	23	-3	7	6	-16	-11	1
123	-6	-11	7	-13	5	9	-5	6	-14	-15	-3	-1	-9	10	7	9	9	-18	-8	5	47	-38	23	30	12	16	-11	19	0	-0
124	-37	-35	0	-12	-46	-5	-13	-48	-3	-30	-24	-12	-40	-22	-47	-39	-13	-17	10	-26	3	-9	28	16	-5	-19	27	1	34	-36
125	74	77	4	53	84	-5	55	71	-18	75	63	57	72	72	90	70	58	31	-41	67	1	16	-35	-39	15	29	-49	-2	-61	90
126	61	58	-18	49	73	-26	46	79	-15	66	52	67	74	32	76	67	80	12	-42	67	-12	3	-36	-35	28	37	-58	-14	-67	64
127	-24	-30	-4	-4	-34	3	-17	-24	16	-24	-22	-18	-30	-30	-38	-32	-8	-1	24	-17	1	4	36	32	6	-7	24	-1	24	-36
128	-9	-9	-2	-4	-8	-3	-0	-7	2	-4	-5	3	2	-8	-6	1	9	-7	1	3	3	-7	9	3	4	2	0	1	6	-10
129	52	48	-1	40	74	-3	31	57	-15	55	41	41	41	55	71	50	46	31	-33	42	12	3	-14	-23	14	22	-33	6	-43	66
130	71	67	-3	52	80	8	41	63	-13	61	46	46	62	65	87	60	54	25	-39	54	8	10	-25	-25	20	34	-48	4	-56	76
131	33	35	-14	32	56	7	20	44	-17	33	24	28	40	42	56	44	39	3	-27	42	32	-6	-8	-8	35	33	-41	18	-34	45
132	28	30	25	30	47	23	11	25	2	24	16	6	11	60	40	21	10	29	-13	11	37	-0	8	-4	9	7	-2	27	-4	40
133	67	61	-3	47	64	-15	41	67	-4	57	49	43	65	47	72	58	58	31	-29	56	-27	15	-29	-28	8	25	-35	-15	-56	65
134	64	62	-5	37	66	-21	45	65	0	69	52	62	76	25	69	59	56	25	-29	59	-33	32	-50	-46	4	20	-48	-20	-63	65
135	-30	-27	26	-30	-26	33	-23	-27	16	-34	-22	-42	-31	8	-28	-23	-44	1	27	-23	33	-7	33	35	-4	-10	32	27	40	-21
136	47	58	18	32	35	0	35	36	-6	47	44	18	44	49	41	28	12	22	-12	43	-11	29	-25	-29	-15	-2	-10	-7	-25	60
137	36	41	19	26	29	16	44	19	-6	24	32	-0	26	76	39	28	16	14	-8	35	10	15	-7	-11	1	3	-5	3	-15	44
138	-12	-9	22	-6	-11	32	-5	-22	5	-24	-10	-40	-24	38	-10	-12	-23	-3	14	-11	29	-4	24	22	-1	-7	30	20	33	-8
139	56	61	4	37	42	-19	88	39	-17	56	50	53	55	43	49	41	43	13	-26	63	-18	22	-34	-38	-6	11	-36	-17	-44	59
140	40	39	-5	31	43	3	38	37	-16	41	36	37	46	46	54	43	49	4	-27	44	4	-6	-7	-7	17	32	-37	-0	-41	48
141	-39	-39	21	-24	-36	30	-35	-40	13	-59	-34	-69	-57	12	-38	-34	-40	-8	27	-41	29	-19	42	42	-0	-10	47	26	50	-41
142	57	67	-5	43	55	-17	76	50	-22	64	57	57	64	57	65	53	54	15	-33	68	-11	16	-36	-40	6	17	-45	-12	-54	71
143	-3	-6	29	-4	-11	35	-10	-18	12	-26	-9	-49	-22	46	-6	-11	-26	5	18	-14	22	5	23	21	-4	-11	32	15	28	-5
144	51	49	-0	39	70	-9	35	56	-17	58	44	44	48	54	71	54	49	27	-36	45	10	1	-18	-27	14	23	-35	6	-45	67
145	65	79	63	39	40	7	47	30	4	47	37	27	45	57	47	31	18	25	-14	35	-6	34	-29	-32	-18	-6	-14	-3	-26	56
146	49	69	38	29	37	-0	38	26	6	46	30	33	45	34	37	27	18	13	-11	30	-11	30	-38	-39	-12	-1	-17	-2	-22	44
147	42	57	30	27	39	-4	45	30	-7	49	34	31	46	35	41	30	22	13	-17	40	-9	14	-26	-27	-23	5	-26	-4	-28	51
148	11	29	30	6	10	3	5	1	13	17	8	2	13	18	5	2	-15	15	8	3	3	31	-18	-27	-8	-24	10	7	6	15
149	-28	-26	54	-25	-46	10	-18	-40	23	-33	-20	-38	-39	-15	-47	-32	-36	5	31	-40	-12	14	23	16	-47	-48	47	-5	38	-34
150	75	73	10	50	57	-11	60	56	-9	60	49	46	66	48	65	49	48	21	-27	61	-17	27	-32	-31	3	15	-41	-16	-54	66

Table VII. CORRELATION MATRIX FOR 220 MMPI SCALES FOR 50,000 MEDICAL PATIENTS--continued

SCALE	181	182	183	184	185	186	187	188	189	190	191	192	193	194	195	196	197	198	199	200	201	202	203	204	205	206	207	208	209	210
101	-47	-44	-16	-42	-37	-43	-34	4	63	-47	-41	-52	51	61	66	37	46	53	43	48	-51	34	-48	-71	68	73	-2	58	59	-13
102	-24	-25	1	-17	-15	-24	-8	8	28	-7	-5	-44	43	18	20	-4	-7	-13	-5	2	5	23	-18	-45	15	26	5	39	25	-19
103	-51	-47	-11	-46	-38	-49	-37	-3	71	-52	-47	-60	55	66	72	38	47	51	42	48	-52	39	-52	-80	68	78	-2	63	65	-20
104	-8	-4	12	-3	6	1	6	14	24	-14	-15	4	17	13	17	17	16	19	29	26	-13	1	-31	-24	22	19	-2	26	10	-4
105	-43	-37	-24	-45	-46	-40	-42	-4	54	-39	-33	-32	45	62	57	35	46	34	27	28	-31	42	-30	-38	31	58	-1	42	51	5
106	-52	-52	-28	-50	-50	-46	-37	-17	83	-73	-66	-49	60	74	79	63	68	53	58	59	-56	42	-70	-60	59	81	-2	50	71	-3
107	54	51	17	43	37	53	37	-13	-55	36	30	58	-46	-49	-55	-16	-24	-46	-26	-36	53	-29	33	84	-71	-70	-0	-55	-56	27
108	33	38	12	26	22	49	37	-8	-13	-14	-18	33	-17	-15	-16	27	17	-12	17	8	16	-17	-10	51	-24	-30	-4	-20	-27	21
109	27	28	4	19	14	30	22	-12	-16	-5	-8	27	-15	-12	-15	17	9	-17	7	-2	18	-10	6	52	-32	-29	-1	-19	-24	18
110	19	20	4	11	11	19	11	-17	-9	-3	-4	25	-15	-8	-9	8	8	-6	-0	-4	10	-9	6	30	-28	-21	-3	-16	-19	7
111	33	34	22	34	35	54	34	1	-36	27	20	38	-26	-34	-37	-12	-15	-23	-13	-16	32	-33	16	39	-26	-41	-2	-24	-32	16
112	-28	-27	-9	-26	-25	-24	-16	-14	55	-57	-55	-36	40	46	52	49	50	21	41	42	-30	26	-65	-37	33	45	-1	39	41	-8
113	31	37	9	23	18	33	25	-5	-24	7	4	25	-20	-22	-25	5	-4	-21	-2	-8	26	-9	11	51	-32	-35	-1	-30	-31	9
114	49	52	22	42	38	67	52	-5	-41	19	13	49	-35	-43	-47	-3	-13	-32	-9	-17	37	-32	19	65	-45	-56	-3	-40	-48	23
115	3	8	-3	-2	-5	10	6	-7	21	-41	-42	2	8	21	21	46	39	13	36	30	-11	6	-35	15	7	9	-3	9	7	9
116	6	7	7	6	10	6	14	78	-17	12	7	4	-3	-16	-19	-11	-21	-7	-2	0	14	-4	1	6	0	-9	5	-1	-29	20
117	-2	-2	-6	-4	-7	-3	-13	-63	13	-9	-5	-2	-1	17	17	13	21	17	11	6	-15	1	1	-2	6	9	-5	-0	25	-17
118	4	6	5	4	7	4	9	84	-13	5	1	-1	-1	-5	-10	0	-12	8	16	14	6	-2	0	5	12	-1	3	2	-26	17
119	48	51	19	37	38	44	33	40	-57	47	41	48	-47	-45	-52	-24	-37	-13	-15	-20	34	-33	34	59	-28	-53	-1	-42	-55	23
120	36	28	13	25	22	25	21	21	-26	10	8	23	-19	-24	-27	-7	-18	-18	-12	-14	29	-22	12	32	-25	-32	1	-15	-39	13
121	-32	-28	-8	-25	-19	-26	-19	28	33	-22	-21	-27	27	36	35	17	19	44	30	38	-32	15	-22	-48	61	48	-3	39	34	-4
122	0	0	-2	1	-1	1	10	68	-5	-9	-14	-11	5	-1	-4	16	-2	-1	21	22	5	3	-5	6	11	0	4	5	-18	18
123	-1	2	8	-0	6	-2	-2	62	-7	20	20	2	3	-3	-6	-27	-19	7	-10	-13	9	2	1	-6	2	2	3	6	-13	11
124	-30	-33	-5	-27	-26	-28	-18	-20	45	-28	-26	-45	51	37	40	24	21	-3	8	16	-7	34	-25	-41	14	41	3	43	42	-12
125	71	70	47	69	71	68	66	22	-70	56	45	64	-50	-74	-77	-36	-51	-47	-33	-37	63	-46	38	67	-51	-79	-1	-48	-68	17
126	58	54	25	51	48	53	43	20	-75	64	57	58	-48	-62	-72	-46	-53	-56	-48	-49	73	-32	49	75	-61	-77	2	-50	-62	23
127	-29	-28	-15	-30	-32	-30	-23	-12	37	-6	1	-36	32	45	42	17	17	14	11	13	-4	35	-8	-24	25	40	2	28	47	-2
128	-5	-5	-10	-5	-12	-4	-7	6	5	-1	-0	-10	4	13	9	3	4	6	3	-1	2	11	-3	-2	-1	6	1	8	4	3
129	45	40	38	54	57	50	60	21	-53	43	34	51	-25	-63	-63	-29	-41	-47	-26	-28	52	-39	26	43	-38	-59	1	-34	-46	11
130	56	57	49	66	74	54	47	22	-70	59	48	58	-48	-67	-71	-38	-54	-35	-31	-33	56	-48	41	57	-41	-73	0	-45	-62	11
131	37	35	26	35	39	32	34	27	-55	69	65	33	-29	-49	-54	-58	-56	-26	-43	-41	44	-27	55	29	-25	-47	-0	-31	-40	-2
132	21	17	33	32	41	24	43	9	-18	22	16	27	5	-30	-28	-11	-19	-15	-5	-4	28	-22	1	3	-0	-22	-1	-6	-10	-4
133	52	51	28	50	51	52	43	25	-62	33	22	55	-40	-50	-57	-7	-29	-28	-15	-18	49	-38	38	67	-36	-61	-1	-38	-56	25
134	56	56	22	46	46	59	39	4	-57	38	32	66	-52	-52	-59	-19	-27	-32	-19	-30	47	-39	32	80	-56	-68	-2	-57	-59	23
135	-19	-14	1	-23	-13	-20	-16	23	38	-16	-13	-19	19	33	33	15	21	51	34	27	-38	16	-17	-35	46	43	-2	23	24	-7
136	47	50	27	41	39	43	50	3	-24	15	9	29	-29	-31	-31	-3	-12	-10	-0	-4	24	-26	11	38	-13	-37	-2	-21	-32	6
137	29	40	32	30	34	34	32	20	-22	13	7	16	-23	-27	-27	-6	-16	-7	-4	0	19	-9	9	17	7	-23	-2	-4	-23	2
138	-12	-8	7	-6	-2	-8	-4	14	18	-12	-13	-20	13	14	16	8	8	23	14	22	-19	9	-12	-32	45	28	-2	25	20	-7
139	48	62	31	42	39	46	38	1	-38	24	19	35	-37	-46	-45	-14	-24	-41	-21	-25	46	-8	19	52	-50	-55	-0	-32	-49	11
140	38	44	33	36	40	38	30	20	-45	41	34	28	-35	-45	-49	-25	-37	-32	-25	-26	45	-20	26	39	-34	-48	1	-20	-44	9
141	-38	-37	-11	-29	-24	-32	-23	19	38	-29	-29	-38	34	39	40	18	23	40	26	36	-38	22	-24	-59	71	54	-1	54	46	-9
142	56	65	37	50	49	56	53	10	-53	38	30	43	-44	-59	-60	-24	-36	-47	-29	-32	55	-21	28	58	-53	-66	1	-37	-58	8
143	-11	-6	8	-6	-0	-6	-5	16	17	-16	-17	-17	8	18	18	13	11	32	20	27	-23	7	-13	-29	55	28	-3	27	22	-5
144	48	43	36	51	55	58	59	19	-53	42	34	51	-24	-62	-63	-29	-41	-49	-31	-32	54	-37	26	45	-41	-60	-0	-33	-49	16
145	40	52	35	38	43	39	32	3	-24	13	5	39	-32	-29	-30	1	-8	-10	-0	-5	34	-21	-6	38	-19	-37	-4	-25	-35	10
146	36	43	22	28	31	34	23	-12	-25	16	13	36	-32	-27	-28	-12	-10	-17	-12	-16	32	-19	12	36	-26	-36	-5	-23	-32	9
147	42	57	27	31	35	37	27	6	-31	23	19	33	-36	-35	-37	-13	-20	-19	-18	-18	29	-21	16	40	-27	-43	-4	-26	-43	13
148	8	10	3	5	5	10	13	-17	9	-6	-5	20	-2	2	3	4	11	7	6	3	5	-4	-6	5	2	1	-4	-5	2	-4
149	-30	-31	-16	-30	-31	-25	-16	-14	64	-70	-67	-30	38	49	54	64	63	34	59	57	-40	26	-75	-31	40	51	-1	32	45	2
150	53	63	31	47	47	50	38	11	-53	39	32	47	-49	-49	-53	-20	-32	-30	-21	-26	49	-29	32	64	-40	-64	-2	-38	-55	17

Table VII. CORRELATION MATRIX FOR 220 MMPI SCALES FOR 50,000 MEDICAL PATIENTS--continued

SCALE	211	212	213	214	215	216	217	218	219	220
101	-64	-64	-18	-44	-29	6	-7	-4	78	51
102	-18	-40	4	-23	-26	-14	15	7	23	36
103	-66	-75	-15	-54	-40	6	-6	-5	83	64
104	-8	-15	-21	16	18	-8	-28	-21	33	6
105	-43	-46	-29	-40	-25	22	9	2	42	48
106	-61	-72	-26	-50	-30	30	-0	-3	71	63
107	72	69	-8	45	34	8	5	3	-74	-45
108	38	30	-18	28	30	32	2	1	-23	-19
109	36	28	-15	15	17	30	7	1	-30	-10
110	23	19	-8	7	5	13	-12	-9	-14	-7
111	44	42	-11	43	35	-5	0	4	-30	-37
112	-32	-49	-9	-33	-24	21	-1	-4	47	45
113	41	33	-8	19	18	21	16	8	-35	-17
114	59	54	-10	49	43	12	-1	1	-46	-42
115	1	-7	-19	-6	4	39	4	0	10	12
116	7	14	7	24	16	-3	9	11	-7	-26
117	-7	-8	-16	-17	-8	7	-12	-13	9	19
118	0	12	-6	19	15	12	3	7	1	-24
119	44	64	-10	57	48	-10	-1	6	-41	-63
120	27	27	-2	20	15	12	6	9	-27	-24
121	-45	-37	-15	-11	-2	-1	-10	-1	56	14
122	-2	5	0	9	11	44	18	17	-2	-13
123	2	4	-5	14	-1	-45	3	5	5	-12
124	-28	-50	-10	-47	-39	18	31	17	27	62
125	77	79	-7	80	59	-16	0	9	-58	-71
126	73	81	-7	58	40	-10	26	28	-75	-63
127	-27	-33	-29	-40	-32	18	25	15	20	49
128	-6	-5	-11	-11	-8	2	5	1	0	9
129	61	59	-1	79	59	-16	5	9	-43	-59
130	72	70	-6	73	50	-21	0	8	-51	-68
131	40	54	-4	49	32	-38	4	11	-32	-46
132	31	26	-16	58	45	-18	-5	1	2	-32
133	60	69	-16	59	55	24	19	28	-51	-63
134	66	74	-11	57	45	4	-0	4	-65	-59
135	-37	-26	-24	-14	-9	-11	-28	-21	50	26
136	34	34	-12	34	26	7	-6	3	-21	-29
137	23	24	-14	33	28	-2	2	10	-7	-30
138	-20	-21	-13	-1	3	-5	-3	3	37	7
139	54	45	-0	33	23	1	7	10	-45	-30
140	46	44	-4	40	26	-14	6	7	-41	-37
141	-49	-46	-12	-20	-9	1	-1	2	58	22
142	62	58	-0	47	32	-5	7	10	-54	-45
143	-25	-20	-18	1	8	2	-3	4	38	1
144	61	61	-2	73	60	-16	6	10	-45	-57
145	44	37	-18	40	33	1	-5	7	-15	-35
146	41	34	-13	30	25	-2	-5	5	-19	-27
147	40	37	-7	33	24	-5	-6	2	-26	-30
148	7	3	-15	11	14	-4	-12	-4	10	-6
149	-34	-50	-17	-25	-11	32	-2	-6	44	38
150	58	59	-8	47	36	0	5	11	-50	-49

Table VII. CORRELATION MATRIX FOR 220 MMPI SCALES FOR 50,000 MEDICAL PATIENTS--continued

SCALE	1	2	3	4	5	6	7	8	9	10	11	12	13	14	15	16	17	18	19	20	21	22	23	24	25	26	27	28	29	30
151	75	-55	50	-17	-39	-34	-24	57	68	17	-46	-3	25	-59	28	66	67	48	48	-37	35	68	71	62	-17	45	54	31	59	53
152	69	-61	48	-9	-43	-38	-23	53	64	24	-47	5	21	-56	30	62	62	53	42	-43	41	64	67	63	-18	45	52	29	59	47
153	-18	14	4	2	1	11	35	-7	-11	40	24	29	-11	17	25	-8	-3	41	-29	12	-29	-13	-10	-4	-12	4	-13	3	-14	-1
154	51	-34	40	-4	-15	-12	-25	41	48	-4	-32	-8	28	-40	30	45	43	38	35	-27	37	50	50	43	9	17	43	29	48	43
155	83	-60	71	-18	-23	-25	-35	58	81	14	-48	-10	51	-70	47	85	79	47	45	-33	47	88	71	55	-9	44	76	53	80	66
156	-16	23	-4	40	9	24	39	19	-10	34	28	36	6	11	23	-7	-1	23	-34	29	6	-8	-16	-17	-1	11	-11	-9	-6	16
157	50	-44	30	-18	-27	-31	-31	31	40	-2	-45	-12	11	-38	11	40	41	34	39	-43	29	43	51	58	-3	23	34	18	36	26
158	82	-49	56	-27	-17	-19	-37	42	79	8	-47	-26	39	-62	25	76	67	27	56	-27	38	76	75	52	-12	45	67	45	70	51
159	-15	21	-15	26	7	10	35	-6	-5	32	30	25	11	29	2	-10	-10	0	-2	50	-1	-12	-12	-26	4	32	-10	-15	-12	-13
160	72	-61	52	-20	-43	-43	-40	44	64	6	-57	-5	32	-52	24	65	61	39	58	-43	46	67	69	66	-9	44	58	33	58	40
161	59	-46	40	-25	-27	-31	-32	31	50	3	-39	-13	15	-41	16	52	49	36	43	-39	19	51	57	70	-9	31	43	28	43	30
162	64	-54	37	-29	-24	-34	-47	38	56	-16	-62	-23	30	-46	6	52	49	13	67	-43	51	58	55	53	10	27	50	23	49	30
163	79	-56	40	-18	-42	-48	-41	53	72	15	-61	-12	27	-60	11	69	66	30	62	-36	54	69	78	57	-17	58	56	23	61	41
164	48	-26	55	2	-13	-6	-1	57	48	33	-10	15	23	-44	60	54	55	87	7	-25	19	50	48	54	-12	26	42	41	52	57
165	90	-58	67	-22	-29	-30	-41	72	85	13	-51	-12	45	-77	40	89	86	53	51	-40	45	86	81	66	-16	47	71	47	80	67
166	76	-45	47	-32	-18	-22	-45	54	73	5	-42	-18	38	-57	21	76	73	33	49	-27	32	69	67	56	-12	41	53	33	60	42
167	76	-44	41	-30	2	-8	-54	44	72	-28	-49	-39	47	-56	10	68	65	13	68	-31	38	66	67	49	16	18	54	29	57	38
168	22	-6	33	-4	-12	0	18	12	28	43	-2	8	-3	-10	29	26	23	30	17	7	-9	24	22	20	-42	43	30	34	28	21
169	-45	34	-32	25	8	18	38	-33	-38	18	36	19	-18	41	-13	-39	-39	-16	-30	40	-23	-40	-35	-35	-3	-2	-31	-20	-36	-32
170	68	-49	40	-18	-25	-29	-40	44	62	-7	-54	-21	23	-54	11	58	54	30	49	-44	45	61	69	69	-7	28	49	25	53	40
171	-16	15	14	26	36	44	23	16	-6	6	14	15	18	1	37	-7	-7	22	-44	12	12	0	-17	-14	25	-33	0	17	8	28
172	13	-20	-0	4	-37	-24	12	7	18	30	-9	22	-11	-1	-0	8	11	19	19	1	7	11	18	15	-22	37	7	-3	5	-1
173	-39	61	-13	31	43	51	33	-21	-35	-4	42	0	-1	34	8	-31	-30	-5	-39	37	-28	-33	-36	-32	22	-43	-26	-3	-25	-5
174	-36	63	-23	29	43	48	32	-14	-34	-1	41	-1	-1	30	-4	-29	-28	-15	-37	42	-26	-33	-33	-37	17	-33	-29	-16	-28	-7
175	23	-4	10	10	21	12	-7	34	26	-12	-10	-12	34	-29	9	24	18	0	11	9	37	24	18	5	19	-7	23	7	24	24
176	39	-16	19	5	13	-5	-15	41	37	-7	-19	-12	34	-38	7	36	35	5	28	-7	33	37	38	13	5	10	28	10	33	33
177	-59	52	-30	18	25	29	54	-42	-52	20	60	32	-24	59	-2	-48	-46	-4	-45	40	-54	-54	-55	-37	2	-21	-45	-18	-52	-35
178	-17	17	7	31	17	30	23	11	-6	17	17	17	17	6	27	-5	-5	15	-35	19	14	-4	-20	-18	7	-7	3	11	8	13
179	-73	52	-39	37	33	39	56	-40	-65	12	56	31	-24	63	-4	-66	-64	-16	-58	43	-32	-61	-69	-52	18	-33	-52	-25	-55	-37
180	79	-59	65	-19	-39	-36	-36	55	70	17	-52	-4	27	-64	40	72	72	62	45	-53	40	74	76	78	-17	43	65	46	69	59
181	65	-48	44	-18	-30	-31	-34	42	58	8	-48	-9	20	-51	21	58	56	40	43	-44	39	59	64	63	-11	36	51	31	54	41
182	63	-48	39	-12	-41	-36	-29	45	55	16	-49	-1	16	-51	17	55	54	41	39	-46	42	56	69	59	-19	40	44	24	50	41
183	38	-25	39	1	-15	-9	-8	42	28	8	-22	8	16	-37	33	32	39	45	12	-30	21	39	32	38	-2	13	28	24	34	41
184	66	-48	50	-16	-26	-28	-31	54	55	4	-38	-5	26	-53	32	58	60	46	37	-41	30	62	58	65	-9	28	48	33	54	48
185	68	-44	56	-8	-26	-26	-23	61	55	13	-37	4	28	-60	41	58	64	54	29	-42	33	63	58	53	-12	29	52	36	59	64
186	62	-49	48	-21	-34	-34	-31	39	57	11	-39	-7	25	-48	24	63	62	43	42	-37	25	57	61	62	-14	41	48	32	50	38
187	49	-41	62	-21	-19	-15	-26	18	46	8	-30	-10	18	-38	43	50	45	50	29	-40	13	51	47	62	-7	22	56	55	52	38
188	20	13	23	-12	31	36	8	15	26	10	7	-16	7	-23	9	29	26	10	-3	-3	-13	22	16	16	-13	-0	13	21	22	29
189	-82	53	-47	16	22	34	45	-61	-75	2	54	24	-35	79	-18	-75	-71	-23	-50	43	-49	-77	-75	-49	20	-32	-63	-31	-69	-55
190	61	-35	39	15	-3	-4	-29	61	62	-8	-51	-15	53	-61	22	55	50	16	27	-22	74	66	59	30	8	13	52	26	64	56
191	51	-30	30	18	-3	-3	-25	52	54	-9	-49	-14	49	-52	16	45	40	9	22	-17	72	57	51	22	10	9	44	19	54	47
192	65	-56	52	-21	-27	-33	-22	41	67	25	-36	-1	39	-52	27	67	64	33	45	-25	35	64	58	43	-15	53	57	35	58	45
193	-60	49	-21	19	43	41	33	-44	-54	-14	47	9	-12	61	5	-53	-55	-12	-31	33	-36	-51	-59	-41	32	-44	-29	-2	-37	-29
194	-73	61	-60	29	32	33	54	-44	-63	6	60	22	-27	74	-30	-73	-67	-32	-38	63	-37	-69	-62	-60	16	-21	-62	-46	-67	-54
195	-80	60	-61	27	28	31	55	-51	-72	5	62	23	-36	77	-28	-80	-73	-31	-45	55	-43	-75	-69	-58	14	-28	-64	-43	-71	-58
196	-37	43	-26	7	-1	7	32	-41	-40	21	41	17	-41	50	-11	-33	-29	-4	-10	31	-55	-43	-36	-20	-8	10	-31	-16	-41	-37
197	-53	37	-38	11	4	7	40	-51	-49	20	44	26	-36	64	-19	-49	-48	-15	-20	40	-50	-55	-47	-33	-4	7	-43	-26	-54	-51
198	-49	54	-42	38	8	26	57	-18	-38	46	51	37	-26	45	-15	-42	-36	-12	-43	57	-23	-46	-38	-47	-16	15	-44	-35	-41	-24
199	-38	37	-23	11	-4	21	37	-31	-33	39	42	28	-36	44	-5	-31	-26	-1	-23	38	-45	-40	-33	-25	-23	20	-29	-13	-37	-28
200	-41	45	-25	16	7	24	41	-32	-37	30	48	21	-30	46	-4	-34	-30	-1	-28	35	-50	-45	-38	-27	-11	3	-33	-16	-39	-28

Table VII. CORRELATION MATRIX FOR 220 MMPI SCALES FOR 50,000 MEDICAL PATIENTS--continued

SCALE	31	32	33	34	35	36	37	38	39	40	41	42	43	44	45	46	47	48	49	50	51	52	53	54	55	56	57	58	59	60
151	73	-23	-41	-28	-57	-21	-66	-57	-33	45	-10	63	-6	10	23	26	19	-15	-14	-16	24	15	-9	25	24	-11	23	22	26	-7
152	67	-20	-38	-25	-57	-18	-66	-54	-36	43	-8	58	-6	8	22	24	23	-15	-14	-15	22	23	-11	26	25	-12	21	27	27	-8
153	-20	44	35	63	31	-2	11	28	20	9	15	1	2	5	-0	0	5	16	10	8	1	3	3	0	0	5	-6	7	8	1
154	52	-20	-24	-28	-36	-5	-39	-38	-23	37	-10	47	-1	8	15	16	11	-12	-10	-10	16	11	-3	17	14	-4	16	11	14	-0
155	84	-23	-41	-46	-59	-26	-69	-57	-31	62	-0	75	0	16	25	27	11	-15	-17	-19	28	9	-12	25	26	-8	27	20	29	-3
156	-2	12	42	21	31	12	19	42	24	20	33	10	29	-2	4	1	-2	9	10	4	2	2	11	-6	-6	5	-5	8	3	8
157	44	-16	-34	-20	-45	-14	-48	-47	-34	22	-13	35	-9	6	14	16	12	-12	-11	-12	14	12	-10	21	20	-9	16	16	17	-6
158	75	-25	-53	-46	-59	-18	-64	-62	-29	42	-13	56	-9	13	21	24	5	-15	-15	-17	24	4	-11	24	24	-8	28	13	22	-4
159	-15	13	14	17	20	28	34	28	15	-11	7	-17	-5	-7	-8	-9	4	6	15	14	-10	14	8	-10	-9	-3	-11	9	-3	-1
160	66	-20	-50	-36	-68	-16	-62	-67	-56	34	-17	52	-15	8	19	21	18	-20	-15	-15	20	21	-13	27	26	-15	21	23	24	-9
161	50	-12	-37	-22	-45	-16	-52	-50	-27	25	-17	40	-11	10	17	20	10	-11	-12	-12	18	10	-12	25	25	-11	20	15	22	-7
162	56	-28	-52	-42	-74	-12	-51	-71	-68	26	-14	41	-8	6	15	17	12	-21	-18	-16	16	12	-13	22	22	-10	20	13	15	-7
163	73	-38	-58	-44	-68	-16	-69	-66	-50	31	-18	49	-18	6	18	22	14	-20	-12	-13	19	20	-12	27	26	-16	25	25	24	-12
164	57	6	8	0	-6	-25	-48	-9	15	58	14	62	21	15	23	22	10	2	-8	-13	25	7	-5	21	21	-2	19	19	29	2
165	92	-27	-45	-44	-61	-29	-80	-60	-31	62	-5	78	2	16	28	31	10	-15	-19	-22	31	8	-12	29	29	-9	32	21	32	-4
166	70	-23	-44	-37	-53	-23	-68	-54	-28	40	-7	53	-6	11	18	22	7	-11	-14	-16	21	4	-10	23	23	-8	25	13	22	-5
167	67	-28	-57	-44	-57	-16	-56	-69	-36	35	-12	49	-6	9	17	21	6	-18	-19	-18	19	-1	-9	21	21	-5	26	3	14	-3
168	20	11	-3	3	-10	-3	-16	-8	-3	27	9	21	-1	12	9	9	5	0	2	0	12	7	-5	8	9	-2	7	14	14	-7
169	-44	18	26	23	37	31	44	42	27	-30	2	-39	-2	-8	-17	-16	-3	12	20	18	-17	1	10	-17	-17	3	-19	-3	-13	1
170	65	-31	-47	-42	-56	-21	-63	-57	-36	31	-13	47	-3	7	19	22	9	-16	-16	-18	20	8	-11	27	26	-10	25	15	21	-3
171	-1	9	43	4	28	-2	12	38	23	39	48	22	50	9	5	1	-7	9	-2	-7	7	-17	5	-5	-3	17	0	-10	2	22
172	9	-2	-13	-1	-14	3	-8	-13	-14	-8	-20	2	-25	-5	1	-1	23	-6	7	8	-2	27	-1	4	2	-13	-4	17	4	-10
173	-33	24	44	27	48	15	42	51	38	-1	21	-15	28	1	-7	-8	-15	16	11	8	-6	-26	13	-14	-12	14	-9	-16	-9	14
174	-30	11	38	21	46	14	38	52	40	-4	23	-16	24	-1	-7	-7	-17	15	11	6	-6	-27	15	-14	-13	14	-7	-15	-9	13
175	34	-30	-13	-38	-12	-3	-9	-7	-1	23	8	23	21	3	7	5	-4	-6	-10	-12	8	-7	1	1	1	5	10	-4	1	11
176	46	-30	-23	-38	-25	-7	-26	-19	-8	28	3	34	11	6	14	14	-4	-8	-13	-16	14	-7	-2	10	11	1	19	2	10	4
177	-59	44	51	55	61	21	59	62	43	-30	8	-43	-1	-5	-16	-17	-5	20	18	19	-17	-2	10	-19	-18	6	-21	-8	-12	3
178	-4	13	36	3	23	5	15	35	17	25	36	9	31	5	1	-1	-3	7	4	-0	4	-7	5	-6	-5	10	-3	-1	4	12
179	-66	37	64	46	65	21	69	69	41	-25	26	-45	18	-8	-17	-22	-6	18	17	16	-19	-6	12	-24	-23	12	-26	-12	-19	9
180	78	-18	-38	-30	-58	-27	-74	-57	-34	52	-9	69	-2	15	28	29	14	-15	-17	-19	29	15	-14	32	32	-12	27	25	32	-6
181	62	-21	-38	-30	-54	-21	-61	-51	-33	34	-12	49	-6	10	20	22	10	-14	-14	-15	21	11	-12	28	27	-11	22	19	24	-6
182	60	-24	-38	-27	-53	-18	-64	-48	-32	34	-10	49	-2	9	19	24	12	-14	-12	-15	21	14	-12	28	28	-12	23	23	26	-7
183	43	-6	-4	-9	-20	-9	-37	-18	-12	42	10	49	19	10	21	21	8	-6	-10	-13	21	3	-4	18	18	-2	16	14	20	2
184	68	-17	-27	-23	-44	-24	-55	-47	-25	47	-5	60	1	11	26	22	9	-12	-16	-18	23	9	-9	23	23	-7	21	17	23	-4
185	73	-16	-20	-21	-41	-24	-58	-39	-22	57	2	71	10	14	30	28	10	-11	-17	-21	28	7	-8	25	25	-6	24	19	28	-1
186	57	-13	-35	-24	-46	-19	-59	-50	-26	32	-13	46	-11	11	18	22	12	-12	-12	-13	21	13	-13	27	28	-14	22	20	28	-8
187	46	5	-20	-15	-34	-21	-44	-39	-20	37	-7	45	-3	15	17	18	7	-7	-12	-12	20	5	-13	21	21	-6	17	12	21	-3
188	24	4	0	-1	7	-16	-20	13	22	30	17	27	16	15	12	18	-14	9	-7	-14	16	-31	-1	10	12	11	21	-7	14	7
189	-83	42	56	60	62	31	77	61	33	-47	8	-64	3	-10	-24	-27	-6	18	21	24	-26	-3	11	-24	-24	8	-32	-13	-23	3
190	72	-47	-36	-62	-49	-15	-50	-37	-29	52	10	60	27	8	20	21	3	-18	-19	-23	22	-3	-5	17	18	0	25	8	16	11
191	62	-47	-31	-60	-45	-11	-41	-32	-30	43	10	49	26	6	17	17	2	-17	-16	-20	18	-2	-5	14	14	-0	21	6	13	12
192	64	-16	-38	-30	-53	-21	-52	-48	-32	38	-11	51	-11	11	18	21	11	-12	-12	-13	20	15	-11	21	22	-11	21	20	26	-7
193	-56	38	53	42	49	19	71	46	28	-20	12	-37	9	-1	-15	-20	-9	14	11	14	-16	-10	8	-19	-20	10	-20	-19	-18	7
194	-72	26	46	47	60	38	79	64	37	-46	13	-62	4	-15	-24	-26	-7	17	22	23	-27	-3	15	-26	-26	8	-27	-13	-25	4
195	-80	32	50	51	63	37	80	66	37	-50	12	-67	2	-14	-25	-28	-7	18	22	24	-28	-3	14	-27	-27	8	-30	-14	-26	4
196	-48	40	27	53	38	19	41	31	18	-35	-8	-41	-23	-5	-15	-14	-1	14	20	23	-16	4	8	-12	-12	-1	-17	1	-9	-10
197	-63	42	33	53	42	26	56	41	22	-47	-7	-56	-19	-10	-21	-21	-1	15	22	24	-23	8	9	-17	-18	-1	-24	-2	-14	-8
198	-41	16	43	35	53	23	46	71	41	-22	19	-36	7	-10	-13	-14	-7	17	23	19	-15	-1	17	-17	-16	5	-17	2	-9	1
199	-42	38	36	46	43	18	36	46	26	-23	8	-34	-10	-4	-11	-12	-2	15	21	20	-12	3	9	-12	-12	2	-16	3	-6	-9
200	-45	44	39	49	47	14	40	48	36	-23	6	-34	-3	-5	-12	-12	-6	17	20	20	-13	-2	10	-13	-13	4	-15	-2	-8	-6

Table VII. CORRELATION MATRIX FOR 220 MMPI SCALES FOR 50,000 MEDICAL PATIENTS--continued

SCALE	61	62	63	64	65	66	67	68	69	70	71	72	73	74	75	76	77	78	79	80	81	82	83	84	85	86	87	88	89	90
151	20	-14	18	61	43	10	65	43	54	54	-47	37	37	47	27	19	41	-25	30	23	18	6	-17	-17	-37	53	33	-27	50	-44
152	20	-9	16	58	49	0	66	36	51	52	-44	36	36	47	26	14	43	-25	28	23	18	6	-17	-16	-36	51	31	-25	48	-43
153	7	8	-9	-8	2	1	-30	-9	-18	12	15	3	-13	-12	3	2	-16	21	3	-0	4	20	17	27	31	7	1	19	3	50
154	12	-10	12	42	33	3	44	38	38	37	-29	30	30	37	24	16	30	-15	26	21	11	6	-12	-15	-25	40	29	-12	39	-30
155	26	-20	19	69	37	21	69	50	63	58	-47	59	48	51	46	37	39	-27	50	37	17	14	-16	-24	-36	67	57	-24	70	-47
156	3	16	-13	-3	0	-8	-28	-2	-14	1	19	-3	-10	-8	-5	-10	-24	25	-8	-8	-7	10	13	6	36	5	-11	15	-4	34
157	12	-11	16	38	42	6	55	25	35	36	-33	23	28	39	16	10	40	-29	19	16	15	-0	-14	-11	-34	29	22	-16	30	-36
158	21	-24	22	58	28	27	68	44	65	43	-44	47	47	47	37	36	41	-23	42	36	14	6	-20	-23	-40	49	49	-28	55	-51
159	-3	28	-13	-14	-19	-25	-22	-10	-8	-13	24	-12	-11	-22	-12	-11	-4	15	-13	-10	1	-0	7	7	18	-11	-13	-10	-14	16
160	21	-10	19	57	44	1	75	38	57	49	-43	41	47	50	32	16	55	-35	35	30	26	2	-22	-18	-54	46	42	-32	51	-57
161	18	-17	19	44	36	14	55	28	43	40	-37	33	32	40	25	18	35	-26	28	24	17	5	-12	-12	-30	34	34	-19	40	-34
162	13	-15	25	46	34	10	71	36	53	33	-47	28	43	47	21	14	60	-51	24	20	20	-7	-25	-19	-65	32	30	-26	37	-65
163	18	-6	19	58	42	6	76	35	63	41	-45	30	41	51	20	14	57	-30	23	19	21	-4	-23	-24	-53	39	28	-33	39	-62
164	25	-13	8	49	42	19	17	35	28	55	-26	44	24	38	35	25	4	0	36	25	9	27	4	-7	16	56	40	9	55	9
165	28	-23	22	74	42	27	72	53	67	61	-53	54	47	58	41	35	39	-25	44	33	17	12	-17	-24	-36	65	50	-21	67	-47
166	20	-20	19	57	31	28	61	39	55	40	-42	39	37	44	27	28	35	-22	31	25	14	6	-14	-17	-33	42	37	-17	46	-39
167	12	-27	27	53	22	30	63	47	58	32	-48	34	45	46	24	32	46	-34	29	23	15	-2	-22	-19	-52	35	35	-18	41	-54
168	12	-4	2	19	13	7	17	15	17	28	-6	26	11	8	26	24	10	6	26	17	12	14	1	-0	-2	34	26	-12	34	-3
169	-13	22	-18	-36	-21	-18	-38	-31	-32	-29	59	-26	-26	-31	-19	-17	-27	25	-21	-15	-7	-3	13	12	30	-30	-25	7	-32	32
170	18	-19	23	53	45	23	67	36	52	39	-42	32	43	53	22	21	44	-30	26	25	15	-1	-18	-22	-40	31	32	-16	38	-49
171	4	-9	-3	2	-0	24	-31	7	-15	7	7	14	1	1	15	12	-29	16	13	2	-14	18	16	2	29	17	10	39	15	33
172	1	18	-3	7	18	-34	23	-4	10	10	0	-1	1	4	-4	-16	18	-7	-4	-2	11	-5	-7	-2	-13	4	-4	-22	0	-15
173	-6	0	-9	-25	-25	18	-54	-7	-34	-17	32	-10	-18	-22	-4	4	-38	38	-6	-8	-13	11	21	13	41	-13	-7	39	-13	50
174	-8	2	-10	-25	-28	20	-52	-8	-31	-22	30	-17	-22	-25	-14	2	-39	42	-15	-14	-16	5	18	10	40	-19	-20	29	-23	44
175	3	-9	6	19	1	13	7	23	22	2	-11	11	15	19	6	12	2	-2	7	5	-6	-1	-5	-18	-4	7	10	5	9	-16
176	10	-13	12	30	8	22	22	30	32	16	-23	17	20	26	10	17	12	-8	12	8	-1	-1	-7	-20	-13	17	15	-5	19	-26
177	-10	19	-21	-44	-26	-17	-62	-29	-47	-28	43	-24	-38	-44	-17	-13	-45	36	-19	-15	-8	8	24	26	50	-28	-22	20	-30	60
178	4	4	-10	-2	-2	4	-23	1	-11	1	14	7	-2	-3	9	7	-21	16	6	1	-10	11	11	1	22	9	4	22	7	23
179	-14	21	-22	-52	-29	-22	-68	-33	-56	-35	49	-31	-39	-45	-22	-21	-45	30	-25	-21	-14	3	22	21	50	-35	-30	21	-38	55
180	28	-20	21	65	54	17	71	44	57	64	-49	52	46	56	41	26	42	-27	43	33	20	13	-15	-19	-35	60	51	-22	65	-43
181	20	-16	20	51	47	15	64	32	49	43	-40	35	36	46	28	17	39	-23	29	23	16	4	-15	-17	-34	40	34	-19	44	-41
182	19	-12	17	51	48	14	62	30	47	46	-38	30	34	49	21	15	39	-23	23	19	15	3	-14	-17	-32	39	27	-20	39	-40
183	18	-13	11	39	33	13	25	31	22	40	-24	27	22	36	22	14	14	-9	22	14	8	13	-4	-8	-9	44	23	-3	39	-12
184	21	-18	17	53	39	13	54	41	43	50	-46	40	34	42	29	20	30	-24	32	24	13	10	-12	-15	-27	47	38	-16	50	-34
185	25	-18	16	58	42	17	49	45	42	56	-44	43	34	47	32	23	26	-18	34	24	12	14	-10	-16	-22	59	37	-14	56	-29
186	24	-14	18	51	39	13	58	30	49	48	-38	39	37	42	28	21	35	-23	31	25	17	9	-13	-14	-29	45	37	-18	48	-34
187	23	-22	16	43	34	17	46	31	36	52	-33	52	37	36	50	28	25	-21	50	37	17	19	-7	-8	-21	47	61	-12	62	-23
188	12	-31	12	20	-2	71	-4	20	14	16	-12	21	7	17	17	43	-17	19	19	11	-7	15	10	-2	17	16	22	22	22	16
189	-19	25	-22	-62	-31	-25	-66	-48	-62	-42	54	-40	-40	-50	-27	-28	-37	27	-30	-24	-8	0	22	31	42	-44	-36	20	-47	58
190	15	-19	18	54	27	27	49	43	51	34	-37	33	44	50	23	25	29	-16	25	18	-0	-0	-17	-33	-32	37	30	-7	38	-48
191	12	-15	16	46	23	22	43	36	44	26	-30	26	40	43	17	19	27	-14	19	14	-2	-3	-16	-32	-30	28	23	-6	30	-46
192	22	-9	15	51	30	9	60	35	53	43	-36	40	34	37	31	27	36	-25	33	25	15	8	-14	-17	-32	52	37	-28	51	-40
193	-13	9	-12	-45	-30	-11	-58	-21	-46	-27	35	-16	-24	-36	-4	-2	-30	19	-7	-5	-7	7	18	20	33	-19	-13	24	-20	45
194	-21	30	-21	-60	-44	-23	-72	-42	-53	-51	52	-49	-42	-51	-39	-30	-35	31	-43	-34	-13	-7	20	23	43	-55	-49	19	-60	52
195	-22	29	-23	-65	-39	-27	-74	-46	-60	-51	55	-49	-44	-53	-37	-34	-39	30	-42	-31	-13	-7	21	26	44	-56	-48	19	-60	55
196	-9	21	-14	-36	-18	-21	-36	-27	-34	-20	32	-23	-32	-38	-15	-14	-17	25	-17	-12	4	2	14	26	26	-23	-21	1	-26	39
197	-14	29	-19	-48	-24	-32	-45	-40	-42	-33	44	-31	-35	-45	-23	-24	-21	21	-25	-17	1	-2	15	26	29	-37	-29	2	-38	41
198	-10	30	-23	-37	-23	-12	-53	-35	-36	-31	45	-35	-39	-38	-30	-22	-37	45	-34	-31	-15	-1	20	13	47	-34	-40	18	-42	48
199	-7	20	-16	-32	-16	-12	-39	-26	-32	-18	34	-19	-28	-34	-13	-12	-24	31	-15	-12	0	5	16	23	31	-19	-20	5	-23	43
200	-8	17	-16	-34	-20	-9	-46	-23	-36	-20	34	-20	-31	-36	-14	-13	-31	32	-16	-13	-5	6	18	23	41	-22	-20	13	-25	50

Table VII. CORRELATION MATRIX FOR 220 MMPI SCALES FOR 50,000 MEDICAL PATIENTS--continued

SCALE	91	92	93	94	95	96	97	98	99	100	101	102	103	104	105	106	107	108	109	110	111	112	113	114	115	116	117	118	119	120
151	70	-43	62	78	-45	5	63	-26	51	-54	-52	-29	-57	1	-43	-54	58	40	31	19	39	-29	34	52	10	0	4	0	47	27
152	74	-45	63	74	-46	3	59	-33	56	-51	-49	-30	-52	-2	-44	-50	60	39	29	24	40	-27	34	55	6	-10	13	-9	46	28
153	-3	28	4	-17	28	-12	-11	17	-5	40	38	6	40	35	12	39	-20	19	-8	3	8	40	-4	-1	31	4	0	8	1	-8
154	50	-32	31	56	-32	7	43	-13	31	-34	-35	-10	-38	-8	-32	-38	40	18	16	5	27	-23	24	32	-4	-8	11	-5	31	27
155	73	-57	55	82	-59	15	80	-25	44	-63	-62	-28	-70	-2	-48	-69	61	25	21	15	45	-47	25	52	-14	8	-4	4	58	24
156	-16	35	-12	-20	40	1	-12	22	-24	36	32	0	32	33	6	21	-33	-17	-27	-8	4	11	-29	-16	-11	-13	17	-7	-5	-14
157	53	-40	44	60	-43	1	43	-29	49	-40	-39	-13	-39	-7	-28	-38	48	35	28	18	28	-15	38	45	10	-1	1	-4	29	23
158	62	-49	54	80	-52	12	70	-13	43	-68	-62	-36	-75	-16	-43	-66	64	28	27	13	36	-49	34	48	-5	20	-14	20	62	28
159	-10	41	9	-21	44	-6	-13	13	6	14	17	-26	15	11	34	32	-0	8	7	8	1	7	-1	-1	13	-30	34	-20	-6	-20
160	77	-50	65	80	-56	6	66	-38	66	-66	-63	-30	-66	-8	-42	-57	74	46	42	27	42	-30	43	64	7	-10	11	-13	44	32
161	55	-41	53	67	-44	3	54	-21	44	-46	-43	-21	-47	-7	-35	-43	50	41	32	18	32	-20	35	52	12	9	-7	6	38	27
162	68	-63	44	71	-70	7	58	-47	64	-67	-66	-16	-66	-17	-25	-55	76	31	38	32	31	-32	35	51	-2	-2	-2	-10	32	28
163	73	-47	68	83	-51	6	67	-26	68	-69	-64	-42	-70	-18	-41	-63	77	44	41	30	41	-40	44	62	6	-7	12	-5	61	32
164	45	-23	36	56	-20	9	50	2	10	8	3	-6	-1	30	-39	-32	10	25	2	2	39	-5	10	37	2	11	-2	15	40	23
165	75	-57	60	93	-59	14	85	-21	44	-62	-61	-29	-69	-1	-54	-74	61	32	24	14	48	-44	30	56	-7	16	-10	13	63	31
166	57	-46	49	77	-50	10	75	-18	40	-57	-54	-25	-61	-4	-38	-61	56	29	25	14	37	-33	28	47	-1	17	-11	15	56	28
167	55	-58	32	78	-62	11	70	-29	40	-65	-63	-6	-67	-23	-30	-60	66	21	28	3	33	-37	35	39	-6	19	-18	13	44	26
168	31	4	33	23	4	1	22	18	17	-13	-10	-18	-15	22	-11	-5	22	31	23	14	10	-4	21	31	17	11	-2	21	24	11
169	-37	49	-20	-46	51	-9	-42	29	-17	35	35	-4	37	9	29	44	-30	-6	-7	-3	-20	22	-11	-22	13	-13	14	-9	-27	-18
170	59	-51	49	77	-55	7	59	-18	47	-55	-52	-17	-57	-15	-42	-62	56	32	30	14	30	-34	38	49	1	13	-8	12	53	37
171	-18	-1	-40	-16	4	11	-11	12	-45	40	32	32	32	33	4	2	-41	-42	-44	-27	-4	0	-35	-32	-34	18	-16	15	-6	-12
172	29	9	36	15	8	-8	8	-13	45	-17	-13	-22	-14	-2	-16	6	31	47	39	25	10	6	38	36	38	-36	37	-27	5	3
173	-48	51	-53	-43	51	0	-33	44	-55	52	47	39	48	22	31	36	-54	-31	-31	-30	-18	22	-25	-41	-8	19	-14	25	-20	-17
174	-52	51	-48	-43	52	0	-33	48	-56	46	43	27	43	18	31	30	-53	-36	-33	-30	-20	15	-28	-45	-11	23	-16	31	-14	-16
175	5	-21	-9	22	-19	15	21	1	-10	-9	-11	3	-19	-13	-11	-37	5	-28	-15	-8	-2	-29	-12	-7	-36	6	-4	5	13	0
176	17	-24	9	38	-25	13	31	1	5	-24	-24	-8	-29	-4	-20	-44	18	-9	-0	-10	22	-30	5	1	-16	18	-15	16	26	9
177	-48	58	-31	-61	63	-10	-48	32	-42	62	58	17	60	27	40	65	-55	-10	-19	-18	-23	42	-24	-33	17	-6	8	1	-35	-20
178	-9	10	-26	-18	15	7	-7	12	-25	29	26	21	24	31	6	8	-29	-28	-31	-13	-1	-3	-30	-21	-23	0	2	1	-4	-17
179	-58	52	-49	-75	58	-6	-64	23	-49	67	63	30	70	23	45	65	-65	-36	-39	-21	-31	39	-40	-52	-5	-14	11	-10	-55	-28
180	76	-52	66	86	-55	8	72	-24	51	-54	-52	-27	-57	0	-55	-61	59	44	30	20	48	-31	36	64	5	8	-4	6	54	37
181	62	-43	53	73	-47	7	58	-23	48	-49	-47	-24	-51	-8	-43	-52	54	33	27	19	33	-28	31	49	3	6	-2	4	48	36
182	59	-39	57	70	-41	4	53	-17	49	-46	-44	-25	-47	-4	-37	-52	51	38	28	20	34	-27	37	52	8	7	-2	6	51	28
183	35	-22	19	42	-23	6	35	-8	14	-9	-16	1	-11	12	-24	-28	17	12	4	4	22	-9	9	22	-3	7	-6	5	19	13
184	58	-45	48	69	-47	9	59	-25	34	-42	-42	-17	-46	-3	-45	-50	43	26	19	11	34	-26	23	42	-2	6	-4	4	37	25
185	57	-39	42	67	-41	11	58	-20	29	-34	-37	-15	-38	6	-46	-50	37	22	14	11	35	-25	18	38	-5	10	-7	7	38	22
186	61	-40	56	71	-42	4	65	-19	46	-48	-43	-24	-49	1	-40	-46	53	49	30	19	54	-24	33	67	10	6	-3	4	44	25
187	56	-42	42	56	-45	7	51	-15	29	-34	-34	-8	-37	6	-42	-37	37	37	22	11	34	-16	25	52	6	14	-13	9	33	21
188	-6	-5	-1	18	-2	5	21	52	-27	4	4	8	-3	14	-4	-17	-13	-8	-12	-17	1	-14	-5	-5	-7	78	-63	84	40	21
189	-59	61	-44	-80	63	-15	-71	24	-34	64	63	28	71	24	54	83	-55	-13	-16	-9	-36	55	-24	-41	21	-17	13	-13	-57	-26
190	42	-48	16	61	-48	18	50	-14	19	-45	-47	-7	-52	-14	-39	-73	36	-14	-5	-3	27	-57	7	19	-41	12	-9	5	47	10
191	34	-42	10	50	-41	17	40	-12	15	-40	-41	-5	-47	-15	-33	-66	30	-18	-8	-4	20	-55	4	13	-42	7	-5	1	41	8
192	60	-41	61	66	-42	7	63	-25	48	-57	-52	-44	-60	4	-32	-49	58	33	27	25	38	-36	25	49	2	4	-2	-1	48	23
193	-43	37	-50	-60	40	-4	-49	20	-40	54	51	43	55	17	45	60	-46	-17	-15	-15	-26	40	-20	-35	8	-3	-1	-1	-47	-19
194	-62	69	-41	-76	71	-14	-72	34	-35	62	61	18	66	13	62	74	-49	-15	-12	-8	-34	46	-22	-43	21	-16	17	-5	-45	-24
195	-65	68	-45	-82	70	-15	-78	29	-38	67	66	20	72	17	57	79	-55	-16	-15	-9	-37	52	-25	-47	21	-19	17	-10	-52	-27
196	-24	64	-1	-39	60	-17	-32	25	-4	33	37	-4	38	17	35	63	-16	27	17	8	-12	49	5	-3	46	-11	13	0	-24	-7
197	-34	57	-9	-56	57	-18	-46	18	-6	41	46	-7	47	16	46	68	-24	17	9	8	-15	50	-4	-13	39	-21	21	-12	-37	-18
198	-50	73	-16	-57	78	-10	-50	50	-28	51	53	-13	51	19	34	53	-46	-12	-17	-6	-23	21	-21	-32	13	-7	17	8	-13	-18
199	-27	60	-5	-43	62	-13	-34	42	-10	38	43	-5	42	29	27	58	-26	17	7	-0	-13	41	-2	-9	36	-2	11	16	-15	-12
200	-35	62	-14	-46	63	-12	-37	40	-24	46	48	2	48	26	28	59	-36	8	-2	-4	-16	42	-8	-17	30	0	6	14	-20	-14

Table VII. CORRELATION MATRIX FOR 220 MMPI SCALES FOR 50,000 MEDICAL PATIENTS--continued

SCALE	121	122	123	124	125	126	127	128	129	130	131	132	133	134	135	136	137	138	139	140	141	142	143	144	145	146	147	148	149	150
151	-33	-1	-6	-37	74	61	-24	-9	52	71	33	28	67	64	-30	47	36	-12	56	40	-39	57	-3	51	65	49	42	11	-28	75
152	-35	-12	-11	-35	77	58	-30	-9	48	67	35	30	61	62	-27	58	41	-9	61	39	-39	67	-6	49	79	69	57	29	-26	73
153	25	3	7	0	4	-18	-4	-2	-1	-3	-14	25	-3	-5	26	18	19	22	4	-5	21	-5	29	-0	63	38	30	30	54	10
154	-24	-0	-13	-12	53	49	-4	-4	40	52	32	30	47	37	-30	32	26	-6	37	31	-24	43	-4	39	39	29	27	6	-25	50
155	-30	-6	5	-46	84	73	-34	-8	74	80	56	47	64	66	-26	35	29	-11	42	43	-36	55	-11	70	40	37	39	10	-46	57
156	30	-21	9	-5	-5	-26	3	-3	-3	8	7	23	-15	-21	33	0	16	32	-19	3	30	-17	35	-9	7	-0	-4	3	10	-11
157	-34	-3	-5	-13	55	46	-17	-0	31	41	20	11	41	45	-23	35	44	-5	88	38	-35	76	-10	35	47	38	45	5	-18	60
158	-33	14	6	-48	71	79	-24	-7	57	63	44	25	67	65	-27	36	19	-22	39	37	-40	50	-18	56	30	26	30	1	-40	56
159	14	-20	-14	-3	-18	-15	16	2	-15	-13	-17	2	-4	0	16	-6	-6	5	-17	-16	13	-22	12	-17	4	6	-7	13	23	-9
160	-50	-11	-15	-30	75	66	-24	-4	55	61	33	24	57	69	-34	47	24	-24	56	41	-59	64	-26	58	47	46	49	17	-33	60
161	-28	7	-3	-24	63	52	-22	-5	41	46	24	16	49	52	-22	44	32	-10	50	36	-34	57	-9	44	37	30	34	8	-20	49
162	-59	-11	-1	-12	57	67	-18	3	41	46	28	6	43	62	-42	18	-0	-40	53	37	-69	57	-49	44	27	33	31	2	-38	46
163	-48	-8	-9	-40	72	74	-30	2	41	62	40	11	65	76	-31	44	26	-24	55	46	-57	64	-22	48	45	45	46	13	-39	66
164	9	3	10	-22	72	32	-30	-8	55	65	42	60	47	25	8	49	76	38	43	46	12	57	46	54	57	34	35	18	-15	48
165	-29	4	7	-47	90	76	-38	-6	71	87	56	40	72	69	-28	41	39	-10	49	54	-38	65	-6	71	47	37	41	5	-47	65
166	-27	8	9	-39	70	67	-32	1	50	60	44	21	58	59	-23	28	28	-12	41	43	-34	53	-11	54	31	27	30	2	-32	49
167	-41	13	9	-13	58	80	-8	9	46	54	39	10	58	56	-44	12	16	-23	43	49	-40	54	-26	49	18	18	22	-15	-36	48
168	-0	30	-18	-17	31	12	-1	-7	31	25	3	29	31	25	1	22	14	-3	13	4	-8	15	5	27	25	13	13	15	5	21
169	24	-3	-8	10	-41	-42	24	1	-33	-39	-27	-13	-29	-29	27	-12	-8	14	-26	-27	27	-33	18	-36	-14	-11	-17	8	31	-27
170	-35	8	5	-26	67	67	-17	3	42	54	42	11	56	59	-23	43	35	-11	63	44	-41	68	-14	45	35	30	40	3	-40	61
171	32	-11	47	3	1	-12	1	3	12	8	32	37	-27	-33	33	-11	10	29	-18	4	29	-11	22	10	-6	-11	-9	3	-12	-17
172	-15	-19	-38	-9	16	3	4	-7	3	10	-6	-0	15	32	-7	29	15	-4	22	-6	-19	16	5	1	34	30	14	31	14	27
173	43	22	23	28	-35	-36	36	9	-14	-25	-8	8	-29	-50	33	-25	-7	24	-34	-7	42	-36	23	-18	-29	-38	-26	-18	23	-32
174	45	23	30	16	-39	-35	32	3	-23	-25	-8	-4	-28	-46	35	-29	-11	22	-38	-7	42	-40	21	-27	-32	-39	-27	-27	16	-31
175	-0	-3	12	-5	15	28	6	4	14	20	35	9	8	4	-4	-15	1	-1	-6	17	-0	6	-4	14	-18	-12	-23	-8	-47	3
176	-6	7	16	-19	29	37	-7	2	22	34	33	7	25	20	-10	-2	3	-7	11	32	-10	17	-11	23	-6	-1	5	-24	-48	15
177	42	6	-11	27	-49	-58	24	0	-33	-48	-41	-2	-35	-48	32	-10	-5	30	-36	-37	47	-45	32	-35	-14	-17	-26	10	47	-41
178	28	-16	19	1	-2	-14	-1	1	6	4	18	27	-15	-20	27	-7	3	20	-17	-0	26	-12	15	6	-3	-2	-4	7	-5	-16
179	41	-11	0	34	-61	-67	24	6	-43	-56	-34	-4	-56	-63	40	-25	-15	33	-44	-41	50	-54	28	-45	-26	-22	-28	6	38	-54
180	-32	1	-0	-36	90	64	-36	-10	66	76	45	40	65	65	-21	60	44	-8	59	48	-41	71	-5	67	56	44	51	15	-34	66
181	-32	0	-1	-30	71	58	-29	-5	45	56	37	21	52	56	-19	47	29	-12	48	38	-38	56	-11	48	40	36	42	8	-30	53
182	-28	0	2	-33	70	54	-28	-5	40	57	35	17	51	56	-14	50	40	-8	62	44	-37	65	-6	43	52	43	57	10	-31	63
183	-8	-2	8	-5	47	25	-15	-10	38	49	26	33	28	22	1	27	32	7	31	33	-11	37	8	36	35	22	27	3	-16	31
184	-25	1	-0	-27	69	51	-30	-5	54	66	35	32	50	46	-23	41	30	-6	42	36	-29	50	-6	51	38	28	31	5	-30	47
185	-19	-1	6	-26	71	48	-32	-12	57	74	39	41	51	46	-13	39	34	-2	39	40	-24	49	-0	55	43	31	35	5	-31	47
186	-26	1	-2	-28	68	53	-30	-4	50	54	32	24	52	59	-20	43	34	-8	46	38	-32	56	-6	58	39	34	37	10	-25	50
187	-19	10	-2	-18	66	43	-23	-7	60	47	34	43	43	39	-16	50	32	-4	38	30	-23	53	-5	59	32	23	27	13	-16	38
188	28	68	62	-20	22	20	-12	6	21	22	27	9	25	4	23	3	20	14	1	20	19	10	16	19	3	-12	6	-17	-14	11
189	33	-5	-7	45	-70	-75	37	5	-53	-70	-55	-18	-62	-57	38	-24	-22	18	-38	-45	38	-53	17	-53	-24	-25	-31	9	64	-53
190	-22	-9	20	-28	56	64	-6	-1	43	59	69	22	33	38	-16	15	13	-12	24	41	-29	38	-16	42	13	16	23	-6	-70	39
191	-21	-14	20	-26	45	57	1	-0	34	48	65	16	22	32	-13	9	7	-13	19	34	-29	30	-17	34	5	13	19	-5	-67	32
192	-27	-11	2	-45	64	58	-36	-10	51	58	33	27	55	66	-19	29	16	-20	35	28	-38	43	-17	51	39	36	33	20	-30	47
193	27	5	3	51	-50	-48	32	4	-25	-48	-29	5	-40	-52	19	-29	-23	13	-37	-35	34	-44	8	-24	-32	-32	-36	-2	38	-49
194	36	-1	-3	37	-74	-62	45	13	-63	-67	-49	-30	-50	-52	33	-31	-27	14	-46	-45	39	-59	18	-62	-29	-27	-35	2	49	-49
195	35	-4	-6	40	-77	-72	42	9	-63	-71	-54	-28	-57	-59	33	-31	-27	16	-45	-49	40	-60	18	-63	-30	-28	-37	3	54	-53
196	17	16	-27	24	-36	-46	17	3	-29	-38	-58	-11	-7	-19	15	-3	-6	8	-14	-25	18	-24	13	-29	1	-12	-13	4	64	-20
197	19	-2	-19	21	-51	-53	17	4	-41	-54	-56	-19	-29	-27	21	-12	-16	8	-24	-37	23	-36	11	-41	-8	-10	-20	11	63	-32
198	44	-1	7	-3	-47	-56	14	6	-47	-35	-26	-15	-28	-32	51	-10	-7	23	-41	-32	40	-47	32	-49	-10	-17	-19	7	34	-30
199	30	21	-10	8	-33	-48	11	3	-26	-31	-43	-5	-15	-19	34	-0	-4	14	-21	-25	26	-29	20	-31	-0	-12	-18	6	59	-21
200	38	22	-13	16	-37	-49	13	-1	-28	-33	-41	-4	-18	-30	27	-4	0	22	-25	-26	36	-32	27	-32	-5	-16	-18	3	57	-26

Table VII. CORRELATION MATRIX FOR 220 MMPI SCALES FOR 50,000 MEDICAL PATIENTS--continued

SCALE	151	152	153	154	155	156	157	158	159	160	161	162	163	164	165	166	167	168	169	170	171	172	173	174	175	176	177	178	179	180
151		82	2	52	65	-7	49	61	-9	67	54	55	68	51	76	54	52	25	-36	57	-17	32	-39	-39	7	21	-42	-17	-58	73
152	82		3	52	63	-8	63	53	-7	69	53	56	70	53	69	50	45	21	-32	59	-16	33	-48	-49	0	11	-44	-12	-50	75
153	2	3		-3	-15	21	-3	-19	16	-12	-6	-26	-15	25	-12	-12	-27	14	18	-18	10	13	13	10	-31	-24	34	10	21	-4
154	52	52	-3		46	-11	38	45	-12	48	38	37	45	39	50	35	45	7	-23	48	-6	16	-17	-23	13	18	-31	-7	-38	52
155	65	63	-15	46		-9	41	74	-7	69	50	58	70	47	86	70	63	23	-38	57	-3	11	-38	-37	23	35	-51	-2	-59	72
156	-7	-8	21	-11	-9		-18	-22	37	-17	-19	-31	-15	22	-7	-17	-35	2	19	-23	32	4	25	28	8	7	26	36	37	-8
157	49	63	-3	38	41	-18		37	-18	56	49	52	53	42	47	38	40	9	-27	65	-16	14	-33	-37	-5	13	-37	-16	-42	60
158	61	53	-19	45	74	-22	37		-7	61	51	55	68	31	76	67	71	27	-34	59	-17	10	-34	-31	22	35	-53	-18	-66	64
159	-9	-7	16	-12	-7	37	-18	-7		-9	-16	-15	-3	-10	-16	-13	-22	16	29	-29	-6	21	7	14	1	-1	30	14	29	-21
160	67	69	-12	48	69	-17	56	61	-9		61	73	76	40	73	60	55	23	-33	66	-25	27	-47	-49	10	24	-48	-17	-57	76
161	54	53	-6	38	50	-19	49	51	-16	61		50	55	46	60	52	45	18	-29	60	-20	15	-33	-36	5	17	-34	-20	-49	71
162	55	56	-26	37	58	-31	52	55	-15	73	50		67	15	59	51	66	6	-44	60	-18	11	-49	-50	18	27	-57	-18	-57	59
163	68	70	-15	45	70	-15	53	68	-3	76	55	67		39	76	65	60	21	-35	66	-29	25	-51	-46	12	27	-56	-20	-68	73
164	51	53	25	39	47	22	42	31	-10	40	46	15	39		64	45	22	20	-22	45	20	13	-7	-13	13	20	-12	9	-25	71
165	76	69	-12	50	86	-7	47	76	-16	73	60	59	76	64		83	68	24	-44	66	-7	13	-37	-35	29	44	-55	-9	-70	83
166	54	50	-12	35	70	-17	38	67	-13	60	52	51	65	45	83		64	17	-35	54	-13	7	-32	-30	20	32	-46	-13	-64	62
167	52	45	-27	45	63	-35	40	71	-22	55	45	66	60	22	68	64		7	-46	58	-17	-5	-26	-26	24	38	-58	-23	-67	52
168	25	21	14	7	23	2	9	27	16	23	18	6	21	20	24	17	7		2	12	-18	28	-9	-12	-5	-1	4	-7	-12	24
169	-36	-32	18	-23	-38	19	-27	-34	29	-33	-29	-44	-35	-22	-44	-35	-46	2		-36	1	8	28	23	-13	-22	41	14	42	-42
170	57	59	-18	48	57	-23	65	59	-29	66	60	60	66	45	66	54	58	12	-36		-12	11	-32	-35	17	28	-51	-17	-57	72
171	-17	-16	10	-6	-3	32	-16	-17	-6	-25	-20	-18	-29	20	-7	-13	-17	-18	1	-12		-28	37	31	20	8	9	47	30	-11
172	32	33	13	16	11	4	14	10	21	27	15	11	25	13	13	7	-5	28	8	11	-28		-32	-34	-12	-16	4	-10	-9	20
173	-39	-48	13	-17	-38	25	-33	-34	7	-47	-33	-49	-51	-7	-37	-32	-26	-9	28	-32	37	-32		85	4	-4	38	24	44	-38
174	-39	-49	10	-23	-37	28	-37	-31	14	-49	-36	-50	-46	-13	-35	-30	-26	-12	23	-35	31	-34	85		13	5	35	22	41	-42
175	7	0	-31	13	23	8	-5	22	1	10	5	18	12	13	29	20	24	-5	-13	17	20	-12	4	13		50	-17	16	-14	7
176	21	11	-24	18	35	7	13	35	-1	24	17	27	27	20	44	32	38	-1	-22	28	8	-16	-4	5	50		-25	-3	-25	25
177	-42	-44	34	-31	-51	26	-37	-53	30	-48	-34	-57	-56	-12	-55	-46	-58	4	41	-51	9	4	38	35	-17	-25		13	62	-48
178	-17	-12	10	-7	-2	36	-16	-18	14	-17	-20	-18	-20	9	-9	-13	-23	-7	14	-17	47	-10	24	22	16	-3	13		28	-14
179	-58	-50	21	-38	-59	37	-42	-66	29	-57	-49	-57	-68	-25	-70	-64	-67	-12	42	-57	30	-9	44	41	-14	-25	62	28		-60
180	73	75	-4	52	72	-8	60	64	-21	76	71	59	73	71	83	62	52	24	-42	72	-11	20	-38	-42	7	25	-48	-14	-60	
181	56	58	-8	42	57	-12	49	55	-21	63	63	54	65	52	66	55	47	15	-35	63	-14	15	-33	-34	8	22	-44	-15	-55	83
182	60	66	1	42	53	-9	65	49	-17	64	56	51	67	53	63	49	40	17	-27	66	-15	18	-35	-35	-4	20	-40	-13	-50	78
183	44	41	5	31	33	12	34	21	-13	34	30	25	29	53	43	25	21	9	-20	32	12	4	-7	-10	4	13	-19	3	-20	53
184	60	57	-10	39	59	2	43	51	-17	56	58	47	53	56	71	50	47	14	-49	55	-6	11	-30	-33	15	29	-39	-12	-46	76
185	63	58	-3	40	58	9	41	47	-16	52	43	41	51	63	72	47	41	16	-46	49	3	13	-24	-25	12	29	-36	-5	-43	77
186	54	54	-5	33	58	-13	46	52	-11	61	59	47	60	52	69	56	46	19	-30	56	-18	18	-33	-35	6	20	-36	-13	-55	74
187	44	43	-3	34	50	-17	37	49	-22	55	65	40	40	50	53	42	36	23	-27	49	-3	8	-21	-31	5	12	-28	-9	-36	73
188	6	-2	7	3	14	-0	-1	25	-17	-8	9	-5	0	24	24	24	23	16	-12	17	24	-31	23	28	13	24	-4	5	-14	12
189	-60	-56	31	-40	-74	21	-38	-73	27	-58	-44	-55	-71	-37	-79	-64	-69	-10	51	-59	10	-1	41	34	-32	-44	66	12	72	-64
190	42	40	-30	43	60	3	26	53	-16	46	27	47	51	30	61	43	53	-2	-34	55	30	-7	-12	-8	48	48	-56	15	-42	48
191	33	32	-32	35	52	4	21	45	-13	39	19	43	46	20	50	34	45	-5	-28	49	33	-6	-8	-5	44	39	-52	17	-35	39
192	56	54	-6	31	71	-6	32	63	11	56	41	53	61	32	69	57	47	21	-26	41	-14	19	-45	-39	14	30	-35	-11	-50	58
193	-52	-51	13	-23	-49	9	-37	-45	13	-49	-39	-38	-59	-28	-58	-54	-37	-10	24	-46	22	-14	45	37	-6	-20	49	19	57	-53
194	-57	-55	24	-38	-69	27	-47	-60	52	-59	-49	-54	-58	-39	-73	-59	-58	-7	50	-58	8	1	41	42	-15	-24	62	15	67	-69
195	-61	-58	25	-42	-74	24	-46	-68	38	-62	-50	-59	-66	-40	-79	-65	-66	-10	52	-62	9	1	40	39	-22	-32	64	14	71	-71
196	-24	-23	31	-24	-42	9	-17	-32	33	-28	-16	-37	-28	-16	-41	-29	-38	19	34	-37	-33	15	28	25	-39	-34	51	-11	32	-30
197	-38	-34	31	-34	-49	15	-26	-43	42	-36	-26	-41	-38	-28	-56	-41	-51	7	52	-46	-18	17	16	12	-38	-35	55	-2	52	-45
198	-36	-35	28	-36	-46	50	-42	-44	49	-49	-42	-60	-35	-14	-46	-40	-64	7	47	-48	10	11	33	43	-12	-16	50	22	52	-45
199	-24	-24	30	-27	-40	27	-25	-33	35	-34	-23	-46	-30	-11	-38	-28	-44	33	36	-38	-15	18	20	22	-32	-27	46	3	36	-31
200	-30	-31	31	-26	-43	26	-28	-37	28	-40	-25	-51	-39	-8	-41	-31	-44	18	34	-40	-7	5	35	32	-30	-28	51	7	40	-35

Table VII. CORRELATION MATRIX FOR 220 MMPI SCALES FOR 50,000 MEDICAL PATIENTS--continued

SCALE	181	182	183	184	185	186	187	188	189	190	191	192	193	194	195	196	197	198	199	200	201	202	203	204	205	206	207	208	209	210
151	56	60	44	60	63	54	44	6	-60	42	33	56	-52	-57	-61	-24	-38	-36	-24	-30	56	-37	33	67	-48	-70	-1	-44	-58	16
152	58	66	41	57	58	54	43	-2	-56	40	32	54	-51	-55	-58	-23	-34	-35	-24	-31	54	-34	31	63	-49	-68	-2	-44	-58	10
153	-8	1	5	-10	-3	-5	-3	7	31	-30	-32	-6	13	24	25	31	31	28	30	31	-14	9	-48	-18	32	26	-4	15	18	4
154	42	42	31	39	40	33	34	3	-40	43	35	31	-23	-38	-42	-24	-34	-36	-27	-26	55	-21	32	41	-31	-50	1	-32	-33	13
155	57	53	33	59	58	58	50	14	-74	60	52	71	-49	-69	-74	-42	-49	-46	-40	-43	60	-45	50	70	-53	-76	-1	-54	-61	17
156	-12	-9	12	2	9	-13	-17	-0	21	3	4	-6	9	27	24	9	15	50	27	26	-29	3	-7	-29	41	33	-4	20	30	-3
157	49	65	34	43	41	46	37	-1	-38	26	21	32	-37	-47	-46	-17	-26	-42	-25	-28	44	-5	21	50	-49	-55	-0	-30	-47	10
158	55	49	21	51	47	52	49	25	-73	53	45	63	-45	-60	-68	-32	-43	-44	-33	-37	61	-38	46	78	-50	-74	2	-52	-61	29
159	-21	-17	-13	-17	-16	-11	-22	-17	27	-16	-13	11	13	52	38	33	42	49	35	28	-26	14	-8	-5	30	34	-6	14	41	15
160	63	64	34	56	52	61	55	-8	-58	46	39	56	-49	-59	-62	-28	-36	-49	-34	-40	57	-31	37	74	-67	-73	-2	-51	-58	18
161	63	56	30	58	43	59	65	9	-44	27	19	41	-39	-49	-50	-16	-26	-42	-23	-25	46	-20	22	58	-45	-59	-0	-33	-48	19
162	54	51	25	47	41	47	40	-5	-55	47	43	53	-38	-54	-59	-37	-41	-60	-46	-51	66	-22	37	67	-94	-70	2	-47	-59	16
163	65	67	29	53	51	60	40	0	-71	51	46	61	-59	-58	-66	-28	-38	-35	-30	-39	51	-39	47	83	-60	-76	-2	-57	-67	18
164	52	53	53	56	63	52	50	24	-37	30	20	32	-28	-39	-40	-16	-28	-14	-11	-8	34	-30	15	26	-6	-39	-3	-10	-34	5
165	66	63	43	71	72	69	53	24	-79	61	50	69	-58	-73	-79	-41	-56	-46	-38	-41	62	-52	48	75	-54	-83	-0	-52	-69	20
166	55	49	25	50	47	56	42	24	-64	43	34	57	-54	-59	-65	-29	-41	-40	-28	-31	50	-36	34	67	-47	-67	0	-41	-58	21
167	47	40	21	47	41	46	36	23	-69	53	45	47	-37	-58	-66	-38	-51	-64	-44	-44	75	-28	39	68	-62	-71	5	-39	-54	25
168	15	17	9	14	16	19	23	16	-10	-2	-5	21	-10	-7	-10	19	7	7	33	18	5	-11	2	25	2	-13	-2	-14	-17	12
169	-35	-27	-20	-49	-46	-30	-27	-12	51	-34	-28	-26	24	50	52	34	52	47	36	34	-42	31	-23	-33	48	54	-3	28	43	2
170	63	66	32	55	49	56	49	17	-59	55	49	41	-46	-58	-62	-37	-46	-48	-38	-40	61	-25	46	64	-56	-70	0	-41	-62	12
171	-14	-15	12	-6	3	-18	-3	24	10	30	33	-14	22	8	9	-33	-18	10	-15	-7	6	9	1	-40	21	21	1	18	19	-13
172	15	18	4	11	13	18	8	-31	-1	-7	-6	19	-14	1	1	15	17	11	18	5	-1	-13	1	24	-5	-8	-5	-17	-2	-6
173	-33	-35	-7	-30	-24	-33	-21	23	41	-12	-8	-45	45	41	40	28	16	33	20	35	-23	26	-20	-49	54	51	1	41	45	-2
174	-34	-35	-10	-33	-25	-35	-31	28	34	-8	-5	-39	37	42	39	25	12	43	22	32	-28	23	-15	-44	54	50	0	39	40	2
175	8	-4	4	15	12	6	5	13	-32	48	44	14	-6	-15	-22	-39	-38	-12	-32	-30	26	-8	41	7	-13	-15	1	-8	-6	-1
176	22	20	13	29	29	20	12	24	-44	48	39	30	-20	-24	-32	-34	-35	-16	-27	-28	30	-18	38	28	-22	-31	1	-13	-22	13
177	-44	-40	-19	-39	-36	-36	-28	-4	66	-56	-52	-35	49	62	64	51	55	50	46	51	-50	31	-50	-53	63	71	-4	47	61	-3
178	-15	-13	3	-12	-5	-13	-9	5	12	15	17	-11	19	15	14	-11	-2	22	3	7	-11	10	1	-31	23	26	-2	19	19	-8
179	-55	-50	-20	-46	-43	-55	-36	-14	72	-42	-35	-50	57	67	71	32	52	52	36	40	-53	43	-38	-73	61	78	-2	51	68	-13
180	83	78	53	76	77	74	73	12	-64	48	39	58	-53	-69	-71	-30	-45	-45	-31	-35	57	-48	37	69	-54	-79	-1	-47	-67	18
181		68	36	57	56	59	55	9	-54	42	35	48	-48	-58	-60	-27	-40	-38	-30	-34	50	-33	33	62	-49	-66	0	-40	-57	20
182	68		38	50	51	57	41	9	-50	41	35	44	-52	-54	-56	-24	-34	-30	-25	-29	43	-24	35	61	-45	-64	-2	-40	-59	15
183	36	38		36	71	32	27	10	-27	28	24	24	-23	-34	-34	-18	-28	-20	-16	-17	31	-11	15	21	-21	-34	1	-16	-31	4
184	57	50	36		72	51	52	10	-56	40	31	46	-39	-57	-59	-28	-41	-40	-28	-29	47	-45	30	51	-44	-65	1	-34	-50	13
185	56	51	71	72		47	42	14	-57	45	36	49	-39	-57	-60	-30	-44	-33	-26	-29	44	-56	30	46	-37	-62	-0	-34	-52	7
186	59	57	32	51	47		54	9	-51	31	24	51	-46	-54	-57	-18	-28	-37	-24	-26	45	-40	26	60	-43	-61	-3	-36	-51	28
187	55	41	27	52	42	54		13	-38	27	18	35	-23	-49	-48	-17	-27	-44	-20	-21	43	-22	16	43	-38	-52	1	-28	-41	10
188	9	9	10	10	14	9	13		-22	20	14	7	-4	-14	-19	-10	-24	2	3	6	15	-6	7	9	8	-8	3	0	-29	21
189	-54	-50	-27	-56	-57	-51	-38	-22		-66	-57	-55	61	76	82	52	65	51	49	50	-57	49	-59	-67	57	82	-2	55	74	-11
190	42	41	28	40	45	31	27	20	-66		96	37	-38	-52	-60	-70	-69	-34	-56	-56	59	-26	72	41	-42	-58	2	-40	-44	5
191	35	35	24	31	36	24	18	14	-57	96		30	-32	-43	-51	-69	-64	-29	-53	-54	53	-21	70	35	-38	-49	1	-36	-36	2
192	48	44	24	46	49	51	35	7	-55	37	30		-42	-48	-54	-25	-25	-27	-23	-30	44	-41	32	64	-46	-59	-3	-48	-48	27
193	-48	-52	-23	-39	-39	-46	-23	-4	61	-38	-32	-42		56	59	31	38	23	22	29	-24	35	-36	-54	41	62	1	45	61	-10
194	-58	-54	-34	-57	-57	-54	-49	-14	76	-52	-43	-48	56		94	49	63	66	50	49	-55	47	-40	-56	62	83	-3	54	74	-1
195	-60	-56	-34	-59	-60	-57	-48	-19	82	-60	-51	-54	59	94		51	65	61	51	50	-60	49	-48	-63	63	86	-3	56	75	-5
196	-27	-24	-18	-28	-30	-18	-17	-10	52	-70	-69	-25	31	49	51		66	45	63	64	-47	22	-53	-20	43	48	-4	28	38	7
197	-40	-34	-28	-41	-44	-28	-27	-24	65	-69	-64	-25	38	63	65	66		49	61	59	-54	31	-52	-32	47	61	-5	35	54	5
198	-38	-30	-20	-40	-33	-37	-44	2	51	-34	-29	-27	23	66	61	45	49		61	53	-67	23	-24	-41	69	68	-6	34	49	-2
199	-30	-25	-16	-28	-26	-24	-20	3	49	-56	-53	-23	22	50	51	63	61	61		78	-56	19	-47	-26	52	51	-3	29	34	-2
200	-34	-29	-17	-29	-29	-26	-21	6	50	-56	-54	-30	29	49	50	64	59	53	78		-51	21	-47	-34	56	55	-3	36	39	1

Table VII. CORRELATION MATRIX FOR 220 MMPI SCALES FOR 50,000 MEDICAL PATIENTS--**continued**

SCALE	211	212	213	214	215	216	217	218	219	220
151	69	65	-5	53	39	-3	4	13	-57	-55
152	68	62	-7	50	37	-5	-1	8	-50	-50
153	-16	-18	-21	3	8	8	-6	1	40	7
154	46	47	-11	36	27	5	30	33	-37	-31
155	73	80	-7	79	57	-20	3	9	-64	-73
156	-20	-13	-41	-3	2	-13	-30	-24	42	14
157	54	44	1	29	18	-2	7	10	-45	-27
158	67	82	-6	67	51	-3	12	15	-70	-72
159	-18	-6	-61	-4	11	20	-17	-14	31	14
160	72	69	-8	53	38	-2	2	5	-65	-45
161	53	53	-1	44	33	4	8	13	-51	-41
162	73	62	-1	38	21	-12	13	11	-70	-34
163	70	79	-12	52	39	-0	-1	3	-67	-58
164	41	41	-20	48	35	-10	0	12	-10	-39
165	78	86	-4	75	55	-14	5	12	-68	-76
166	63	73	-4	62	48	-7	6	9	-62	-66
167	70	69	-2	51	36	-5	37	29	-79	-54
168	21	25	-25	34	40	34	-28	-22	-5	-22
169	-47	-38	-22	-24	-7	17	-12	-11	47	32
170	63	65	-4	42	26	-9	12	16	-59	-42
171	-13	-15	-12	1	-12	-59	-3	2	31	10
172	15	12	-20	6	14	21	-18	-15	-5	-5
173	-39	-41	-24	-21	-17	2	14	11	49	37
174	-40	-37	-23	-22	-16	1	5	4	46	30
175	14	30	-11	14	8	-20	10	10	-17	-18
176	31	45	-11	25	16	-13	7	8	-27	-29
177	-58	-57	-28	-35	-13	30	-2	2	68	43
178	-18	-10	-24	4	6	-30	-19	-13	31	8
179	-60	-70	-23	-48	-33	5	-16	-13	76	63
180	75	71	-3	63	42	-9	1	9	-58	-57
181	62	61	-3	47	31	-9	2	7	-53	-45
182	58	59	-6	43	29	-7	-4	3	-46	-42
183	42	27	-6	27	9	-16	-0	5	-19	-18
184	62	55	1	47	29	-9	6	10	-48	-45
185	70	53	-3	50	27	-16	1	8	-40	-45
186	57	62	-4	51	39	-1	3	8	-51	-52
187	49	46	2	52	36	-2	7	10	-40	-39
188	9	21	-10	30	24	-1	10	15	-2	-32
189	-67	-80	-20	-57	-37	19	-6	-10	72	75
190	52	63	-8	43	21	-47	8	10	-48	-41
191	44	54	-9	34	14	-50	6	8	-41	-31
192	61	70	-14	62	50	-9	-1	7	-50	-64
193	-44	-56	-22	-35	-25	15	23	15	54	54
194	-66	-66	-43	-61	-39	25	-4	-7	72	67
195	-72	-75	-30	-65	-42	23	-7	-9	76	72
196	-35	-40	-27	-25	-2	64	-7	-8	43	32
197	-48	-48	-28	-35	-13	40	-13	-14	52	42
198	-57	-39	-43	-33	-14	15	-33	-26	70	33
199	-38	-35	-31	-18	4	43	-31	-30	49	27
200	-44	-42	-26	-26	-4	44	-13	-14	54	30

Table VII. CORRELATION MATRIX FOR 220 MMPI SCALES FOR 50,000 MEDICAL PATIENTS--continued

SCALE	1	2	3	4	5	6	7	8	9	10	11	12	13	14	15	16	17	18	19	20	21	22	23	24	25	26	27	28	29	30
201	67	-48	49	-23	2	-7	-37	44	64	-22	-46	-25	47	-52	28	58	53	31	52	-39	45	65	58	54	27	1	55	38	57	46
202	-50	36	-38	13	31	32	25	-36	-42	-12	28	1	-18	46	-22	-47	-50	-27	-21	33	-20	-43	-41	-27	22	-29	-40	-24	-44	-43
203	49	-30	21	8	-14	-20	-25	47	47	-6	-38	-17	32	-48	1	42	35	-1	33	-18	66	50	50	23	-2	18	42	11	54	36
204	82	-56	40	-32	-38	-45	-44	42	72	6	-58	-20	28	-56	3	70	67	19	71	-35	37	69	77	57	-17	55	56	25	56	35
205	-59	58	-34	36	28	40	56	-31	-48	25	66	30	-22	48	-0	-47	-43	-4	-60	54	-45	-52	-50	-50	-4	-17	-46	-22	-44	-25
206	-87	70	-57	32	38	45	61	-54	-73	9	68	26	-30	79	-22	-76	-74	-31	-57	59	-46	-79	-79	-64	15	-35	-65	-38	-70	-54
207	0	0	1	-4	5	6	-5	0	-1	-7	-2	-4	-1	-2	-1	-1	-1	-3	2	-2	-0	0	-1	1	5	-6	-0	1	0	0
208	-55	48	-33	19	39	36	38	-35	-47	-0	57	14	-19	51	-6	-50	-47	-9	-37	37	-36	-51	-51	-34	17	-30	-45	-22	-45	-34
209	-73	53	-45	33	37	38	47	-46	-60	-3	59	21	-9	69	-10	-64	-63	-23	-45	58	-32	-62	-66	-59	32	-34	-51	-30	-57	-47
210	21	-9	12	-12	3	-2	-1	4	25	7	-7	-7	21	-3	-4	22	23	2	23	4	-1	18	19	16	3	19	13	7	13	4
211	81	-61	59	-25	-28	-30	-45	55	72	-2	-57	-13	38	-64	31	72	73	40	58	-43	44	76	72	60	-0	34	64	42	67	57
212	86	-56	57	-19	-27	-31	-40	57	84	13	-53	-18	43	-71	26	85	79	33	58	-33	51	82	80	56	-16	52	70	40	75	55
213	-3	-23	-1	-30	-20	-29	-40	-13	-17	-34	-25	-27	-25	-23	-16	-7	-6	-23	-12	-45	-14	-7	-7	1	-19	-29	-4	-0	-4	-6
214	69	-46	78	-16	-17	-5	-25	41	75	29	-30	-3	46	-59	58	84	77	54	30	-23	24	76	58	49	-16	43	74	66	77	63
215	49	-26	57	-11	-14	3	-9	23	61	37	-12	2	34	-36	45	69	61	43	24	-4	9	52	42	35	-22	46	62	54	60	42
216	-8	21	-15	-8	-4	-11	14	-27	-14	6	23	-2	-30	25	-19	-10	-11	-8	27	11	-37	-20	-7	1	-14	17	-10	-9	-18	-29
217	9	3	3	-14	22	1	-20	-9	8	-49	-2	-24	28	-1	-5	6	4	-5	24	-11	-1	4	6	8	44	-35	5	6	5	1
218	13	-1	9	-9	16	-6	-9	-2	14	-33	0	-15	30	-7	1	12	10	6	17	-14	-1	10	12	12	34	-27	9	9	10	8
219	-76	61	-38	41	27	38	70	-38	-65	32	68	38	-30	65	2	-63	-60	-1	-65	46	-40	-64	-66	-53	0	-27	-52	-24	-53	-30
220	-73	47	-58	27	18	23	30	-46	-75	-24	35	15	-35	70	-32	-83	-78	-34	-32	28	-23	-72	-63	-45	31	-45	-62	-44	-68	-57

Table VII. CORRELATION MATRIX FOR 220 MMPI SCALES FOR 50,000 MEDICAL PATIENTS--continued

SCALE	31	32	33	34	35	36	37	38	39	40	41	42	43	44	45	46	47	48	49	50	51	52	53	54	55	56	57	58	59	60
201	61	-23	-38	-37	-53	-19	-49	-59	-34	46	-4	56	8	13	19	22	10	-15	-23	-21	22	3	-12	22	21	-3	25	6	17	2
202	-51	16	23	22	34	26	48	36	17	-32	9	-44	8	-8	-19	-17	-6	9	11	13	-18	-8	7	-17	-16	8	-17	-14	-20	5
203	63	-64	-42	-76	-49	-9	-40	-36	-21	28	-6	36	12	3	12	13	3	-19	-14	-16	13	4	-4	12	12	-5	19	7	10	3
204	69	-32	-68	-42	-73	-13	-65	-74	-48	24	-26	45	-28	7	17	23	12	-20	-14	-14	19	15	-13	26	26	-17	26	20	23	-13
205	-51	30	54	45	75	19	55	75	70	-21	18	-36	12	-6	-14	-16	-10	22	20	17	-15	-9	14	-21	-20	9	-19	-9	-12	7
206	-81	37	60	51	76	32	83	79	49	-45	17	-64	9	-12	-25	-27	-12	21	23	23	-26	-10	15	-28	-28	11	-29	-17	-25	7
207	0	-1	-1	-2	-1	-1	-1	-2	-1	2	2	1	1	1	2	2	-1	-3	-3	-2	2	-2	-1	1	1	1	2	-3	-2	1
208	-53	28	50	40	58	18	53	55	44	-26	15	-41	18	-6	-14	-16	-8	18	12	13	-15	-10	9	-17	-18	9	-19	-14	-15	8
209	-69	31	50	43	63	33	81	61	42	-39	8	-54	6	-12	-22	-27	-6	15	18	21	-24	-1	14	-27	-27	7	-29	-15	-24	9
210	14	1	-21	-2	-13	13	-5	-15	-4	3	-10	9	-13	5	3	8	-2	0	-2	-3	5	-2	-3	8	11	-3	9	4	10	-2
211	76	-23	-46	-37	-67	-24	-66	-69	-45	52	-7	66	-2	13	26	26	13	-18	-19	-20	26	11	-13	27	27	-9	26	18	26	-6
212	84	-33	-53	-52	-67	-23	-73	-61	-39	48	-11	63	-8	13	22	27	8	-18	-17	-19	26	10	-11	27	28	-11	31	19	28	-5
213	-4	-14	-18	-16	-17	-28	-29	-26	-13	-11	-17	-5	-11	0	1	0	-4	-6	-10	-8	1	-8	-8	-1	-0	-0	1	-9	-5	-2
214	69	3	-20	-24	-41	-29	-61	-38	-15	62	3	67	4	22	24	26	6	-6	-11	-15	29	2	-10	22	24	-4	24	17	33	0
215	48	14	-15	-13	-23	-13	-42	-22	-4	41	-4	42	-5	16	15	17	6	-1	-2	-5	20	5	-6	16	18	-4	16	16	25	-3
216	-19	17	-5	25	10	15	20	1	6	-31	-26	-28	-37	-5	-9	-6	1	4	9	13	-10	9	3	-3	-4	-7	-5	2	-4	-16
217	4	-2	-13	-1	-2	0	13	-16	1	-9	-29	4	-11	1	-0	1	-3	-2	-8	-2	-1	-6	1	2	1	-3	6	-14	-4	3
218	11	-1	-10	0	-1	-3	5	-10	6	-2	-27	11	-9	3	3	4	-2	1	-9	-4	3	-5	0	4	4	-4	8	-9	3	4
219	-65	40	71	55	75	23	68	85	53	-23	24	-44	20	-5	-16	-21	-8	24	21	19	-18	-7	15	-22	-22	13	-24	-8	-13	9
220	-72	17	39	36	44	32	73	46	13	-48	7	-60	6	-15	-22	-26	-4	8	14	17	-26	-2	10	-22	-23	7	-28	-15	-29	4

Table VII. CORRELATION MATRIX FOR 220 MMPI SCALES FOR 50,000 MEDICAL PATIENTS--continued

SCALE	61	62	63	64	65	66	67	68	69	70	71	72	73	74	75	76	77	78	79	80	81	82	83	84	85	86	87	88	89	90
201	16	-28	26	52	31	24	55	46	51	41	-47	40	47	50	32	32	42	-36	36	27	15	6	-16	-17	-40	45	40	-10	49	-42
202	-16	10	-9	-40	-21	-8	-38	-24	-33	-35	32	-31	-21	-27	-22	-16	-17	11	-24	-18	-7	-7	9	13	18	-39	-25	15	-38	26
203	8	-9	12	40	18	10	45	28	44	19	-26	18	29	39	10	12	25	-15	12	10	-4	-12	-20	-46	-27	19	16	-14	21	-60
204	18	-13	23	55	34	14	79	35	65	39	-45	32	42	45	22	20	57	-33	26	23	21	-5	-24	-20	-57	36	31	-39	39	-64
205	-11	19	-24	-42	-30	-9	-70	-31	-48	-30	49	-26	-39	-44	-20	-12	-56	54	-23	-19	-18	9	26	19	68	-29	-29	27	-35	67
206	-21	26	-25	-66	-42	-19	-81	-46	-64	-52	60	-45	-48	-57	-34	-27	-51	40	-38	-29	-17	-2	25	26	55	-53	-45	29	-57	65
207	-1	-7	4	-0	-1	4	1	2	0	-1	-2	0	1	2	1	1	1	-3	1	0	-1	-1	-1	-0	-3	0	1	1	1	-2
208	-12	12	-15	-41	-24	-6	-61	-25	-47	-31	36	-27	-28	-34	-19	-12	-40	21	-21	-18	-12	6	20	18	52	-32	-24	33	-32	56
209	-19	27	-22	-56	-37	-32	-68	-36	-54	-44	51	-35	-35	-50	-27	-25	-38	29	-30	-22	-13	-0	20	23	46	-42	-34	18	-45	53
210	8	-5	8	13	6	16	18	12	20	9	-7	10	16	9	6	15	13	-2	8	8	6	1	-3	-1	-8	8	11	-13	10	-8
211	22	-21	25	64	41	18	73	49	59	54	-52	46	47	54	37	30	52	-37	39	29	23	6	-21	-19	-50	59	43	-29	59	-55
212	23	-19	22	65	36	24	73	45	70	48	-48	46	45	53	34	33	46	-25	38	29	15	5	-20	-27	-44	52	46	-24	56	-56
213	-5	-18	4	-3	-4	1	11	-7	-4	-2	-17	-2	-4	-1	1	-7	-4	-16	1	1	-5	-7	-9	-4	-18	-3	0	-5	-1	-19
214	29	-22	14	62	30	31	53	45	53	59	-35	66	43	40	58	50	23	-11	59	44	16	25	-7	-13	-20	73	65	-14	77	-23
215	21	-12	5	44	20	19	38	31	40	41	-19	51	30	23	42	38	14	-1	46	43	12	20	-3	-7	-8	50	50	-12	56	-11
216	-6	11	-4	-17	-11	-16	-8	-10	-8	-11	15	-13	-18	-16	-9	-3	1	11	-9	-3	8	-5	0	10	5	-16	-9	-16	-15	6
217	-3	-12	11	3	-8	9	-0	11	6	-0	-7	3	8	9	4	14	6	-4	5	5	2	-0	-2	0	-7	-1	7	7	3	-3
218	2	-10	9	9	-2	11	1	11	9	6	-9	8	8	10	6	19	2	-0	8	7	1	4	1	-1	-0	4	10	7	8	1
219	-11	24	-26	-51	-28	-15	-80	-37	-60	-32	53	-31	-46	-47	-22	-18	-54	43	-25	-22	-17	10	30	23	68	-32	-32	32	-38	73
220	-24	22	-15	-59	-24	-31	-57	-39	-57	-47	43	-49	-34	-38	-38	-38	-23	12	-40	-30	-10	-13	12	18	23	-55	-45	16	-57	32

Table VII. CORRELATION MATRIX FOR 220 MMPI SCALES FOR 50,000 MEDICAL PATIENTS--continued

SCALE	91	92	93	94	95	96	97	98	99	100	101	102	103	104	105	106	107	108	109	110	111	112	113	114	115	116	117	118	119	120
201	60	-61	28	72	-64	12	60	-32	35	-49	-51	5	-52	-13	-31	-56	53	16	18	10	32	-30	26	37	-11	14	-15	6	34	29
202	-39	29	-35	-45	30	-7	-46	16	-22	36	34	23	39	1	42	42	-29	-17	-10	-9	-33	26	-9	-32	6	-4	1	-2	-33	-22
203	31	-39	22	48	-37	15	37	-9	19	-46	-48	-18	-52	-31	-30	-70	33	-10	6	6	16	-65	11	19	-35	1	1	0	34	12
204	69	-45	71	83	-50	4	66	-24	67	-78	-71	-45	-80	-24	-38	-60	84	51	52	30	39	-37	51	65	15	6	-2	5	59	32
205	-62	70	-38	-66	78	-8	-54	52	-58	69	68	15	68	22	31	59	-71	-24	-32	-28	-26	33	-32	-45	7	0	6	12	-28	-25
206	-73	71	-56	-89	76	-12	-75	40	-52	75	73	26	78	19	58	81	-70	-30	-29	-21	-41	45	-35	-56	9	-9	9	-1	-53	-32
207	-1	-5	-5	1	-5	2	-0	-1	-2	-2	-2	5	-2	-2	-1	-2	-0	-4	-1	-3	-2	-1	-1	-3	-3	5	-5	3	-1	1
208	-50	41	-48	-55	43	-7	-47	20	-45	61	58	39	63	26	42	50	-55	-20	-19	-16	-24	39	-30	-40	9	-1	-0	2	-42	-15
209	-58	59	-49	-75	64	-8	-62	17	-41	62	59	25	65	10	51	71	-56	-27	-24	-19	-32	41	-31	-48	7	-29	25	-26	-55	-39
210	10	2	26	23	1	-2	21	11	19	-20	-13	-19	-20	-4	5	-3	27	21	18	7	16	-8	9	23	9	20	-17	17	23	13
211	75	-59	54	84	-64	10	73	-36	55	-65	-64	-18	-66	-8	-43	-61	72	38	36	23	44	-32	41	59	1	7	-7	0	44	27
212	70	-53	62	87	-55	12	79	-17	54	-69	-64	-40	-75	-15	-46	-72	69	30	28	19	42	-49	33	54	-7	14	-8	12	64	27
213	-6	-37	-13	-3	-40	3	-3	-27	-11	-17	-18	4	-15	-21	-29	-26	-8	-18	-15	-8	-11	-9	-8	-10	-19	7	-16	-6	-10	-2
214	64	-43	50	69	-42	13	77	-7	31	-47	-44	-23	-54	16	-40	-50	45	28	15	7	43	-33	19	49	-6	24	-17	19	57	20
215	47	-23	45	50	-19	8	64	4	23	-34	-29	-26	-40	18	-25	-30	34	30	17	5	35	-24	18	43	4	16	-8	15	48	15
216	-1	35	18	-8	33	-11	-10	24	12	3	6	-14	6	-8	22	30	8	32	30	13	-5	21	21	12	39	-3	7	12	-10	12
217	2	-9	-8	12	-10	0	7	-4	-4	-5	-7	15	-6	-28	9	-0	5	2	7	-12	0	-1	16	-1	4	9	-12	3	-1	6
218	6	-8	0	16	-7	1	10	1	-5	-2	-4	7	-5	-21	2	-3	3	1	1	-9	4	-4	8	1	0	11	-13	7	6	9
219	-62	66	-46	-79	72	-10	-66	41	-54	84	78	23	83	33	42	71	-74	-23	-30	-14	-30	47	-35	-46	10	-7	9	1	-41	-27
220	-55	47	-51	-71	47	-11	-74	7	-28	56	51	36	64	6	48	63	-45	-19	-10	-7	-37	45	-17	-42	12	-26	19	-24	-63	-24

Table VII. CORRELATION MATRIX FOR 220 MMPI SCALES FOR 50,000 MEDICAL PATIENTS--continued

SCALE	121	122	123	124	125	126	127	128	129	130	131	132	133	134	135	136	137	138	139	140	141	142	143	144	145	146	147	148	149	150
201	-32	5	9	-7	63	73	-4	2	52	56	44	28	49	47	-38	24	19	-19	46	45	-38	55	-23	54	34	32	29	5	-40	49
202	15	3	2	34	-46	-32	35	11	-39	-48	-27	-22	-38	-39	16	-26	-9	9	-8	-20	22	-21	7	-37	-21	-19	-21	-4	26	-29
203	-22	-5	1	-25	38	49	-8	-3	26	41	55	1	38	32	-17	11	9	-12	19	26	-24	28	-13	26	-6	12	16	-6	-75	32
204	-48	6	-6	-41	67	75	-24	-2	43	57	29	3	67	80	-35	38	17	-32	52	39	-59	58	-29	45	38	36	40	5	-31	64
205	61	11	2	14	-51	-61	25	-1	-38	-41	-25	-0	-36	-56	46	-13	7	45	-50	-34	71	-53	55	-41	-19	-26	-27	2	40	-40
206	48	0	2	41	-79	-77	40	6	-59	-73	-47	-22	-61	-68	43	-37	-23	28	-55	-48	54	-66	28	-60	-37	-36	-43	1	51	-64
207	-3	4	3	3	-1	2	2	1	1	0	-0	-1	-1	-2	-2	-2	-2	-2	-0	1	-1	1	-3	-0	-4	-5	-4	-4	-1	-2
208	39	5	6	43	-48	-50	28	8	-34	-45	-31	-6	-38	-57	23	-21	-4	25	-32	-20	54	-37	27	-33	-25	-23	-26	-5	32	-38
209	34	-18	-13	42	-68	-62	47	4	-46	-62	-40	-10	-56	-59	24	-32	-23	20	-49	-44	46	-58	22	-49	-35	-32	-43	2	45	-55
210	-4	18	11	-12	17	23	-2	3	11	11	-2	-4	25	23	-7	6	2	-7	11	9	-9	8	-5	16	10	9	13	-4	2	17
211	-45	-2	2	-28	77	73	-27	-6	61	72	40	31	60	66	-37	34	23	-20	54	46	-49	62	-25	61	44	41	40	7	-34	58
212	-37	5	4	-50	79	81	-33	-5	59	70	54	26	69	74	-26	34	24	-21	45	44	-46	58	-20	61	37	34	37	3	-50	59
213	-15	0	-5	-10	-7	-7	-29	-11	-1	-6	-4	-16	-16	-11	-24	-12	-14	-13	-0	-4	-12	-0	-18	-2	-18	-13	-7	-15	-17	-8
214	-11	9	14	-47	80	58	-40	-11	79	73	49	58	59	57	-14	34	33	-1	33	40	-20	47	1	73	40	30	33	11	-25	47
215	-2	11	-1	-39	59	40	-32	-8	59	50	32	45	55	45	-9	26	28	3	23	26	-9	32	8	60	33	25	24	14	-11	36
216	-1	44	-45	18	-16	-10	18	2	-16	-21	-38	-18	24	4	-11	7	-2	-5	1	-14	1	-5	2	-16	1	-2	-5	-4	32	0
217	-10	18	3	31	0	26	25	5	5	0	4	-5	19	-0	-28	-6	2	-3	7	6	-1	7	-3	6	-5	-5	-6	-12	-2	5
218	-1	17	5	17	9	28	15	1	9	8	11	1	28	4	-21	3	10	3	10	7	2	10	4	10	7	5	2	-4	-6	11
219	56	-2	5	27	-58	-75	20	0	-43	-51	-32	2	-51	-65	50	-21	-7	37	-45	-41	58	-54	38	-45	-15	-19	-26	10	44	-50
220	14	-13	-12	62	-71	-63	49	9	-59	-68	-46	-32	-63	-59	26	-29	-30	7	-30	-37	22	-45	1	-57	-35	-27	-30	-6	38	-49

Table VII. CORRELATION MATRIX FOR 220 MMPI SCALES FOR 50,000 MEDICAL PATIENTS--continued

SCALE	151	152	153	154	155	156	157	158	159	160	161	162	163	164	165	166	167	168	169	170	171	172	173	174	175	176	177	178	179	180
201	56	54	-14	55	60	-29	44	61	-26	57	46	66	51	34	62	50	75	5	-42	61	6	-1	-23	-28	26	30	-50	-11	-53	57
202	-37	-34	9	-21	-45	3	-5	-38	14	-31	-20	-22	-39	-30	-52	-36	-28	-11	31	-25	9	-13	26	23	-8	-18	31	10	43	-48
203	33	31	-48	32	50	-7	21	46	-8	37	22	37	47	15	48	34	39	2	-23	46	1	1	-20	-15	41	38	-50	1	-38	37
204	67	63	-18	41	70	-29	50	78	-5	74	58	67	83	26	75	67	68	25	-33	64	-40	24	-49	-44	7	28	-53	-31	-73	69
205	-48	-49	32	-31	-53	41	-49	-50	30	-67	-45	-94	-60	-6	-54	-47	-62	2	48	-56	21	-5	54	54	-13	-22	63	23	61	-54
206	-70	-68	26	-50	-76	33	-55	-74	34	-73	-59	-70	-76	-39	-83	-67	-71	-13	54	-70	21	-8	51	50	-15	-31	71	26	78	-79
207	-1	-2	-4	1	-1	-4	-0	2	-6	-2	-0	2	-2	-3	-0	0	5	-2	-3	0	1	-5	1	0	1	1	-4	-2	-2	-1
208	-44	-44	15	-32	-54	20	-30	-52	14	-51	-33	-47	-57	-10	-52	-41	-39	-14	28	-41	18	-17	41	39	-8	-13	47	19	51	-47
209	-58	-58	18	-33	-61	30	-47	-61	41	-58	-48	-59	-67	-34	-69	-58	-54	-17	43	-62	19	-2	45	40	-6	-22	61	19	68	-67
210	16	10	4	13	17	-3	10	29	15	18	19	16	18	5	20	21	25	12	2	12	-13	-6	-2	2	-1	13	-3	-8	-13	18
211	69	68	-16	46	73	-20	54	67	-18	72	53	73	70	41	78	63	70	21	-47	63	-13	15	-39	-40	14	31	-58	-18	-60	75
212	65	62	-18	47	80	-13	44	82	-6	69	53	62	79	41	86	73	69	25	-38	65	-15	12	-41	-37	30	45	-57	-10	-70	71
213	-5	-7	-21	-11	-7	-41	1	-6	-61	-8	-1	-1	-12	-20	-4	-4	-2	-25	-22	-4	-12	-20	-24	-23	-11	-11	-28	-24	-23	-3
214	53	50	3	36	79	-3	29	67	-4	53	44	38	52	48	75	62	51	34	-24	42	1	6	-21	-22	14	25	-35	4	-48	63
215	39	37	8	27	57	2	18	51	11	38	33	21	39	35	55	48	36	40	-7	26	-12	14	-17	-16	8	16	-13	6	-33	42
216	-3	-5	8	5	-20	-13	-2	-3	20	-2	4	-12	-0	-10	-14	-7	-5	34	17	-9	-59	21	2	1	-20	-13	30	-30	5	-9
217	4	-1	-6	30	3	-30	7	12	-17	2	8	13	-1	0	5	6	37	-28	-12	12	-3	-18	14	5	10	7	-2	-19	-16	1
218	13	8	1	33	9	-24	10	15	-14	5	13	11	3	12	12	9	29	-22	-11	16	2	-15	11	4	10	8	2	-13	-13	9
219	-57	-50	40	-37	-64	42	-45	-70	31	-65	-51	-70	-67	-10	-68	-62	-79	-5	47	-59	31	-5	49	46	-17	-27	68	31	76	-58
220	-55	-50	7	-31	-73	14	-27	-72	14	-45	-41	-34	-58	-39	-76	-66	-54	-22	32	-42	10	-5	37	30	-18	-29	43	8	63	-57

Table VII. CORRELATION MATRIX FOR 220 MMPI SCALES FOR 50,000 MEDICAL PATIENTS--continued

SCALE	181	182	183	184	185	186	187	188	189	190	191	192	193	194	195	196	197	198	199	200	201	202	203	204	205	206	207	208	209	210
201	50	43	31	47	44	45	43	15	-57	59	53	44	-24	-55	-60	-47	-54	-67	-56	-51		-20	37	53	-60	-66	4	-36	-48	18
202	-33	-24	-11	-45	-56	-40	-22	-6	49	-26	-21	-41	35	47	49	22	31	23	19	21	-20		-23	-37	26	52	2	33	43	0
203	33	35	15	30	30	26	16	7	-59	72	70	32	-36	-40	-48	-53	-52	-24	-47	-47	37	-23		39	-34	-49	0	-33	-40	3
204	62	61	21	51	46	60	43	9	-67	41	35	64	-54	-56	-63	-20	-32	-41	-26	-34	53	-37	39		-62	-76	-0	-59	-65	32
205	-49	-45	-21	-44	-37	-43	-38	8	57	-42	-38	-46	41	62	63	43	47	69	52	56	-60	26	-34	-62		74	-4	51	64	-9
206	-66	-64	-34	-65	-62	-61	-52	-8	82	-58	-49	-59	62	83	86	48	61	68	51	55	-66	52	-49	-76	74		-2	60	81	-9
207	0	-2	1	1	-0	-3	1	3	-2	2	1	-3	1	-3	-3	-4	-5	-6	-3	-3	4	2	0	-0	-4	-2		-1	-3	-1
208	-40	-40	-16	-34	-34	-36	-28	0	55	-40	-36	-48	45	54	56	28	35	34	29	36	-36	33	-33	-59	51	60	-1		55	-8
209	-57	-59	-31	-50	-52	-51	-41	-29	74	-44	-36	-48	61	74	75	38	54	49	34	39	-48	43	-40	-65	64	81	-3	55		-8
210	20	15	4	13	7	28	10	21	-11	5	2	27	-10	-1	-5	7	5	-2	-2	1	18	0	3	32	-9	-9	-1	-8	-8	
211	62	58	42	62	70	57	49	9	-67	52	44	61	-44	-66	-72	-35	-48	-57	-38	-44	69	-44	37	72	-67	-80	1	-53	-66	18
212	61	59	27	55	53	62	46	21	-80	63	54	70	-56	-66	-75	-40	-48	-39	-35	-42	60	-42	55	79	-56	-78	-1	-57	-66	24
213	-3	-6	-6	1	-3	-4	2	-10	-20	-8	-9	-14	-22	-43	-30	-27	-28	-43	-31	-26	-6	-18	-2	-7	-26	-29	5	-19	-33	-28
214	47	43	27	47	50	51	52	30	-57	43	34	62	-35	-61	-65	-25	-35	-33	-18	-26	46	-42	27	55	-33	-60	-2	-39	-49	22
215	31	29	9	29	27	39	36	24	-37	21	14	50	-25	-39	-42	-2	-13	-14	4	-4	24	-28	17	42	-15	-37	-3	-27	-32	25
216	-9	-7	-16	-9	-16	-1	-2	-1	19	-47	-50	-9	15	25	23	64	40	15	43	44	-17	9	-20	9	18	17	-2	12	13	15
217	2	-4	-0	6	1	3	7	10	-6	8	6	-1	23	-4	-7	-7	-13	-33	-31	-13	41	5	4	7	-11	-7	3	3	9	15
218	7	3	5	10	8	8	10	15	-10	10	8	7	15	-7	-9	-8	-14	-26	-30	-14	41	0	6	9	-7	-8	1	1	4	17
219	-53	-46	-19	-48	-40	-51	-40	-2	72	-48	-41	-50	54	72	76	43	52	70	49	54	-62	37	-43	-75	75	84	-4	56	68	-15
220	-45	-42	-18	-45	-45	-52	-39	-32	75	-41	-31	-64	54	67	72	32	42	33	27	30	-42	49	-34	-61	36	68	1	47	62	-20

Table VII. CORRELATION MATRIX FOR 220 MMPI SCALES FOR 50,000 MEDICAL PATIENTS--continued

SCALE	211	212	213	214	215	216	217	218	219	220
201	69	60	-6	46	24	-17	41	41	-62	-42
202	-44	-42	-18	-42	-28	9	5	0	37	49
203	37	55	-2	27	17	-20	4	6	-43	-34
204	72	79	-7	55	42	9	7	9	-75	-61
205	-67	-56	-26	-33	-15	18	-11	-7	75	36
206	-80	-78	-29	-60	-37	17	-7	-8	84	68
207	1	-1	5	-2	-3	-2	3	1	-4	1
208	-53	-57	-19	-39	-27	12	3	1	56	47
209	-66	-66	-33	-49	-32	13	9	4	68	62
210	18	24	-28	22	25	15	15	17	-15	-20
211		72	-3	61	38	-14	10	10	-69	-55
212	72		-10	71	55	-8	4	9	-69	-75
213	-3	-10		-10	-20	-23	-4	-8	-29	-15
214	61	71	-10		81	-11	-1	7	-46	-76
215	38	55	-20	81		10	-5	3	-27	-63
216	-14	-8	-23	-11	10		17	15	9	10
217	10	4	-4	-1	-5	17		90	-15	-1
218	10	9	-8	7	3	15	90		-9	-10
219	-69	-69	-29	-46	-27	9	-15	-9		58
220	-55	-75	-15	-76	-63	10	-1	-10	58	

PART 3
Item Data

Table VIII. PERCENTAGE OF TRUE AND CANNOT SAY RESPONSES TO EACH MMPI ITEM BY 25,723 FEMALE MEDICAL PATIENTS GROUPED BY AGE

AGE	UNDER 20 N= 695		20-29 N=1690		30-39 N=3474		40-49 N=5955		50-59 N=7209		60-69 N=5229		70 + N=1471		ALL AGES N=25723	
ITEM	T	Q	T	Q	T	Q	T	Q	T	Q	T	Q	T	Q	T	Q
1	8.5	1.7	7.8	2.0	12.7	2.6	16.4	4.4	15.6	5.4	14.2	6.3	15.2	6.4	14.4	4.7
2	87.2	1.0	84.7	0.8	85.0	1.2	87.2	1.6	88.6	1.5	89.1	1.8	88.8	1.4	87.6	1.5
3	54.4	0.9	48.6	0.9	40.7	1.2	45.0	1.5	49.9	1.7	56.3	2.1	58.7	3.2	49.4	1.7
4	31.7	1.6	29.6	1.4	31.2	1.4	34.1	1.9	37.7	2.2	36.8	3.2	34.3	4.2	34.9	2.3
5	34.8	1.3	45.7	1.6	55.8	1.8	63.3	2.2	67.5	2.4	69.4	2.8	67.5	2.9	63.0	2.3
6	38.4	2.2	30.6	1.5	25.5	2.8	22.2	2.5	20.5	3.2	18.7	3.5	18.9	5.3	22.3	3.0
7	58.1	2.0	54.4	1.5	49.7	2.2	57.1	2.3	68.3	2.4	72.1	3.3	72.5	4.0	63.0	2.6
8	78.3	2.0	77.9	2.3	79.0	2.2	81.6	3.2	84.4	3.4	85.4	4.4	86.9	4.5	82.8	3.4
9	76.7	1.9	68.5	1.9	55.9	2.6	54.0	2.3	53.1	2.9	44.9	3.4	37.0	4.0	52.8	2.8
10	7.1	1.2	9.6	1.1	12.1	2.6	10.9	2.7	9.0	3.2	8.4	3.7	8.2	5.0	9.7	3.0
11	14.5	1.6	8.7	1.7	6.9	2.3	6.4	2.7	7.6	3.3	9.0	4.6	9.3	5.0	7.9	3.3
12	68.8	1.0	49.2	1.6	45.1	2.0	44.0	2.6	44.0	2.6	39.1	3.5	35.8	3.6	43.7	2.7
13	29.8	1.4	31.9	1.2	36.3	2.5	35.9	2.7	37.1	3.0	30.5	4.4	23.5	4.6	34.0	3.1
14	6.9	1.2	14.9	0.8	14.7	1.7	13.2	2.0	11.4	1.9	10.0	2.6	7.1	3.3	11.8	2.0
15	42.4	2.0	37.5	1.7	31.7	2.2	27.0	2.7	23.5	3.0	20.7	3.7	18.2	4.8	26.0	2.9
16	5.2	2.0	3.4	2.0	3.7	2.8	4.0	3.1	4.2	3.4	4.1	4.2	4.6	5.2	4.1	3.4
17	90.9	2.3	90.7	1.4	88.9	2.3	89.3	2.9	91.3	2.9	91.9	3.2	91.5	4.3	90.6	2.8
18	75.0	1.7	68.0	1.7	67.6	2.0	64.9	2.8	60.8	3.0	59.3	3.6	57.8	5.0	63.1	2.9
19	15.8	3.3	7.2	2.4	4.5	3.0	6.0	4.2	7.8	5.3	8.7	9.2	10.7	12.7	7.5	5.7
20	83.0	5.9	78.9	2.6	80.8	2.2	81.6	3.1	79.7	4.1	82.3	7.3	83.5	10.2	81.1	4.6
21	47.2	1.3	37.5	1.2	28.3	2.0	23.9	2.9	17.8	2.8	11.2	3.6	8.7	4.6	20.8	2.8
22	27.5	2.2	20.3	1.9	15.2	2.6	11.7	3.2	7.6	4.0	4.8	4.3	3.0	5.7	10.1	3.6
23	9.4	1.9	15.2	1.8	15.7	2.6	14.2	3.0	10.7	3.6	9.0	4.5	8.0	4.8	11.9	3.4
24	12.8	1.7	10.2	1.9	6.7	3.5	5.8	3.5	6.0	4.1	6.1	4.9	6.3	6.9	6.6	4.0
25	36.7	1.9	32.0	1.9	30.4	2.5	28.8	3.7	27.8	3.9	31.4	5.5	35.8	5.1	30.1	3.9
26	31.5	1.6	31.7	1.7	38.6	2.2	46.3	2.6	55.0	2.6	63.7	3.8	73.9	4.4	51.5	2.8
27	10.1	1.6	6.1	1.9	4.5	2.6	3.9	3.2	3.1	3.3	2.4	4.1	2.5	4.5	3.7	3.3
28	14.2	0.6	9.1	0.8	8.8	1.1	7.4	1.6	7.5	1.5	7.9	2.0	7.3	3.5	8.0	1.6
29	10.1	0.7	15.6	0.8	20.2	1.3	20.7	1.8	23.5	2.2	24.8	3.2	24.9	3.6	21.8	2.1
30	80.0	0.7	78.5	0.9	74.9	2.1	68.9	2.7	59.8	2.9	47.1	3.7	36.0	3.4	61.8	2.7
31	11.5	1.4	13.3	1.0	9.5	1.7	6.8	2.5	5.7	2.6	5.9	3.7	6.3	5.4	7.2	2.7
32	27.1	1.6	20.9	1.1	19.4	1.5	17.4	2.5	15.2	2.8	14.7	3.7	14.8	4.7	16.9	2.7
33	19.4	3.0	15.6	2.0	11.0	3.0	10.6	4.1	10.7	4.8	10.3	5.8	12.4	6.1	11.3	4.4
34	7.3	3.3	8.9	2.2	8.7	3.2	10.3	4.2	8.3	5.4	8.9	6.1	7.3	8.0	8.9	4.8
35	2.2	2.4	1.2	2.0	1.0	2.3	1.1	3.2	1.4	3.8	1.4	4.8	1.7	5.9	1.3	3.6
36	57.0	3.0	48.9	1.3	43.8	2.7	48.7	3.5	52.2	3.8	54.8	4.6	58.4	5.2	51.1	3.7
37	90.9	2.3	86.7	1.2	86.7	2.1	86.6	3.0	83.5	3.7	81.8	3.8	76.8	5.2	84.3	3.2
38	20.9	2.6	22.2	0.9	19.7	2.4	15.7	3.5	12.2	3.9	7.5	4.3	5.2	4.8	13.6	3.5
39	39.6	2.3	39.4	1.6	35.9	2.8	30.4	3.8	24.5	4.1	16.7	5.0	10.9	5.5	26.4	3.9
40	18.7	0.9	9.2	0.6	6.8	2.0	6.2	3.1	6.0	3.4	7.2	4.1	8.4	5.0	7.1	3.1
41	32.9	2.4	40.4	1.6	40.4	2.4	36.4	2.3	29.7	2.7	22.8	4.2	17.4	4.6	31.4	2.9
42	5.3	2.6	3.6	1.4	2.6	2.9	2.5	4.0	2.7	4.4	2.2	8.0	2.0	7.7	2.6	4.8
43	13.2	3.3	19.2	1.8	21.8	3.2	26.1	4.0	29.6	4.5	27.4	6.0	25.8	6.2	26.0	4.4
44	14.5	4.7	16.0	2.5	15.4	3.1	14.0	4.5	11.1	5.1	9.8	6.8	8.2	7.8	12.3	5.0
45	57.6	2.7	52.6	2.2	45.8	3.5	43.1	3.9	39.2	5.0	32.1	6.2	26.9	6.7	40.2	4.7
46	66.5	2.9	61.2	2.5	51.9	3.5	47.4	4.3	48.9	5.4	51.3	6.8	52.9	8.0	51.0	5.1
47	11.7	3.3	15.6	1.9	17.4	3.2	27.7	3.9	37.1	4.7	24.0	5.5	14.5	6.1	26.2	4.3
48	4.5	3.2	2.5	2.4	2.4	3.2	1.5	3.7	1.6	4.2	2.4	5.2	3.7	6.4	2.1	4.1

Table VIII. PERCENTAGE OF TRUE AND CANNOT SAY RESPONSES TO EACH MMPI ITEM BY FEMALE PATIENTS--continued

AGE	UNDER 20 N= 695		20-29 N=1690		30-39 N=3474		40-49 N=5955		50-59 N=7209		60-69 N=5229		70 + N=1471		ALL AGES N=25723	
ITEM	T	Q	T	Q	T	Q	T	Q	T	Q	T	Q	T	Q	T	Q
49	1.3	2.9	0.8	1.9	0.5	2.6	0.6	2.6	1.3	3.4	2.0	4.5	4.2	5.0	1.3	3.3
50	4.0	3.7	3.4	3.0	2.3	4.1	2.0	5.0	2.1	5.2	1.8	7.6	2.3	7.7	2.2	5.4
51	58.7	3.6	59.2	2.0	54.3	3.6	60.2	4.0	66.4	3.9	68.5	4.9	73.1	5.4	63.5	4.0
52	12.9	2.2	18.9	1.3	16.4	2.2	14.8	2.7	11.7	2.6	11.8	3.9	10.9	4.6	13.5	2.8
53	3.3	1.4	1.8	0.8	1.8	1.0	1.5	2.1	2.0	2.5	3.5	4.2	4.7	5.6	2.3	2.6
54	94.8	1.4	94.6	0.9	93.1	2.2	92.9	2.7	92.7	3.5	92.2	4.4	92.5	5.1	92.9	3.2
55	77.6	1.9	75.3	0.9	66.8	2.3	65.9	2.7	66.8	3.1	67.7	4.3	69.3	5.4	67.8	3.1
56	1.9	1.3	4.3	0.7	3.1	1.1	2.4	1.5	2.4	2.1	2.3	2.9	1.8	2.9	2.5	1.9
57	69.5	2.7	65.6	1.4	67.2	2.5	68.1	3.1	68.6	3.8	68.2	5.0	69.3	6.3	68.1	3.7
58	46.8	6.6	48.9	6.2	49.4	8.3	49.4	10.4	51.1	11.4	53.0	14.6	55.5	14.6	50.9	11.1
59	34.8	2.0	22.6	1.2	19.9	1.9	22.5	2.9	25.3	3.4	27.0	4.5	27.9	5.7	24.5	3.2
60	95.7	1.7	94.0	1.5	91.9	2.4	90.7	2.8	86.8	3.6	81.7	4.3	74.8	5.6	87.4	3.3
61	10.8	3.2	12.9	1.7	11.7	3.5	11.7	4.4	11.4	5.9	10.8	6.7	8.6	7.1	11.3	5.1
62	36.5	1.6	38.1	1.6	46.6	1.8	46.7	2.8	43.3	3.5	35.7	5.1	31.5	5.0	41.8	3.3
63	76.1	2.0	66.7	1.1	64.0	1.7	61.1	2.5	59.5	3.0	58.9	4.4	58.1	5.4	61.2	3.0
64	44.3	2.9	35.5	1.3	36.9	2.4	38.7	3.2	37.9	3.4	34.1	4.6	31.6	5.1	36.8	3.4
65	92.7	1.9	91.1	1.2	89.8	2.2	89.2	2.9	90.7	3.1	90.2	3.9	90.3	4.2	90.2	3.0
66	9.1	2.0	5.6	1.4	4.1	1.5	5.2	2.0	5.9	2.6	7.6	3.2	9.4	3.8	6.1	2.4
67	42.7	3.7	38.1	2.1	38.3	3.7	36.0	4.5	37.2	5.6	39.3	6.4	41.2	7.6	37.9	5.1
68	77.8	2.4	69.1	1.4	60.2	2.2	56.5	3.2	56.8	3.7	58.4	4.4	63.2	4.5	59.2	3.4
69	11.5	2.6	5.0	1.8	6.0	2.4	9.0	3.7	14.7	4.7	25.3	6.3	36.9	6.8	14.9	4.4
70	64.6	3.9	64.0	3.0	65.1	2.7	65.9	4.5	71.5	4.9	72.2	6.3	76.8	5.8	69.1	4.7
71	72.2	2.2	60.8	2.1	54.3	2.7	61.2	3.1	65.9	4.0	71.9	4.3	74.7	6.4	64.8	3.6
72	11.5	1.6	19.5	1.3	19.5	2.4	20.2	2.9	18.3	3.5	17.8	3.8	17.5	3.9	18.6	3.1
73	28.8	3.7	39.1	2.4	32.5	2.8	24.6	3.7	20.7	4.4	18.3	5.6	18.2	5.8	24.0	4.2
74	74.0	2.0	74.9	1.3	78.4	2.0	80.1	2.5	81.6	3.1	80.6	4.0	81.0	5.0	80.0	3.0
75	95.8	2.3	97.9	0.9	97.2	1.7	95.6	1.9	94.6	2.3	91.6	3.0	86.3	3.8	94.4	2.3
76	12.7	2.9	14.6	1.3	13.7	2.2	10.8	2.4	9.7	2.7	9.0	3.4	8.0	3.2	10.6	2.6
77	77.1	1.7	71.9	0.8	63.3	1.4	60.8	1.8	61.8	2.5	63.9	3.2	59.3	4.7	63.1	2.3
78	64.0	1.3	66.3	1.0	66.6	1.3	69.6	1.9	72.3	2.4	74.0	3.0	76.4	3.7	70.9	2.2
79	28.2	1.9	26.4	0.8	35.5	1.4	44.0	1.6	51.1	2.1	57.0	2.8	60.5	3.9	46.9	2.1
80	31.4	1.4	16.7	1.5	9.0	1.6	8.7	2.1	6.8	2.3	4.9	2.9	3.9	3.4	8.3	2.3
81	20.9	1.4	19.1	1.0	18.7	1.8	17.6	2.5	17.1	3.0	16.0	3.9	14.3	5.0	17.3	2.8
82	23.0	1.7	31.1	1.7	37.0	2.4	40.4	2.7	41.9	3.3	42.0	4.1	44.5	4.9	39.8	3.1
83	95.7	1.4	96.3	0.7	95.1	2.0	94.2	2.5	93.6	3.0	93.3	3.7	92.1	4.8	94.0	2.8
84	39.4	2.6	32.9	1.4	28.6	2.5	32.7	3.4	32.1	4.9	32.7	7.0	37.1	8.2	32.4	4.6
85	2.6	1.9	0.7	1.2	0.4	1.6	0.5	1.9	0.5	2.4	0.6	2.8	0.8	2.9	0.6	2.2
86	39.1	1.6	39.6	1.5	39.0	2.8	34.1	3.5	33.3	4.1	30.9	5.2	30.3	7.7	34.2	4.0
87	23.6	1.3	28.8	1.1	28.8	2.0	32.0	2.4	32.4	3.3	32.9	3.9	32.1	4.9	31.4	2.9
88	91.7	1.0	92.4	0.9	92.9	1.3	93.4	2.0	94.0	2.3	93.7	3.2	93.8	3.9	93.5	2.2
89	36.0	1.9	25.6	2.0	23.3	2.4	26.9	3.1	31.8	3.9	39.6	4.8	49.1	5.8	31.8	3.6
90	93.7	1.0	92.2	1.1	91.4	1.4	90.8	1.9	88.8	2.2	84.9	3.0	82.5	2.0	88.8	2.1
91	27.2	2.4	33.0	1.1	32.9	2.0	33.4	2.4	31.6	2.5	33.3	3.8	33.2	3.5	32.6	2.6
92	44.7	2.6	40.2	1.5	36.4	2.5	35.5	2.6	34.9	3.5	32.0	4.8	32.8	4.1	35.1	3.3
93	30.8	1.7	24.5	1.7	20.8	2.4	24.0	3.5	24.8	3.8	25.1	4.9	30.0	5.0	24.6	3.7
94	31.2	1.7	28.8	1.9	28.3	2.5	30.0	3.1	32.4	3.5	37.1	4.5	39.5	4.6	32.4	3.4
95	71.4	2.0	60.1	1.3	60.7	1.8	59.8	2.5	60.3	2.6	65.0	3.3	67.6	3.4	61.9	2.6
96	61.9	1.7	77.4	1.0	77.9	1.9	81.7	2.6	87.5	2.7	89.0	3.6	90.8	2.8	84.0	2.6

Table VIII. PERCENTAGE OF TRUE AND CANNOT SAY RESPONSES TO EACH MMPI ITEM BY FEMALE PATIENTS--continued

AGE	UNDER 20 N= 695		20-29 N=1690		30-39 N=3474		40-49 N=5955		50-59 N=7209		60-69 N=5229		70 + N=1471		ALL AGES N=25723	
ITEM	T	Q	T	Q	T	Q	T	Q	T	Q	T	Q	T	Q	T	Q
97	28.5	1.4	18.7	1.1	11.1	2.1	7.3	2.4	5.3	2.4	3.0	3.3	2.2	2.4	7.4	2.4
98	67.3	2.3	70.1	2.0	66.8	3.8	65.3	5.1	65.4	5.9	68.2	7.4	71.6	6.6	66.9	5.4
99	60.4	1.9	46.7	1.1	36.6	2.0	30.2	2.6	23.0	3.0	19.6	3.4	18.6	3.0	28.1	2.7
100	54.2	2.6	50.2	2.0	46.1	3.1	46.8	3.9	46.9	4.3	45.3	5.7	46.7	5.8	46.8	4.2
101	30.1	4.2	34.9	2.0	37.0	3.4	34.9	4.4	30.5	5.4	30.7	7.8	30.4	8.6	32.7	5.3
102	60.4	1.7	64.5	0.9	64.9	1.5	62.1	2.5	61.8	3.2	59.8	4.7	60.2	4.2	61.9	3.0
103	82.6	0.9	80.2	1.3	76.1	1.4	76.0	2.0	76.3	2.2	74.2	2.8	75.2	3.1	76.1	2.1
104	7.9	1.3	6.3	0.8	5.6	1.3	5.4	1.7	4.9	2.0	5.2	2.7	4.3	2.4	5.3	1.9
105	89.6	2.2	93.8	0.8	93.6	2.0	90.4	2.1	83.9	2.6	77.1	3.7	66.3	3.8	85.1	2.6
106	11.1	1.3	9.0	1.4	7.4	1.6	6.0	2.1	5.2	3.0	5.0	3.5	4.8	4.8	6.0	2.7
107	84.6	1.2	83.0	1.0	82.9	1.9	84.2	2.8	85.9	2.6	87.0	3.9	89.1	4.1	85.3	2.7
108	11.9	1.4	16.3	1.7	17.1	1.6	16.0	2.1	15.1	2.6	13.5	3.8	14.2	3.7	15.2	2.6
109	58.4	1.7	44.4	1.5	35.3	2.0	34.8	2.6	31.4	3.4	30.9	4.2	31.5	4.5	34.2	3.1
110	5.8	1.9	2.6	1.2	3.6	2.1	3.7	2.7	3.8	3.1	3.9	4.1	3.9	4.8	3.8	3.0
111	51.4	2.3	50.2	0.9	55.3	2.4	53.8	3.4	56.6	4.1	60.8	4.5	60.9	5.2	56.3	3.6
112	73.1	1.2	62.7	1.2	63.2	2.0	68.6	2.3	73.0	2.9	78.3	3.7	80.1	3.9	71.5	2.7
113	96.3	2.4	97.8	1.5	97.0	1.5	96.7	1.9	96.3	2.4	95.6	3.2	95.7	3.1	96.4	2.3
114	11.8	2.3	13.0	1.6	15.3	2.5	15.3	2.1	13.4	3.3	13.0	3.3	13.2	4.1	13.9	2.8
115	85.6	1.9	85.6	2.0	84.5	2.7	83.5	3.4	83.4	4.0	85.5	4.8	87.4	5.6	84.4	3.8
116	19.3	1.9	25.1	1.7	28.6	2.2	32.0	2.2	34.4	2.8	33.4	3.7	30.9	4.2	31.6	2.7
117	32.5	2.2	25.9	2.3	22.0	3.1	23.3	3.5	21.9	4.1	24.0	5.2	25.2	6.1	23.4	4.0
118	8.8	1.3	13.1	1.6	9.8	2.3	9.0	3.0	9.5	3.4	8.5	3.8	7.3	4.4	9.3	3.1
119	79.4	1.3	80.4	1.7	77.8	2.9	76.2	3.3	75.5	3.9	75.2	4.6	75.1	5.0	76.3	3.6
120	71.9	2.2	62.7	1.8	58.4	2.6	56.1	3.4	52.4	3.6	50.3	4.4	50.8	5.8	54.8	3.6
121	2.4	2.0	1.0	2.0	1.0	2.8	1.4	3.2	0.9	3.8	1.0	4.5	0.9	4.7	1.1	3.6
122	86.0	1.4	87.0	1.5	82.7	2.3	81.8	2.8	81.1	3.6	80.4	4.4	79.8	4.4	81.8	3.3
123	1.4	1.7	0.5	1.4	0.4	2.4	0.6	2.2	0.4	3.1	0.4	3.6	0.1	4.0	0.5	2.8
124	42.3	1.9	36.7	1.6	32.6	2.6	34.0	3.6	32.5	4.3	32.7	5.7	33.5	5.5	33.5	4.0
125	11.2	2.0	16.7	1.4	18.4	2.5	19.3	3.0	18.8	3.7	19.6	4.5	19.0	4.8	18.7	3.4
126	70.1	2.6	59.8	2.5	57.9	2.9	60.0	3.7	61.3	4.9	61.2	5.5	62.7	7.0	60.7	4.4
127	48.1	1.0	48.0	1.4	45.8	1.6	41.3	2.5	38.1	3.3	32.5	4.2	27.4	4.1	39.1	2.9
128	64.3	0.4	63.7	0.7	60.2	1.0	58.6	1.6	59.4	2.1	62.6	2.9	66.0	2.9	60.8	1.9
129	51.4	1.4	51.4	1.8	51.1	1.5	48.7	2.6	45.4	3.4	44.0	5.0	44.3	5.4	47.1	3.3
130	86.0	1.3	83.0	1.6	83.9	1.7	83.5	2.3	81.2	2.9	78.8	4.0	76.6	4.6	81.6	2.8
131	72.2	1.2	70.0	1.5	70.3	2.2	74.8	2.8	74.9	3.2	74.1	4.5	75.3	4.6	73.7	3.2
132	39.6	1.7	58.0	2.1	66.7	2.3	73.7	3.3	78.8	4.1	80.8	5.0	80.5	6.3	74.1	3.8
133	90.5	3.2	88.2	2.3	88.1	2.8	88.8	3.2	87.8	4.1	85.0	5.6	84.2	5.4	87.4	3.9
134	78.6	2.4	73.6	2.1	70.7	2.7	70.6	3.5	69.0	4.4	64.6	5.6	62.3	6.4	68.9	4.1
135	25.9	1.7	14.6	1.4	8.0	1.8	7.9	2.4	6.3	3.2	4.4	3.6	4.0	3.9	7.5	2.8
136	29.9	1.6	20.8	2.2	18.6	2.5	20.5	3.5	25.1	4.4	29.9	5.7	36.3	5.6	24.6	4.1
137	80.1	1.6	86.8	1.3	85.9	2.0	87.9	2.2	89.2	2.8	91.5	3.6	93.1	3.6	88.7	2.6
138	47.1	1.7	55.7	2.0	56.7	2.4	60.0	2.9	63.3	4.0	66.3	5.3	70.5	4.6	61.7	3.7
139	10.6	2.2	6.4	2.4	3.8	2.7	2.3	2.4	1.6	2.9	1.1	3.6	0.8	3.7	2.5	2.9
140	79.7	1.7	80.4	1.5	79.5	1.5	79.7	1.8	81.6	2.5	81.3	3.2	79.1	3.1	80.6	2.3
141	55.1	1.3	49.3	2.2	43.1	2.8	43.2	3.2	42.2	3.9	41.1	5.4	41.9	5.5	43.1	3.8
142	61.7	2.9	52.7	2.8	51.2	2.8	50.3	3.6	49.4	4.4	47.4	6.5	47.1	5.6	49.9	4.3
143	31.1	1.7	24.4	1.9	18.3	2.1	13.6	2.1	12.3	3.3	11.2	3.8	12.2	4.6	14.5	2.9
144	5.9	1.7	3.0	1.6	2.2	2.6	1.8	3.5	1.8	4.9	1.8	6.5	2.2	6.5	2.1	4.4

Table VIII. PERCENTAGE OF TRUE AND CANNOT SAY RESPONSES TO EACH MMPI ITEM BY FEMALE PATIENTS--continued

AGE	UNDER 20 N= 695		20-29 N=1690		30-39 N=3474		40-49 N=5955		50-59 N=7209		60-69 N=5229		70 + N=1471		ALL AGES N=25723	
ITEM	T	Q	T	Q	T	Q	T	Q	T	Q	T	Q	T	Q	T	Q
145	11.7	1.7	8.8	2.5	5.5	2.2	4.6	3.3	3.6	4.1	2.5	5.5	2.2	5.3	4.3	3.9
146	11.5	1.6	7.6	1.7	4.5	2.4	4.8	3.3	5.9	4.7	7.6	5.4	10.3	5.3	6.3	3.9
147	31.4	2.2	22.4	1.6	21.6	2.0	26.9	2.7	30.4	3.5	33.3	4.1	36.7	5.2	28.9	3.2
148	34.5	1.9	33.8	1.6	38.9	2.0	37.6	2.1	34.4	3.4	35.3	4.1	36.6	5.0	36.0	3.0
149	64.2	1.0	56.9	1.2	49.2	1.5	43.4	1.6	36.4	2.8	34.3	3.7	39.0	4.2	41.6	2.4
150	85.6	0.9	82.0	0.8	79.1	1.2	77.7	1.6	79.0	1.9	80.0	2.7	83.0	2.8	79.5	1.9
151	0.3	0.3	0.1	1.0	0.0	0.9	0.1	0.9	0.1	1.5	0.1	1.8	0.1	2.4	0.1	1.3
152	58.6	1.6	64.1	1.5	66.1	1.8	68.0	2.0	68.2	2.5	69.0	3.5	70.2	3.3	67.6	2.5
153	78.0	1.0	67.8	1.3	59.0	2.2	61.3	2.4	63.8	3.3	65.8	4.0	67.4	3.8	63.8	2.9
154	86.0	1.7	89.3	1.2	90.0	1.8	89.0	2.5	86.4	3.4	85.0	3.9	83.4	4.6	87.2	3.0
155	48.6	1.7	52.2	0.8	51.8	2.2	50.5	2.5	51.0	3.9	55.0	4.1	59.9	5.6	52.4	3.2
156	9.1	1.9	7.8	1.4	5.4	2.1	4.7	2.5	4.4	2.7	3.1	4.5	3.6	5.3	4.7	3.0
157	20.4	2.0	8.5	2.0	9.8	2.7	9.4	3.1	9.6	3.6	10.7	4.9	12.9	5.8	10.2	3.6
158	50.2	3.7	53.8	1.4	48.4	2.9	46.2	3.0	38.8	4.4	32.6	6.1	28.6	7.1	41.3	4.2
159	10.1	4.3	10.4	2.4	16.4	3.4	22.0	4.8	23.6	5.7	24.7	6.8	29.5	7.3	21.6	5.2
160	29.4	4.0	19.5	2.4	10.8	3.6	10.0	4.7	11.5	5.8	13.3	6.5	15.4	6.7	12.7	5.1
161	10.9	2.6	17.0	1.8	22.7	3.0	23.0	3.6	20.8	4.9	19.9	6.1	19.3	5.1	20.8	4.3
162	29.6	2.6	36.1	1.8	42.1	2.7	47.6	3.4	55.3	4.5	54.0	6.2	51.7	6.7	49.3	4.2
163	41.6	1.6	34.3	2.1	28.4	2.1	32.0	2.9	35.0	3.4	34.4	4.3	31.9	4.4	33.3	3.2
164	81.0	1.7	85.4	2.0	86.4	1.6	87.4	2.2	88.2	3.1	87.0	3.8	85.7	4.5	87.0	2.8
165	56.4	2.3	41.5	2.0	33.7	2.3	33.9	3.1	34.9	3.6	37.1	4.1	40.7	5.0	36.3	3.3
166	41.4	2.4	51.5	2.0	61.5	2.1	61.6	2.8	61.3	3.7	61.4	4.7	58.3	5.0	60.1	3.4
167	13.4	2.7	12.4	1.5	8.3	1.6	7.2	2.4	8.2	2.7	9.5	3.2	10.5	3.6	8.8	2.5
168	6.5	2.9	6.0	2.3	5.1	2.6	3.3	3.7	3.3	4.4	3.3	4.6	3.0	5.2	3.8	3.9
169	90.5	3.0	89.2	2.1	90.5	2.2	90.0	2.6	89.5	3.6	88.3	4.0	84.5	5.2	89.2	3.2
170	20.9	2.3	21.7	2.5	23.2	2.6	28.2	3.2	33.2	4.0	40.0	4.8	48.2	6.2	31.8	3.8
171	50.2	2.7	54.1	1.7	56.8	2.2	58.7	2.9	56.4	3.9	56.6	5.4	56.9	5.4	56.8	3.6
172	41.6	2.0	40.4	2.1	38.2	2.5	38.0	3.7	38.3	4.4	36.5	5.2	34.8	5.9	37.9	4.0
173	82.6	2.7	82.0	2.1	82.6	2.2	83.2	3.2	84.6	3.8	85.7	4.8	85.9	5.3	84.1	3.6
174	62.2	1.4	49.4	2.0	46.7	2.0	46.9	2.4	47.5	3.3	49.5	4.2	51.9	3.8	48.4	3.0
175	72.7	1.0	67.7	0.9	64.9	1.3	65.5	1.7	67.3	2.1	66.8	2.8	65.0	2.7	66.5	2.0
176	43.6	1.3	36.4	0.9	34.7	1.3	32.4	1.6	30.3	2.0	28.9	2.5	30.9	2.2	31.9	1.8
177	94.7	1.9	94.6	1.8	95.3	2.4	95.9	2.5	96.0	3.0	95.8	3.6	95.0	4.4	95.6	2.9
178	88.6	3.2	87.3	2.8	82.2	2.9	80.1	3.5	76.9	4.9	74.8	5.8	72.1	5.8	78.7	4.3
179	15.5	2.6	15.4	1.3	10.5	1.7	7.8	2.3	5.4	2.5	3.4	3.8	3.3	4.8	7.0	2.7
180	39.3	2.3	38.5	1.3	33.4	1.9	33.4	2.6	32.8	3.3	34.7	4.0	36.0	4.3	34.1	3.0
181	67.1	2.6	46.2	2.1	30.5	3.6	29.7	3.5	28.8	4.2	28.2	5.2	26.4	5.4	31.2	4.1
182	10.2	2.4	12.0	1.4	12.8	2.7	9.3	3.1	7.5	4.0	6.9	5.2	5.2	5.0	8.8	3.7
183	32.9	3.2	41.7	1.5	42.3	2.4	43.1	2.9	47.1	3.9	51.2	4.5	49.1	5.8	45.7	3.5
184	3.0	2.7	1.5	2.6	0.9	3.0	0.9	3.8	1.3	4.5	1.3	5.0	2.3	5.6	1.3	4.1
185	92.2	3.0	89.5	3.0	87.9	3.7	85.3	4.1	81.5	5.4	77.6	5.6	70.4	7.6	82.6	4.8
186	19.3	3.5	22.3	2.1	23.5	2.7	22.2	3.3	20.4	4.2	20.9	4.4	21.9	4.6	21.5	3.7
187	84.7	2.4	82.8	1.8	79.4	2.7	78.3	3.1	77.7	3.7	74.8	4.4	72.3	5.2	77.7	3.5
188	57.6	0.9	56.7	1.4	56.6	1.4	47.5	2.3	52.0	2.2	51.7	2.8	48.0	2.2	51.8	2.1
189	21.6	1.0	23.4	1.8	28.0	1.8	23.3	2.7	19.0	3.0	18.3	3.9	19.7	4.4	21.5	2.9
190	61.4	2.0	58.8	1.6	54.7	2.8	57.0	3.5	65.6	4.3	71.7	4.8	76.6	4.6	63.4	3.8
191	31.8	1.9	33.7	2.1	37.9	2.5	38.8	3.1	37.3	3.4	28.1	3.9	20.3	4.3	34.5	3.2
192	84.5	1.9	82.0	2.0	78.1	2.3	77.0	3.0	76.8	3.4	71.6	4.4	66.6	4.3	75.9	3.3

Table VIII. PERCENTAGE OF TRUE AND CANNOT SAY RESPONSES TO EACH MMPI ITEM BY FEMALE PATIENTS--continued

AGE	UNDER 20 N= 695		20-29 N=1690		30-39 N=3474		40-49 N=5955		50-59 N=7209		60-69 N=5229		70 + N=1471		ALL AGES N=25723	
ITEM	T	Q	T	Q	T	Q	T	Q	T	Q	T	Q	T	Q	T	Q
193	76.7	2.2	80.4	2.0	80.5	2.2	80.9	2.8	80.6	3.6	81.1	4.3	78.6	4.8	80.5	3.3
194	8.2	1.9	6.0	1.7	6.6	1.6	7.0	2.5	5.0	2.8	4.4	3.5	3.1	3.7	5.6	2.7
195	83.3	1.2	85.9	1.7	84.3	1.9	81.6	2.7	79.7	3.2	74.7	3.9	70.9	4.2	79.7	3.0
196	96.4	2.3	95.2	2.0	93.6	2.7	93.7	3.2	93.7	3.8	93.1	4.0	92.0	5.4	93.6	3.5
197	0.4	1.6	0.2	1.5	0.3	1.5	0.4	2.2	0.7	2.3	0.8	3.2	0.8	2.9	0.6	2.3
198	47.3	2.3	63.3	1.5	71.9	2.4	73.8	2.6	77.5	3.1	79.1	3.9	78.7	3.8	74.5	3.0
199	71.1	1.9	77.0	1.8	77.1	2.3	78.0	2.9	76.9	3.1	72.2	4.5	65.5	5.8	75.4	3.3
200	2.2	0.7	1.1	0.5	1.3	1.2	1.3	1.4	1.7	1.4	1.7	1.9	2.3	2.1	1.6	1.4
201	46.0	0.7	40.5	0.5	40.6	1.3	41.3	1.7	41.3	2.3	40.1	2.9	35.9	3.4	40.7	2.1
202	2.2	0.9	2.0	1.1	2.0	1.3	1.7	2.1	1.3	2.4	1.0	3.6	1.2	3.3	1.5	2.3
203	47.8	1.2	37.9	1.1	36.0	2.4	33.9	3.2	33.7	4.0	34.2	5.2	33.2	5.5	34.8	3.7
204	28.1	2.7	25.2	1.8	23.0	3.1	22.9	4.1	23.3	5.1	22.7	6.0	22.5	6.5	23.3	4.6
205	3.3	2.0	0.9	1.6	1.2	2.2	1.1	3.0	1.2	3.5	1.1	4.5	1.0	4.5	1.2	3.3
206	17.3	2.2	16.2	2.4	13.2	2.7	14.1	3.7	15.7	4.5	21.4	5.7	26.4	5.5	16.8	4.2
207	87.3	1.7	82.9	1.6	76.1	2.3	72.6	3.1	70.8	3.6	69.5	4.6	69.1	4.3	72.8	3.3
208	58.6	1.6	41.8	1.8	26.8	2.2	21.9	3.5	16.5	4.5	11.0	5.2	7.7	5.6	20.3	3.9
209	6.0	3.7	3.3	3.0	3.5	3.5	3.9	4.1	4.3	5.7	5.0	7.1	5.2	8.3	4.3	5.2
210	3.3	2.4	1.9	1.8	1.2	2.7	1.6	3.4	1.7	4.0	1.8	5.0	3.0	4.6	1.8	3.8
211	4.9	1.3	5.4	2.2	4.0	3.0	4.0	3.7	5.3	4.6	6.0	5.7	6.7	5.4	5.0	4.2
212	21.0	1.6	12.7	2.4	8.0	3.6	4.8	4.0	2.9	5.0	2.0	6.3	2.0	7.7	4.9	4.7
213	5.3	1.7	5.9	1.4	7.8	1.8	11.2	1.9	16.6	2.5	23.7	2.8	31.2	3.5	15.4	2.3
214	47.9	2.2	49.5	2.3	54.3	2.6	54.9	2.7	56.0	3.2	58.7	3.8	58.9	3.9	55.6	3.1
215	3.5	1.6	7.8	2.3	7.2	3.2	7.0	3.3	5.1	3.8	3.1	4.2	2.7	4.4	5.4	3.6
216	11.5	2.9	9.1	2.5	8.5	2.6	8.0	3.2	8.0	3.4	6.5	4.0	7.2	4.2	7.9	3.3
217	60.4	2.3	65.4	2.0	66.2	2.6	66.8	2.9	66.8	3.4	66.5	4.1	61.3	4.6	66.1	3.3
218	4.6	2.4	4.8	1.9	3.2	2.5	3.3	3.0	3.6	3.0	4.2	4.0	6.5	4.5	3.9	3.1
219	6.5	2.7	6.4	2.1	11.1	3.3	13.3	3.8	12.2	4.7	11.3	6.7	12.3	5.8	11.6	4.6
220	92.8	3.0	93.4	2.9	92.7	3.7	93.5	3.5	93.4	4.5	93.7	4.4	93.2	5.0	93.4	4.0
221	53.5	2.7	52.3	2.4	51.3	3.8	49.9	3.7	46.8	4.9	45.3	6.7	48.1	7.3	48.4	4.8
222	42.6	2.2	33.4	1.8	29.3	2.6	29.4	2.8	28.2	3.3	26.0	4.0	23.2	4.3	28.6	3.2
223	18.4	2.3	19.2	2.7	11.7	3.1	11.7	3.5	9.6	4.0	7.8	5.4	7.1	5.7	10.7	4.0
224	19.1	2.3	18.4	2.2	13.1	3.0	13.1	3.2	11.3	4.0	10.5	4.7	9.4	4.9	12.4	3.7
225	89.9	2.3	91.5	1.9	90.6	2.1	88.3	2.1	85.3	2.7	78.8	3.7	72.0	4.5	85.2	2.7
226	54.0	1.3	48.2	0.9	52.4	1.7	52.6	2.0	49.7	2.4	46.8	3.0	39.3	3.8	49.6	2.3
227	8.6	1.6	5.5	0.8	3.9	1.5	2.8	1.6	2.0	1.9	1.6	2.5	1.7	3.2	2.7	1.9
228	69.8	1.9	73.0	1.7	73.7	2.3	75.1	2.4	75.4	3.0	76.7	3.7	77.5	4.2	75.2	2.8
229	48.9	2.3	30.5	1.1	24.1	2.4	26.5	2.6	29.2	3.4	29.7	4.0	30.2	4.4	28.7	3.1
230	62.7	3.2	60.1	2.0	54.3	3.5	55.2	3.0	56.0	4.0	57.1	4.2	59.9	4.8	56.5	3.6
231	28.1	3.9	25.3	3.1	14.5	4.0	10.4	4.0	5.7	4.6	2.4	5.6	1.8	5.4	9.0	4.5
232	20.6	3.2	23.0	3.6	30.0	4.1	37.1	4.9	45.3	5.7	52.0	8.1	57.8	8.9	41.3	5.7
233	24.7	2.2	19.5	2.4	17.6	3.3	19.8	3.7	21.4	4.0	20.3	5.3	19.8	6.3	20.2	4.1
234	48.6	2.2	49.2	1.8	51.8	2.8	47.6	3.0	44.1	3.5	43.4	4.3	38.9	5.7	46.0	3.5
235	30.8	2.0	54.4	2.2	54.9	2.8	56.4	3.4	61.5	4.1	68.1	4.8	74.1	5.2	60.2	3.8
236	22.0	4.3	20.6	3.3	19.1	3.8	16.4	4.0	14.6	5.0	13.7	6.1	12.8	6.1	15.9	4.8
237	45.6	2.4	46.0	3.6	54.6	3.3	57.6	4.7	62.6	5.2	68.4	5.9	75.1	5.4	60.7	4.8
238	43.5	1.9	38.8	2.0	34.3	2.0	33.1	2.7	31.4	3.0	26.8	3.7	22.8	3.8	31.6	2.9
239	31.7	3.5	30.4	2.5	23.4	2.6	20.2	3.7	18.1	4.1	14.6	5.2	12.5	4.7	19.4	3.9
240	8.1	2.9	14.1	2.8	14.8	3.6	18.6	4.0	22.5	4.8	27.0	5.4	32.6	6.5	21.1	4.5

Table VIII. PERCENTAGE OF TRUE AND CANNOT SAY RESPONSES TO EACH MMPI ITEM BY FEMALE PATIENTS--continued

AGE	UNDER 20 N= 695		20-29 N=1690		30-39 N=3474		40-49 N=5955		50-59 N=7209		60-69 N=5229		70 + N=1471		ALL AGES N=25723	
ITEM	T	Q	T	Q	T	Q	T	Q	T	Q	T	Q	T	Q	T	Q
241	33.4	3.0	22.2	2.7	15.7	3.3	14.3	4.2	13.9	4.4	15.1	4.9	18.6	5.2	15.8	4.2
242	61.9	3.7	59.1	2.1	59.2	2.5	62.5	3.4	68.0	3.5	71.0	4.0	74.4	4.6	65.8	3.4
243	66.9	2.7	57.6	2.2	48.5	3.1	48.4	3.7	51.1	4.1	52.7	5.1	56.1	5.7	51.6	4.0
244	38.3	2.3	30.7	2.8	28.3	2.7	30.7	3.9	31.0	4.2	32.0	5.4	38.0	5.8	31.4	4.1
245	17.1	2.6	9.9	2.0	7.8	3.0	7.2	4.1	6.6	3.8	5.5	5.0	5.8	4.5	7.1	3.9
246	3.9	3.5	5.1	3.0	6.5	3.4	8.9	4.8	7.6	5.4	4.2	6.5	2.1	5.6	6.5	5.0
247	13.4	2.3	8.2	2.0	5.2	2.8	4.2	3.8	3.7	3.7	3.2	4.4	3.1	4.1	4.4	3.6
248	45.9	2.6	30.3	2.9	22.4	3.4	19.7	4.5	16.9	5.3	15.1	6.5	16.7	7.1	19.6	5.0
249	71.1	3.5	69.5	3.0	65.9	3.3	61.8	4.8	58.0	5.0	57.5	6.3	57.0	7.1	60.9	4.9
250	30.5	1.3	25.9	1.2	24.4	2.0	24.1	2.4	21.0	3.0	18.8	3.4	17.4	3.9	22.1	2.7
251	11.2	1.4	7.4	1.1	6.9	1.7	5.6	2.2	4.8	2.5	3.9	2.5	3.3	2.9	5.3	2.2
252	6.6	2.0	6.2	1.6	5.3	3.3	5.4	3.1	5.7	3.7	6.4	4.6	8.3	4.8	5.9	3.6
253	75.8	1.7	76.3	1.8	76.2	2.2	76.3	3.2	75.6	3.2	72.7	4.4	69.7	5.5	75.0	3.3
254	34.7	2.7	29.2	2.0	23.8	2.8	24.5	3.4	22.1	4.0	21.4	5.1	22.0	4.9	23.6	3.8
255	24.2	5.6	60.8	2.6	71.9	2.8	74.7	3.6	72.8	4.0	70.1	4.1	67.4	4.5	70.2	3.7
256	6.0	2.3	2.7	2.1	1.6	2.7	1.0	3.4	1.0	3.4	1.1	4.1	1.0	5.0	1.3	3.4
257	79.1	3.7	86.0	2.7	87.9	2.8	87.6	4.3	89.1	4.3	89.6	5.0	89.7	5.0	88.2	4.1
258	95.3	3.5	95.0	3.0	94.2	3.9	93.5	5.0	93.4	5.4	92.4	6.3	93.0	6.3	93.5	5.1
259	33.5	3.9	31.6	2.9	29.0	3.9	29.2	4.7	27.1	6.1	26.4	6.8	25.4	8.0	28.1	5.5
260	16.4	3.5	18.2	2.6	17.4	3.5	18.2	4.3	19.0	4.8	18.6	6.3	19.4	7.0	18.4	4.8
261	32.9	3.6	38.6	3.0	50.2	3.2	57.2	4.8	67.5	4.3	71.2	5.4	71.6	6.5	60.9	4.5
262	52.2	3.6	67.0	2.4	70.7	3.3	75.2	3.9	75.9	4.3	76.2	5.0	74.8	5.7	73.8	4.2
263	28.1	3.5	26.0	2.1	27.7	2.8	28.8	3.7	29.1	3.9	24.6	3.9	20.2	4.9	27.2	3.6
264	15.7	2.3	18.2	2.5	20.4	2.8	24.0	3.8	28.2	4.2	35.5	5.0	39.2	5.4	27.3	4.0
265	14.8	5.2	13.1	3.4	12.4	3.8	11.9	4.3	13.4	5.2	16.8	5.5	20.2	6.9	14.0	4.8
266	38.8	3.2	29.7	3.4	25.2	4.9	19.6	5.9	14.3	6.5	10.1	6.6	7.4	7.5	17.4	5.9
267	35.7	4.2	36.1	3.0	33.4	3.7	34.6	4.0	35.7	5.0	36.9	5.4	38.4	5.7	35.6	4.6
268	75.4	4.5	67.4	2.8	63.5	4.3	62.5	4.8	64.2	5.7	64.1	7.1	61.0	8.3	64.0	5.5
269	3.6	3.2	2.0	2.6	1.2	3.0	1.1	3.6	1.1	4.1	1.1	4.9	2.1	5.5	1.3	4.0
270	47.8	3.9	45.0	2.1	46.6	3.4	42.0	3.4	35.7	4.5	32.3	4.4	28.6	4.8	38.5	3.9
271	22.9	4.0	14.2	3.6	12.4	3.7	13.6	4.2	14.8	5.0	16.3	5.9	17.1	6.1	14.8	4.8
272	88.3	2.6	85.3	2.5	79.3	3.1	80.5	3.8	81.6	4.3	81.7	5.2	80.1	5.8	81.4	4.2
273	9.2	3.5	14.7	3.1	20.7	3.4	20.7	4.5	19.6	5.3	17.0	5.1	16.2	6.8	18.7	4.7
274	58.7	3.5	69.8	2.4	67.3	2.8	33.6	4.0	33.0	4.3	43.7	4.7	42.8	5.2	43.6	4.0
275	3.5	4.2	3.0	2.6	2.8	3.7	3.1	4.7	2.9	4.9	2.5	5.6	2.4	5.7	2.8	4.7
276	93.7	1.6	94.6	0.8	94.0	1.2	93.4	1.3	94.1	1.8	94.1	1.9	92.0	2.4	93.8	1.6
277	25.5	1.6	19.5	0.7	15.1	1.1	12.2	1.2	9.6	1.7	5.7	1.7	4.6	2.3	10.9	1.5
278	52.9	2.7	38.6	1.6	28.3	2.3	26.6	2.8	23.2	3.5	21.1	4.0	21.1	4.5	26.0	3.2
279	9.1	2.2	8.3	1.5	10.0	2.1	10.1	2.6	11.9	2.9	15.2	3.7	19.2	3.7	12.0	2.8
280	22.7	2.4	15.5	1.9	14.0	2.7	15.7	3.1	19.2	3.8	24.0	4.1	29.3	5.2	19.1	3.5
281	85.8	1.7	82.6	1.2	80.7	2.2	78.5	2.4	74.8	3.6	71.4	3.6	67.1	3.8	76.1	2.9
282	53.2	1.3	38.6	1.2	39.3	1.6	35.0	2.1	26.2	2.7	17.4	3.0	13.1	2.4	29.0	2.4
283	23.7	2.3	19.0	2.0	19.4	2.0	22.0	2.9	18.9	3.8	17.8	4.9	16.7	5.7	19.5	3.5
284	24.5	4.0	18.9	2.6	18.2	3.2	17.6	3.9	14.4	4.8	14.6	5.2	12.6	7.1	16.2	4.4
285	84.5	2.0	89.1	2.1	89.3	2.4	86.5	3.1	83.1	4.1	72.2	4.7	55.1	6.5	81.3	3.7
286	9.6	2.7	4.0	2.0	4.1	2.3	3.9	2.7	4.8	3.4	6.3	3.7	8.6	5.2	5.1	3.1
287	40.1	2.2	40.4	2.7	44.5	3.0	50.0	4.0	51.9	5.2	56.0	5.2	63.5	5.4	50.9	4.4
288	8.1	3.6	14.7	2.3	14.7	2.9	13.2	3.5	10.2	3.8	8.3	4.6	8.0	4.1	11.2	3.7

Table VIII. PERCENTAGE OF TRUE AND CANNOT SAY RESPONSES TO EACH MMPI ITEM BY FEMALE PATIENTS--continued

AGE	UNDER 20 N= 695		20-29 N=1690		30-39 N=3474		40-49 N=5955		50-59 N=7209		60-69 N=5229		70 + N=1471		ALL AGES N=25723	
ITEM	T	Q	T	Q	T	Q	T	Q	T	Q	T	Q	T	Q	T	Q
289	55.3	1.6	59.6	1.5	61.0	2.6	68.3	2.8	74.2	3.5	79.0	3.6	80.4	4.1	70.9	3.1
290	28.1	2.9	32.0	1.8	35.1	2.3	34.1	2.8	34.9	3.7	28.9	3.9	21.8	4.5	32.4	3.2
291	1.7	2.6	1.5	1.8	0.9	2.6	1.0	2.7	1.0	3.2	0.7	3.7	0.7	4.5	1.0	3.1
292	26.9	2.2	28.5	1.4	27.1	3.0	26.3	2.7	25.4	3.6	29.8	3.9	32.2	4.8	27.4	3.2
293	4.6	3.0	3.4	2.3	2.4	3.7	2.3	3.8	1.9	4.6	2.2	5.2	2.5	5.8	2.3	4.3
294	92.1	2.3	89.3	2.1	87.2	3.3	85.4	3.5	80.8	4.2	77.4	4.6	75.5	5.8	82.6	3.9
295	72.5	2.0	64.1	3.5	65.5	4.3	68.8	6.1	74.1	6.9	75.4	8.2	77.4	9.2	71.5	6.4
296	70.4	2.0	60.9	1.8	60.0	3.2	60.4	3.3	59.1	4.3	59.9	4.8	59.8	5.4	60.2	3.9
297	24.7	4.2	15.7	1.8	10.6	3.7	9.9	4.3	10.3	5.8	14.2	8.4	17.0	10.2	12.1	5.7
298	20.4	2.0	15.9	2.1	13.8	4.0	16.0	3.9	19.0	4.9	22.4	6.9	25.4	9.2	18.5	4.9
299	35.8	3.5	36.3	2.5	36.4	3.9	34.4	3.8	32.5	5.5	34.1	6.6	33.3	8.1	34.2	5.0
300	6.9	1.4	8.3	1.0	7.1	1.6	7.0	1.6	7.2	2.2	8.6	2.5	10.3	3.1	7.7	2.0
301	15.0	1.3	19.1	1.2	21.7	2.0	19.6	1.8	17.9	2.5	15.8	2.9	13.8	3.5	18.2	2.3
302	92.7	2.0	88.9	1.5	88.0	2.2	87.9	2.6	84.1	3.2	81.6	3.5	77.6	4.5	85.2	2.9
303	23.9	1.7	19.8	1.5	15.6	2.4	15.7	2.7	15.8	3.5	17.4	4.3	23.0	5.2	17.0	3.2
304	46.6	1.4	56.2	1.8	55.9	2.3	56.5	3.1	53.5	3.8	48.7	4.5	45.2	6.9	53.1	3.6
305	21.6	2.6	18.0	2.5	13.4	3.5	11.5	3.2	11.1	4.3	11.9	5.0	12.7	6.0	12.5	4.0
306	91.4	1.7	88.5	2.1	87.3	2.5	87.0	3.2	86.2	4.1	86.1	5.0	85.5	5.8	86.8	3.7
307	25.6	2.0	26.1	2.1	25.3	2.7	31.5	3.2	36.2	3.8	39.2	4.6	44.7	5.3	33.8	3.6
308	48.6	3.0	38.0	1.8	28.4	3.4	24.7	3.7	18.9	4.4	12.9	4.4	10.3	6.2	21.9	4.0
309	79.1	3.2	81.0	2.4	80.5	3.1	81.6	3.3	82.7	4.1	84.3	4.2	84.8	5.8	82.4	3.8
310	83.6	6.0	79.3	3.7	81.1	2.7	81.7	3.6	79.6	5.5	82.4	7.2	84.0	10.3	81.2	5.2
311	21.3	1.3	21.1	1.5	18.8	2.7	15.5	2.8	11.8	3.1	7.2	3.6	5.4	4.4	13.2	3.0
312	5.0	2.9	5.6	2.4	5.9	3.4	4.4	3.6	4.9	4.3	5.1	4.9	5.9	5.1	5.1	4.0
313	60.1	1.7	53.1	2.0	53.1	2.5	58.3	2.9	65.3	2.8	70.9	3.4	72.9	3.9	62.7	2.9
314	38.6	1.4	29.4	2.0	24.5	3.3	21.9	3.9	20.0	4.2	20.7	4.8	22.1	5.7	22.4	4.0
315	3.5	1.9	2.4	2.8	2.4	4.0	2.4	4.2	2.8	4.5	2.8	4.3	3.7	5.2	2.7	4.2
316	35.4	1.3	30.2	3.5	28.9	3.4	34.1	4.0	36.7	4.5	35.7	5.5	35.3	6.7	34.3	4.4
317	39.7	2.2	41.4	2.8	37.9	3.8	33.7	4.3	31.1	5.5	31.5	5.9	34.9	6.2	33.8	4.9
318	77.8	2.3	76.5	2.4	77.5	3.2	79.8	4.0	82.8	4.5	84.5	4.8	86.3	5.8	81.4	4.2
319	26.8	1.4	21.2	2.6	19.8	3.2	23.0	4.2	25.5	3.9	28.0	5.1	30.7	5.6	24.7	4.1
320	9.1	2.3	7.7	2.1	4.1	2.8	2.7	3.1	1.7	3.4	1.3	4.0	0.8	4.7	2.7	3.3
321	51.1	3.0	49.1	2.4	46.1	3.4	44.2	4.3	41.4	4.9	40.0	5.0	41.1	6.1	43.1	4.4
322	20.0	3.3	43.8	2.8	46.3	3.6	45.6	3.8	40.9	3.7	34.8	4.6	31.7	5.6	40.6	4.0
323	17.8	2.3	14.3	2.2	10.1	3.2	9.7	3.5	10.6	3.9	10.7	5.0	14.1	5.2	11.0	3.9
324	29.1	1.6	5.7	2.1	2.4	2.8	2.5	3.0	3.3	3.3	4.9	4.1	6.7	4.4	4.4	3.3
325	22.4	1.3	23.0	1.2	25.0	2.1	28.2	2.7	26.6	3.3	23.8	3.6	21.3	5.3	25.5	3.0
326	25.0	1.4	18.3	1.5	13.5	2.2	10.2	2.6	6.8	3.3	4.2	3.1	3.5	4.5	9.0	2.8
327	71.8	1.4	61.1	1.8	57.3	2.1	59.2	2.9	58.7	3.5	55.0	4.1	53.2	4.1	58.1	3.2
328	25.0	2.3	18.5	2.0	16.1	2.2	14.2	3.2	12.4	4.4	11.3	4.6	10.8	4.9	13.8	3.7
329	30.6	2.2	36.3	2.1	42.0	3.3	45.8	4.4	47.3	4.9	47.2	5.7	47.4	7.0	45.1	4.6
330	82.4	1.9	77.0	1.5	71.0	3.3	72.2	3.7	73.2	4.6	73.6	5.1	73.1	6.2	73.3	4.1
331	1.6	1.6	1.2	2.1	1.2	2.6	1.1	3.0	1.3	3.6	1.7	4.4	2.0	5.2	1.4	3.4
332	16.0	2.9	14.2	2.3	15.5	3.3	16.5	4.6	16.0	5.0	15.4	5.7	15.0	5.4	15.7	4.6
333	13.2	3.2	7.9	3.0	4.5	4.2	3.8	5.3	3.4	7.0	3.3	7.2	4.4	8.1	4.2	6.0
334	11.2	5.0	10.0	3.7	11.0	6.0	12.1	7.8	12.0	9.0	10.3	10.2	10.5	12.1	11.3	8.3
335	21.3	1.9	16.1	2.5	13.8	4.5	13.6	5.0	12.6	6.2	12.5	6.8	13.7	8.4	13.5	5.6
336	41.2	2.3	38.9	2.8	37.6	3.6	34.9	4.9	30.7	6.8	30.2	7.2	28.6	8.0	33.2	5.7

Table VIII. PERCENTAGE OF TRUE AND CANNOT SAY RESPONSES TO EACH MMPI ITEM BY FEMALE PATIENTS--continued

AGE	UNDER 20 N= 695		20-29 N=1690		30-39 N=3474		40-49 N=5955		50-59 N=7209		60-69 N=5229		70 + N=1471		ALL AGES N=25723	
ITEM	T	Q	T	Q	T	Q	T	Q	T	Q	T	Q	T	Q	T	Q
337	26.3	3.7	26.9	3.3	27.8	4.7	27.4	5.9	27.8	7.1	27.2	7.9	24.5	8.7	27.3	6.4
338	22.9	2.7	22.5	2.5	24.2	2.4	26.1	3.0	28.0	3.5	28.4	3.8	28.9	4.7	26.7	3.3
339	6.2	1.6	3.9	1.2	2.9	1.8	2.0	2.7	1.7	2.9	1.5	3.4	1.4	3.8	2.1	2.7
340	68.3	3.2	58.4	1.2	55.2	2.1	54.6	2.9	56.6	3.5	54.4	4.7	50.8	5.6	55.6	3.4
341	7.6	2.9	7.1	1.7	7.1	2.4	7.0	3.4	5.5	3.7	5.5	4.8	6.0	5.7	6.2	3.7
342	11.1	3.3	12.0	2.3	12.1	3.3	13.3	4.5	14.1	4.5	15.5	5.1	21.4	6.5	14.1	4.4
343	31.8	3.0	27.3	2.5	25.6	3.7	25.9	4.5	26.1	5.6	29.5	6.2	35.2	7.2	27.4	5.0
344	16.1	2.9	7.6	1.9	6.0	3.6	6.4	4.3	7.2	5.0	8.1	5.5	8.8	7.0	7.4	4.6
345	18.6	4.0	12.0	2.8	9.2	3.9	7.6	5.5	8.0	6.1	7.2	7.1	8.4	7.7	8.5	5.7
346	23.2	3.5	15.7	2.1	12.6	2.9	14.1	3.8	15.4	4.7	15.5	5.2	16.5	6.3	15.0	4.2
347	90.9	4.3	93.1	2.0	90.0	2.6	87.6	3.5	85.0	4.3	82.2	5.3	78.7	7.5	86.1	4.1
348	38.7	3.2	34.1	1.8	34.2	3.0	37.1	3.5	40.7	4.8	46.3	5.2	50.5	6.3	40.2	4.2
349	15.1	3.2	9.8	2.0	7.2	2.5	5.2	3.2	4.4	4.1	4.0	4.8	3.9	5.9	5.5	3.8
350	15.1	0.7	12.6	0.7	6.7	0.9	6.0	1.4	4.9	1.5	4.8	2.2	4.3	2.4	6.1	1.5
351	10.9	1.0	16.6	0.7	21.8	0.8	18.5	1.5	16.8	1.7	16.9	2.6	18.8	2.4	17.8	1.7
352	25.9	1.7	20.1	1.3	14.3	1.9	11.1	2.5	9.2	3.2	6.9	4.4	7.6	4.8	10.9	3.1
353	60.1	1.2	58.2	1.4	61.2	1.3	64.7	2.4	69.6	2.8	70.9	3.2	70.8	3.3	66.6	2.5
354	3.0	1.6	4.1	1.4	3.3	1.9	3.6	2.8	4.3	3.1	4.9	3.9	7.3	4.5	4.2	3.0
355	12.1	2.9	10.3	1.4	6.6	2.1	5.7	3.4	4.5	3.8	3.4	4.0	2.4	5.2	5.3	3.4
356	28.1	2.2	22.4	2.1	23.5	3.1	23.9	4.2	25.3	4.6	26.5	5.0	28.2	6.0	25.0	4.2
357	40.1	2.4	35.7	1.5	33.7	2.6	35.9	3.4	37.5	4.4	39.3	5.3	43.6	5.2	37.3	3.9
358	13.1	2.7	7.0	3.0	4.7	4.3	3.5	5.3	3.2	5.8	3.0	6.2	3.3	8.3	4.0	5.4
359	38.7	1.3	33.4	2.4	31.8	2.6	32.2	3.4	31.0	4.8	29.6	5.3	27.7	5.8	31.3	4.1
360	4.2	1.4	4.6	2.3	3.4	2.7	2.3	4.1	2.2	4.6	2.1	5.0	1.9	6.7	2.5	4.2
361	48.8	2.7	54.2	1.8	56.2	2.4	54.8	2.6	54.7	3.1	52.1	4.3	51.0	4.7	54.0	3.1
362	41.9	2.9	43.3	2.4	39.8	3.3	36.7	3.9	35.2	4.8	36.4	5.2	37.1	5.8	37.2	4.3
363	6.9	2.7	6.0	2.5	4.0	3.4	3.0	4.5	2.5	4.9	3.1	5.1	3.7	6.4	3.3	4.5
364	7.6	2.2	3.1	3.3	2.6	3.7	2.2	4.3	1.7	4.9	1.8	5.2	1.6	6.9	2.2	4.6
365	5.0	3.9	3.7	3.8	3.7	5.0	3.0	5.1	2.8	5.9	3.4	5.7	3.7	7.7	3.3	5.5
366	18.6	3.5	16.2	3.4	12.5	4.2	9.9	5.1	9.9	5.4	10.9	6.1	11.8	8.4	11.2	5.3
367	56.3	4.0	45.7	2.9	36.5	3.6	30.6	4.3	28.2	5.3	26.7	5.1	26.2	6.7	31.4	4.7
368	34.5	3.2	31.6	3.0	31.8	3.6	34.9	3.9	33.5	4.8	32.3	5.0	32.4	6.1	33.2	4.4
369	62.3	3.0	63.6	2.0	67.6	2.6	70.3	3.5	72.8	4.0	74.3	4.7	73.1	5.2	70.9	3.7
370	73.4	3.2	71.2	2.5	73.5	2.5	76.9	3.8	79.6	4.4	82.4	5.2	82.3	6.7	78.2	4.1
371	58.7	2.4	64.1	2.4	64.8	3.1	67.5	3.8	68.9	4.8	69.9	5.4	70.1	6.7	67.7	4.4
372	71.7	2.3	62.2	2.0	58.2	2.1	60.2	2.9	62.5	3.5	62.7	4.2	63.7	4.4	61.7	3.2
373	51.2	1.4	47.0	0.7	45.5	1.3	44.2	2.1	42.8	2.8	46.1	3.1	48.3	3.4	45.0	2.4
374	55.5	0.9	57.6	0.8	61.4	1.4	65.3	2.1	63.6	2.6	62.5	3.2	63.4	4.1	62.8	2.4
375	28.8	1.3	27.0	1.4	24.8	1.7	26.9	1.9	29.5	3.1	31.4	3.8	30.5	4.0	28.5	2.7
376	92.4	1.9	90.9	1.3	91.9	1.9	90.3	2.7	89.2	3.5	88.4	4.2	87.0	4.9	89.7	3.1
377	25.3	1.4	27.6	1.4	25.4	2.1	27.1	3.0	26.9	3.3	27.3	4.2	29.2	4.9	26.9	3.2
378	54.1	1.7	37.3	1.8	33.2	2.8	40.5	3.2	49.6	4.0	64.9	4.1	75.8	5.2	49.2	3.5
379	59.4	1.4	57.7	1.4	57.2	2.5	62.5	3.1	66.0	3.4	69.7	4.2	71.9	5.5	64.4	3.3
380	70.1	1.7	65.4	1.5	61.3	2.4	60.2	3.3	59.3	3.9	61.2	4.4	60.1	5.4	60.9	3.5
381	18.1	1.4	21.2	1.7	19.1	2.2	18.0	3.1	16.3	3.6	16.6	4.0	13.9	4.7	17.3	3.3
382	50.8	3.3	45.9	3.9	45.5	3.4	47.7	5.0	49.1	5.9	50.3	6.7	50.8	8.1	48.5	5.4
383	41.3	2.6	34.3	1.1	29.9	1.8	34.3	3.0	37.3	4.0	42.2	4.1	45.4	6.3	37.0	3.4
384	40.9	2.0	35.4	1.4	35.5	1.9	37.4	3.1	42.2	4.1	48.4	4.4	53.4	5.5	41.6	3.5

Table VIII. PERCENTAGE OF TRUE AND CANNOT SAY RESPONSES TO EACH MMPI ITEM BY FEMALE PATIENTS--continued

AGE	UNDER 20 N= 695		20-29 N=1690		30-39 N=3474		40-49 N=5955		50-59 N=7209		60-69 N=5229		70 + N=1471		ALL AGES N=25723	
ITEM	T	Q	T	Q	T	Q	T	Q	T	Q	T	Q	T	Q	T	Q
385	29.8	1.7	38.8	1.6	42.6	2.2	45.2	2.6	47.8	2.5	50.9	3.3	53.2	3.9	46.3	2.6
386	28.6	2.3	16.6	2.0	11.7	2.9	11.7	3.2	12.2	3.5	14.8	4.1	19.9	5.0	13.7	3.4
387	11.4	3.2	11.0	3.6	10.6	4.2	13.7	5.4	18.2	6.0	21.8	7.2	25.0	8.1	16.6	5.7
388	22.7	3.3	24.5	2.5	17.9	4.0	14.1	5.4	15.0	5.0	15.4	5.8	16.0	7.5	16.2	5.0
389	28.2	3.0	22.6	2.5	24.7	3.4	26.8	4.1	27.9	5.0	29.9	5.7	34.1	6.3	27.6	4.6
390	51.1	3.2	40.7	3.2	36.6	4.1	43.4	4.8	46.5	5.1	51.0	6.5	55.9	7.1	45.7	5.1
391	73.1	2.2	66.5	2.8	60.6	4.1	55.2	4.8	50.1	5.2	43.8	6.3	37.5	7.7	52.4	5.1
392	20.0	4.0	29.6	3.1	36.0	3.8	39.2	4.8	44.6	5.2	52.3	6.2	54.6	7.7	42.7	5.1
393	0.7	3.2	1.1	3.2	0.9	4.1	0.6	4.6	0.8	4.9	0.8	4.7	0.7	5.4	0.8	4.6
394	67.2	1.9	60.2	2.4	54.3	3.3	56.3	3.8	59.2	4.0	61.1	4.5	59.3	6.1	58.5	3.9
395	24.7	2.7	18.0	2.1	15.0	3.1	17.1	3.5	20.4	3.6	27.8	4.6	33.8	5.9	21.2	3.7
396	33.2	2.6	22.8	2.4	18.1	3.4	16.4	4.4	14.2	4.4	14.2	4.7	12.5	5.9	16.2	4.2
397	46.8	2.4	42.9	2.1	43.2	3.1	41.2	3.6	37.7	4.2	33.0	5.0	30.5	5.9	38.5	4.0
398	21.2	1.7	15.9	1.4	12.2	1.4	12.4	1.6	13.5	1.8	17.2	2.4	22.0	2.1	14.7	1.8
399	55.3	1.2	60.7	1.6	59.6	1.6	64.8	2.3	68.7	2.5	69.5	2.8	71.8	2.7	66.0	2.3
400	40.4	2.4	20.8	1.9	16.2	2.4	16.2	3.3	19.4	3.6	21.8	5.3	25.6	5.6	19.7	3.7
401	68.9	1.6	49.2	1.9	33.8	2.2	32.2	2.7	30.0	2.8	26.4	3.3	27.4	4.8	32.4	2.8
402	34.0	1.9	37.1	1.8	44.4	2.2	55.0	2.9	61.9	3.6	66.4	4.5	69.1	5.0	56.9	3.3
403	88.9	2.4	90.5	1.5	89.2	2.5	90.1	3.1	91.1	3.7	90.0	4.9	90.1	4.4	90.2	3.5
404	44.6	2.3	28.7	1.7	28.2	2.7	34.1	3.8	38.3	4.5	44.0	5.6	46.9	6.2	37.2	4.2
405	90.6	2.0	89.1	2.2	84.6	3.3	83.8	3.6	83.7	4.4	82.0	5.3	79.1	5.7	83.8	4.1
406	26.0	1.6	26.5	2.1	29.8	2.8	35.6	3.8	41.3	4.5	47.7	5.3	51.4	5.8	38.9	4.1
407	58.4	3.0	52.1	2.5	53.4	3.4	59.0	4.6	62.9	5.0	66.3	6.2	71.5	6.0	61.1	4.8
408	71.1	1.4	75.7	1.2	72.4	2.2	72.7	3.2	73.5	3.7	73.0	4.5	73.4	5.7	73.1	3.5
409	62.6	2.2	73.1	1.8	82.7	1.8	83.9	2.4	84.5	2.9	83.2	3.5	78.7	5.7	82.2	2.8
410	34.0	3.3	25.6	2.5	22.0	3.7	23.9	4.0	28.2	4.9	33.5	5.7	38.6	7.1	28.0	4.6
411	20.9	2.3	17.4	1.9	14.5	2.6	15.4	3.1	16.4	3.6	17.9	4.0	21.3	5.8	16.7	3.4
412	62.6	2.7	69.1	2.1	68.9	2.6	70.7	3.3	73.6	3.8	75.8	3.9	75.1	6.1	72.3	3.5
413	30.8	4.3	20.5	3.8	17.5	4.0	20.6	5.3	23.2	6.6	27.9	8.1	31.7	9.4	23.3	6.2
414	34.5	2.6	32.0	2.2	31.3	3.3	32.2	3.8	33.0	5.0	33.9	5.2	35.8	7.4	32.9	4.4
415	33.8	4.0	21.3	2.8	19.3	3.0	19.4	5.0	21.2	5.2	22.3	6.3	24.1	8.6	21.3	5.1
416	62.4	1.6	54.1	2.2	47.8	3.2	46.2	3.9	45.7	4.4	47.0	5.0	47.0	6.5	47.4	4.2
417	13.4	2.6	11.5	2.6	12.6	3.3	15.1	4.7	16.3	5.0	19.7	4.8	19.5	6.9	16.0	4.5
418	48.6	2.6	35.5	2.7	33.2	3.3	30.5	4.4	29.9	4.7	27.0	5.3	28.6	7.0	30.7	4.5
419	7.1	3.5	6.9	2.7	3.9	3.5	3.3	4.0	3.2	4.5	2.5	4.7	1.6	6.7	3.5	4.3
420	6.3	3.2	6.3	3.8	6.2	4.6	7.2	5.4	8.8	6.0	11.4	6.9	14.5	9.4	8.7	5.8
421	43.9	3.2	50.9	2.5	50.1	3.0	47.7	3.7	44.5	4.8	43.1	5.4	39.7	7.1	45.9	4.4
422	7.2	2.9	6.0	3.1	5.6	2.8	5.3	4.1	6.1	4.8	7.0	5.4	7.9	8.4	6.2	4.5
423	50.2	1.3	50.5	0.7	48.8	1.6	48.4	2.4	48.0	2.9	44.6	2.9	40.1	3.7	47.3	2.5
424	28.8	2.6	20.4	1.5	18.1	1.8	17.4	2.9	17.4	3.3	15.4	3.8	13.3	4.8	17.3	3.1
425	59.4	1.7	50.6	1.7	43.6	2.5	40.2	3.3	38.3	3.6	38.9	4.1	39.7	6.3	41.1	3.5
426	31.1	1.0	29.6	0.9	27.5	2.4	30.1	3.2	29.5	3.3	28.1	4.2	27.9	5.2	29.0	3.2
427	53.2	2.0	50.8	0.9	49.3	2.1	53.2	3.1	57.0	3.6	67.8	3.9	71.9	5.2	57.6	3.2
428	45.9	2.3	56.9	1.4	65.5	2.4	73.3	3.0	76.8	4.0	80.4	3.7	83.4	5.0	73.4	3.3
429	47.6	3.3	48.7	1.9	48.5	2.6	52.0	4.1	56.5	4.5	62.0	5.4	68.2	7.4	55.4	4.3
430	81.3	3.3	75.0	2.2	61.9	3.8	56.4	5.0	48.5	5.8	40.9	7.5	33.6	9.0	52.4	5.6
431	32.2	2.6	32.9	2.0	35.3	3.3	37.1	3.9	39.4	4.5	38.3	4.9	34.3	6.7	37.2	4.2
432	24.6	2.3	23.5	2.5	26.8	3.5	28.3	4.1	33.0	4.9	42.8	5.4	52.4	6.2	33.3	4.5

Table VIII. PERCENTAGE OF TRUE AND CANNOT SAY RESPONSES TO EACH MMPI ITEM BY FEMALE PATIENTS--continued

AGE	UNDER 20 N= 695		20-29 N=1690		30-39 N=3474		40-49 N=5955		50-59 N=7209		60-69 N=5229		70 + N=1471		ALL AGES N=25723	
ITEM	T	Q	T	Q	T	Q	T	Q	T	Q	T	Q	T	Q	T	Q
433	17.8	2.9	12.8	1.2	7.3	3.4	6.5	4.6	6.2	4.9	5.9	5.1	4.8	6.3	7.0	4.4
434	14.5	3.3	7.8	2.5	4.3	4.3	2.5	5.2	2.0	6.3	1.1	7.0	0.5	8.8	2.9	5.7
435	41.9	3.0	38.9	2.0	43.0	2.9	43.8	3.8	47.1	4.5	56.6	5.2	61.8	5.8	47.9	4.1
436	79.0	1.2	64.6	1.3	60.1	2.2	62.7	3.2	63.6	4.2	65.3	4.4	67.4	6.2	64.0	3.6
437	30.6	2.6	28.6	1.6	28.4	2.0	29.0	3.2	29.4	3.7	28.2	4.1	25.2	5.0	28.7	3.4
438	43.3	2.3	25.1	2.0	20.3	2.3	17.5	2.8	15.6	3.3	14.9	3.7	14.5	4.8	17.8	3.1
439	58.0	2.2	61.6	1.5	58.9	2.7	58.0	2.9	56.2	3.6	57.6	3.7	55.9	4.8	57.7	3.3
440	80.7	2.4	74.1	2.1	69.9	2.8	72.7	3.5	73.4	4.4	77.9	4.4	81.2	4.5	74.4	3.8
441	55.1	3.7	60.2	3.1	60.1	4.6	60.0	6.1	60.6	6.5	60.0	7.0	59.5	9.7	60.0	6.2
442	46.9	2.9	55.7	2.8	63.5	2.7	67.7	4.0	73.9	4.8	74.5	4.9	72.6	6.3	69.2	4.3
443	39.4	3.3	32.0	2.1	30.7	2.8	33.4	3.9	33.4	4.8	33.6	5.4	35.4	7.1	33.3	4.3
444	32.5	2.7	35.1	2.3	45.1	2.6	47.6	3.6	52.8	4.4	55.8	4.7	60.8	5.3	49.9	3.9
445	86.6	2.2	81.4	3.0	77.3	3.9	74.7	4.8	75.2	6.0	74.6	6.3	74.2	6.9	75.9	5.2
446	26.0	2.9	37.8	2.5	41.6	3.4	44.1	4.2	44.3	4.5	38.4	5.2	32.1	5.3	41.1	4.3
447	47.5	2.4	30.9	2.1	27.3	2.8	29.9	3.5	29.8	4.0	30.8	4.0	30.4	5.4	30.3	3.6
448	21.6	1.9	16.2	1.2	10.5	1.2	9.1	1.6	7.8	2.0	7.7	2.2	9.9	3.1	9.5	1.8
449	79.3	1.4	76.4	1.5	74.4	1.5	74.5	2.7	78.0	2.7	80.9	3.1	82.3	3.3	77.5	2.5
450	77.1	3.2	62.5	2.3	54.6	2.4	53.0	3.5	53.9	3.6	54.0	4.7	52.8	5.2	54.9	3.6
451	78.7	2.7	73.1	2.1	73.7	2.3	75.0	3.7	76.5	4.3	77.1	4.5	74.4	6.3	75.6	3.8
452	16.7	2.4	10.7	2.0	5.0	2.0	4.1	2.7	4.1	2.8	4.1	3.2	3.7	3.5	5.0	2.7
453	32.4	2.0	36.1	1.4	39.5	2.2	45.7	3.0	45.5	3.6	48.3	4.4	49.2	4.4	44.5	3.3
454	19.6	2.7	11.5	1.8	9.6	2.1	8.6	2.9	8.4	3.2	8.9	3.3	8.1	3.7	9.2	2.9
455	37.0	2.0	34.5	2.2	36.6	2.3	43.3	3.7	50.5	4.2	55.7	5.3	65.0	5.0	47.4	3.9
456	7.8	3.5	6.4	2.0	6.0	2.4	8.0	3.4	10.1	4.1	13.2	4.1	16.9	5.4	9.8	3.6
457	11.7	2.7	7.0	1.6	7.0	2.3	9.1	3.4	12.3	3.6	21.2	3.8	30.9	5.5	13.3	3.4
458	19.9	3.2	28.1	1.5	31.5	1.8	37.2	2.8	39.3	2.8	41.3	3.0	44.7	4.0	37.2	2.7
459	14.5	1.3	16.1	1.9	17.0	2.1	15.8	2.8	15.2	3.6	11.9	3.9	11.4	4.9	14.7	3.2
460	89.9	2.6	93.1	1.7	92.9	2.2	90.7	2.8	88.3	3.6	82.3	4.7	76.6	5.4	87.9	3.4
461	43.6	3.9	42.0	2.8	43.8	3.4	43.8	4.6	45.7	6.2	50.5	5.7	55.9	7.1	46.3	5.1
462	87.2	2.4	82.1	2.4	76.9	3.2	72.9	3.2	70.8	4.4	69.8	4.6	66.1	5.8	72.8	3.9
463	85.9	3.6	85.4	3.3	87.3	4.4	85.8	5.1	79.2	6.2	70.7	7.5	65.3	8.6	79.9	5.8
464	81.6	4.6	87.7	2.2	86.1	3.5	82.3	4.8	79.8	5.3	76.3	6.3	72.4	6.9	80.7	5.0
465	63.9	3.6	40.8	2.5	31.1	3.3	32.6	4.1	32.0	5.5	30.0	6.3	32.4	6.5	33.1	4.9
466	83.7	2.6	82.8	2.1	82.7	2.4	82.7	3.0	80.5	3.6	81.3	3.8	83.0	5.2	81.9	3.3
467	21.2	1.7	14.3	2.0	12.6	2.1	14.6	3.0	15.3	3.5	15.6	4.0	16.9	4.1	15.0	3.2
468	65.5	2.9	70.0	2.0	75.9	2.7	69.4	3.6	63.3	4.6	60.5	5.3	55.8	6.9	65.9	4.2
469	18.0	2.6	9.3	1.6	8.6	1.7	10.9	2.5	14.0	3.3	18.1	3.7	19.3	4.3	13.5	2.9
470	20.9	2.2	12.0	1.7	12.7	2.0	20.3	3.0	30.7	4.1	45.9	5.8	61.5	6.3	29.2	3.8
471	4.7	2.3	3.6	2.0	2.4	1.8	2.9	1.8	2.7	2.6	3.2	2.6	4.0	2.2	3.0	2.2
472	18.4	1.9	10.8	1.2	6.2	2.5	7.1	2.6	7.3	3.3	8.4	3.7	8.2	4.6	7.9	3.0
473	13.8	2.7	21.1	2.4	22.0	3.4	24.9	3.9	26.3	4.8	28.5	5.3	32.0	5.8	25.5	4.3
474	81.4	2.3	75.4	2.2	71.7	2.5	70.2	3.2	68.7	4.6	67.9	4.9	67.6	4.7	70.0	3.8
475	44.7	3.5	37.6	3.0	34.0	4.3	34.7	4.8	33.6	6.0	33.3	6.8	33.7	7.1	34.4	5.4
476	13.8	2.7	9.6	3.0	8.5	3.7	8.6	5.3	10.8	6.3	14.7	8.1	20.8	10.1	11.4	6.0
477	47.3	2.0	40.2	2.3	40.1	3.7	38.8	4.5	39.8	6.0	39.9	7.2	41.5	7.4	40.0	5.3
478	67.1	1.7	60.9	2.1	51.3	2.8	46.9	4.1	47.8	4.2	51.3	5.0	56.6	5.4	50.7	4.0
479	80.6	2.9	79.9	2.1	80.7	3.4	83.2	3.5	84.6	5.1	85.4	4.8	83.8	6.0	83.5	4.2
480	22.3	2.3	24.4	1.8	17.4	2.1	16.1	2.7	16.6	4.0	18.9	4.1	20.3	4.7	17.9	3.3

Table VIII. PERCENTAGE OF TRUE AND CANNOT SAY RESPONSES TO EACH MMPI ITEM BY FEMALE PATIENTS--continued

AGE	UNDER 20 N= 695		20-29 N=1690		30-39 N=3474		40-49 N=5955		50-59 N=7209		60-69 N=5229		70 + N=1471		ALL AGES N=25723	
ITEM	T	Q	T	Q	T	Q	T	Q	T	Q	T	Q	T	Q	T	Q
481	54.4	1.7	45.9	1.4	34.6	2.4	32.3	2.7	29.8	3.1	26.0	3.8	21.4	4.3	31.5	3.0
482	54.5	2.6	57.5	2.2	64.7	2.1	71.9	2.8	74.8	3.1	74.2	3.7	75.5	3.1	71.0	2.9
483	81.3	2.9	84.0	3.2	80.5	4.0	79.9	5.5	78.6	6.7	80.7	7.2	82.7	7.3	80.3	5.9
484	27.3	2.3	27.3	3.1	30.5	2.9	30.0	4.5	28.8	5.5	25.6	6.8	25.8	6.8	28.4	5.0
485	24.9	4.7	21.2	2.8	19.5	3.6	19.2	4.3	16.9	5.7	15.8	7.6	15.0	7.2	17.9	5.3
486	91.1	2.4	87.3	2.7	85.3	2.9	85.8	3.2	83.7	4.3	82.8	4.6	82.2	4.4	84.6	3.8
487	26.9	3.9	28.9	3.0	24.3	3.4	22.5	4.2	20.2	4.5	21.0	5.3	22.8	5.0	22.3	4.4
488	74.1	3.3	70.5	3.0	73.1	3.3	75.6	4.7	77.7	4.8	81.2	6.3	83.8	6.7	77.1	4.8
489	55.0	3.7	54.1	3.1	55.6	4.1	56.3	5.0	59.6	5.3	62.4	5.8	64.3	7.5	58.7	5.1
490	18.8	3.0	18.3	2.5	19.8	2.8	23.1	4.2	30.4	4.7	40.0	5.8	50.2	7.2	29.2	4.5
491	14.7	3.0	21.1	2.7	24.3	3.7	31.8	4.4	37.5	5.2	43.4	6.4	48.3	6.2	34.5	4.9
492	61.2	2.6	57.1	1.8	54.5	2.8	58.3	3.5	62.0	3.9	65.3	5.4	69.3	5.4	60.9	3.9
493	64.5	2.3	67.3	1.6	66.3	2.8	67.5	3.8	69.9	3.9	68.2	5.1	66.7	5.0	68.0	3.8
494	16.1	0.9	16.3	2.1	18.8	2.0	21.6	2.0	23.7	2.7	23.4	3.4	23.9	3.3	21.8	2.6
495	57.8	1.6	52.3	1.7	50.5	3.0	56.7	3.2	56.7	4.1	57.3	5.5	56.0	6.5	55.7	4.0
496	80.0	2.3	84.1	2.0	81.0	3.7	80.5	4.0	80.4	5.2	75.1	7.3	73.6	7.3	79.3	5.0
497	89.5	2.2	87.4	1.9	86.8	2.8	85.3	4.5	83.0	5.1	80.2	5.8	79.1	6.2	83.7	4.6
498	53.4	2.4	53.0	2.2	47.7	2.9	49.4	4.1	54.6	4.8	61.3	5.8	67.0	5.5	54.4	4.4
499	69.2	2.0	70.5	2.2	69.3	2.9	71.3	3.1	70.7	4.2	70.5	5.4	69.5	5.5	70.5	3.9
500	41.0	2.6	39.9	3.0	40.8	3.7	43.3	4.1	45.0	5.5	48.3	7.1	52.2	7.5	44.7	5.1
501	56.4	3.2	60.1	2.8	63.7	3.3	63.7	3.6	63.6	5.1	66.5	5.7	71.0	6.2	64.2	4.5
502	70.6	3.9	63.0	3.8	59.5	4.8	58.5	6.2	59.1	7.3	63.1	8.2	65.5	8.7	60.7	6.6
503	49.5	3.0	53.7	2.4	55.8	2.9	57.3	3.9	58.1	4.8	58.9	6.8	60.7	6.8	57.4	4.6
504	27.6	4.3	20.9	2.5	19.5	3.5	21.1	4.4	24.3	4.9	27.6	7.2	32.7	7.1	23.9	5.0
505	30.5	2.7	16.9	2.2	13.2	2.6	12.5	3.3	14.7	4.1	15.3	4.8	15.8	5.2	14.8	3.7
506	33.7	3.6	44.3	3.1	49.1	3.0	44.0	4.5	42.8	5.5	39.0	6.3	35.4	7.3	42.6	5.0
507	26.3	4.2	21.8	2.7	17.5	3.9	22.3	5.3	24.5	6.5	24.7	8.2	25.2	10.3	23.0	6.1
508	95.0	2.4	93.7	2.4	91.6	3.0	89.3	4.0	87.1	5.0	85.1	5.7	83.3	6.9	88.2	4.5
509	27.2	4.0	32.1	3.3	32.8	3.3	35.3	4.9	38.4	5.8	40.9	6.9	41.8	7.1	36.9	5.3
510	22.7	4.3	28.0	2.8	33.6	4.1	42.4	5.4	49.9	6.1	57.4	7.3	62.3	8.2	46.0	5.8
511	18.3	4.2	12.4	3.1	8.2	3.7	7.8	5.1	6.8	6.1	7.9	6.8	10.7	8.6	8.3	5.6
512	3.5	3.2	2.4	2.4	2.3	3.1	2.3	4.3	2.7	5.1	3.5	5.7	5.4	6.3	2.9	4.6
513	60.0	3.7	53.3	3.6	52.7	4.7	48.8	6.4	52.0	7.5	55.0	10.3	60.5	9.9	52.7	7.2
514	4.2	3.9	1.7	3.0	2.4	3.4	2.0	4.8	2.0	5.7	2.5	6.2	3.1	5.8	2.3	5.1
515	96.3	1.7	93.6	2.2	92.3	2.4	91.3	3.3	91.4	3.8	92.2	4.1	91.6	4.7	92.0	3.5
516	71.7	2.0	71.7	2.4	72.3	2.3	72.8	3.8	69.0	4.5	66.4	5.2	62.4	5.5	69.7	4.1
517	6.8	1.6	4.0	1.4	4.3	2.1	3.6	2.6	3.3	3.2	4.4	3.7	5.3	4.4	4.0	2.9
518	27.2	2.7	17.9	1.6	14.5	2.7	15.6	3.5	18.8	4.2	19.3	5.1	20.5	5.6	17.9	3.9
519	3.5	3.7	6.5	2.8	6.4	4.5	6.1	5.2	7.4	6.1	6.3	7.7	4.8	8.6	6.4	5.9
520	72.1	3.7	64.4	3.4	62.3	3.4	63.2	5.0	65.3	6.0	68.1	7.3	70.0	7.3	65.3	5.5
521	61.7	3.7	57.0	3.1	60.0	3.9	59.6	5.1	62.8	5.9	62.7	6.6	60.2	7.6	61.1	5.4
522	31.9	2.9	34.8	2.6	38.5	2.9	40.8	5.2	40.4	5.8	38.3	6.2	37.0	7.2	39.0	5.2
523	41.0	5.0	40.9	3.0	47.2	4.1	49.3	6.0	51.0	7.1	53.8	8.2	55.7	9.7	50.0	6.5
524	84.6	3.2	83.3	3.1	82.4	3.5	78.7	5.1	74.6	6.2	69.3	6.4	66.6	7.5	75.9	5.4
525	34.4	3.5	37.4	2.4	38.0	3.0	37.0	5.0	37.8	6.2	40.4	7.0	41.7	8.0	38.3	5.4
526	5.5	4.3	5.1	4.0	5.1	4.2	4.2	6.2	4.3	7.4	4.6	7.8	5.8	8.2	4.6	6.5
527	82.9	2.3	80.1	2.4	83.0	2.8	85.3	4.4	85.5	4.6	86.5	5.9	86.3	5.8	84.9	4.4
528	73.1	4.0	73.2	3.1	77.5	3.6	76.9	5.7	79.7	5.8	79.7	7.7	80.4	8.2	78.2	5.8

Table VIII. PERCENTAGE OF TRUE AND CANNOT SAY RESPONSES TO EACH MMPI ITEM BY FEMALE PATIENTS--continued

AGE	UNDER 20 N= 695		20-29 N=1690		30-39 N=3474		40-49 N=5955		50-59 N=7209		60-69 N=5229		70 + N=1471		ALL AGES N=25723	
ITEM	T	Q	T	Q	T	Q	T	Q	T	Q	T	Q	T	Q	T	Q
529	74.5	4.3	74.7	2.8	70.3	3.3	70.6	4.6	67.3	6.0	64.4	6.5	62.1	6.9	68.3	5.2
530	31.1	2.7	20.9	2.1	18.1	2.9	16.4	5.0	15.3	5.7	13.3	6.5	11.8	8.0	16.1	5.1
531	32.1	2.9	33.3	2.0	31.3	3.0	32.0	4.6	30.5	5.7	27.3	6.7	25.8	8.0	30.3	5.1
532	80.1	4.0	81.7	3.0	83.6	4.2	81.6	6.5	81.8	7.5	80.1	7.9	78.0	9.4	81.4	6.6
533	80.4	4.5	76.9	2.6	71.1	3.1	67.0	5.4	65.5	6.4	63.5	7.1	62.1	8.1	67.2	5.7
534	54.8	4.3	49.8	3.4	52.7	4.4	53.6	6.4	55.4	8.1	52.2	9.5	51.1	10.2	53.3	7.2
535	7.3	3.2	7.6	2.7	9.0	3.7	9.6	5.7	10.6	6.6	11.4	7.8	14.8	9.5	10.3	6.1
536	55.0	4.6	50.6	3.0	46.2	4.2	45.0	6.1	45.3	7.2	49.3	8.4	46.9	10.6	46.9	6.6
537	12.7	5.6	10.2	2.9	7.0	4.7	5.1	6.4	3.2	7.1	2.1	8.0	2.2	9.5	4.6	6.6
538	32.8	3.3	33.1	2.1	30.5	3.5	31.3	5.2	28.9	6.4	29.1	7.3	31.0	8.6	30.2	5.7
539	50.4	4.7	47.0	2.9	45.8	4.1	47.3	6.0	48.3	7.3	44.9	8.5	44.2	10.0	46.7	6.6
540	92.9	3.3	92.8	2.5	91.5	3.2	87.6	5.6	86.2	6.4	83.0	7.5	80.4	8.5	86.9	5.8
541	8.2	3.5	11.7	1.8	13.0	3.5	14.2	5.0	16.1	6.1	18.2	7.6	23.7	8.8	15.6	5.6
542	86.2	2.9	76.7	2.0	75.0	3.3	74.4	4.8	74.1	5.8	72.7	7.3	71.8	8.2	74.4	5.4
543	7.3	3.0	6.9	2.0	7.2	2.8	5.6	3.9	5.6	4.7	6.0	5.4	5.6	6.5	6.0	4.3
544	51.1	2.6	62.5	2.0	68.2	2.6	63.9	4.1	56.9	5.0	53.1	6.2	52.1	7.3	59.2	4.6
545	34.0	2.7	24.7	2.0	21.3	3.1	20.1	4.4	18.6	5.4	17.1	6.2	17.8	7.3	19.8	4.8
546	50.8	4.7	56.4	2.4	55.9	3.9	57.0	5.4	60.5	6.7	63.5	7.7	67.4	8.5	59.6	6.0
547	84.2	5.3	79.6	3.3	74.6	5.4	72.4	7.0	71.0	8.3	69.7	10.0	66.4	11.7	72.2	7.7
548	47.8	3.7	36.7	3.1	40.4	4.4	49.6	5.8	56.1	7.8	66.2	8.5	71.2	9.3	53.9	6.7
549	27.3	4.3	27.2	3.1	27.4	3.9	29.9	5.6	29.9	7.4	33.8	8.0	40.2	9.0	30.7	6.4
550	14.0	4.2	14.6	2.4	15.3	4.4	13.5	5.8	13.6	7.2	13.0	8.9	15.0	9.7	13.8	6.6
551	40.9	4.5	36.9	3.5	32.2	4.7	30.8	6.5	25.6	7.9	21.7	9.2	19.4	9.6	27.7	7.1
552	46.3	5.6	47.3	3.7	46.5	5.0	46.5	7.7	43.2	9.6	40.9	11.0	42.6	12.6	44.3	8.5
553	10.9	6.5	10.2	4.7	9.0	6.0	9.8	9.1	13.8	10.2	19.0	12.2	23.7	11.4	13.5	9.4
554	59.9	3.6	63.6	2.4	65.6	4.1	64.3	6.3	66.1	7.9	66.3	9.4	65.9	10.9	65.3	7.0
555	36.8	3.9	45.4	2.4	50.0	3.8	45.2	5.8	37.8	7.3	30.5	8.5	25.3	8.8	39.5	6.4
556	82.6	4.5	75.4	2.8	72.0	4.0	73.0	6.1	75.6	7.1	77.1	8.1	79.3	7.8	75.2	6.3
557	43.0	3.7	41.9	2.3	33.8	3.1	32.1	3.4	28.3	4.5	24.5	5.1	24.1	6.0	30.2	4.1
558	53.5	5.5	47.0	4.4	36.9	4.8	38.0	6.5	39.9	8.4	47.3	10.1	51.3	11.5	42.0	7.6
559	20.0	6.8	19.2	5.0	16.6	6.8	14.8	7.4	15.0	8.4	15.9	9.7	16.9	11.5	15.9	8.1
560	23.9	7.9	21.7	5.6	25.2	6.8	32.9	7.8	40.7	8.7	47.5	9.6	56.2	10.3	37.4	8.3
561	68.9	5.8	49.8	6.4	34.2	7.7	28.9	9.7	28.0	10.0	26.4	12.0	28.1	12.6	31.3	9.8
562	67.6	6.5	61.9	5.3	63.6	6.3	65.4	8.4	69.4	9.9	72.6	12.6	72.9	15.6	68.0	9.5
563	34.2	6.0	34.0	5.3	39.9	7.3	44.2	8.0	44.2	9.3	43.0	11.1	45.6	13.9	42.5	9.0
564	47.2	4.2	43.3	3.7	44.6	4.7	48.6	5.2	48.8	6.9	47.4	8.1	48.8	8.4	47.5	6.3
565	8.5	3.7	6.0	2.2	5.6	4.5	6.3	4.8	7.9	5.7	6.6	6.4	6.7	6.3	6.8	5.2
566	76.4	2.9	72.7	3.0	69.1	3.8	63.1	4.7	57.3	5.8	52.3	7.0	44.7	8.2	60.0	5.4

Table IX. PERCENTAGE OF TRUE AND CANNOT SAY RESPONSES TO EACH MMPI ITEM BY 24,277 MALE MEDICAL PATIENTS GROUPED BY AGE

AGE	UNDER 20 N= 550		20-29 N=1298		30-39 N=2905		40-49 N=5379		50-59 N=7097		60-69 N=5315		70 + N=1733		ALL AGES N=24277	
ITEM	T	Q	T	Q	T	Q	T	Q	T	Q	T	Q	T	Q	T	Q
1	67.1	0.7	65.1	0.9	68.5	1.7	72.0	1.8	67.5	2.2	63.2	3.3	58.5	3.8	66.9	2.3
2	89.3	0.0	89.1	1.3	91.3	1.3	89.9	1.6	89.7	1.9	88.5	2.1	87.0	2.9	89.4	1.8
3	54.7	0.9	54.6	0.7	57.9	0.5	60.4	1.2	62.7	1.3	69.9	1.6	72.5	2.6	63.3	1.3
4	9.3	1.1	8.1	0.8	7.1	0.7	6.8	0.9	7.1	1.7	8.1	2.1	8.9	3.3	7.5	1.6
5	28.0	0.9	32.4	0.6	36.7	1.0	44.1	1.2	50.0	1.9	50.4	2.1	48.0	3.3	45.6	1.7
6	49.6	2.0	46.7	1.2	46.2	1.7	39.1	2.0	40.4	2.6	39.1	2.9	37.4	4.0	40.8	2.4
7	82.0	1.8	87.8	0.9	87.2	1.0	86.4	1.1	84.8	1.6	83.2	2.3	81.0	3.1	84.9	1.7
8	77.5	1.8	81.4	1.4	85.0	1.8	87.3	2.2	88.5	2.3	88.4	3.1	88.9	3.6	87.2	2.4
9	75.8	2.0	70.4	1.0	66.7	1.4	62.3	1.8	53.8	2.2	43.3	2.5	30.2	3.6	54.6	2.1
10	8.0	1.8	7.9	0.8	8.5	1.4	7.2	1.7	6.9	1.8	6.8	2.7	6.8	3.5	7.2	2.0
11	14.5	1.5	9.8	0.8	7.4	1.4	5.9	1.8	6.9	2.1	7.9	2.7	9.5	3.6	7.5	2.1
12	66.2	1.5	56.7	1.2	54.2	1.0	54.0	1.5	58.3	1.9	55.4	2.3	53.2	3.2	55.9	1.8
13	21.1	1.6	42.0	1.3	52.0	1.3	54.1	1.6	51.7	2.0	36.8	2.1	21.6	3.8	45.7	1.9
14	6.5	1.5	12.3	1.3	15.1	1.0	13.8	1.3	10.5	2.0	7.8	2.3	6.5	3.2	10.9	1.8
15	55.5	2.2	40.8	0.5	36.8	1.2	34.0	1.4	32.9	2.1	30.1	3.1	29.7	4.0	33.7	2.1
16	5.1	2.0	3.6	0.9	3.3	1.6	2.7	1.8	3.0	2.4	3.2	3.1	4.1	4.4	3.2	2.4
17	90.2	1.6	91.4	1.0	93.1	1.4	94.0	1.3	93.8	2.2	93.6	2.4	92.1	3.4	93.4	2.0
18	82.4	2.2	82.8	1.5	82.5	1.5	82.5	1.8	81.2	2.1	76.3	2.7	69.8	4.0	79.9	2.2
19	24.5	3.8	17.6	1.4	12.5	1.8	11.7	2.4	13.5	4.3	13.4	6.6	13.8	9.8	13.5	4.3
20	83.6	3.5	81.0	1.2	83.4	0.9	83.3	1.3	80.4	2.4	80.8	3.3	81.2	5.1	81.6	2.3
21	43.5	1.6	33.4	0.6	19.5	1.0	15.1	1.6	12.2	2.1	9.3	3.0	8.0	3.5	14.6	2.1
22	10.7	1.3	4.8	1.3	3.6	1.6	2.5	2.2	2.8	2.6	2.6	3.4	3.0	3.9	3.1	2.6
23	3.8	1.1	6.1	1.0	6.6	1.5	6.4	1.8	4.8	2.4	3.8	3.4	3.8	4.3	5.1	2.4
24	11.6	1.3	6.8	1.2	4.6	1.6	3.6	2.1	4.4	2.9	4.9	3.8	6.1	5.3	4.7	2.8
25	29.1	1.5	26.9	1.0	24.1	1.4	23.9	2.0	23.2	3.0	23.2	4.3	26.8	4.7	24.1	2.8
26	40.4	1.1	34.9	0.5	40.3	0.8	46.7	1.6	57.3	2.2	66.6	2.9	75.2	3.2	54.7	2.0
27	13.1	1.5	5.4	0.6	5.0	1.4	4.8	1.6	4.7	2.3	4.0	3.0	3.3	4.2	4.7	2.2
28	28.2	0.4	23.1	0.4	19.6	0.6	17.6	1.2	19.1	1.7	19.2	2.3	20.3	3.3	19.4	1.6
29	9.1	0.4	23.2	0.2	25.9	1.0	27.3	1.2	23.9	1.6	21.8	2.2	21.7	3.2	23.9	1.6
30	86.0	1.3	86.6	0.6	82.6	1.4	81.3	1.2	77.8	1.6	69.8	2.6	60.2	4.2	76.8	1.8
31	9.6	1.6	9.1	0.6	7.3	0.7	6.4	1.1	6.8	1.9	7.5	2.7	7.7	3.9	7.2	1.8
32	28.9	0.5	22.2	0.2	14.9	1.1	11.9	1.3	11.6	2.0	10.5	2.7	12.4	4.0	12.8	1.9
33	18.4	1.3	18.5	0.9	13.9	1.9	13.5	2.2	14.3	3.2	15.1	3.4	17.6	5.4	14.8	2.9
34	7.3	2.0	8.1	1.5	10.6	1.8	11.8	2.2	12.8	3.6	13.0	4.0	9.6	6.5	11.7	3.2
35	3.5	1.6	2.4	0.8	2.0	1.1	1.7	1.9	1.9	2.5	2.5	3.1	3.1	4.4	2.1	2.3
36	58.2	2.0	50.4	1.2	49.9	1.7	52.1	1.8	56.3	2.8	59.5	3.4	60.8	5.0	55.3	2.6
37	91.3	2.0	88.9	0.7	89.5	1.1	89.6	1.4	86.6	2.0	83.5	2.8	81.1	3.8	86.8	2.0
38	31.5	1.1	43.5	0.8	41.9	1.2	37.7	1.7	31.4	2.8	22.7	3.5	14.7	4.5	31.6	2.5
39	45.6	1.3	40.5	1.1	35.3	1.5	30.6	1.8	25.1	2.7	17.5	3.7	12.1	4.2	26.2	2.6
40	16.0	1.1	8.6	0.8	5.4	1.1	5.2	1.4	6.8	2.3	7.5	3.3	7.7	4.7	6.8	2.2
41	25.5	2.2	28.6	1.1	28.0	1.3	24.8	2.2	21.3	2.4	14.4	3.4	12.2	3.9	21.2	2.5
42	5.8	3.1	6.2	1.2	5.0	1.7	4.9	2.3	4.1	3.1	3.0	4.5	3.2	4.9	4.2	3.1
43	10.2	3.6	13.8	1.8	16.3	2.2	16.4	3.0	19.0	3.4	17.4	4.4	16.7	4.5	17.1	3.4
44	6.7	2.5	9.5	1.4	8.1	2.4	6.6	2.7	6.2	3.7	4.8	4.5	4.5	5.3	6.3	3.5
45	65.6	3.1	61.5	1.3	56.7	1.8	53.3	2.9	49.5	3.6	41.4	4.6	34.7	5.7	49.4	3.5
46	71.3	2.2	71.9	1.5	68.1	1.9	63.1	2.7	58.5	3.8	55.0	4.6	48.9	5.5	60.2	3.4
47	7.3	3.1	8.2	1.2	9.1	1.7	7.5	2.8	8.4	3.7	6.8	4.2	5.8	5.4	7.7	3.3
48	2.7	3.3	2.4	1.4	1.5	1.8	2.1	2.4	2.1	3.4	3.5	4.6	5.0	5.5	2.6	3.3

Table IX. PERCENTAGE OF TRUE AND CANNOT SAY RESPONSES TO EACH MMPI ITEM BY MALE PATIENTS--continued

AGE	UNDER 20 N= 550		20-29 N=1298		30-39 N=2905		40-49 N=5379		50-59 N=7097		60-69 N=5315		70 + N=1733		ALL AGES N=24277	
ITEM	T	Q	T	Q	T	Q	T	Q	T	Q	T	Q	T	Q	T	Q
49	2.9	2.2	1.4	1.3	1.3	1.6	1.5	2.1	2.0	2.8	3.0	3.3	4.0	4.4	2.2	2.6
50	2.7	3.6	2.2	1.9	1.8	2.3	1.7	3.6	1.9	4.6	2.0	5.2	2.5	7.2	2.0	4.3
51	63.8	2.0	58.5	1.9	60.3	1.9	64.2	2.9	62.7	3.5	67.5	4.0	70.1	4.2	64.1	3.2
52	20.5	2.5	16.1	1.0	12.6	1.8	10.1	1.9	9.1	2.6	7.8	3.4	8.3	4.0	10.0	2.5
53	3.8	0.9	2.2	0.8	1.5	1.3	1.6	1.7	1.7	2.4	2.1	3.0	3.1	4.2	1.9	2.3
54	93.1	1.6	95.9	0.5	94.6	1.3	94.5	1.6	93.1	2.5	93.0	3.3	92.4	4.2	93.7	2.3
55	79.1	0.9	74.9	0.5	66.2	1.3	66.4	1.8	68.0	2.4	72.6	3.0	74.6	3.6	69.5	2.2
56	8.5	0.4	15.3	0.2	13.5	0.8	13.4	1.0	14.3	1.8	10.5	2.4	8.5	2.8	12.7	1.6
57	63.5	1.3	67.6	1.2	68.2	1.4	68.2	1.9	66.6	2.9	65.5	3.6	64.1	4.4	66.7	2.6
58	37.6	5.1	43.3	5.2	42.2	6.3	43.0	8.5	46.6	9.4	47.4	11.0	51.9	11.5	45.4	9.0
59	39.8	1.1	40.2	0.6	35.2	1.4	34.9	2.2	34.8	2.9	33.5	3.7	34.6	4.2	35.0	2.7
60	95.3	0.7	95.1	0.9	94.6	1.1	92.8	1.7	90.1	2.5	85.1	3.4	80.7	4.3	89.9	2.3
61	14.2	1.6	15.9	1.8	17.0	2.3	18.9	2.9	20.5	4.0	19.9	5.2	19.6	7.3	19.1	3.9
62	28.7	0.7	29.8	0.7	33.6	1.2	34.5	1.8	32.1	2.6	24.7	3.8	20.3	4.1	30.1	2.5
63	87.8	0.5	79.8	1.2	78.3	1.1	75.7	1.6	74.6	2.2	71.7	3.1	66.8	4.7	74.7	2.2
64	53.1	2.4	41.4	1.4	42.5	1.0	42.9	1.8	41.4	2.4	38.9	3.2	37.6	4.3	41.3	2.4
65	89.5	2.4	88.7	1.4	90.9	1.1	90.6	1.9	90.9	2.0	90.8	3.0	91.7	2.5	90.7	2.1
66	8.4	1.3	7.2	1.1	4.9	1.1	6.1	1.5	6.7	1.9	9.4	2.7	10.3	3.3	7.3	1.9
67	43.1	2.0	37.2	1.8	37.5	1.7	36.1	2.4	38.9	3.5	39.4	4.8	43.2	5.2	38.6	3.3
68	79.6	2.2	75.2	1.3	70.4	1.5	69.4	2.0	68.7	2.2	70.6	3.2	73.5	3.3	70.4	2.3
69	13.6	2.5	4.1	1.6	3.9	1.4	5.4	1.9	8.7	2.7	15.3	3.8	23.0	4.6	9.7	2.7
70	34.2	4.7	28.5	4.5	30.4	3.8	33.5	3.4	39.9	3.8	44.1	4.8	50.4	5.9	38.3	4.1
71	76.5	2.0	70.0	1.5	65.2	1.0	69.2	2.0	73.4	2.6	77.7	3.5	78.5	3.9	72.7	2.5
72	10.7	1.6	21.0	1.4	21.8	1.2	21.9	1.8	18.4	2.2	16.1	2.7	15.3	2.9	18.8	2.1
73	27.3	3.1	36.6	1.9	37.2	1.3	31.5	1.9	28.0	3.3	22.5	4.2	22.2	5.4	28.7	3.0
74	4.7	1.6	2.2	1.2	1.1	1.1	1.3	2.0	1.2	2.4	1.7	3.5	1.5	4.3	1.5	2.5
75	96.5	1.3	97.1	0.9	97.1	0.6	96.3	1.1	94.7	1.4	92.4	2.0	88.7	2.5	94.6	1.4
76	12.5	1.6	11.6	1.2	8.4	1.2	7.7	1.9	7.0	2.1	6.3	2.4	6.1	2.5	7.5	2.0
77	21.5	0.9	23.3	0.3	21.5	0.4	21.8	1.0	26.3	1.2	31.9	2.2	35.2	2.2	26.3	1.3
78	40.4	0.2	37.8	0.7	37.4	0.9	39.3	1.2	42.0	1.8	42.8	2.7	49.2	3.3	41.3	1.8
79	52.7	0.9	50.2	0.8	51.5	0.7	56.9	1.2	60.3	1.5	63.5	2.2	65.6	2.8	58.9	1.5
80	47.6	1.3	34.4	0.9	25.9	1.1	24.7	1.5	21.3	1.7	17.8	2.4	15.2	2.3	22.7	1.7
81	52.5	0.5	50.3	0.6	48.0	0.7	46.8	1.4	41.8	1.9	38.4	2.5	35.0	2.7	43.1	1.7
82	20.2	0.9	19.4	0.8	19.3	0.8	19.4	1.6	23.1	1.7	25.1	2.8	26.4	2.8	22.2	1.8
83	97.5	0.5	94.3	1.2	95.9	1.0	96.0	1.6	95.4	1.8	95.1	2.5	94.7	3.2	95.5	1.8
84	42.4	1.3	35.2	0.9	31.3	0.8	32.2	1.9	34.7	2.7	35.4	4.0	36.3	5.9	34.2	2.7
85	2.2	1.8	1.0	1.1	0.4	0.6	0.5	1.3	0.4	2.0	0.6	2.5	0.2	2.3	0.5	1.7
86	33.1	2.0	28.7	0.8	23.1	1.4	19.9	2.2	18.9	2.9	17.8	4.2	16.3	4.4	20.1	2.8
87	6.9	0.9	5.7	1.0	7.2	0.9	7.1	1.8	8.6	2.2	9.4	3.2	10.4	4.0	8.2	2.2
88	92.0	0.9	94.5	0.8	96.4	0.6	96.1	1.1	96.3	1.2	95.9	1.7	96.4	2.0	96.0	1.3
89	45.5	1.3	33.1	1.1	29.7	0.8	30.8	1.8	37.2	2.5	45.2	3.1	53.0	4.2	37.7	2.3
90	94.4	0.7	91.4	0.6	92.1	0.8	92.3	1.2	89.0	1.4	85.2	1.9	80.4	3.0	88.9	1.4
91	39.8	0.7	37.6	0.8	40.8	1.2	41.6	1.5	41.0	1.8	40.5	2.7	42.7	3.8	40.9	1.9
92	3.3	1.6	3.0	1.1	2.0	1.6	2.6	2.2	2.8	2.6	2.6	3.9	3.2	6.2	2.7	2.8
93	40.5	1.5	36.7	1.5	35.8	1.8	35.6	2.1	36.4	2.6	37.9	3.4	38.5	4.5	36.7	2.6
94	32.7	1.1	26.1	0.8	22.8	1.5	26.0	1.6	30.2	2.4	31.6	3.3	35.4	3.7	28.9	2.3
95	58.9	1.3	43.8	1.1	53.4	0.8	52.5	1.4	48.3	1.8	50.3	2.7	53.1	3.3	50.6	1.8
96	61.5	1.6	77.9	0.6	80.3	1.1	82.0	1.5	86.0	1.9	88.9	2.3	87.3	3.6	84.2	1.8

Table IX. PERCENTAGE OF TRUE AND CANNOT SAY RESPONSES TO EACH MMPI ITEM BY MALE PATIENTS--continued

AGE	UNDER 20 N= 550		20-29 N=1298		30-39 N=2905		40-49 N=5379		50-59 N=7097		60-69 N=5315		70 + N=1733		ALL AGES N=24277	
ITEM	T	Q	T	Q	T	Q	T	Q	T	Q	T	Q	T	Q	T	Q
97	28.5	0.7	19.1	0.5	9.9	1.1	7.5	1.3	4.8	1.5	3.4	2.1	2.4	3.6	6.8	1.6
98	65.6	2.4	62.1	1.7	61.1	2.8	60.2	3.5	61.3	4.4	62.1	5.4	63.7	6.6	61.5	4.2
99	65.1	0.9	55.2	0.7	48.5	1.2	41.0	1.5	31.9	1.9	28.9	2.6	27.0	3.6	36.9	1.9
100	61.8	1.5	51.2	0.9	48.5	1.5	52.0	1.7	51.2	2.3	47.5	3.6	47.8	4.2	50.2	2.4
101	59.8	3.5	56.8	1.5	59.9	1.9	59.5	2.5	58.7	3.4	54.5	4.1	54.9	6.5	57.7	3.3
102	52.9	0.7	58.7	0.5	54.3	1.1	55.3	1.3	56.2	1.6	52.3	2.6	52.2	3.8	54.7	1.8
103	81.8	0.7	81.2	0.7	79.1	0.8	79.7	1.0	79.7	1.5	80.8	2.1	80.7	2.8	80.1	1.5
104	10.4	0.9	5.3	0.4	3.6	0.6	4.2	0.9	4.3	1.3	4.0	1.9	3.3	2.7	4.3	1.3
105	86.9	0.4	86.1	0.5	89.1	0.9	87.7	1.1	83.1	1.6	74.5	2.6	65.8	3.1	82.0	1.7
106	11.5	0.5	7.6	0.9	5.8	1.1	5.0	1.7	5.5	1.9	5.6	2.7	6.5	4.0	5.8	2.0
107	86.0	1.3	84.5	0.5	86.7	1.0	88.6	1.4	89.1	1.6	89.8	2.5	89.1	3.9	88.5	1.8
108	18.7	0.9	19.7	0.2	18.5	0.9	17.6	1.5	15.5	1.8	14.1	2.7	13.6	3.2	16.2	1.8
109	50.9	1.1	39.9	0.8	29.9	0.9	27.8	1.4	25.5	2.2	25.7	3.3	24.1	4.9	27.8	2.2
110	8.5	1.3	4.0	0.6	4.9	1.1	5.6	1.6	5.6	2.0	6.1	2.7	6.6	4.2	5.7	2.0
111	38.9	1.8	32.1	1.4	32.5	2.1	34.1	2.0	42.2	2.3	52.6	3.3	59.1	5.6	42.1	2.6
112	72.2	0.7	68.7	0.3	71.4	1.0	76.2	1.2	81.2	1.5	83.0	2.1	84.2	3.5	78.7	1.5
113	97.5	1.6	97.9	1.2	98.6	0.8	98.3	1.2	98.1	1.5	97.4	2.1	95.4	3.6	97.8	1.6
114	8.5	1.5	8.4	0.5	8.5	1.2	7.3	1.5	6.7	1.9	5.9	2.6	5.9	2.8	6.9	1.9
115	81.3	1.6	79.4	1.3	79.7	1.8	78.2	2.8	77.9	3.4	78.8	4.4	78.4	4.6	78.6	3.2
116	28.9	1.3	38.5	0.7	40.9	1.1	44.4	1.6	47.9	2.3	46.3	2.9	40.3	3.5	44.5	2.1
117	39.1	2.4	37.0	1.6	33.0	1.7	29.2	2.5	29.7	3.0	32.0	3.7	34.4	4.0	31.4	2.9
118	29.8	1.5	39.7	0.8	38.2	1.2	37.7	1.7	37.7	2.4	30.5	3.1	25.9	3.8	35.3	2.3
119	74.7	2.0	81.2	1.0	81.3	1.7	79.8	1.9	78.9	2.3	77.5	3.3	75.3	3.5	78.8	2.4
120	78.5	2.7	75.4	0.9	71.8	1.5	70.2	1.9	67.7	2.6	63.6	3.2	62.3	3.8	68.1	2.5
121	2.4	2.5	1.6	1.3	1.5	2.1	1.3	1.8	1.5	2.4	1.3	3.2	1.7	4.3	1.5	2.5
122	88.5	1.5	90.0	0.8	91.4	1.7	91.0	1.5	88.8	2.4	85.7	3.1	83.4	4.3	88.6	2.3
123	1.8	1.3	0.5	0.6	0.7	1.4	0.3	1.6	0.3	2.2	0.5	3.1	0.9	3.3	0.5	2.1
124	55.6	2.0	47.8	1.3	46.4	1.7	43.4	2.0	43.9	2.8	44.8	3.7	43.7	4.6	44.7	2.7
125	9.6	2.0	16.9	0.7	18.5	1.4	19.9	1.7	17.3	2.6	15.8	3.0	16.4	3.7	17.5	2.3
126	42.7	2.4	41.0	1.5	37.8	2.2	41.1	2.6	41.5	3.9	40.5	5.2	43.3	5.7	40.9	3.7
127	46.4	0.9	44.6	0.8	42.7	1.4	40.8	1.8	37.1	2.2	30.9	3.1	28.2	3.3	37.2	2.2
128	74.4	0.7	73.7	0.5	70.9	0.8	68.8	0.9	70.3	1.7	72.5	2.1	76.7	2.4	71.3	1.5
129	44.7	1.1	36.9	0.7	38.0	1.3	40.2	1.7	43.9	2.7	42.4	3.6	42.1	4.0	41.5	2.4
130	85.5	0.7	82.2	0.8	83.3	0.9	81.3	1.2	79.9	2.2	78.3	2.8	78.6	4.3	80.4	2.0
131	69.5	0.7	64.6	0.8	64.9	1.0	69.1	1.5	73.4	2.4	74.0	3.2	77.3	4.0	71.3	2.2
132	11.5	1.8	13.9	0.4	19.0	1.4	24.0	2.0	30.6	2.9	37.2	4.0	41.5	5.0	28.6	2.7
133	86.2	2.0	82.6	1.0	77.7	1.4	77.4	1.8	78.0	3.2	79.5	3.4	78.2	4.8	78.6	2.7
134	77.8	1.5	70.5	1.5	69.8	1.9	69.0	2.0	66.7	3.1	62.2	3.9	57.8	4.9	66.4	2.9
135	40.4	1.8	28.4	1.2	15.8	1.5	14.9	1.9	13.6	2.7	8.8	3.1	5.7	3.5	13.9	2.4
136	34.7	2.0	29.6	1.5	25.5	2.3	27.1	2.4	31.6	3.7	35.7	4.4	36.8	5.8	31.1	3.4
137	83.5	0.9	86.7	1.0	89.5	0.9	91.2	1.3	91.8	2.1	93.3	2.4	92.3	3.6	91.3	1.9
138	29.1	2.4	32.6	1.2	36.4	2.1	40.3	1.9	46.8	2.6	51.4	3.4	54.8	5.4	44.6	2.7
139	11.6	2.5	6.5	1.0	3.2	0.9	2.3	1.9	2.2	2.4	1.5	2.8	1.7	4.3	2.6	2.3
140	50.9	1.8	48.5	1.2	46.3	1.1	43.7	1.8	41.8	2.3	38.2	2.8	34.5	4.7	42.0	2.2
141	59.5	1.6	53.1	0.9	50.3	1.4	48.7	2.2	48.4	2.8	48.2	3.5	47.8	4.7	49.1	2.7
142	58.5	1.6	46.8	1.7	41.9	1.4	41.6	2.4	41.8	3.2	38.2	4.0	36.0	5.7	41.2	3.0
143	26.5	2.0	27.0	1.2	24.0	1.1	20.9	2.0	19.6	2.4	16.0	3.0	13.4	5.1	19.8	2.4
144	35.1	1.5	19.8	1.4	12.0	1.1	10.2	2.6	10.4	2.9	12.1	3.5	11.8	6.3	12.1	2.9

Table IX. PERCENTAGE OF TRUE AND CANNOT SAY RESPONSES TO EACH MMPI ITEM BY MALE PATIENTS--continued

AGE	UNDER 20 N= 550		20-29 N=1298		30-39 N=2905		40-49 N=5379		50-59 N=7097		60-69 N=5315		70 + N=1733		ALL AGES N=24277	
ITEM	T	Q	T	Q	T	Q	T	Q	T	Q	T	Q	T	Q	T	Q
145	39.8	2.0	21.6	1.3	12.8	1.5	9.4	2.4	7.7	2.8	5.9	3.8	4.2	5.2	9.5	2.9
146	20.0	2.7	13.9	1.6	9.3	1.7	7.8	2.7	9.0	3.1	10.4	3.7	11.7	6.2	9.8	3.1
147	38.5	1.8	26.2	1.2	23.9	1.4	31.0	2.0	38.0	2.5	42.2	3.2	43.5	4.6	35.5	2.5
148	38.5	2.4	29.6	1.0	35.7	1.0	38.7	2.2	38.5	2.4	39.5	2.9	40.6	5.3	38.1	2.4
149	7.3	1.8	8.7	0.6	10.2	1.1	11.0	1.8	10.1	2.1	12.5	2.6	19.0	4.7	11.3	2.1
150	93.8	0.4	91.8	0.5	92.5	0.7	91.0	1.0	91.2	1.4	90.9	1.7	91.2	3.2	91.4	1.4
151	0.0	0.0	0.2	0.2	0.1	0.6	0.1	0.9	0.1	1.1	0.1	1.4	0.2	2.8	0.1	1.1
152	62.2	1.3	61.7	0.8	69.8	1.1	73.0	1.4	76.0	1.8	78.6	2.4	78.1	3.9	74.2	1.8
153	82.2	1.8	79.3	0.6	75.3	1.3	75.9	1.7	74.3	2.2	77.0	2.6	76.7	4.4	76.0	2.1
154	85.8	0.4	88.6	1.5	92.3	1.1	91.7	2.0	91.0	2.1	89.4	2.5	86.5	4.8	90.4	2.2
155	52.0	0.7	63.7	0.6	65.4	1.1	65.0	2.0	66.4	2.3	67.2	2.8	69.6	4.4	65.9	2.2
156	11.8	0.9	6.7	0.4	6.4	1.0	5.9	1.6	4.6	2.3	4.0	3.0	3.9	4.4	5.2	2.2
157	22.0	0.5	7.2	0.8	5.2	1.2	5.5	2.0	6.1	2.9	7.1	3.5	8.7	5.3	6.7	2.6
158	10.9	2.0	12.8	1.2	13.9	2.2	14.6	2.4	18.1	3.5	20.3	3.7	19.7	6.8	17.0	3.2
159	12.2	2.5	7.6	2.1	12.4	2.7	17.2	2.9	20.4	3.9	22.2	4.8	31.0	7.1	19.0	3.8
160	41.6	2.5	24.1	2.2	16.2	2.6	13.7	3.1	13.4	3.8	16.7	4.4	18.7	6.7	16.1	3.7
161	7.3	1.5	10.5	1.1	12.6	1.7	11.5	2.5	11.3	3.4	9.8	3.5	10.2	6.6	11.0	3.1
162	39.1	1.5	37.8	0.9	47.9	1.3	51.5	2.0	57.0	2.9	58.3	3.6	55.8	6.7	53.5	2.8
163	60.4	1.5	57.7	1.4	54.6	1.2	50.4	1.5	45.6	2.3	42.9	2.9	39.5	3.8	47.7	2.2
164	81.6	1.5	88.8	1.1	88.0	1.1	89.0	1.3	88.4	1.7	88.2	2.5	87.5	2.9	88.2	1.8
165	55.3	2.4	47.4	1.0	42.8	1.3	42.7	1.5	41.7	2.4	41.4	2.9	43.8	3.3	42.7	2.2
166	33.3	1.5	40.1	1.2	40.4	1.4	43.9	1.9	46.9	2.6	47.0	3.2	45.4	4.1	44.7	2.5
167	22.9	2.4	20.5	1.2	15.7	1.2	13.8	1.7	15.3	1.9	16.8	2.8	19.8	2.9	16.1	2.0
168	5.8	2.0	5.3	1.8	3.5	1.7	3.3	2.1	2.9	2.8	2.9	3.5	5.0	3.9	3.4	2.7
169	90.5	1.6	93.0	1.6	94.0	1.4	94.4	1.6	93.4	2.4	91.3	3.2	89.7	3.5	92.9	2.3
170	30.9	2.7	32.3	1.9	29.9	1.9	33.6	2.4	41.1	2.7	47.1	3.9	51.8	5.0	39.5	2.9
171	47.8	2.2	46.4	1.5	49.5	1.6	51.6	2.0	55.3	2.7	57.2	3.7	57.7	4.7	53.7	2.7
172	43.8	2.4	36.1	1.5	34.8	1.7	35.1	2.3	34.9	2.8	34.6	3.7	33.6	4.4	35.1	2.8
173	76.5	1.8	70.2	1.4	72.2	1.4	72.4	1.7	72.9	2.5	74.8	3.4	76.6	4.4	73.3	2.5
174	72.9	2.0	70.6	1.6	69.5	1.4	68.3	1.6	66.9	2.3	67.7	3.0	65.8	3.7	68.0	2.2
175	78.7	1.1	82.1	0.9	80.2	0.9	79.2	0.8	76.9	1.4	77.5	1.9	74.7	1.3	78.1	1.3
176	68.7	0.5	63.5	0.8	61.0	0.6	59.6	0.9	58.1	1.6	56.1	1.9	59.2	2.5	58.9	1.4
177	94.7	1.5	95.2	1.5	97.4	1.1	97.4	1.5	97.1	2.1	96.6	2.7	95.5	3.9	96.8	2.1
178	91.8	2.2	90.4	1.8	90.1	1.5	88.0	1.9	85.0	3.2	81.7	4.0	73.7	5.3	85.2	2.9
179	16.7	1.6	13.6	1.1	12.2	0.7	10.7	1.2	10.9	2.0	8.8	2.5	6.4	2.9	10.5	1.8
180	49.1	1.3	38.8	1.0	33.2	0.9	35.4	1.3	35.9	2.2	34.7	2.8	37.1	4.3	35.7	2.0
181	64.4	2.0	52.0	1.8	40.4	1.2	33.9	1.8	30.6	2.6	26.2	3.5	24.4	4.9	33.0	2.6
182	6.9	1.1	5.9	1.3	5.6	1.4	4.0	1.9	4.3	2.7	3.7	3.2	4.2	4.7	4.4	2.5
183	43.5	1.6	45.9	1.8	42.5	1.8	44.3	1.8	47.9	2.3	50.3	3.0	50.4	4.3	47.0	2.4
184	2.9	2.2	0.8	1.8	0.8	1.8	0.8	2.2	1.0	2.9	1.5	4.0	2.1	4.8	1.1	2.9
185	90.7	2.5	90.3	2.0	87.3	2.2	81.6	2.5	77.5	3.7	69.9	4.7	60.8	5.6	77.7	3.5
186	16.4	1.3	16.9	1.4	15.6	1.2	17.4	1.7	18.4	2.7	20.5	3.5	22.0	4.6	18.4	2.5
187	87.3	2.4	88.1	1.4	87.9	1.2	87.4	1.6	84.6	2.6	81.5	3.2	78.2	3.8	84.7	2.4
188	52.7	1.3	53.5	1.1	55.8	1.0	50.5	1.3	47.2	1.9	52.1	2.4	47.4	3.5	50.5	1.8
189	14.7	1.3	17.3	1.4	17.9	1.4	15.6	1.5	16.1	2.4	13.3	2.7	14.5	4.2	15.5	2.2
190	76.0	1.5	72.1	1.5	71.4	2.1	74.7	2.2	77.7	2.9	82.2	3.3	83.4	4.8	77.3	2.8
191	31.5	2.2	30.7	1.5	33.0	1.9	34.2	2.2	30.2	2.7	23.6	3.4	16.5	4.4	29.0	2.7
192	88.0	1.3	88.8	1.3	86.3	1.3	86.5	1.6	84.5	2.5	83.3	2.7	75.8	4.0	84.6	2.2

Table IX. PERCENTAGE OF TRUE AND CANNOT SAY RESPONSES TO EACH MMPI ITEM BY MALE PATIENTS--continued

AGE	UNDER 20 N= 550		20-29 N=1298		30-39 N=2905		40-49 N=5379		50-59 N=7097		60-69 N=5315		70 + N=1733		ALL AGES N=24277	
ITEM	T	Q	T	Q	T	Q	T	Q	T	Q	T	Q	T	Q	T	Q
193	77.1	1.1	79.8	1.5	82.1	1.6	83.7	1.9	82.3	2.5	81.6	3.2	79.9	4.7	82.0	2.5
194	7.6	1.8	5.4	0.9	5.5	1.0	5.2	1.8	5.0	2.1	5.3	2.7	5.8	3.8	5.3	2.1
195	82.4	1.3	82.7	0.8	83.6	1.4	83.2	1.6	79.9	2.2	77.5	2.8	72.6	4.7	80.2	2.2
196	95.5	1.5	95.1	1.5	94.4	1.5	94.5	1.8	94.4	2.5	93.5	3.1	91.3	4.4	94.1	2.4
197	0.5	0.7	0.4	0.8	0.9	1.3	0.8	1.3	1.0	2.1	1.3	2.7	2.4	3.3	1.1	1.9
198	57.3	1.5	64.6	1.6	72.6	1.2	73.3	1.6	76.8	2.0	78.5	2.8	79.4	4.0	75.0	2.1
199	66.2	2.2	75.6	1.5	78.7	1.3	79.2	1.8	80.4	2.5	78.9	3.4	72.1	5.3	78.4	2.5
200	3.6	1.8	2.5	0.8	2.0	0.5	2.3	0.7	3.1	1.2	3.3	1.6	2.5	2.3	2.8	1.1
201	51.1	1.3	39.8	0.7	40.1	0.9	38.5	1.0	39.1	1.4	36.4	2.0	34.4	3.7	38.5	1.5
202	2.7	1.3	3.2	1.2	2.8	0.9	1.5	1.0	1.5	1.5	1.2	2.0	1.3	3.3	1.7	1.5
203	16.7	1.8	16.9	0.7	15.6	1.3	15.0	1.8	17.3	3.0	19.0	4.1	19.2	5.7	17.1	2.8
204	19.8	2.0	18.0	1.4	19.3	1.6	18.1	2.0	17.3	3.4	16.3	4.6	15.1	6.6	17.4	3.2
205	5.1	0.5	2.8	1.5	1.9	1.3	2.1	1.7	2.0	2.6	2.1	3.2	1.5	5.1	2.1	2.5
206	17.8	2.4	13.4	1.3	13.8	1.8	11.8	2.4	12.6	3.3	15.4	4.2	18.4	5.8	13.8	3.2
207	90.2	1.6	84.1	0.9	80.9	1.1	78.5	1.5	76.0	2.3	77.5	2.8	74.6	3.7	78.1	2.1
208	48.2	2.4	55.6	1.2	46.5	1.7	40.5	2.0	34.3	2.7	28.9	3.8	23.6	5.9	36.7	2.8
209	6.0	2.5	3.8	2.1	3.9	1.8	4.1	2.6	5.7	3.7	5.2	4.8	5.9	7.1	4.9	3.6
210	2.7	2.7	1.6	1.5	1.4	1.8	1.2	2.0	1.4	2.7	1.8	3.6	2.4	4.7	1.6	2.7
211	5.3	2.4	3.4	1.3	3.2	1.8	3.2	2.2	4.0	2.7	4.9	3.9	5.9	6.4	4.1	2.9
212	20.4	3.8	9.1	1.0	3.8	2.3	2.0	2.6	1.1	3.2	1.3	4.4	1.6	7.3	2.6	3.4
213	6.2	1.1	5.5	1.0	7.5	0.8	8.8	1.4	14.2	1.8	21.1	2.7	26.4	4.3	13.9	1.9
214	55.5	2.5	57.9	1.6	58.8	1.2	59.4	1.9	61.1	2.6	62.5	3.7	62.8	4.3	60.6	2.6
215	6.7	2.5	18.7	1.7	24.3	2.1	23.5	2.4	22.3	2.8	16.5	3.6	10.1	5.1	20.1	2.9
216	12.0	1.3	9.2	1.5	6.0	1.4	6.5	2.4	6.9	2.4	6.4	3.6	7.3	5.1	6.9	2.7
217	52.0	2.2	60.5	0.9	58.6	1.6	58.6	2.1	57.7	2.5	52.3	3.2	45.4	5.0	56.0	2.5
218	12.9	2.2	10.6	1.6	8.5	1.6	6.5	2.0	6.8	2.4	7.1	3.3	6.7	4.9	7.3	2.5
219	38.7	2.2	47.1	1.6	53.9	1.5	52.0	2.2	49.0	2.6	44.3	4.0	41.4	5.1	48.3	2.8
220	93.8	2.2	92.5	2.7	95.1	2.4	94.9	2.9	94.9	3.4	94.0	4.4	92.6	5.8	94.4	3.5
221	72.5	2.4	73.2	2.2	76.5	1.7	75.2	2.8	69.6	3.6	67.5	4.6	65.7	7.6	71.2	3.6
222	48.0	1.5	36.3	1.5	34.6	1.1	31.1	1.9	28.5	2.4	24.7	3.2	24.2	4.6	29.5	2.4
223	59.8	2.2	58.4	1.6	55.6	1.2	51.6	2.1	50.8	2.7	50.2	3.9	45.0	5.5	51.6	2.8
224	25.1	1.3	18.6	1.2	12.4	1.3	11.3	1.8	13.0	2.7	13.8	3.6	13.2	5.8	13.3	2.6
225	65.3	1.6	76.7	1.5	82.1	1.2	79.5	1.7	74.5	2.3	66.8	3.3	58.2	4.5	73.6	2.4
226	48.4	1.3	39.2	0.5	38.6	0.8	35.4	1.3	33.4	1.7	30.3	2.4	28.4	3.2	34.1	1.7
227	9.5	0.5	5.8	0.4	3.5	0.6	2.7	1.2	1.8	1.4	1.9	2.2	1.6	2.8	2.6	1.5
228	68.9	1.5	75.1	0.7	78.8	1.1	78.7	1.5	79.8	1.9	78.6	2.9	75.8	4.2	78.4	2.0
229	39.6	1.1	37.3	0.8	35.1	0.9	36.6	1.6	37.0	2.2	37.3	3.2	33.7	4.8	36.6	2.2
230	68.2	2.7	64.0	0.8	64.0	1.2	62.9	1.8	61.5	2.8	62.2	3.7	66.6	4.8	62.9	2.6
231	37.6	3.1	50.1	1.8	44.0	2.0	37.5	3.0	28.0	3.3	19.3	4.9	12.1	6.5	30.4	3.6
232	22.9	2.5	26.5	1.3	32.5	2.3	39.5	2.9	47.1	4.3	55.6	5.0	60.2	8.4	44.8	4.0
233	35.8	2.0	30.4	0.9	29.1	1.3	29.7	1.9	27.9	2.7	27.9	3.8	25.1	5.1	28.6	2.6
234	51.8	1.1	45.8	1.1	48.0	1.2	47.0	1.8	49.9	2.2	48.4	3.5	45.2	5.1	48.2	2.4
235	37.8	1.1	62.8	1.2	68.5	1.2	69.5	1.7	72.7	2.2	76.2	3.2	77.9	4.6	71.3	2.3
236	14.0	3.6	16.5	1.8	15.6	1.9	14.2	2.4	14.6	3.4	12.7	4.5	10.8	6.3	14.0	3.4
237	46.5	3.1	46.5	1.8	53.0	1.8	53.9	2.9	58.7	3.4	64.1	3.8	72.8	5.9	58.2	3.3
238	45.8	1.5	50.3	1.0	42.0	1.3	36.7	1.7	34.0	2.1	28.1	3.0	23.1	2.9	34.6	2.1
239	25.6	2.5	29.8	1.6	22.4	1.4	17.9	2.4	15.6	2.7	12.4	3.6	13.8	5.1	17.1	2.8
240	16.5	4.5	26.7	2.3	28.9	2.1	30.3	3.0	38.8	3.5	43.9	4.5	49.3	5.4	36.4	3.5

Table IX. PERCENTAGE OF TRUE AND CANNOT SAY RESPONSES TO EACH MMPI ITEM BY MALE PATIENTS--continued

AGE	UNDER 20 N= 550		20-29 N=1298		30-39 N=2905		40-49 N=5379		50-59 N=7097		60-69 N=5315		70 + N=1733		ALL AGES N=24277	
ITEM	T	Q	T	Q	T	Q	T	Q	T	Q	T	Q	T	Q	T	Q
241	36.0	2.4	21.8	1.5	15.4	2.2	15.1	2.9	18.4	2.8	20.0	3.9	23.0	5.2	18.5	3.1
242	68.2	1.8	61.3	1.7	66.9	1.3	69.6	2.2	73.0	2.3	76.6	3.0	80.4	3.8	72.1	2.4
243	77.5	2.0	67.2	1.7	59.2	1.8	60.7	2.3	61.1	2.5	66.4	3.8	68.2	5.1	63.1	2.8
244	36.9	2.5	34.5	1.8	28.7	1.4	29.0	2.5	33.6	2.8	34.9	4.0	37.9	5.2	32.7	2.9
245	18.2	2.7	8.5	2.2	5.9	1.5	5.1	2.4	4.9	2.6	5.5	4.3	4.9	5.1	5.7	2.9
246	4.9	2.2	3.3	1.8	3.1	2.2	3.2	3.0	2.3	3.4	1.4	4.7	2.0	5.9	2.5	3.5
247	9.6	2.9	4.5	1.5	3.9	1.5	3.3	2.2	3.0	2.5	2.4	3.8	2.3	4.2	3.2	2.7
248	37.1	3.6	32.0	2.5	25.2	2.0	19.4	3.0	17.0	3.3	16.2	5.1	14.4	6.3	19.4	3.7
249	64.4	3.6	63.3	1.8	62.2	1.9	58.0	3.1	56.6	3.6	53.8	5.0	50.7	6.1	57.1	3.7
250	38.4	0.5	34.4	0.8	27.4	0.9	25.2	1.2	24.0	1.7	21.4	2.1	20.2	3.1	24.7	1.6
251	11.3	0.4	7.0	0.9	5.9	0.7	4.8	1.3	4.6	1.7	4.6	2.0	4.8	2.1	5.1	1.5
252	8.9	0.4	5.9	1.4	5.9	1.2	5.2	2.0	5.6	2.2	7.0	3.1	7.2	3.9	6.1	2.3
253	73.8	1.6	78.2	0.9	78.7	1.4	76.7	1.7	75.1	2.0	72.2	2.8	70.7	4.6	75.1	2.1
254	45.3	1.5	40.5	1.5	37.0	1.2	38.5	2.1	36.7	2.5	36.3	3.5	39.9	4.2	37.7	2.5
255	22.7	5.1	55.9	1.8	74.2	1.5	76.8	2.0	75.9	2.4	73.5	3.3	75.7	4.2	73.1	2.6
256	7.5	1.8	3.2	1.2	2.1	1.8	2.5	2.0	2.2	2.5	2.4	3.2	2.5	4.3	2.5	2.5
257	87.5	2.0	91.3	1.5	94.8	1.8	94.4	2.2	94.4	2.5	93.4	3.9	94.1	4.1	93.9	2.7
258	93.3	2.4	91.9	2.5	93.3	2.4	93.2	3.1	92.1	4.2	91.6	5.2	89.3	6.6	92.2	4.0
259	38.9	2.4	33.7	2.2	29.6	2.7	28.2	3.1	26.6	4.1	24.9	5.5	24.7	5.8	27.5	4.0
260	28.9	1.8	27.8	1.4	27.7	1.8	29.1	2.5	29.4	3.2	29.7	4.5	32.7	5.3	29.3	3.2
261	11.5	2.2	12.2	2.4	18.7	2.4	24.5	3.0	32.6	3.8	37.9	5.7	40.0	7.5	29.3	4.0
262	64.7	3.1	75.6	2.5	83.3	1.6	84.8	2.0	86.4	2.4	85.6	3.5	85.8	4.3	84.4	2.6
263	25.6	2.4	35.1	1.0	37.8	1.7	35.3	1.9	32.6	2.3	28.2	2.9	25.8	3.4	32.3	2.3
264	29.6	2.9	33.7	1.2	37.7	1.9	40.9	2.3	46.4	2.9	51.7	3.3	54.8	3.8	44.8	2.7
265	20.7	4.7	19.1	2.5	15.7	2.3	16.1	2.9	18.8	2.8	22.7	3.8	26.1	4.6	19.3	3.1
266	28.4	3.8	26.9	2.5	24.2	3.2	19.5	3.5	14.0	3.8	9.6	4.7	6.6	5.4	16.0	3.9
267	36.7	3.8	31.4	1.8	29.6	2.3	32.7	2.9	36.3	3.4	36.4	3.4	40.3	4.4	34.8	3.2
268	64.9	2.5	57.4	1.8	50.5	2.6	50.1	3.5	52.4	3.8	52.2	4.8	54.1	5.4	52.3	3.8
269	11.6	2.5	5.4	1.3	3.5	2.1	3.3	2.4	3.4	2.9	3.2	3.6	2.9	4.7	3.6	2.9
270	52.2	2.7	51.9	1.8	53.2	2.2	51.8	2.2	48.9	2.8	44.4	3.0	42.2	4.2	48.9	2.7
271	28.7	2.9	18.8	1.5	15.2	2.2	15.2	2.7	17.0	3.0	17.7	3.6	17.9	4.5	17.0	3.0
272	90.9	2.0	86.8	1.2	85.2	1.7	83.3	2.2	80.3	3.2	79.5	3.5	76.4	4.2	81.7	2.8
273	7.1	2.7	11.1	1.5	15.8	2.9	16.6	2.9	16.2	3.4	14.9	3.7	15.3	4.0	15.4	3.2
274	62.2	2.9	75.3	1.1	74.5	1.9	39.4	2.1	34.0	2.8	48.5	3.1	47.2	3.8	47.0	2.6
275	3.1	2.9	2.1	1.3	2.3	2.3	2.1	2.4	2.0	3.3	2.2	3.9	2.1	5.1	2.1	3.1
276	88.2	0.9	92.8	0.6	95.0	0.7	93.7	0.7	92.7	1.2	91.7	1.5	91.1	1.9	92.8	1.1
277	47.1	0.4	41.0	0.7	29.8	0.6	23.8	1.0	18.7	1.0	12.0	1.6	8.5	2.0	20.8	1.1
278	41.3	1.1	30.4	0.8	22.6	1.1	20.8	1.9	18.5	2.4	17.7	2.5	15.5	3.6	20.3	2.1
279	14.7	0.7	13.7	0.7	15.4	0.9	14.8	1.3	18.2	2.1	20.3	2.5	22.5	2.7	17.6	1.8
280	30.5	1.8	23.0	1.2	20.7	1.3	21.2	2.1	27.7	2.6	36.7	3.5	39.8	4.7	28.0	2.6
281	85.8	1.3	84.6	1.3	83.1	1.7	80.1	1.5	77.6	1.8	74.0	2.7	71.7	2.9	78.2	1.9
282	47.3	1.5	31.1	0.8	25.5	0.9	24.3	1.4	18.0	1.4	14.0	2.4	10.5	2.6	20.3	1.6
283	63.3	1.5	60.9	0.5	64.1	1.4	65.5	1.7	64.1	2.4	59.0	2.8	51.1	4.1	62.2	2.2
284	29.8	1.3	21.7	1.5	19.8	1.1	20.3	1.8	19.7	2.4	18.3	3.0	17.1	4.0	19.7	2.3
285	93.1	1.3	94.9	0.7	95.6	1.1	94.8	1.4	94.0	1.7	89.6	2.8	80.4	4.4	92.4	2.0
286	8.5	1.1	4.8	1.2	3.1	1.2	3.0	1.8	3.8	2.3	5.9	2.7	7.0	3.4	4.4	2.1
287	41.6	1.3	42.8	1.4	44.8	2.2	46.0	2.7	51.2	3.1	56.5	4.5	64.2	5.7	50.7	3.2
288	4.0	2.2	5.9	1.3	6.2	1.5	6.2	2.1	4.5	2.5	3.9	3.2	3.6	3.9	5.0	2.5

Table IX. PERCENTAGE OF TRUE AND CANNOT SAY RESPONSES TO EACH MMPI ITEM BY MALE PATIENTS--continued

AGE	UNDER 20 N= 550		20-29 N=1298		30-39 N=2905		40-49 N=5379		50-59 N=7097		60-69 N=5315		70 + N=1733		ALL AGES N=24277	
ITEM	T	Q	T	Q	T	Q	T	Q	T	Q	T	Q	T	Q	T	Q
289	53.6	1.3	48.7	1.3	53.8	1.4	60.5	1.9	66.5	2.0	76.0	2.8	78.8	3.9	65.4	2.2
290	22.0	0.9	41.6	0.9	51.7	1.5	52.6	1.9	50.1	2.3	34.9	2.9	20.4	4.6	44.3	2.3
291	2.7	2.5	1.0	0.9	0.7	1.8	0.6	2.0	0.8	2.3	0.8	3.1	1.0	3.8	0.8	2.4
292	37.3	1.5	29.0	1.1	28.3	1.8	26.7	1.8	28.7	2.2	30.6	3.0	33.9	4.1	29.2	2.3
293	6.9	1.8	3.5	1.4	2.6	2.1	2.3	2.4	2.8	2.8	2.8	3.6	2.9	4.8	2.8	2.8
294	73.1	1.8	66.2	1.4	69.8	1.8	70.8	2.4	68.6	2.7	72.6	3.8	72.4	5.1	70.4	2.9
295	44.5	2.0	44.1	1.9	46.0	4.5	46.0	5.3	51.1	6.7	53.1	8.7	54.3	11.5	49.5	6.5
296	57.8	1.6	57.1	0.9	53.9	2.1	53.2	2.5	52.9	2.7	52.3	3.5	52.5	5.1	53.3	2.8
297	29.1	3.3	15.6	1.6	11.8	2.2	12.2	2.8	16.0	3.4	20.4	4.8	24.2	6.5	16.5	3.5
298	33.5	1.8	25.0	1.2	20.0	2.2	19.4	2.4	23.8	2.9	27.2	4.3	31.2	6.6	23.9	3.1
299	32.0	3.3	36.4	1.5	33.9	2.8	31.8	3.0	29.7	3.9	29.2	4.8	29.4	7.3	30.9	3.8
300	60.9	0.9	62.7	1.0	62.5	1.3	62.5	2.0	65.0	2.6	69.8	3.3	71.4	4.3	65.4	2.5
301	16.5	0.5	17.7	0.6	16.9	1.1	15.6	1.2	14.3	1.5	11.2	2.1	9.7	2.8	14.1	1.6
302	95.3	0.9	90.9	0.8	91.2	1.3	91.1	1.4	88.9	1.8	86.9	2.7	81.8	3.3	89.0	1.9
303	23.3	1.3	14.8	1.0	11.1	1.1	10.0	1.7	11.2	2.2	12.9	3.3	14.5	4.0	12.0	2.2
304	42.0	0.4	50.7	1.4	50.7	1.7	51.3	1.9	51.2	2.6	50.7	3.6	49.4	4.6	50.7	2.6
305	22.4	1.5	16.3	1.6	11.1	1.5	9.3	2.1	9.5	2.8	9.3	3.7	8.3	5.2	10.2	2.8
306	90.9	1.3	93.5	1.6	92.6	1.8	92.2	2.2	91.6	2.4	90.6	3.7	89.4	5.2	91.6	2.7
307	33.1	0.9	30.7	1.2	28.0	1.7	30.2	2.0	37.6	2.8	45.4	3.5	53.0	4.8	37.1	2.6
308	44.9	2.0	35.0	1.2	22.4	1.8	17.7	2.0	15.3	2.8	11.4	3.5	9.7	5.2	17.2	2.7
309	77.8	2.5	82.1	0.5	84.8	1.3	84.2	2.0	84.6	2.6	84.7	3.4	84.5	5.4	84.3	2.6
310	84.5	2.7	80.8	1.4	84.3	1.4	84.0	2.0	83.0	2.5	83.8	3.9	85.0	5.5	83.6	2.7
311	31.5	1.3	41.8	0.9	40.7	1.6	37.2	1.6	30.7	2.3	21.6	3.0	13.2	4.0	30.7	2.2
312	7.1	1.8	6.2	1.5	5.9	1.5	5.6	2.3	5.8	2.5	6.7	3.7	6.5	5.1	6.1	2.7
313	53.6	1.8	48.5	1.0	49.3	0.9	49.8	1.4	56.3	2.0	61.7	2.8	64.1	3.9	55.3	2.0
314	50.2	2.7	35.8	1.8	30.2	2.1	29.1	2.5	30.4	3.6	31.9	4.2	36.6	6.3	31.6	3.4
315	3.8	2.5	3.1	2.2	1.9	2.2	1.8	2.0	1.7	3.2	2.2	4.1	1.7	5.0	2.0	3.1
316	42.2	2.5	36.6	1.4	38.1	1.9	38.7	2.2	41.8	3.1	43.7	4.2	43.0	5.3	40.9	3.0
317	29.3	3.3	32.9	1.6	29.7	2.2	26.5	2.7	25.7	3.5	25.1	4.4	27.8	6.3	26.8	3.5
318	78.0	2.4	80.7	1.7	85.1	1.4	86.1	2.1	86.9	3.0	88.1	3.9	87.4	5.3	86.3	2.9
319	34.5	2.9	30.1	1.6	26.5	1.4	28.8	2.1	30.2	3.0	34.1	3.8	34.7	5.9	30.7	2.9
320	20.5	2.4	19.3	1.1	12.0	1.7	10.6	1.9	10.0	2.6	7.5	3.4	6.8	5.2	10.3	2.6
321	40.2	2.2	34.9	1.4	34.6	2.2	34.9	2.4	34.8	3.6	33.9	4.1	32.8	5.5	34.6	3.2
322	27.3	2.7	52.3	2.1	58.4	1.6	55.5	2.2	48.6	3.4	37.0	3.9	26.4	5.2	46.9	3.1
323	18.4	1.8	16.8	1.6	13.2	1.5	13.6	1.9	15.1	3.0	17.4	4.0	20.8	5.9	15.6	2.9
324	30.4	2.4	7.9	1.5	2.8	1.4	2.4	1.9	2.9	2.7	4.1	3.6	6.3	4.9	4.2	2.6
325	19.1	1.8	16.1	0.9	16.4	1.2	19.3	1.5	20.1	2.6	18.8	3.0	15.7	4.8	18.6	2.3
326	8.7	0.9	3.9	1.0	3.2	1.2	2.3	1.4	2.4	2.3	2.2	2.9	2.0	3.5	2.6	2.1
327	65.8	1.3	60.6	0.8	56.9	1.3	58.4	1.6	59.5	2.6	57.1	2.9	54.0	4.5	58.2	2.3
328	25.6	2.2	20.3	1.5	12.9	1.1	9.6	1.6	9.4	2.8	8.8	3.4	9.2	4.2	10.7	2.5
329	38.0	2.7	47.8	1.8	52.9	2.3	52.8	2.5	50.6	3.6	48.6	4.3	41.9	6.5	49.9	3.4
330	82.5	2.2	77.9	1.4	77.0	1.6	78.4	2.1	77.7	3.3	79.5	3.4	78.8	4.6	78.3	2.8
331	3.5	2.0	1.8	1.3	1.5	1.3	1.7	1.9	1.8	2.6	2.5	3.6	2.8	4.3	2.0	2.6
332	14.7	2.4	8.2	1.5	9.6	1.9	9.4	2.4	10.3	3.5	10.9	4.1	12.1	4.7	10.3	3.2
333	8.2	4.0	5.5	2.9	2.6	3.0	1.8	3.4	2.1	4.6	2.2	5.7	2.6	6.6	2.5	4.4
334	16.7	4.0	11.1	3.5	10.1	3.9	10.8	4.8	11.8	5.9	10.4	7.5	10.7	8.3	11.1	5.8
335	22.2	2.4	16.0	2.5	11.0	2.4	9.2	3.2	9.7	4.6	9.8	5.4	9.6	7.2	10.4	4.2
336	38.9	2.7	36.9	2.1	36.9	2.7	35.7	3.0	35.2	4.3	33.5	6.0	31.0	7.9	35.0	4.3

Table IX. PERCENTAGE OF TRUE AND CANNOT SAY RESPONSES TO EACH MMPI ITEM BY MALE PATIENTS--continued

AGE	UNDER 20 N= 550		20-29 N=1298		30-39 N=2905		40-49 N=5379		50-59 N=7097		60-69 N=5315		70 + N=1733		ALL AGES N=24277	
ITEM	T	Q	T	Q	T	Q	T	Q	T	Q	T	Q	T	Q	T	Q
337	24.9	4.4	22.9	2.5	22.5	3.9	19.7	3.6	19.8	5.3	17.7	6.2	15.9	8.7	19.7	5.0
338	22.0	2.2	24.1	1.8	23.3	1.4	21.2	2.0	21.9	2.2	21.5	2.9	21.0	3.6	21.9	2.3
339	4.7	1.6	1.8	1.7	1.2	1.0	1.1	1.6	1.0	2.2	0.8	2.8	0.8	3.5	1.1	2.1
340	57.6	2.5	52.2	1.9	46.7	1.5	45.8	1.9	44.2	2.6	39.3	3.0	36.1	4.7	43.9	2.5
341	8.2	2.0	5.3	2.3	3.4	1.5	3.3	2.3	3.3	2.8	3.3	3.9	3.3	4.8	3.5	2.9
342	16.7	2.7	12.6	2.2	11.7	1.5	12.1	2.4	15.0	3.1	16.5	4.0	20.1	5.9	14.6	3.1
343	29.5	2.7	23.3	1.8	17.7	1.9	18.5	2.9	21.6	3.2	23.4	4.3	29.9	5.5	21.7	3.3
344	12.7	2.4	8.1	2.0	4.8	2.2	4.6	2.8	5.5	3.1	7.2	3.8	8.3	5.5	6.1	3.2
345	16.2	2.9	8.9	2.5	4.9	2.4	5.2	3.4	5.2	4.0	5.7	5.4	6.7	6.2	5.8	4.1
346	21.3	2.2	16.0	2.6	14.3	2.0	13.4	2.8	15.5	3.1	14.8	3.9	14.7	4.8	14.8	3.2
347	87.3	2.9	90.9	2.0	89.7	1.3	88.6	2.0	86.7	2.7	84.8	3.6	82.1	4.2	87.0	2.6
348	40.2	2.0	40.4	1.9	40.9	1.5	43.2	2.2	48.1	2.8	54.3	3.4	54.7	4.8	47.4	2.7
349	15.3	3.1	10.1	2.0	6.9	1.9	5.4	2.5	5.6	2.8	5.5	3.7	7.3	6.0	6.3	3.0
350	6.4	0.4	2.7	0.8	1.6	0.4	1.4	1.0	1.4	1.2	1.7	1.4	1.8	1.5	1.7	1.1
351	6.9	0.7	8.6	1.0	9.3	0.7	9.4	1.2	8.5	1.4	9.0	1.6	9.8	2.0	9.0	1.3
352	17.8	1.5	11.0	1.5	9.7	1.1	8.1	1.6	7.2	2.2	5.8	2.8	3.9	3.2	7.6	2.1
353	68.2	0.7	68.3	1.1	72.5	0.9	74.3	1.2	75.0	1.7	75.4	2.2	72.7	3.1	74.0	1.6
354	4.2	1.3	2.7	1.3	2.7	1.6	3.2	1.7	3.9	2.2	4.0	2.9	5.4	3.6	3.7	2.2
355	10.4	1.6	7.3	1.7	5.7	1.5	5.7	2.0	5.0	2.5	4.5	3.1	3.6	3.7	5.3	2.4
356	34.2	2.2	26.6	1.7	20.5	1.9	18.7	2.2	20.8	3.0	21.1	3.8	24.4	4.1	21.2	2.9
357	33.3	1.6	25.7	2.7	22.6	1.9	23.5	2.2	25.1	3.2	24.6	3.8	26.3	4.4	24.6	3.0
358	21.8	2.0	11.3	2.3	6.5	3.1	6.0	3.3	6.4	4.9	6.4	4.9	6.8	6.6	7.0	4.3
359	26.4	2.0	25.9	1.7	22.5	1.7	21.7	2.2	23.1	3.2	21.0	3.9	20.7	5.3	22.3	3.0
360	4.4	1.5	3.2	1.8	2.5	2.1	2.1	2.2	1.9	2.7	1.6	4.1	1.0	5.4	2.0	2.9
361	32.5	2.0	38.3	1.2	40.6	1.6	39.5	2.0	39.4	2.3	35.6	2.4	32.3	3.4	38.0	2.2
362	29.6	3.3	35.6	1.6	32.7	1.9	29.8	2.4	29.6	3.2	28.1	3.4	29.3	5.2	30.0	2.9
363	9.5	3.5	5.7	2.1	4.0	2.6	3.7	2.9	4.6	3.7	5.6	4.3	6.6	5.7	4.9	3.6
364	11.8	3.3	5.3	2.3	3.0	2.5	3.3	2.6	3.5	3.3	4.5	4.2	4.1	4.8	3.9	3.3
365	12.4	3.8	11.9	2.3	6.8	2.8	6.0	2.8	6.0	4.0	6.6	4.3	7.2	5.5	6.8	3.7
366	16.7	4.5	14.3	2.1	9.3	2.4	7.9	3.3	7.7	4.2	6.9	4.5	6.9	6.2	8.3	3.9
367	76.7	4.7	72.4	2.0	65.2	2.1	57.7	2.7	53.5	3.7	50.2	4.0	47.8	5.8	56.2	3.5
368	31.1	3.1	26.7	2.0	27.6	2.0	30.7	2.3	30.8	2.7	30.6	3.6	29.1	5.1	30.0	2.9
369	62.9	2.4	65.6	1.2	71.4	1.4	73.6	1.8	77.3	2.5	77.1	2.9	73.9	4.8	74.5	2.4
370	66.4	2.5	64.6	1.5	60.9	1.6	63.5	2.2	67.7	2.7	69.6	3.8	72.6	4.6	66.5	2.8
371	60.2	3.1	67.0	1.6	71.7	2.0	73.3	2.1	73.7	3.3	74.3	3.6	70.5	6.8	72.6	3.1
372	68.4	2.5	65.1	0.9	62.2	1.5	61.8	2.0	60.7	2.7	60.2	3.0	54.2	4.8	60.9	2.5
373	49.6	1.3	46.5	0.6	45.3	0.8	41.1	1.3	40.2	2.0	41.2	2.3	44.7	3.1	42.1	1.7
374	57.5	0.7	55.1	0.5	56.4	0.7	59.3	0.9	59.9	1.5	58.7	1.6	62.4	2.5	59.0	1.3
375	23.8	1.8	16.9	0.8	16.2	1.1	17.5	1.7	21.9	1.9	25.0	2.5	27.9	3.7	21.1	1.9
376	93.5	1.3	91.2	0.6	92.5	1.1	92.5	1.5	91.9	1.8	89.7	2.3	87.7	3.5	91.3	1.8
377	31.8	1.6	28.7	1.2	24.7	1.0	25.7	1.5	27.6	2.0	30.8	2.7	34.2	3.9	28.2	2.0
378	63.1	1.1	55.5	0.9	49.3	1.4	52.2	1.8	58.7	2.4	69.3	2.8	78.1	3.4	59.8	2.2
379	71.1	2.0	71.3	1.4	74.6	1.3	76.1	1.5	76.2	2.4	79.7	2.7	80.4	3.8	76.7	2.2
380	74.7	2.4	72.6	0.8	69.9	1.0	67.3	1.6	67.4	2.3	66.8	3.2	67.1	3.7	68.0	2.2
381	22.7	2.4	20.9	1.1	20.1	1.4	21.8	1.7	24.1	2.2	24.0	2.9	22.9	3.3	22.8	2.2
382	45.8	4.0	33.1	2.7	32.6	3.1	33.8	3.5	37.9	4.0	40.7	4.5	42.6	7.0	37.2	4.0
383	45.6	0.4	35.5	1.2	33.0	1.4	36.1	1.7	40.1	2.7	45.0	3.0	46.1	4.0	39.8	2.4
384	46.4	1.8	32.7	1.0	30.9	1.5	30.5	1.9	36.4	2.3	42.3	3.4	48.1	4.4	36.6	2.4

Table IX. PERCENTAGE OF TRUE AND CANNOT SAY RESPONSES TO EACH MMPI ITEM BY MALE PATIENTS--continued

AGE	UNDER 20 N= 550		20-29 N=1298		30-39 N=2905		40-49 N=5379		50-59 N=7097		60-69 N=5315		70 + N=1733		ALL AGES N=24277	
ITEM	T	Q	T	Q	T	Q	T	Q	T	Q	T	Q	T	Q	T	Q
385	12.5	1.3	16.1	1.2	22.0	0.9	25.5	1.4	27.6	2.1	29.7	2.4	31.9	3.4	26.3	1.9
386	30.2	2.4	25.5	1.3	17.0	1.8	17.5	1.8	17.7	2.8	20.2	3.4	21.1	4.4	19.1	2.6
387	18.7	2.9	22.7	2.2	21.4	2.0	24.1	3.1	30.4	4.2	34.7	4.8	39.6	5.4	28.9	3.8
388	8.2	2.4	5.2	2.3	4.3	2.0	4.1	3.0	3.9	3.5	3.5	4.3	4.7	5.6	4.1	3.4
389	34.4	2.4	20.2	2.2	18.0	1.8	17.5	2.4	19.2	3.3	20.2	3.9	22.9	4.2	19.6	3.0
390	44.7	2.7	37.2	1.2	34.6	1.5	39.4	2.8	45.6	3.7	50.9	4.2	52.2	5.3	44.1	3.3
391	54.7	2.4	44.0	1.6	38.7	1.8	37.5	2.7	34.9	3.2	31.9	3.8	29.7	5.7	35.8	3.2
392	6.5	2.9	8.6	1.9	11.0	2.3	14.2	3.2	20.0	4.3	25.2	4.9	28.9	6.1	18.5	3.9
393	2.5	3.1	2.2	2.3	3.3	2.5	2.6	2.9	2.7	3.9	2.8	4.5	2.3	6.2	2.7	3.7
394	61.6	2.4	63.2	1.4	59.4	1.9	64.3	2.2	68.3	2.6	64.8	3.0	64.9	5.1	64.9	2.6
395	30.5	2.2	16.2	1.5	9.8	1.5	11.1	1.9	13.9	2.7	19.3	3.4	23.9	4.6	15.2	2.6
396	29.5	1.8	18.6	1.6	12.8	2.0	11.0	2.3	11.3	3.2	9.4	3.8	8.2	4.9	11.6	3.0
397	42.5	2.2	36.2	1.5	30.9	1.8	30.0	2.1	28.6	3.0	21.9	3.1	18.7	4.8	27.7	2.7
398	23.6	1.5	17.0	0.2	14.5	0.6	15.7	1.0	18.4	1.5	21.6	1.7	22.7	2.5	18.4	1.3
399	58.0	0.7	63.6	1.0	66.0	1.0	65.9	0.9	65.5	1.6	67.1	2.2	67.1	2.5	65.9	1.5
400	48.4	2.4	39.8	1.0	29.8	1.9	26.6	2.2	27.3	3.1	28.1	3.4	29.6	4.8	29.0	2.8
401	78.5	1.3	68.9	0.8	59.7	1.1	53.4	1.4	51.6	2.1	49.8	2.8	48.9	4.4	53.9	2.1
402	23.8	1.8	32.9	0.9	39.0	1.3	46.3	1.6	55.3	1.9	58.2	2.5	63.9	3.5	50.7	2.0
403	89.8	0.9	92.8	0.5	94.1	1.5	94.3	1.5	94.3	2.2	93.9	2.7	93.1	3.8	93.9	2.0
404	43.6	2.9	34.7	1.8	30.7	1.2	35.3	2.1	42.6	2.9	48.9	3.7	51.0	5.5	41.1	2.8
405	92.5	1.8	93.7	1.2	91.9	1.4	91.0	2.2	89.9	2.9	88.5	4.0	85.7	4.8	90.1	2.8
406	30.4	3.3	42.5	1.0	50.0	1.1	55.4	2.2	62.4	2.6	66.8	3.6	67.5	4.8	58.9	2.6
407	68.9	2.5	71.3	0.9	73.6	1.8	74.8	2.5	76.5	2.9	78.2	4.0	80.6	5.3	76.0	3.0
408	65.8	2.0	62.8	0.7	56.9	1.5	57.8	1.8	60.6	3.0	59.7	3.5	57.4	5.7	59.4	2.7
409	56.2	2.9	60.8	1.4	65.7	1.3	69.2	1.3	69.6	2.1	65.0	2.8	58.5	4.0	66.5	2.1
410	57.8	2.9	49.7	1.3	43.6	1.8	43.2	2.5	47.4	3.1	49.8	3.4	51.4	4.9	47.2	2.9
411	23.3	2.9	19.2	1.2	16.2	1.5	14.7	2.4	15.9	2.7	15.1	3.3	16.8	3.8	15.9	2.6
412	75.6	2.4	80.6	1.5	81.5	1.5	81.9	2.0	83.7	2.7	83.6	3.6	85.5	4.3	82.8	2.6
413	31.3	4.5	24.3	1.9	23.1	2.7	23.3	3.7	29.1	4.9	33.6	5.5	36.2	7.8	28.4	4.5
414	33.5	3.5	27.3	1.6	25.0	1.9	26.0	2.5	27.2	3.3	26.7	4.1	28.2	5.1	26.8	3.2
415	45.1	3.1	49.5	1.8	49.5	2.2	42.9	3.3	38.7	4.6	36.4	4.9	33.6	6.5	40.8	4.0
416	53.3	3.3	42.7	1.5	28.6	2.1	26.3	2.5	25.6	3.2	26.1	3.8	26.7	4.9	27.8	3.1
417	29.8	2.9	20.3	1.9	21.5	2.2	23.2	2.9	23.8	3.5	25.3	4.1	25.7	5.5	23.8	3.4
418	39.1	3.8	29.5	1.7	21.8	2.3	21.1	2.7	20.7	3.6	18.1	3.7	16.4	5.4	20.9	3.3
419	8.0	4.2	13.2	1.5	12.6	1.9	10.3	2.5	11.8	3.3	11.5	3.8	10.5	5.6	11.4	3.2
420	10.7	2.9	7.2	1.8	5.4	2.7	6.7	3.3	8.6	4.8	9.4	5.4	11.8	7.0	8.2	4.3
421	35.8	3.8	42.1	1.5	35.2	2.0	35.0	2.8	34.2	3.6	32.7	4.1	31.7	6.2	34.5	3.4
422	5.5	2.9	5.7	2.3	4.5	2.3	4.7	2.7	5.3	3.5	5.9	4.0	7.6	6.1	5.4	3.4
423	69.3	1.3	67.7	0.5	70.4	1.2	74.0	1.3	73.9	1.9	72.0	2.3	68.0	3.6	72.3	1.8
424	22.4	1.5	16.3	1.0	14.6	1.6	12.8	1.7	13.0	2.6	12.1	2.8	9.9	3.6	13.1	2.3
425	44.7	2.0	32.5	1.7	29.5	1.7	31.4	1.9	34.0	2.5	36.5	3.4	42.1	4.2	34.2	2.5
426	51.5	2.4	46.0	0.8	48.0	1.0	49.8	1.7	49.6	2.7	47.9	2.9	43.6	4.7	48.5	2.4
427	20.2	1.3	11.9	0.8	14.7	1.4	19.6	1.9	26.2	2.6	36.3	3.3	49.3	4.5	26.3	2.5
428	43.6	1.3	58.2	1.3	70.1	1.2	75.6	2.1	77.5	2.7	80.5	3.0	82.5	4.5	75.4	2.5
429	39.1	2.9	48.9	1.5	49.4	1.6	50.5	2.9	52.5	3.3	57.8	4.3	62.7	6.5	53.1	3.3
430	83.3	2.0	85.5	1.5	81.7	2.0	77.8	2.3	71.5	3.7	65.9	4.8	61.9	7.4	73.2	3.5
431	29.1	2.5	33.7	1.5	33.1	2.2	35.1	1.9	35.2	3.4	32.1	3.6	26.2	6.2	33.4	3.1
432	30.4	3.1	34.7	1.5	41.7	2.4	42.5	2.3	47.6	3.7	55.0	4.1	62.0	6.2	47.3	3.4

Table IX. PERCENTAGE OF TRUE AND CANNOT SAY RESPONSES TO EACH MMPI ITEM BY MALE PATIENTS--continued

AGE	UNDER 20 N= 550		20-29 N=1298		30-39 N=2905		40-49 N=5379		50-59 N=7097		60-69 N=5315		70 + N=1733		ALL AGES N=24277	
ITEM	T	Q	T	Q	T	Q	T	Q	T	Q	T	Q	T	Q	T	Q
433	13.1	2.7	7.9	1.8	4.4	2.1	4.5	2.6	4.3	3.4	4.2	3.8	5.0	5.4	4.8	3.2
434	49.8	1.6	35.5	2.2	17.6	2.8	11.8	3.3	7.6	3.9	4.8	4.6	2.5	6.5	11.2	3.8
435	15.8	2.0	11.9	2.1	7.4	2.6	7.5	3.2	7.1	4.2	8.3	4.8	8.5	6.5	8.0	3.9
436	78.0	1.8	72.0	1.5	67.4	1.1	67.2	2.0	67.5	2.8	69.6	3.1	68.0	5.7	68.4	2.6
437	46.5	2.5	46.8	0.9	40.2	1.5	39.1	1.8	40.2	2.4	40.0	2.9	36.8	3.3	40.2	2.3
438	54.0	2.4	38.3	1.0	30.4	1.1	27.4	1.5	25.7	2.6	26.4	3.1	26.8	3.3	28.2	2.3
439	52.4	1.8	58.2	0.8	60.4	1.1	61.6	1.8	61.6	2.6	60.9	2.9	58.7	3.0	60.7	2.2
440	83.6	2.2	75.2	1.0	74.5	1.5	76.5	1.8	77.8	2.5	78.7	3.0	80.0	3.1	77.5	2.3
441	31.3	1.8	47.9	1.5	56.6	2.0	52.5	2.7	48.2	4.1	42.7	5.2	42.9	6.2	48.2	3.7
442	43.3	2.2	51.8	1.2	55.1	1.3	62.0	1.9	64.0	3.0	64.6	3.4	63.2	3.2	61.4	2.5
443	33.1	2.5	26.5	1.3	20.4	1.8	22.7	2.0	25.5	2.8	26.4	3.6	25.4	5.1	24.7	2.8
444	30.5	2.4	30.0	0.9	34.9	1.3	39.8	2.1	46.5	2.9	52.9	3.1	56.8	3.9	44.5	2.5
445	85.8	3.1	86.8	1.3	84.0	1.8	84.1	1.9	83.4	3.3	81.2	4.0	80.0	5.3	83.2	3.0
446	48.2	2.7	59.6	1.0	61.5	1.8	63.1	1.7	60.1	2.9	54.1	3.5	44.8	4.0	58.2	2.6
447	54.2	2.5	48.9	1.2	46.1	1.1	46.8	1.7	47.1	2.1	45.1	2.7	43.1	3.4	46.4	2.1
448	20.0	0.9	12.6	0.8	8.0	0.4	6.6	0.8	6.3	1.6	6.0	2.0	5.9	2.3	7.1	1.4
449	67.3	1.6	65.8	0.5	66.1	0.7	67.7	1.4	69.0	1.8	73.6	2.2	76.7	2.8	69.7	1.6
450	68.0	1.1	61.2	1.0	55.7	1.5	54.7	1.6	55.2	2.4	54.8	3.5	56.1	5.3	55.7	2.5
451	76.0	1.6	70.3	1.2	73.3	1.3	73.1	1.5	72.6	2.2	74.2	3.1	73.8	4.3	73.2	2.2
452	33.3	1.1	23.6	1.2	19.3	1.0	16.1	1.5	15.0	2.2	13.7	2.9	14.0	3.3	16.3	2.1
453	42.5	1.3	39.0	1.1	38.0	1.2	38.9	1.5	42.7	2.3	46.2	3.2	48.6	4.0	42.3	2.2
454	33.5	2.5	20.0	1.5	15.1	1.1	13.8	1.5	12.4	2.3	13.2	3.0	12.5	3.9	14.1	2.2
455	48.0	2.2	36.2	1.4	35.2	1.6	40.6	2.5	49.1	3.2	56.7	4.0	61.6	5.3	47.4	3.0
456	12.7	0.7	11.6	0.9	10.0	1.2	10.0	1.9	12.4	2.6	16.6	3.2	19.0	3.9	13.0	2.4
457	17.1	0.5	6.7	1.2	5.3	1.2	5.7	1.8	8.0	2.3	12.8	2.8	23.7	4.1	9.5	2.2
458	22.0	0.9	29.1	0.7	31.9	1.3	33.7	1.6	38.4	2.0	44.4	2.7	46.2	2.8	37.6	2.0
459	16.4	1.3	11.9	1.5	12.7	1.3	14.3	1.7	16.5	2.2	15.7	2.6	14.0	3.1	14.9	2.0
460	88.5	1.6	89.1	1.8	89.7	1.4	88.5	1.6	86.9	2.3	87.6	2.7	87.3	4.0	87.9	2.2
461	45.1	2.7	45.2	3.1	43.7	2.6	45.7	2.5	51.0	3.2	55.6	4.1	58.3	5.8	50.0	3.4
462	90.0	1.6	85.7	2.0	86.8	1.4	85.1	2.0	79.5	2.6	71.8	3.2	63.1	4.1	79.3	2.5
463	31.1	1.8	36.1	2.2	45.5	2.8	47.2	3.5	44.4	4.9	38.3	6.9	33.2	10.0	42.3	4.9
464	81.8	2.2	85.1	2.3	86.1	2.6	83.4	2.7	80.8	3.7	77.0	4.8	71.3	7.5	80.7	3.8
465	62.5	2.2	54.9	2.1	46.4	2.3	44.7	2.4	42.9	3.0	36.4	3.9	32.5	6.5	42.6	3.2
466	88.2	2.0	84.2	1.3	83.3	1.5	82.5	1.8	80.2	2.3	80.6	2.7	81.9	3.5	81.7	2.2
467	22.5	1.3	17.6	1.5	15.5	1.5	16.3	1.8	17.5	2.3	17.8	2.7	19.3	4.3	17.3	2.3
468	53.8	1.6	49.2	2.0	52.6	1.9	54.1	2.2	54.6	3.0	51.2	3.7	48.2	5.5	52.7	3.0
469	21.3	2.0	14.4	1.5	12.6	1.4	14.7	1.7	19.3	2.0	21.7	2.8	23.4	4.6	18.1	2.2
470	16.2	1.3	5.6	1.1	5.5	1.0	8.9	1.4	17.4	2.3	29.2	2.7	38.7	5.7	17.5	2.2
471	12.0	3.3	10.1	1.9	8.5	1.9	8.7	1.5	9.2	1.9	10.4	2.1	11.5	3.6	9.5	2.0
472	24.5	1.3	12.6	1.1	10.8	1.4	11.3	1.7	13.0	2.5	14.9	3.1	15.1	3.9	13.2	2.3
473	22.0	2.2	25.2	1.4	23.3	2.0	25.3	2.0	27.5	2.9	29.6	3.4	30.6	4.2	26.9	2.7
474	83.3	1.5	79.3	1.4	76.7	1.8	77.6	1.6	73.6	2.8	68.0	3.1	63.4	4.4	73.4	2.5
475	52.0	1.6	41.3	2.0	37.5	3.0	37.4	3.2	40.1	3.8	38.5	4.3	38.7	7.3	39.1	3.8
476	10.2	2.0	5.9	2.8	6.4	1.8	6.6	2.8	7.2	3.9	9.3	5.0	12.8	7.0	7.8	3.8
477	51.5	2.0	47.8	1.8	45.3	2.2	45.4	2.9	45.0	4.0	42.6	4.6	42.2	7.4	44.7	3.7
478	72.0	2.4	70.0	2.5	70.0	1.7	66.0	2.1	65.3	2.7	66.1	3.4	67.9	5.2	66.8	2.8
479	81.5	2.7	85.3	1.9	89.6	1.9	89.8	2.2	90.0	3.0	90.2	3.4	89.2	4.7	89.4	2.8
480	10.7	1.1	6.1	1.1	4.3	1.7	4.8	1.8	5.3	2.5	5.7	2.7	6.6	3.5	5.4	2.2

Table IX. PERCENTAGE OF TRUE AND CANNOT SAY RESPONSES TO EACH MMPI ITEM BY MALE PATIENTS--continued

AGE	UNDER 20 N= 550		20-29 N=1298		30-39 N=2905		40-49 N=5379		50-59 N=7097		60-69 N=5315		70 + N=1733		ALL AGES N=24277	
ITEM	T	Q	T	Q	T	Q	T	Q	T	Q	T	Q	T	Q	T	Q
481	53.8	2.2	46.9	1.6	39.4	1.2	35.6	1.6	33.2	2.2	26.6	2.8	20.7	4.0	33.3	2.2
482	49.1	2.0	59.7	0.4	66.5	1.3	73.0	1.5	73.8	2.3	75.2	2.0	75.4	2.4	71.9	1.8
483	75.8	2.2	74.0	2.2	74.5	2.8	73.0	4.0	72.7	4.9	72.6	5.6	74.0	6.5	73.2	4.5
484	25.6	1.6	23.9	1.6	26.8	1.8	29.2	2.3	30.2	3.5	28.7	4.1	27.2	5.2	28.6	3.2
485	32.7	2.0	33.1	1.2	29.8	1.7	27.3	2.2	26.6	3.0	26.5	3.3	25.1	5.0	27.5	2.8
486	95.3	0.9	92.0	1.1	90.8	1.8	90.9	1.8	89.2	2.4	86.7	2.8	83.9	4.2	89.2	2.3
487	21.8	0.9	17.3	0.8	12.8	1.7	11.9	2.0	11.4	2.7	11.6	2.7	11.8	4.0	12.3	2.4
488	54.9	2.0	48.7	1.6	55.0	2.1	56.6	2.5	57.7	3.1	58.9	3.7	61.3	5.1	57.1	3.0
489	45.1	2.0	48.5	2.1	49.6	2.3	55.4	2.8	59.4	3.8	63.0	3.9	66.2	5.4	57.7	3.4
490	9.6	1.5	10.6	1.1	11.6	1.8	12.4	2.5	14.4	3.2	17.4	3.6	24.8	5.4	14.7	3.0
491	18.2	2.4	19.9	1.2	22.8	2.2	29.3	2.6	37.8	3.1	45.7	4.0	48.1	5.3	35.2	3.1
492	43.5	1.5	39.5	2.0	39.1	1.8	42.5	2.0	48.6	2.6	53.9	2.7	52.5	3.2	47.0	2.4
493	60.9	2.2	65.3	1.1	64.6	1.8	62.3	2.3	65.1	2.9	64.5	3.0	62.2	4.4	64.0	2.7
494	12.0	0.5	9.0	0.4	7.1	1.0	8.6	1.2	10.5	1.8	11.7	1.9	12.4	2.5	10.0	1.6
495	63.3	1.6	72.8	0.8	75.9	1.4	78.6	1.9	80.6	2.2	80.5	2.7	77.7	4.2	78.6	2.2
496	85.3	1.5	84.3	1.4	85.3	1.8	83.2	2.7	82.6	3.5	80.5	4.4	73.9	6.1	82.1	3.3
497	92.9	1.3	93.5	0.9	93.0	1.8	92.8	2.2	91.0	2.7	89.4	3.4	87.8	4.3	91.2	2.6
498	57.6	1.3	61.1	1.2	61.1	1.2	63.5	1.9	70.1	2.8	74.5	3.3	79.5	4.4	68.4	2.5
499	58.0	3.3	58.3	1.2	61.7	1.3	65.0	1.8	65.0	3.0	63.8	3.4	60.7	4.0	63.5	2.6
500	39.8	1.5	39.4	1.3	44.7	2.2	46.3	2.7	51.3	3.4	55.9	4.1	57.6	5.2	50.0	3.2
501	64.9	2.2	65.3	1.0	69.9	1.9	67.3	2.4	69.9	3.1	73.3	3.9	74.6	5.1	70.1	3.0
502	71.6	2.7	75.3	1.6	72.0	2.4	71.6	3.3	72.2	4.4	73.0	5.2	75.0	6.5	72.6	4.1
503	49.6	2.7	52.3	1.3	53.0	1.8	53.6	2.3	58.1	3.3	59.5	3.7	61.3	5.5	56.5	3.0
504	34.2	2.4	32.5	1.6	28.5	2.3	29.1	2.8	32.7	3.7	36.1	4.2	41.0	5.8	32.8	3.5
505	36.4	1.6	24.6	1.3	18.5	1.7	18.3	2.0	18.4	2.5	18.8	3.5	17.9	5.3	19.2	2.6
506	27.5	2.5	34.6	1.8	35.5	2.0	36.2	2.6	36.1	3.4	33.4	4.4	28.9	6.8	34.7	3.4
507	29.5	2.9	31.2	1.3	24.7	2.6	26.3	2.8	28.8	4.0	30.0	5.1	27.4	8.0	28.1	3.9
508	92.7	0.9	93.7	0.8	90.4	1.7	87.6	2.7	85.1	3.0	80.2	3.6	75.8	5.7	85.2	2.9
509	28.5	1.8	26.9	1.0	24.4	2.4	24.4	2.6	28.8	3.5	31.7	4.6	35.0	6.3	28.3	3.4
510	14.5	1.5	13.3	1.7	18.7	2.7	25.7	3.1	34.1	4.0	42.9	4.8	45.5	6.9	31.6	3.8
511	18.9	2.7	12.4	2.2	8.0	3.1	8.8	3.5	9.9	4.1	10.5	5.2	12.6	7.9	10.1	4.2
512	7.3	2.0	4.9	1.3	3.6	2.1	4.0	2.6	5.7	3.5	7.6	4.1	7.8	6.5	5.6	3.3
513	57.8	2.4	47.8	2.7	47.0	3.2	43.7	4.4	45.4	6.0	47.8	7.3	49.2	10.6	46.4	5.7
514	6.4	1.6	3.6	1.7	3.5	2.7	3.6	3.2	3.9	4.0	4.6	4.9	6.6	7.3	4.2	3.9
515	95.5	1.1	94.8	1.0	93.4	1.7	93.1	1.7	93.1	2.4	93.1	3.1	91.4	5.1	93.1	2.4
516	62.0	1.5	61.6	1.5	62.4	2.0	63.1	2.2	62.2	2.9	57.4	3.8	57.2	6.0	61.0	2.9
517	5.3	1.5	2.9	0.9	2.1	1.1	2.2	1.4	2.4	2.0	3.1	2.8	3.8	5.3	2.7	2.1
518	27.8	1.6	17.6	1.3	14.0	1.9	15.2	2.1	17.8	2.9	18.2	4.2	17.1	6.8	17.0	3.0
519	3.3	3.1	4.7	1.5	5.1	1.8	7.3	2.5	10.3	3.1	13.3	4.6	15.3	7.3	9.6	3.3
520	73.5	2.4	73.1	1.5	73.9	2.0	76.4	2.0	77.7	3.2	77.9	4.4	77.4	6.7	76.6	3.2
521	66.4	3.1	69.0	1.8	74.3	2.4	75.5	2.9	75.5	3.7	74.5	4.6	72.2	8.0	74.4	3.8
522	63.1	2.9	61.9	1.3	61.3	2.3	64.5	2.8	64.4	3.8	63.0	4.8	62.4	7.6	63.4	3.7
523	48.9	2.0	52.8	2.2	53.8	2.5	53.7	3.3	57.1	4.4	58.5	6.2	60.9	8.7	56.1	4.5
524	80.0	2.4	85.7	2.1	86.2	2.3	85.7	2.6	83.5	4.0	80.7	4.8	75.2	7.9	83.2	3.8
525	30.4	1.5	24.9	1.1	22.8	2.3	23.2	2.9	22.6	3.6	21.8	4.8	22.0	7.7	22.8	3.7
526	4.9	3.5	4.2	2.4	3.0	2.9	2.9	4.0	3.2	4.5	3.4	5.8	4.5	9.0	3.3	4.7
527	85.1	2.7	82.7	1.3	84.8	1.7	85.8	2.3	86.3	3.1	86.2	4.1	86.0	6.3	85.7	3.1
528	77.1	1.8	78.5	1.4	80.6	2.1	81.9	2.9	81.8	3.5	81.5	5.0	80.6	6.8	81.2	3.6

Table IX. PERCENTAGE OF TRUE AND CANNOT SAY RESPONSES TO EACH MMPI ITEM BY MALE PATIENTS--continued

AGE	UNDER 20 N= 550		20-29 N=1298		30-39 N=2905		40-49 N=5379		50-59 N=7097		60-69 N=5315		70 + N=1733		ALL AGES N=24277	
ITEM	T	Q	T	Q	T	Q	T	Q	T	Q	T	Q	T	Q	T	Q
529	64.7	2.7	63.3	1.5	60.5	2.2	58.8	3.0	56.7	3.5	54.3	4.9	50.2	7.6	57.2	3.7
530	24.2	1.6	15.6	1.7	11.2	2.1	10.6	3.2	11.6	4.1	11.7	4.6	9.9	6.9	11.7	3.8
531	24.5	2.4	23.4	2.0	18.7	1.7	18.9	3.0	17.9	3.7	16.6	5.0	16.2	5.9	18.2	3.6
532	86.7	3.5	85.7	2.2	86.9	2.4	83.7	4.0	80.6	5.0	77.5	5.9	74.2	8.1	81.3	4.7
533	83.5	3.5	71.8	1.8	69.3	2.2	66.5	3.5	68.8	4.2	68.2	5.4	67.5	6.9	68.6	4.1
534	60.5	2.5	62.7	1.8	63.4	2.5	64.3	3.8	64.4	4.9	60.5	6.1	55.2	8.5	62.6	4.7
535	5.3	2.9	5.9	2.2	5.7	2.3	6.2	3.8	6.8	4.4	7.6	5.4	8.3	7.2	6.7	4.3
536	55.5	4.0	50.8	1.8	43.2	2.6	41.2	3.8	43.4	4.9	45.5	6.0	43.5	7.7	44.0	4.6
537	42.7	2.7	40.4	2.5	36.9	3.2	28.7	4.1	20.5	5.2	15.3	6.4	9.5	7.7	23.9	5.0
538	1.8	3.3	1.0	1.9	1.6	2.3	1.1	3.6	1.3	4.7	1.4	5.9	1.0	7.8	1.3	4.5
539	88.5	2.4	88.9	2.3	87.4	2.6	83.2	4.3	82.3	4.9	79.9	6.3	76.3	9.1	82.7	4.9
540	93.1	3.3	92.6	2.5	94.1	2.2	91.9	3.5	89.2	4.3	86.7	5.7	83.4	7.4	89.7	4.3
541	11.3	2.2	7.6	1.4	9.1	2.0	10.3	3.5	13.6	4.2	16.0	5.1	21.5	6.9	13.0	4.0
542	86.5	2.5	79.9	1.8	76.5	2.0	76.3	3.6	75.4	4.0	74.6	5.2	71.3	7.3	75.8	4.0
543	7.3	2.4	5.1	1.2	4.5	1.5	3.5	2.9	3.5	3.4	2.6	4.3	2.3	5.5	3.5	3.3
544	36.0	2.2	46.2	1.3	47.7	1.7	47.1	2.7	47.2	3.6	41.6	4.9	40.3	6.0	45.2	3.5
545	20.5	2.5	12.9	1.5	10.9	1.8	9.5	3.1	10.9	3.8	11.4	4.9	13.5	6.3	11.2	3.7
546	61.8	3.1	64.3	1.8	69.4	2.4	70.6	3.3	72.3	4.3	76.0	5.6	75.5	7.5	72.0	4.2
547	74.9	4.5	73.3	2.2	71.0	3.0	66.8	4.4	62.8	5.9	61.9	7.3	60.4	8.8	65.1	5.5
548	32.9	3.5	20.6	2.6	23.1	3.3	30.0	4.4	39.5	5.2	50.3	6.5	59.3	8.3	38.1	5.1
549	19.6	3.5	19.3	2.0	16.0	2.4	17.9	3.9	22.5	4.7	23.8	6.6	28.7	8.7	21.2	4.8
550	49.5	3.3	50.5	2.5	50.8	3.1	50.2	4.0	49.2	5.6	48.0	7.0	47.7	8.6	49.3	5.3
551	35.6	3.5	29.6	2.1	27.2	2.8	26.5	4.5	23.3	5.5	19.4	6.7	15.9	8.1	23.7	5.2
552	68.9	3.1	66.7	3.5	71.1	3.6	71.3	4.9	66.3	5.8	62.0	7.9	59.5	10.5	66.6	6.0
553	2.5	6.9	3.0	3.7	2.2	4.8	2.5	5.6	4.0	7.2	5.2	8.7	7.1	11.8	3.9	7.0
554	34.0	3.8	38.8	1.8	48.6	3.1	47.0	4.7	49.9	6.1	51.6	7.8	51.8	10.6	48.7	5.9
555	20.7	2.5	25.6	2.4	23.4	2.9	22.1	3.9	20.4	5.3	16.1	6.6	12.3	8.9	19.9	5.0
556	72.4	2.4	62.3	2.3	58.2	3.3	58.1	3.8	59.7	4.9	61.3	6.1	63.8	8.1	60.2	4.7
557	4.5	1.6	3.4	1.7	2.7	2.0	2.3	2.2	2.9	3.2	3.3	3.7	3.9	6.3	2.9	3.1
558	51.5	3.5	45.0	2.6	39.3	3.8	41.6	3.5	45.1	5.5	52.1	6.1	57.4	8.5	46.2	5.0
559	11.5	4.0	6.4	3.7	5.4	4.1	5.6	4.4	6.5	5.5	7.0	6.8	8.3	8.2	6.5	5.5
560	26.9	3.6	19.2	3.4	17.0	4.6	21.4	4.8	27.1	5.3	33.3	7.1	42.1	8.9	26.6	5.6
561	60.4	4.5	47.9	4.5	40.5	4.6	36.4	5.6	36.7	6.9	37.5	7.6	38.0	10.0	38.5	6.5
562	56.5	4.9	51.8	4.9	53.4	5.1	58.2	5.8	66.1	7.6	70.7	9.3	74.3	12.7	63.4	7.4
563	84.5	4.0	84.9	3.3	87.0	3.9	86.2	4.5	83.2	5.8	79.3	7.0	76.9	10.4	83.1	5.7
564	47.1	2.9	36.6	2.9	33.2	2.7	37.1	3.5	38.0	4.3	37.9	5.2	35.8	8.8	37.2	4.3
565	6.5	2.4	5.9	2.2	4.7	2.5	5.5	2.8	6.8	3.7	7.4	4.8	8.0	6.7	6.4	3.7
566	45.6	2.2	44.8	2.9	39.7	2.5	36.8	3.1	36.9	3.6	35.0	4.6	33.6	6.2	37.2	3.7